Das Prinzip effektiven Rechtsschutzes nach der EMRK

Europäische Hochschulschriften Recht

European University Studies in Law

Publications Universitaires Européennes de Droit

Band/ Volume **6276**

Katharina Bielka

Das Prinzip effektiven Rechtsschutzes nach der EMRK

Eine Untersuchung der Gewährleistung richtigen Rechtsschutzes nach der EMRK unter Berücksichtigung der Gewährleistung rechtzeitigen Rechtsschutzes nach der EMRK

PETER LANG

Bibliografische Information der Deutschen Nationalbibliothek
Die Deutsche Nationalbibliothek verzeichnet diese Publikation in der Deutschen Nationalbibliografie; detaillierte bibliografische Daten sind im Internet über http://dnb.d-nb.de abrufbar.

Zugl.: Gießen, Univ., Diss., 2021

Gedruckt auf alterungsbeständigem, säurefreiem Papier.

D 26
ISSN 0531-7312
ISBN 978-3-631-86686-3 (Print)
E-ISBN 978-3-631-87123-2 (E-PDF)
E-ISBN 978-3-631-87124-9 (EPUB)
DOI 10.3726/b19405

Diese Publikation wurde begutachtet.

www.peterlang.com

Meiner Familie

Vorwort

Die vorliegende Arbeit wurde im Sommersemester 2017 vom Fachbereich Rechtswissenschaft der Justus-Liebig-Universität Gießen als Dissertation angenommen.

Mein besonderer Dank gilt zunächst meinem Doktorvater, Herrn Prof. Dr. Thilo Marauhn, für seine fachliche Unterstützung und seine hilfreichen Anregungen bei der Anfertigung meiner Arbeit sowie für sein entgegengebrachtes Vertrauen. Herrn Prof. Dr. Jürgen Bast danke ich für die Erstellung des Zweitgutachtens.

Besonderer Dank gehören meiner Freundin Niobe, die mir stets mit Rat und Tat zur Seite stand, für ihre aufmunternden Worte, das Korrekturlesen, die zahlreichen Gespräche und fürs Zuhören, sowie meinem lieben Freund Fritz.

Mein ganz besonderer Dank gilt meiner Familie für ihren Rückhalt und ihre Unterstützung über all die Jahre. Ohne ihre Unterstützung wären Studium und Promotion nicht möglich gewesen. Ihr ist diese Arbeit gewidmet.

Schließlich danke ich auch meinem Mann Paul, der seit dem zweiten Semester an meiner Seite ist und mir seitdem Halt und Unterstützung für meine Pläne und Vorhaben gibt.

Inhaltsverzeichnis

1. Teil – Einleitung

In der Bundesrepublik gibt es zahlreiche Rechtsschutzmöglichkeiten. So hat der Einzelne beispielsweise die Möglichkeit, seine rechtlichen Interessen im Wege der Klageerhebung geltend zu machen, gegen ein innerstaatliches Urteil Berufung oder Revision einzulegen, eine Grundrechtsverletzung mit einer Verfassungsbeschwerde zu rügen oder gegen einen Verwaltungsakt zunächst Widerspruch und nach dessen Erfolglosigkeit Klage beim zuständigen Verwaltungsgericht zu erheben. Sofern der Einzelne in der Ausübung eines seiner Rechte beeinträchtigt ist, hat er die Möglichkeit, dieses Recht mit den genannten Möglichkeiten zu schützen. So kann sich der Einzelne auch gegen eine Verletzung seiner Grund- und Menschenrechte wehren. Im deutschen Recht stehen ihm dafür zahlreiche gerichtliche Instanzen zur Verfügung. Bleibt der Rechtsschutz in den Instanzen erfolglos, so bleibt dem Betroffenen der Weg zum Bundesverfassungsgericht (nachfolgend „BVerfG"), dessen Aufgabe der Schutz der Grund- und Menschenrechte auf Grundlage des Grundgesetzes ist. Daneben existiert auf internationaler Ebene der Europäische Gerichtshof für Menschenrechte in Straßburg (nachfolgend „EGMR"). Er widmet sich der Sicherung und Durchsetzung der Rechte des Einzelnen aus der Konvention zum Schutze der Menschenrechte und Grundfreiheiten (nachfolgend „EMRK").[1] Die Bundesrepublik ist mit der Ratifizierung der EMRK und der Verankerung der Konvention im innerstaatlichen Recht an die Wahrung und Sicherung der Menschenrechte gebunden. Der Einzelne kann daher auch den Schutz aus der EMRK in Anspruch nehmen. Gemäß Art. 34 EMRK steht ihm bei der Verletzung eines Konventionsrechts ein Beschwerderecht in Form der Individualbeschwerde zu. Um diese Beschwerdemöglichkeit nutzen zu können, muss der Betroffene gemäß Art. 35 EMRK vorab den innerstaatlichen Rechtsweg erfolglos beschritten haben. Dies ist erforderlich, da die Erschöpfung des innerstaatlichen Rechtswegs eine Zulässigkeitsvoraussetzung für die Individualbeschwerde nach Art. 34 EMRK ist. Die Voraussetzung ist Ausfluss des Subsidiaritätsgrundsatzes des internationalen Menschenrechtsschutzes. Die Menschenrechtsbeschwerde stellt somit die *ultima ratio* dar.[2]

---

1 Konvention zum Schutze der Menschenrechte und Grundfreiheiten vom 4.11.1950, UNTS Bd. 213 S. 221, BGBl. 1952 II S. 685, 953. Neubekanntmachung BGBl. 2002 II S. 1054, 1055.

2 *Lansnicker/Schwirtzek*, Rechtsverhinderung durch überlange Verfahrensdauer, NJW 2001, 1969, 1972.

Rügt der Betroffenen vor dem EGMR eine Konventionsverletzung, so entscheidet der Gerichtshof darüber, ob eine solche Verletzung vorliegt oder nicht. Seine Entscheidung ist für den betroffenen Mitgliedstaat grundsätzlich verbindlich. Die einzelnen Mitgliedstaaten haben die Urteile des EGMR gemäß Art. 46 Abs. 1 EMRK zu befolgen. Wie diese Befolgung ausgestaltet ist, liegt in ihrem Ermessen.[3]

I. Darstellung der Thematik

Dem Einzelnen stehen zahlreiche Rechtsschutzmöglichkeiten zur Verfügung. Daher scheint es, als sei es für ihn schnell und effektiv möglich, seinen Rechtsanspruch geltend zu machen und ein rechtlich richtiges Urteil zu erlangen. Doch die Praxis zeigt ein anderes Bild. So sind gerichtliche Entscheidungen oftmals unrichtig. Zudem ergehen sie nicht immer innerhalb angemessener Zeit.

Jeder Fall bedarf einer individuellen und vor allem gründlichen Aufarbeitung. Das mit der Sache befasste Gericht muss sich gewissenhaft und detailliert mit dem Sachverhalt und der rechtlichen Lösung auseinandersetzen. Diese ist bedingt durch die Komplexität des Falles sowie die Lebensumstände des Betroffenen. Nur so kann die Entscheidung den nachfolgenden Rechtsmittelinstanzen standhalten und der Betroffene auf die Entscheidung vertrauen. Vor allem hat die innerstaatliche Entscheidung in Einklang mit der Konvention und den in ihr verbürgten Rechten und Freiheiten zu stehen. Der EGMR hat seit Beginn seiner Amtsausübung die Mitgliedstaaten der Konvention und so auch Deutschland in zahllosen Fällen verurteilt, weil sie das Konventionsrecht nicht gewahrt haben. Die Mitgliedstaaten sind mit der Ratifikation der Konvention aber die Pflicht eingegangen die Rechte und Pflichten aus der Konvention zu schützen und zu wahren. Gemäß Art. 1 EMRK sind sie verpflichtet, den ihnen unterstehenden Personen, die in der Konvention enthaltenen Rechte und Freiheiten zuzusichern. Die Konvention ist in Deutschland aufgrund ihrer Transformation im Sinne von Art. 59 Abs. 2 GG als einfaches Bundesgesetz[4] Bestandteil der deutschen Rechtsordnung geworden. Sie ist daher bei gerichtlichen Entscheidungen zu berücksichtigen. Unterbleibt dies und wird ein Konventionsrecht verletzt, so liegt eine konventionswidrige Entscheidung vor. Diese ist sodann rechtlich unrichtig.

Darüber hinaus dauern innerstaatliche Verfahren nach den deutschen Prozessordnungen in einzelnen Fällen sehr lang. Sie dauern oft Jahre, gar Jahrzehnte.

3 Siehe dazu detaillierter im 2. Teil unter Ziffer III.

4 BGBl. II 2002, 1054.

Es beginnt bereits mit der Bestimmung des Termins zur ersten mündlichen Verhandlung. So titelte beispielsweise Spiegel Online am 6.9.2016 mit der Überschrift „Gerichtstermin für 2018 – Dieser Termin ist kein Schreibfehler".[5] Das Amtsgericht Berlin-Mitte hatte zu einem Termin am 19.1.2018 geladen und fett gedruckt ergänzt „Dieser Termin ist kein Schreibfehler". Eine Sprecherin des Amtsgerichts hatte erklärt, dass das AG Berlin-Mitte und die dafür zuständige Abteilung 111 für Verkehrssachen „bereits mehrfach Termine vergeben habe, die derart weit in der Zukunft lägen".[6] Zudem hat der EGMR Deutschland bereits in der Vergangenheit in zahlreichen Fällen aufgrund unangemessen langer innerstaatlicher Verfahren verurteilt.[7] So hat er in der Sache *König* eine unangemessene Verfahrensdauer im ersten Verfahren von mehr als zehn Jahren und zehn Monaten und im zweiten Verfahren von mehr als sieben Jahren und einem Monat und daher eine Verletzung von Art. 6 Abs. 1 EMRK festgestellt.[8] Im Fall *Pammel*[9] hat er aufgrund einer Verfahrensdauer von fünf Jahren und zwei Monaten und im Fall *Probstmeier*[10] aufgrund einer Verfahrensdauer von insgesamt sieben Jahren und vier Monaten eine Verletzung des Rechts auf eine Entscheidung in angemessener Frist festgestellt. Im Fall *Sürmeli*[11] und in der Sache *Rumpf*[12] hat er ebenso eine unangemessene Verfahrensdauer und Verletzung von Art. 6 Abs. 1 EMRK festgestellt. Diese große und stetig ansteigende Anzahl von Beschwerden hat dazu geführt, dass der EGMR von einem systematischen Problem in der Bundesrepublik ausgegangen ist.[13]

Auch in der Literatur blieb dieses Problem nicht unentdeckt. So war und ist die überlange Verfahrensdauer Thema zahlreicher Dissertationen[14],

---

5 http://www.spiegel.de/panorama/justiz/berliner-amtsgericht-vergibt-termin-fuer-januar-2018-a-1111157.html.

6 http://www.spiegel.de/panorama/justiz/berliner-amtsgericht-vergibt-termin-fuer-januar-2018-a-1111157.html.

7 Siehe dazu detaillierter unter 3. Teil III.

8 *EGMR*, Urt. v. 28.6.1978, 6232/73 – König.

9 *EGMR*, Urt. v. 1.7.1997, 17820/91 – Pammel.

10 *EGMR*, Urt. v. 1.7.1997, 20950/92 – Probstmeier.

11 *EGMR*, Urt. v. 8.6.2006, 75529/01 – Sürmeli.

12 *EGMR*, Urt. v. 2.9.2010, 46344/06 – Rumpf.

13 *EGMR*, Urt. v. 2.9.2010, 46344/06 – Rumpf.

14 So beispielsweise *Baumanns*, Der Beschleunigungsgrundsatz im Strafverfahren: die Verfahrensüberlänge und ihre Rechtsfolgen, Baden-Baden 2011; *Kreutzer*, Säumnis: Rechtsschutz gegen überlange Verfahren, Wien (u.a.) 2010; *Niesler*, Angemessene Verfahrensdauer im Verwaltungsprozeß, Hamburg 2005; *Plankemann*, Überlange Verfahrensdauer im Strafverfahren: Bestimmung, Kompensation, Rechtsschutz, Berlin

Aufsätze[15] und Festschriftbeiträge[16]. In diesem Zusammenhang wurden die überlange Verfahrensdauer und ihre Auswirkungen auf das bestehende Rechtsschutzsystem von zahlreichen Stimmen negativ bewertet. So bezeichnete *Sendler* die überlange Dauer von innerstaatlichen Gerichtsverfahren als „Fundamentalproblem des ganzen Rechtsschutzes".[17] *Frowein* verglich die überlange Dauer von Verfahren mit einer „Rechtsverweigerung".[18] *Wilfinger* bezeichnete sie als

---

2015; *Reich*, Überlange Verfahrensdauer und andere Verfahrensfehler im Strafverfahren unter Berücksichtigung der Vollstreckungslösung des Großen Senats für Strafsachen, Berlin 2011; *Tiwisina*, Rechtsfragen überlanger Verfahrensdauer nach nationalem Recht und der EMRK, Baden-Baden 2010.

15 So beispielsweise *Böcker*, Neuer Rechtsschutz gegen die überlange Dauer finanzgerichtlicher Verfahren, in: DStR 2001, S. 2173 ff.; *Britz/Pfeifer*, Rechtsbehelf gegen unangemessene Verfahrensdauer im Verwaltungsprozeß – Rechtsschutzerfordernisse bei Verletzung von Prozeßgrundrechten nach der jüngsten Rechtsprechung von EGMR und BVerfG, in: DÖV 2004, S. 245 ff.; *Gundel*, Neue Anforderungen des EGMR an die Ausgestaltung des nationalen Rechtsschutzsystems – Die Schaffung effektiver Rechtsbehelfe gegen überlange Verfahrensdauer –, in: DVBl. 2004, S. 17 ff.; *Keders/Walter*, Langdauernde Zivilverfahren – Ursachen überlanger Verfahrensdauern und Abhilfemöglichkeiten, in: NJW 2013, S. 1697 ff.; *Kloepfer*, Verfahrensdauer und Verfassungsrecht: Verfassungsrechtliche Grenzen der Dauer von Gerichtsverfahren, in: JZ 1979, S. 209 ff.; *Lansnicker/Schwirtzek*, Rechtsverhinderung durch überlange Verfahrensdauer – Verletzung des Beschleunigungsgebots nach Art. 6 Abs. 1 S. 1 EMRK, in: NJW 2001, S. 1969; *Schenke*, Wolf-Rüdiger, Rechtsschutz bei überlanger Dauer verwaltungsgerichtlicher Verfahren, in: NVwZ 2012, S. 257 ff.

16 So beispielsweise *Boesche*, Die Brechung des Rechts durch das Mittel der Zeit, in: Boesche, Katharina Vera/Füller, Jens Thomas/Wolf, Maik (Hrsg.), Variationen im Recht: Beiträge zum Arbeits-, Immaterialgüter-, Infrastruktur-, Lauterkeits-, Unternehmens-, Wettbewerbs- und Zivilrecht; Festbeigabe für Franz Jürgen Säcker zum 65. Geburtstag, Berlin 2006, S. 3 ff.; *Kirchhof*, Verfassungsrechtliche Maßstäbe für die Verfahrensdauer und für die Rechtsmittel, in: Hailbronner, Kay/Ress, Georg/Stein, Torsten (Hrsg.), Staat und Völkerrechtsordnung: Festschrift für Karl Doehring, Berlin (u.a.) 1989, S. 439 ff.; *Schmidt*, Der Anspruch auf Entschädigung wegen unangemessener Verfahrensdauer und die Verzögerungsbeschwerde, in: Breuer, Martin/Epiney, Astrid/Haratsch, Andreas/Schmahl, Stefanie/Weiß, Norman (Hrsg.), Der Staat im Recht: Festschrift für Eckart Klein zum 70. Geburtstag, Berlin 2013, S. 485 ff.

17 *Sendler*, Zum Instanzenzug in der Verwaltungsgerichtsbarkeit, DVBl. 1982, 157, 164; *ders.*, Möglichkeiten zur Beschleunigung des verwaltungsgerichtlichen Verfahrens, DVBl. 1982, 923, 923.

18 *Frowein*, in: Isensee/Kirchhof (Hrsg.), HdBStR VII, 1992, § 180 Rn. 50; Er erkennt dabei zwar an, dass diese Rechtsverletzung in anderen Mitgliedstaaten der EMRK gravierender sei. Seiner Ansicht nach haben die deutschen Richter aber „gelegentlich ein

„Etablierung des Unrechts“[19] und *Schlette* gar als „Achillesferse des ansonsten perfekten deutschen Rechtsschutzsystems“.[20] *Schlette* ging sogar so weit, dass er die überlange Verfahrensdauer gleichsetzte mit einer „vollständigen Rechtsschutzverzögerung“,[21] weil sie dazu führe, dass sich Sieger des Verfahrens als Verlierer und Verlierer wegen der fortgeschrittenen Zeit als Sieger fühlen.[22] Dem anknüpfend ging *Boesche* davon aus, dass die zu erwartende Verfahrensdauer eine abschreckende Wirkung auf potentielle Kläger haben könne, ihre berechtigten Ansprüche geltend zu machen.[23]

Ein Verfahren muss im Sinne des Rechtsstaatsprinzips und des damit verbundenen Vertrauens in den Rechtsstaat und die Justiz irgendwann ein Ende finden. Denn für den Betroffenen sind mit der Dauer und dem Ausgang des Verfahrens materielle und immaterielle Interessen verbunden. Unter Umständen können die Interessen auch existenziell sein. Dauert ein Verfahren sehr lang, so kann es im Sinne der EMRK unangemessen lang sein. Es ist dann nicht rechtzeitig.

Die EMRK verlangt jedoch von den Mitgliedstaaten, dass sie den konventionskonformen Zustand wahren oder wiederherstellen, und dass sie eine Entscheidung innerhalb angemessener Frist gewähren. Damit verlangt sie die Gewährleistung richtigen Rechtsschutzes sowie die Gewährleistung rechtzeitigen Rechtsschutzes. Der Gewährung einer rechtzeitigen Entscheidung könnte

---

nur begrenztes Bewusstsein für die Bedeutung des Rechts auf eine angemessene Dauer gerichtlicher Verfahren“; so auch *Ossenbühl*, Staatshaftung bei überlangen Gerichtsverfahren, DVBl. 2012, 857, 859; *Kirchhof* schließt sich dem an und erklärt: „verspätete Antworten sind Rechtsverweigerung“, *Kirchhof*, Verfassungsrechtliche Maßstäbe für die Verfahrensdauer und für die Rechtsmittel, in: Hailbronner/Ress/Stein (Hrsg.), FS für Karl Doehring, 439, 440; Nach *Vollkommer* stellt Rechtsschutz nach langer Verzögerung die Versagung und Verweigerung des Rechts dar, *Vollkommer*, Die lange Dauer der Zivilprozesse und ihre Ursachen, ZZP 81 (1968), 102, 105.

19 *Wilfinger*, Das Gebot effektiven Rechtsschutzes, S. 2; zustimmend *Boesche*, Die Brechung des Rechts durch das Mittel der Zeit, in: Festbeigabe für Säcker, 3, 3.

20 *Schlette*, Der Anspruch auf gerichtliche Entscheidung in angemessener Frist, S. 13 m.V.a. *Meyer-Ladewig*, Europäischer Menschenrechtsschutz und Verwaltungsverfahren, SGb 1990, 257, 262. An dieser Stelle sei jedoch dahingestellt, ob es sich tatsächlich um ein „perfektes“ System handelt.

21 *Schlette*, Der Anspruch auf gerichtliche Entscheidung in angemessener Frist, S. 24 m.w.N.; siehe auch *Stöcker*, Verfahrensrechtliche Konsequenzen für den Kläger aus der überlangen Dauer von Steuerprozessen, DStZ 1989, 367, 373.

22 *Schlette*, Der Anspruch auf gerichtliche Entscheidung in angemessener Frist, S. 24.

23 *Boesche*, Die Brechung des Rechts durch das Mittel der Zeit, in: Boesche/Füller/Wolf (Hrsg.), Festbeigabe für Säcker, 3, 6.

aber die Gewährung einer richtigen Entscheidung entgegenstehen. Andererseits könnte die Gewährung einer rechtzeitigen Entscheidung der Gewähr einer richtigen Entscheidung entgegenstehen. Eine gerichtliche Entscheidung ist stets sorgfältig auszuarbeiten. Die Erlangung einer rechtlich richtigen Entscheidung kann daher viel Zeit in Anspruch nehmen und lange dauern. Stellt der EGMR sodann eine Konventionsverletzung fest und beruht das Urteil darauf, so liegt ein unrichtiges, da konventionswidriges, innerstaatliches Urteil vor. Dieses ist sodann zu beseitigen und der konventionskonforme Zustand wiederherzustellen. Dies ist mit der Wiederaufnahme des innerstaatlichen Verfahrens möglich. Das Wiederaufnahmeverfahren kann jedoch erneut viel Zeit in Anspruch nehmen und insgesamt zu einer sehr langen Verfahrensdauer führen. Die Erlangung einer rechtlich richtigen und konventionskonformen Entscheidung kann folglich zu einer Verletzung von Art. 6 Abs. 1 S. 1 EMRK führen. Andererseits kann eine schnelle Entscheidung wiederum bedeuten, dass der Rechtsstreit aufgrund der verkürzten Zeit nicht mit der erforderlichen Sorgfalt aufgearbeitet wird und die Entscheidung unrichtig und möglicherweise konventionswidrig ist. Dann besteht erneut die Gefahr, dass das bereits rechtskräftige – aber unrichtige – Urteil aufgehoben und das Verfahren wieder aufgenommen wird. Das nimmt, wie oben stehend bereits erläutert, noch einmal viel Zeit in Anspruch. Aufgrund der Gefahr eines unrichtigen und konventionswidrigen Urteils und der damit verbundenen Konsequenzen für die Dauer des Verfahrens ist fraglich, ob eine schnelle Entscheidung überhaupt gewünscht ist.

Die Kollision der Gewährung einer rechtlich richtigen und der Gewährung einer rechtzeitigen Entscheidung kann daher zu Spannungen in der Gewährleistung effektiven Menschenrechtsschutzes führen. Dies ist der Fall, wenn ein konventionswidriges innerstaatliches Urteil wieder aufgenommen und erneut verhandelt wird, um einen konventionskonformen Zustand wiederherzustellen. Dann nimmt das Verfahren erneut Zeit in Anspruch. Denn jedes Gerichtsverfahren braucht seine Zeit. Die Frage ist nur, wie viel Zeit. So plädierte bereits *Althammer*, dass eine gute Rechtsprechung ihre Zeit benötige und warnte vor kurzen Verfahren: „Die Vermeidung überlanger Verfahren um den Preis eines unnötigen ‚kurzen Prozesses' wäre das gegenteilige Übel, das keiner will. Die zügige Erledigung eines Rechtsstreits ist somit kein Selbstzweck, sondern nach dem Rechtsstaatsprinzip in Ausgleich zu bringen mit einer umfassenden tatsächlichen und rechtlichen Würdigung des Streitfalls."[24]. Daraus folgt eine ständige

24 *Althammer*, Schmerzensgeld wegen überlanger Dauer von Zivilverfahren, JZ 2011, 446, 453.

Abwägung zwischen dem Erlass einer rechtlich richtigen Entscheidung sowie dem Erlass einer rechtzeitigen Entscheidung.

Es stellt sich die Frage, wie ein effektiver Menschenrechtsschutz gewährleistet werden kann, wenn das Recht auf eine richtige Entscheidung und das Recht auf eine rechtzeitige Entscheidung zumindest partiell gegenläufig sind? Kann das Recht auf richtigen Rechtsschutz im Sinne der EMRK unter Beachtung des Rechts auf rechtzeitigen Rechtsschutz gemäß der EMRK gewährleistet werden? Wann liegt effektiver Rechtsschutz nach der EMRK vor?

Die Beantwortung dieser Fragen soll Gegenstand der vorliegenden Untersuchung sein. Ich widme meine Arbeit daher der Untersuchung der Gewährleistung effektiven Rechtsschutzes gemäß der EMRK in Ausformung der Richtigkeit und der Rechtzeitigkeit. Meiner Untersuchung liegt eine klassische juristische Analyse zugrunde. Aus dem Wortlaut der Konvention lässt sich keine Lösung für die obenstehenden Fragen ableiten. Es ist daher anhand der Auslegung des Normenmaterials und einer dogmatischen Analyse der Rechtsprechung des EGMR und des BVerfG die Antwort auf die Frage nach der Gewähr von effektivem Rechtsschutz nach der EMRK herauszuarbeiten. Die Gewährung der Richtigkeit ist mit der Gewährung der Rechtzeitigkeit in Einklang zu bringen. Dabei ist zunächst zu analysieren, woraus die Verpflichtung zur Gewährung richtigen und rechtzeitigen Rechtsschutzes resultiert und im nächsten Schritt zu untersuchen, ob und inwiefern Deutschland den Anforderungen an einen richtigen und rechtzeitigen Rechtsschutz gerecht geworden ist. Im Wege der induktiven Analyse sind sodann allgemeine Lösungsansätze zu formulieren, die auf weitere Fälle angewendet werden können. Auf Grundlage dieser Arbeit soll herausgearbeitet werden, wann effektiver Rechtsschutz nach der EMRK im Fall von richtigem und von rechtzeitigem Rechtsschutz vorliegt.

II. Gang der Untersuchung

Im Vordergrund der Untersuchung steht die Frage, ob die Bundesrepublik jedem Erfordernis der EMRK und des EGMR genügen kann, ohne sich gleichzeitig zu widersprechen und inwiefern sie den Erfordernissen gerecht geworden ist. Der Entscheidung, diese Untersuchung anhand der Gewährung richtigen und der Gewährung rechtzeitigen Menschenrechtsschutzes durchzuführen, liegt die Erwägung zugrunde, dass der EGMR von den Mitgliedstaaten den Erlass einer rechtlich richtigen und einer rechtzeitigen innerstaatlichen Entscheidung verlangt. So verlangt er, dass die Mitgliedstaaten, und so auch Deutschland, Entscheidungen erlassen, die mit dem Konventionsrecht vereinbar sind. Sind sie das nicht, so ist die Konventionskonformität wiederherzustellen. Darüber hinaus sollen die Entscheidungen gemäß Art. 6 Abs. 1 S. 1 EMRK innerhalb einer angemessenen Zeit ergehen. Der deutsche Gesetzgeber hat darauf bereits mit der Einführung neuer gesetzlicher Regelungen reagiert. So hat er aufgrund der Rechtsprechung des EGMR einen neuen Wiederaufnahmegrund in seine Prozessordnungen aufgenommen sowie ein neues Gesetz, das „Gesetz über den Rechtsschutz bei überlangen Gerichtsverfahren und strafrechtlichen Ermittlungsverfahren",[25] in das innerstaatliche Recht eingeführt. Ob diese Regelungen den versprochenen Erfolg mit sich gebracht haben oder bringen, wird sich im Folgenden zeigen.

Der Gang der Untersuchung verläuft wie folgt:

Die Arbeit setzt sich zusammen aus vier Teilen. Die ersten beiden Teile stellen die Einleitung und allgemeinen Erläuterungen über die Wirkung und die Beachtung der Rechtsprechung des EGMR dar. Die Garantie auf eine richtige Entscheidung sowie die Garantie auf eine rechtzeitige Entscheidung sind in der EMRK festgelegt. Daher ist die EMRK mit ihrer Wirkung und Bedeutung für die einzelnen Mitgliedstaaten, vorliegend am Beispiel der Bundesrepublik, Ausgangspunkt der Untersuchung. So wird zunächst der Stellenwert der EMRK in der deutschen Rechtsordnung erläutert. Da die zu untersuchenden Garantien zudem in den Urteilen des EGMR manifestiert sind, ist vor allem die Frage nach den Wirkungen der Urteile des EGMR und die damit verbundene Befolgungspflicht der Mitgliedstaaten für die Durchsetzung beider Garantien von Bedeutung. Aus diesem Grund werden im zweiten Teil der Arbeit die Verpflichtungen der Mitgliedstaaten zur Beachtung der Urteile des EGMR erklärt. Dabei ist klarzustellen, welche Anforderungen die Konvention und der Gerichtshof an die Umsetzung der Urteile des EGMR stellen und welchen Umfang die Bindungswirkung der Urteile im innerstaatlichen Recht, vor allem hinsichtlich innerstaatlicher Urteile, hat. Dabei wird auch die Rechtsprechung des Bundesverfassungsgerichts untersucht, welches sich bereits mehrfach zur Wirkung der Urteile des EGMR geäußert hat. Mit diesen Ausführungen soll eine theoretische Grundlage für die Umsetzung der Urteile in Deutschland und ein Verständnis für das Funktionieren des Rechtsschutzsystems in der EMRK geschaffen werden.

Danach folgt der wesentliche Kern der Arbeit. Im dritten Teil werden das Recht auf richtigen und das Recht auf rechtzeitigen Menschenrechtsschutz detailliert untersucht. Es wird herausgearbeitet, woraus das jeweilige Recht folgt. Darauffolgend wird die Frage untersucht, ob und inwiefern die verurteilten Mitgliedstaaten eine Verpflichtung zur Wiederaufnahme des innerstaatlichen

25 BGBl I, 2302.

Verfahrens sowie eine Verpflichtung zur Einrichtung eines präventiv beschleunigenden Rechtsbehelfs im innerstaatlichen Recht trifft. Dafür werden das Recht der Konvention, die Rechtsprechung des EGMR, das deutsche Verfassungsrecht sowie die Rechtsprechung des BVerfG untersucht. In einem nächsten Schritt wird erforscht, ob und inwiefern Deutschland den Anforderungen an einen richtigen und rechtzeitigen Rechtsschutz gemäß der EMRK gerecht geworden ist. Dafür werden die vorhandenen innerstaatlichen Regelungsmechanismen und ihre Vereinbarkeit mit den Anforderungen der EMRK an einen effektiven Rechtsschutz geprüft.

Im vierten Teil der Arbeit werden auf der Grundlage der Aussagen aus dem dritten Teil Kriterien herausgearbeitet, die eine Abwägung zwischen dem richtigen und dem rechtzeitigen Rechtsschutz ermöglichen. Es wird die Frage beantwortet, ob und wann effektiver Rechtsschutz nach der EMRK vorliegt, wenn richtiger und rechtzeitiger Rechtsschutz sich gegenüberstehen. Im fünften Teil der Arbeit werden sodann die Ergebnisse der Untersuchung zusammengefasst.

III. Die Wirkung und Bedeutung der EMRK

Die EMRK ist ein völkerrechtlicher Vertrag. Er wurde am 4. November 1950 vom Europarat in Rom verabschiedet und zunächst von Belgien, Dänemark, Deutschland, Frankreich, Irland, Italien, Luxemburg, Niederlande, Norwegen, Türkei und dem Vereinigten Königreich unterzeichnet. Die Länder Griechenland und Schweden unterzeichneten den Vertrag am 28. November 1950 in Paris. Später traten dem Vertrag noch weitere Länder bei. Momentan sind es 47 Mitgliedstaaten, die den Vertrag unterzeichnet haben.[26] Als Grundlage für die EMRK diente dem Europarat die Allgemeine Erklärung der Menschenrechte der Vereinten Nationen vom 10. Dezember 1948. Dahinter stand die Idee der Schaffung eines regionalen Schutzsystems und effizienten Kontrollmechanismus.[27]

Die EMRK ist nach ihrer Ratifizierung[28] durch zehn Staaten am 3. September 1953 in Kraft getreten[29] und völkerrechtlich verbindlich geworden. Um in Deutschland innerstaatliche Geltung zu erlangen, wurden die Bestimmungen

26 Aufzählung der aktuellen Mitgliedstaaten des Europarates und daher auch Mitgliedstaaten der EMRK; http://www.coe.int/de/web/portal/47-members-states.

27 *Meyer-Ladewig/Nettesheim*, in: Meyer-Ladewig/Nettesheim/v. Raumer, Hk-EMRK, Einl. Rn. 6.

28 Deutschland hat die EMRK am 5.12.1952 ratifiziert.

29 Bekanntmachung vom 15.12.1953, BGBl. 1954 II, 14.

der Konvention gemäß dem Verfahren nach Art. 59 Abs. 2 GG ratifiziert.[30] Dadurch haben sie in Deutschland mit dem Zustimmungsgesetz vom 7. August 1952[31] als formal deutsches Gesetz[32] den Rang eines einfachen Bundesgesetzes erhalten.[33]

Die EMRK hat eine lange Entwicklungsgeschichte.[34] Dem Grundtext folgten insgesamt 16 Zusatzprotokolle (im nachfolgenden „ZP" genannt),[35] mit denen die Mitgliedstaaten den Vertragstext verändert oder ergänzt haben. Das entscheidendste Zusatzprotokoll war das 11. Zusatzprotokoll, welches am 1.11.1998 in Deutschland in Kraft getreten ist. Es beinhaltet eine Reform des Rechtsschutzsystems der EMRK, mit der das Nebeneinander der zwei Konventionsorgane, der Europäischen Kommission für Menschenrechte (EKMR) und dem Europäischen Gerichtshof für Menschenrechte, beendet und durch einen einheitlichen ständigen Europäischen Gerichtshof für Menschenrechte ersetzt worden ist.[36]

Ziel der Konvention war und ist es, die Freiheits- und Gleichheitsrechten des einzelnen Individuums zu schützen und zu wahren.[37] Mit ihr sollte ein

---

30 *Ossenbühl/Cornils*, Staatshaftungsrecht, S. 630 f.

31 Gesetz über die Konvention zum Schutze der Menschenrechte und Grundfreiheiten, BGBl. 1952 II, 685.

32 *Bernhardt*, Die Europäische Menschenrechtskonvention und die deutsche Rechtsordnung, EuGRZ 1996, 339, 339; *Reinkenhof*, Auswirkungen des EGMR-Urteils zur Bodenreform auf rechtskräftig abgeschlossene gerichtliche Verfahren, NJ 2004, 250, 250.

33 *BVerfG*, Beschl. v. 26.3.1987, Az. 2 BvR 589/79, 2 BvR 740/81, 2 BvR 284/85, Ziff. 35; *BVerfG*, Beschl. v. 14.10.2004, Az. 2 BvR 1481/04, Ziff. 18, 68; *BVerfG*, Beschl. v. 1.2.2007, Az. 2 BvR 126/04, Ziff. 15; *BVerfG*, Beschl. v. 26.2.2008, Az. 1 BvR 1602/07, 1 BvR 1606/07, 1 BvR 1626/07, Ziff. 35; *BVerfG*, Beschl. v. 4.5.2011, Az. 2 BvR 2333/08, 2 BvR 2365/09, 2 BvR 571/10, 2 BvR 740/10, 2 BvR 1152/10, Ziff. 87.

34 Zur Geschichte der EMRK siehe ausführlich *Partsch*, Die Entstehung der europäischen Menschenrechtskonvention, ZaöRV 15 (1953/54), 631 ff.

35 Aktuell existieren 16 ZPe. Das erste, vierte, sechste, siebte, zwölfte und dreizehnte ZP erweitern den Menschenrechtsschutz. Das zweite, dritte, fünfte, achte, neunte, zehnte, elfte, vierzehnte, fünfzehnte und sechzehnte ZP beinhalten Änderungen im Verfahrensablauf vor dem Gerichtshof oder sprechen dem Gerichtshof weitere Kompetenzen zu.

36 *Meyer-Ladewig/Nettesheim*, in: Meyer-Ladewig/Nettesheim/v. Raumer, Hk-EMRK, Einl. Rn. 8 ff. m.w.N.

37 *Bajohr*, Die Aufhebung rechtsfehlerhafter Strafurteile im Wege der Wiederaufnahme, S. 85; *Kadelbach*, Der Status der Europäischen Menschenrechtskonvention im deutschen Recht, Jura 2005, 480, 480.

völkerrechtliches Rechtsschutzsystem geschaffen werden.[38] Die EMRK verkörpert die „zentralen Grundpfeiler der sich entwickelnden europäischen Verfassungsordnung und beinhaltet deren materielle Kernelemente".[39] Sie ist von allen Mitgliedstaaten des Europarates als „der menschenrechtliche Kernbestand"[40] dieser Verfassungsordnung anerkannt[41] und „verkörpert die grundlegenden menschenrechtlichen Wertvorstellungen und Verpflichtungen",[42] die ihre Mitgliedstaaten gemeinsam haben. Trotz dieser Gemeinsamkeiten ergeben sich jedoch auch erhebliche Unterschiede bezüglich ihrer Stellung in den einzelnen innerstaatlichen Rechtsordnungen, der Wirkung der Urteile sowie im Hinblick auf die Verpflichtungen der Urteile des EGMR für die Mitgliedstaaten. Die EMRK gewährt den Bürgern ihrer Mitgliedstaaten Freiheits- und Gleichheitsrechte und beinhaltet für die einzelnen Mitgliedstaaten Verpflichtungen, die der Wahrung und Sicherung der Freiheits- und Gleichheitsrechte des einzelnen Bürgers dienen.[43] Sie enthält aber keine konkreten Bestimmungen, die ihre Umsetzung in innerstaatliches Recht regeln, und so auch keine Verpflichtung gegenüber den Mitgliedstaaten, ihre Rechte in die innerstaatliche Rechtsordnung einzugliedern.[44] Lediglich der Wortlaut von Art. 1 EMRK verpflichtet die Mitgliedstaaten dazu, den ihnen unterstehenden Personen, die in der Konvention bestimmten Rechte und Freiheiten zuzusichern. Damit wird von den Mitgliedstaaten verlangt, die Konventionsrechte zu gewährleisten, was gleichzeitig einer Eingliederung in innerstaatliches Recht bedarf. Wie die Mitgliedstaaten dieser Verpflichtung nachkommen wollen, ist ihnen überlassen. Durch Unterzeichnung des Vertragstextes haben sie lediglich die Verpflichtung zur Beachtung des Vertragstextes übernommen, die sie nach eigenem Ermessen erfüllen können. Demnach steht es ihnen frei, ob sie die Konvention in ihr innerstaatliches Recht als Gesetz mit Verfassungsrang oder als einfaches Gesetz inkorporieren wollen. Dadurch unterscheidet sich die Stellung der EMRK in den einzelnen innerstaatlichen Rechtsordnungen der Mitgliedstaaten teils erheblich. Beispielsweise

38 *Polakiewicz*, Die Verpflichtungen der Staaten aus den Urteilen des EGMR, S. 223.

39 *Pache*, Tatbestandliche Abwägung und Beurteilungsspielraum, S. 256; *ders.*, Die EMRK und die deutsche Rechtsordnung, EuR 2004, 393, 395.

40 *Pache*, Die EMRK und die deutsche Rechtsordnung, EuR 2004, 393, 395.

41 Dazu auch *Pache*, Tatbestandliche Abwägung und Beurteilungsspielraum, S. 254 ff. m.w.N.

42 *Pache*, Die EMRK und die deutsche Rechtsordnung, EuR 2004, 393, 395.

43 *Kadelbach*, Der Status der Europäischen Menschenrechtskonvention im deutschen Recht, Jura 2005, 480, 480.

44 *Pache*, Tatbestandliche Abwägung und Beurteilungsspielraum, S. 260.

kommt ihr in Österreich Verfassungsrang zu, in den Niederlanden besitzt sie Vorrang vor der nationalen Verfassung und in der Schweiz oder Frankreich (u.v.a.) kommt ihr der Rang über den einfachen Gesetzen, aber unterhalb der Verfassung, zu.[45] In Deutschland wurde durch verschiedene Ansätze versucht der EMRK einen höheren Rang im innerstaatlichen Recht zuzuerkennen, letztlich wurde ein solcher Rang verneint.[46]

Der Rang der EMRK in der innerstaatlichen Rechtsordnung bestimmt ihre Wirkung in dem jeweiligen Mitgliedstaat. In Deutschland wurde die EMRK als völkerrechtlicher Vertrag gemäß Art. 59 Abs. 2 GG mit dem Zustimmungsgesetz innerstaatlich transformiert, um innerstaatliche unmittelbare Geltung zu erlangen. Die EMRK hat daher kraft Gesetzes den Rang eines einfachen Bundesgesetzes und steht im Rang unter dem Grundgesetz.[47] Gegenüber anderen Bundesgesetzen hat sie keine hervorgehobene Bedeutung. Daher kann sie grundsätzlich auch nicht unmittelbar Prüfungsgegenstand oder -maßstab einer Verfassungsbeschwerde sein.[48] Auch kann sie gemäß dem Grundsatz *lex posterior derogat legi priori* von einem später ergangenen einfachen Gesetz grundsätzlich verdrängt werden.[49] Um jedoch eine mögliche Aufhebung der EMKR und

---

45 *Polakiewicz,* Die Verpflichtungen der Staaten aus den Urteilen des EGMR, S. 291 ff. m.w.N.; *Pache*, Tatbestandliche Abwägung und Beurteilungsspielraum, S. 261; *Paraskeva,* The relationship between the domestic implementation of the European Convention on Human Rights and the ongoing reforms of the European Court of Human Rights, S. 68; vgl. dazu *Karper*, Reform des Europäischen Gerichts- und Rechtsschutzsystems, S. 171.

46 *Ress*, Verfassungsrechtliche Auswirkungen der Fortentwicklung völkerrechtlicher Verträge, in: Fürst/Herzog/Umbach (Hrsg.), Festschrift für Wolfgang Zeidler, Bd. II, 1775, 1790 ff.; siehe dazu auch *Pache*, Die EMRK und die deutsche Rechtsordnung, EuR 2004, 393, 399 ff.; *Sachs*, Zur Bedeutung der Menschenrechtsgarantien der EMRK für das deutsche (Verfassungs-)Recht, in: Breuer/Epiney/Haratsch/Schmahl/Weiß (Hrsg.), Der Staat im Recht: FS für Eckart Klein zum 70. Geburtstag, 321, 323 f.; eine Übersicht der Ansätze zur Begründung eines höheren Ranges der EMRK *Langenfeld*, Die Stellung der EMRK im Verfassungsrecht der Bundesrepublik Deutschland, in: Bröhmer (Hrsg.), Der Grundrechtsschutz in Europa, 95, 97 f.

47 *BVerfG*, Beschl. v. 14.10.2004, Az. 2 BvR 1481/04, Rn. 18 – Görgülü.

48 *BVerfG*, Beschl. v. 14.1.1960, Az. 2 BvR 243/60, Ziff. 8; *BVerfG*, Beschl. v. 14.10.2004, Az. 2 BvR 1481/04, Ziff. 32 – Görgülü.

49 *Tomuschat*, in: Kirchof/Isensee (Hrsg.), HdBStR VII, 1992, § 172 Rn. 35; *Pache*, Tatbestandliche Abwägung und Beurteilungsspielraum, S. 262; *Langenfeld*, Die Stellung der EMRK im Verfassungsrecht der Bundesrepublik Deutschland, in: Bröhmer (Hrsg.), Der Grundrechtsschutz in Europa, 95, 95; *Bernhardt*, Die Europäische Menschenrechtskonvention und die deutsche Rechtsordnung, EuGRZ 1996, 339, 339; vgl.

ihrer Bestimmungen durch ein späteres einfaches Bundesgesetz zu vermeiden, wird das spätere Gesetz im Wege einer völkerrechts- und konventionskonformen Auslegung interpretiert und der EMRK ein Vorrang gegenüber dem späteren Gesetz eingeräumt. Damit trägt das BVerfG der der Bundesrepublik obliegenden völkerrechtlichen Verpflichtung Rechnung, die in der Konvention verbürgten Rechte in der innerstaatlichen Rechtsordnung sicherzustellen, und zieht die EMRK stets als Auslegungshilfe für die Grundrechte heran. Damit trägt es der erhöhten Bedeutung der EMRK gegenüber sonstigen Bundesgesetzen Rechnung.[50] Begründet wird diese Rechtsprechung damit, dass die Grundrechtsgewährleistung der EMRK weitgehend dem deutschen Grundgesetz entspricht.[51] Das BVerfG hat dabei stets betont, dass die EMRK und die Rechtsprechung des EGMR bei der Auslegung der Grundrechte des Grundgesetzes zu beachten seien und dass die EMRK von allen staatlichen Behörden und Gerichten, einschließlich dem BVerfG, anzuwenden sei.[52]

Ein Bürger der Bundesrepublik kann sich demnach nicht nur auf den Schutz des Grundgesetzes verlassen, sondern auch auf den Schutz der EMRK vertrauen.

Kadelbach, Der Status der Europäischen Menschenrechtskonvention im deutschen Recht, Jura 2005, 480, 480 f.

50 *BVerfG*, Beschl. v. 26.3.1987, Az. 2 BvR 589/79, 2 BvR 740/81, 2 BvR 284/85, Ziff. 35; *BVerfG*, Beschl. v. 14.10.2004, Az. 2 BvR 1481/04, Ziff. 32; *BVerfG*, Beschl. v. 1.2.2007, Az. 2 BvR 126/04, Ziff. 15; *BVerfG*, Beschl. v. 26.2.2008, Az. 1 BvR 1602/07, 1 BvR 1606/07, 1 BvR 1626/07, Ziff. 52; *BVerfG*, Nichtannahmebeschl. v. 4.2.2010, Az. 2 BvR 2307/06, Ziff. 21; *BVerfG*, Beschl. v. 4.5.2011, Az. 2 BvR 2333/08, 2 BvR 2365/09, 2 BvR 571/10, 2 BvR 740/10, 2 BvR 1152/10, Ziff. 86.

51 *BVerfG*, Beschl. v. 26.3.1987, Az. 2 BvR 589/79, 2 BvR 740/81, 2 BvR 284/85, Ziff. 35.

52 *BVerfG*, Beschl. v. 14.10.2004, Az. 2 BvR 1481/04, Ziff. 32 – Görgülü.

2. Teil – Die Wirkung und Beachtung der Rechtsprechung des Europäischen Gerichtshofs für Menschenrechte

Die EMRK garantiert als völkerrechtlicher Vertrag die Einhaltung des internationalen Menschenrechtsschutzes. Die Durchsetzung der in der Konvention enthaltenen Rechte ist Aufgabe des EGMR. Er gewährleistet die Wahrung und Sicherstellung der Konventionsrechte und kontrolliert, ob sich die Mitgliedstaaten konventionskonform verhalten. Die EMRK wird durch den EGMR „gelebt". Seine Entscheidungen stellen Konventionsverletzungen fest und wollen sicherstellen, dass Verletzungen beseitigt und deren Folgen wiedergutgemacht werden. Das bringt zunächst die Frage auf, welche Wirkungen aus den Urteilen des EGMR resultieren und ob und in welchem Umfang die Mitgliedstaaten zu einer Umsetzung der Urteile verpflichtet sind.

I. Der Europäische Gerichtshof für Menschenrechte als Hüter der Konvention

Die EMRK sah seit ihrem Inkrafttreten im Jahre 1953 die Errichtung einer Gerichtsbarkeit vor. Diese sollte die Konvention überwachen und die Einhaltung der Verpflichtungen aus der EMRK sicherstellen. 1959 wurde zur Erfüllung dieser Aufgaben der EGMR mit Sitz in Straßburg ins Leben gerufen.[53] Mit Inkrafttreten des 11. Zusatzprotokolls ist er ein ständiger Gerichtshof.[54] Er setzt sich derzeit aus 47 Richtern[55] zusammen. Die Amtszeit der Richter beträgt

---

53 Bis dahin hatte die 1954 installierte Europäische Kommission für Menschenrechte (EKMR) diese Aufgabe übernommen. Zunächst teilten sich die beiden Institutionen diese Aufgabe. Die EKMR arbeitete als Beschwerdeinstanz. Jede Beschwerde wurde durch sie einer Vorprüfung unterzogen. Sie wurde mit Inkrafttreten des 11. Zusatzprotokolls jedoch aufgelöst, da seit dem 11. Zusatzprotokoll keine Vorprüfung mehr durchgeführt wurde und die Individualbeschwerde direkt an den EGMR gerichtet werden konnte. Der Gerichtshof entscheidet seitdem über die Klagen der Staaten und Einzelpersonen.

54 *Bajohr*, Die Aufhebung rechtsfehlerhafter Strafurteile im Wege der Wiederaufnahme, S. 87.

55 Gemäß Art. 20 EMRK entsendet jeder Mitgliedstaat einen Richter in den EGMR. Derzeit sind das 47 Richter. Bei der Wahl der Richter benennt jeder Mitgliedstaat drei mögliche Kandidaten, aus denen die Parlamentarische Versammlung des Europarates

neun Jahre, eine Wiederwahl ist nicht möglich (Art. 23 Abs. 1 EMRK).[56] Die Richter sind unabhängig, unparteiisch, nicht weisungsgebunden, agieren als Individuen und nicht für den Staat, aus dem sie stammen. Der Gerichtshof besteht aus fünf Sektionen. Daneben existiert die Große Kammer, die mit insgesamt 17 Richtern besetzt ist.[57] Er tagt entweder in Einzelrichterbesetzung, in Ausschüssen mit drei Richtern, in Kammern mit sieben Richtern oder in der Großen Kammer.[58] Die Ausschüsse entscheiden vorab durch eine Vorprüfung über die Individualbeschwerde, die Kammern prüfen und entscheiden über die substanziierten Individualbeschwerden und Staatenbeschwerden.[59] Die Große Kammer wird angerufen, wenn eine Rechtssache eine schwerwiegende Frage der Auslegung beinhaltet oder die Entscheidung zu einer Abweichung von einem früheren Urteil des Gerichtshofs führen kann. Dann kann die damit befasste Kammer die Angelegenheit an die Große Kammer zur Entscheidung abgeben, noch bevor sie selbst eine Entscheidung getroffen hat. Ferner kann jede Partei innerhalb von drei Monaten nach einem Urteil in Ausnahmefällen die Verweisung einer Rechtssache an die Große Kammer beantragen (Art. 43 EMRK). Der Antrag wird angenommen, wenn die Sache eine schwerwiegende Frage der Auslegung oder Anwendung der Konvention oder der Protokolle beinhaltet oder eine schwerwiegende Frage von allgemeiner Bedeutung ausweist.

Ziel der Konvention ist ein effektiver und umsetzbarer Rechtsschutz.[60] Um dieses Ziel zu erreichen, legt der Gerichtshof die Konvention im Sinne ihrer Wirksamkeit aus. Er hat die alleinige Kompetenz die Konvention anzuwenden und

---

die Richter wählt (Art. 22 EMRK). Derzeit ist der Gerichtshof mit folgenden Richtern besetzt: siehe unter http://echr.coe.int/Pages/home.aspx?p=court/judges&c.

56 Seit dem Inkrafttreten des 14. Zusatzprotokolls beträgt die Amtszeit der Richter neun Jahre.

57 Siehe dazu unter http://echr.coe.int/Pages/home.aspx?p=court/judges&c=#newComponent_1346152138668_pointer.

58 *Heinzte*, in: Ipsen, Völkerrecht, § 33 Rn. 8.

59 *Bajohr*, Die Aufhebung rechtsfehlerhafter Strafurteile im Wege der Wiederaufnahme, S. 87.

60 *EGMR*, Urt. v. 13.5.1980, 6694/74, Ziff. 33 – Artico; *EGMR*, Urt. v. 20.3.1991, 15576/89, Ziff. 94 – Cruz Varas and others. Darin heißt es: „As has been noted on previous occasions the Convention must be interpreted in the light of its special character as a treaty for the protection of individual human beings and its safeguards must be construed in a manner which makes them practical and effective.".

auszulegen (Art. 32 EMRK).[61] „Ohne die präzisierende Tätigkeit des Gerichtshofs wäre die Konvention lediglich ein Gerüst von generell formulierten Verbürgungen. Eine solche Annahme würde dem Gedanken der Konvention nicht gerecht, effektive und reale Rechte verbürgen zu wollen. Der Gedanke einheitlicher Menschenrechtsstandards macht es geradezu zwingend, dem Gerichtshof das Auslegungsmonopol zuzusprechen."[62] Die Weiterentwicklung der konventionsrechtlichen Standards ist Aufgabe des Gerichtshofs.[63] Der Entwicklungsstand der in der Konvention verbürgten Rechte und Freiheiten ist jeweils in der Rechtsprechung des EGMR abzulesen.

Ein Bestandteil des effektiven Rechtsschutzes der EMRK ist die Möglichkeit der Individualbeschwerde. Seit 1998 hat jeder, der sich durch einen Mitgliedstaat in seinen Konventionsrechten verletzt sieht, die Möglichkeit diese Verletzung unmittelbar mit einer Individualbeschwerde[64], der sogenannten *individual application*, vor dem Gerichtshof zu rügen (Art. 34 EMRK). Voraussetzung für die Individualbeschwerde ist, dass der Betroffene bereits den innerstaatlichen Rechtsweg beschritten und erschöpft hat. Nur dann kann er den Gerichtshof als sogenannte *ultima ratio*[65] in Anspruch nehmen. Der Gerichtshof entscheidet sodann über die behauptete Verletzung. Teilt er nach Prüfung des geltend gemachten Sachverhalts die Ansicht des Beschwerdeführers, so stellt er die

---

61 *Meyer-Ladewig/Albrecht*, in: Meyer-Ladewig/Nettesheim/v. Raumer, Hk-EMRK, Art. 32 Rn. 1; *Karper*, Reform des Europäischen Gerichts- und Rechtsschutzsystems, S. 168.

62 *Schilling*, Deutscher Grundrechtsschutz zwischen staatlicher Souveränität und menschenrechtlicher Europäisierung, S. 108.

63 *EGMR*, Urt. v. 6.11.1980, 7367/6, Ziff. 86 – Guzzardi. Das Richterrecht hat gerade bei älteren und sehr kurz gefassten Gesetzestexten (wie auch dem BGB oder dem GG) eine besondere Bedeutung. Es bestimmt, ebenso wie die Norm an sich, ihren Inhalt; *Meyer-Ladewig/Brunozzi*, in: Meyer-Ladewig/Nettesheim/v. Raumer, Hk-EMRK, Art. 46 Rn. 16.

64 Erst seit dem 11. Zusatzprotokoll, das am 1.11.1998 in Kraft trat, ist es jedem möglich eine Individualbeschwerde unmittelbar an den EGMR zu richten. Bis dahin war lediglich eine Staatenbeschwerde möglich. Der Bürger konnte sich dann nur mit einer Beschwerde an die Europäische Kommission für Menschenrechte wenden, wenn der betroffene Mitgliedstaat dem zugestimmt hatte. Das 9. Zusatzprotokoll, das am 1. Oktober 1994 in Kraft trat, erlaubte zwar eine unmittelbare Individualbeschwerde, jedoch nur mit Zustimmung des betroffenen Mitgliedstaates.

65 *Lansnicker/Schwirtzek*, Rechtsverhinderung durch überlange Verfahrensdauer, NJW 2001, 1969, 1972.

Konventionsverletzung in einem Feststellungsurteil fest.[66] Neben dieser Feststellung kann der Gerichtshof dem Verletzten auf dessen Antrag hin[67] auch eine gerechte Entschädigung nach Art. 41 EMRK in Form eines Leistungsurteils zusprechen[68], wenn das innerstaatliche Recht nur eine unvollkommene Wiedergutmachung vorsieht und wenn er die Entschädigung als notwendig erachtet. Eine Änderung oder Aufhebung der innerstaatlichen konventionsverletzenden Maßnahme in Form der Aufhebung, Abänderung oder Nichtigerklärung eines Gesetzes oder anderen Rechtsaktes kann der EGMR jedoch nicht anordnen. Dazu ist er nicht befugt, seine Urteile haben keine kassatorische Wirkung.[69]

II. Die Wirkung der Rechtsprechung des Gerichtshofs für die Mitgliedstaaten

Die Urteile des EGMR ergehen in Form eines Feststellungsurteils und eines Leistungsurteils. Gemäß Art. 46 Abs. 1 EMRK sind die Mitgliedstaaten verpflichtet, „in allen Rechtssachen, in denen sie Partei sind, das endgültige Urteil des Gerichtshofs zu befolgen".[70] Die Urteile erwachsen in Rechtskraft und sind daher für den betroffenen Mitgliedstaat verbindlich. Daneben können sie für andere vergleichbare Verfahren vor dem Gerichtshof eine Orientierungswirkung haben.

1. Rechtskraftwirkung

Urteile des Gerichtshofs erwachsen sowohl in formelle als auch in materielle Rechtskraft. Zunächst erwachsen sie gemäß Art. 42 und 44 EMRK in formelle Rechtskraft.[71] Das ist der Fall, wenn die Urteile endgültig sind und weder

---

66 *Kilian*, Bindungswirkung der Entscheidungen des EGMR, S. 98 f.

67 Siehe zum Antrag des Verletzten detaillierter *Dannemann*, Schadensersatz bei der Verletzung der EMRK, S. 55 ff.

68 Siehe dazu detaillierter *Traßl*, Wiedergutmachung, S. 19 ff.

69 *Meyer-Ladewig/Brunozzi*, in: Meyer-Ladewig/Nettesheim/v. Raumer, Hk-EMRK, Art. 46 Rn. 21.

70 In der rechtsverbindlichen englischen Fassung heißt es: „The High Contracting Parties undertake to abide by the final judgment of the Court in any case to which they are parties.".

71 *Meyer-Ladewig/Brunozzi*, in: Meyer-Ladewig/Nettesheim/v. Raumer, Hk-EMRK, Art. 46 Rn. 12; *Cremer*, in: Dörr/Grote/Marauhn (Hrsg.), Konkordanz-Kommentar, Kap. 32 Rn. 69; *Ress*, Die EMRK und die Vertragsstaaten: Die Wirkungen der Urteile des EGMR im innerstaatlichen Recht und vor innerstaatlichen Gerichten, in: Maier (Hrsg.), Europäischer Menschenrechtsschutz, 227, 231; *Mellech*, Die Rezeption der

angefochten noch an eine höhere Instanz weitergegeben und auch nicht inhaltlich verändert werden können.[72] Vor allem aber können sie nicht durch ein Gericht eines Mitgliedstaates überprüft werden.[73] So hat der EGMR bereits im Fall *Ringeisen* ausgeführt, dass die Endgültigkeit der Urteile bedeute, dass es gegen sie keine weiteren Rechtsmittel gebe.[74] Formell rechtskräftige Urteile erwachsen sodann in materielle Rechtskraft. Ihr Inhalt ist dann für den verurteilten Mitgliedstaat gemäß Art. 46 Abs. 1 EMRK verbindlich.[75] Dabei unterliegt die Rechtskraftwirkung der EGMR-Urteile personellen, sachlichen und zeitlichen Grenzen.[76] Im Hinblick auf die personellen Grenzen bindet das Urteil nur den am Verfahren beteiligten Mitgliedstaat an den Inhalt der Entscheidung.[77] So heißt es in dem Wortlaut von Art. 46 Abs. 1 EMRK: „The High Contracting Parties (…) in any case to which they are parties". Die Urteile entfalten ihre Wirkung somit lediglich *inter partes*.[78] Die zeitlichen Grenzen stellen auf den Zeitpunkt

---

EMRK sowie der Urteile des EGMR in der französischen und deutschen Rechtsprechung, S. 61 ff.

72 *Ress*, Die EMRK und die Vertragsstaaten: Die Wirkungen der Urteile des EGMR im innerstaatlichen Recht und vor innerstaatlichen Gerichten, in: Maier (Hrsg.), Europäischer Menschenrechtsschutz, 227, 231; vgl. *Kilian*, Die Bindungswirkung der Entscheidungen des EGMR, S. 116, 129.

73 *Ress*, Die EMRK und die Vertragsstaaten: Die Wirkungen der Urteile des EGMR im innerstaatlichen Recht und vor innerstaatlichen Gerichten, in: Maier (Hrsg.), Europäischer Menschenrechtsschutz, 227, 231.

74 *EGMR*, Urt. v. 22.6.1972, 2614/65, Ziff. 17 – Ringeisen.

75 *Cremer*, in: Dörr/Grote/Marauhn (Hrsg.), Konkordanz-Kommentar, Kap. 32 Rn. 69; *Mellech*, Die Rezeption der EMRK sowie der Urteile des EGMR in der französischen und deutschen Rechtsprechung, S. 62.

76 *Cremer*, in: Dörr/Grote/Marauhn (Hrsg.), Konkordanz-Kommentar, Kap. 32 Rn. 70; *Mellech*, Die Rezeption der EMRK sowie der Urteile des EGMR in der französischen und deutschen Rechtsprechung, S. 62.

77 Die Bindungswirkung für den Beschwerdeführer ergibt sich aus dem Rechtsgrundsatz der materiellen Rechtskraft, siehe dazu detaillierter und m.w.N. *Mellech*, Die Rezeption der EMRK sowie der Urteile des EGMR in der französischen und deutschen Rechtsprechung, S. 63 f. Bereits *Polakiewicz* hat die Rechtskraftwirkung auf den Beschwerdeführer ausgedehnt. Er sei zwar keine Partei im formellen Sinne, jedoch werde seine Stellung, der eines Verfahrensbeteiligten angenähert. Siehe dazu detaillierter *Polakiewicz*, Die Verpflichtungen der Staaten aus den Urteilen des EGMR, S. 33 ff.

78 So der EGMR: „The Court points out that by Article 46 of the Convention the High Contracting Parties undertook to abide by the final judgments of the Court in any case to which they were parties (…)", in: *EGMR*, Urt. v. 26.2.2004, 74969/01, Ziff. 64 – Görgülü.

der Urteilsverkündung zur Beurteilung der Wirkung der Entscheidung ab.[79] Danach kann beurteilt werden, ob eine Streitsache erneut zum Gegenstand einer weiteren Beschwerde gemacht wurde oder, ob eine neue Beschwerde vorliegt.[80] Für die Wirkung der Entscheidung ist dann maßgeblich, wie sich die Sach- und Rechtslage seit der Entscheidung nicht verändert hat.[81] Die sachlichen Grenzen findet die Rechtskraftwirkung in ihrem Inhalt.[82] Der Inhalt der Entscheidung sind sowohl der Tenor als auch die Entscheidungsgründe. In der Literatur ist umstritten, ob nur der Tenor der Entscheidung oder ob auch die Entscheidungsgründe für den verurteilten Mitgliedstaat verbindlich sind und Bindungswirkung entfalten. So lehnt *Cremer*[83] eine Bindungswirkung der Entscheidungsgründe und eine Verbindlichkeit für die Mitgliedstaaten ab. Nur der Tenor entfalte gegenüber den Mitgliedstaaten Rechtswirkungen.[84] Er sei aber „im Lichte der *rationes decidendi* und der facts of the case“ zu lesen.[85] *Polakiewicz* bejaht eine Verbindlichkeit des Tenors und der Entscheidungsgründe. Bereits die Historie belege, dass es keine klare Trennung der beiden Elemente gebe. So haben bereits die Schiedsgerichte keine strenge Trennung zwischen Tenor und Entscheidungsgründen vorgenommen, sondern betont, wie eng die beiden zusammenhängen.[86] Auch der Ständige Internationale Gerichtshof habe erklärt, dass die Entscheidungsgründe ebenfalls zu berücksichtigen seien und in Rechtskraft erwachsen, sofern

---

79 *Polakiewicz*, Die Verpflichtungen der Staaten aus den Urteilen des EGMR, S. 49; *Haß*, Die Urteile des EGMR, S. 61; *Kilian*, Die Bindungswirkung der Entscheidungen des EGMR, S. 193; *Mellech*, Die Rezeption der EMRK sowie der Urteile des EGMR in der französischen und deutschen Rechtsprechung, S. 65.

80 *Kilian*, Die Bindungswirkung der Entscheidungen des EGMR, S. 192; *Mellech*, Die Rezeption der EMRK sowie der Urteile des EGMR in der französischen und deutschen Rechtsprechung, S. 64.

81 *Kilian*, Die Bindungswirkung der Entscheidungen des EGMR, S. 192; *Mellech*, Die Rezeption der EMRK sowie der Urteile des EGMR in der französischen und deutschen Rechtsprechung, S. 65.

82 Das entspricht auch den Vorgaben aus dem deutschen Prozessrecht; *Meyer-Ladewig/Brunozzi*, in: Meyer-Ladewig/Nettesheim/v. Raumer, Hk-EMRK, Art. 46 Rn. 19.

83 *Cremer*, in: Dörr/Grote/Marauhn (Hrsg.), Konkordanz-Kommentar, Kap. 32 Rn. 69; diesem folgend *Schilling*, Deutscher Grundrechtsschutz zwischen staatlicher Souveränität und menschenrechtlicher Europäisierung, S. 125 f.

84 *Cremer*, in: Dörr/Grote/Marauhn (Hrsg.), Konkordanz-Kommentar, Kap. 32 Rn. 69.

85 *Cremer*, in Dörr/Grote/Marauhn (Hrsg.), Konkordanz-Kommentar, Kap. 32 Rn. 69; darauf Bezug nehmend *Schilling*, Deutscher Grundrechtsschutz zwischen staatlicher Souveränität und menschenrechtlicher Europäisierung, S. 125 f.

86 *Polakiewicz*, Die Verpflichtungen der Staaten aus den Urteilen des EGMR, S. 29 m.w.N.

sie nicht über den Inhalt des Tenors hinausgehen.[87] Der Interamerikanische Gerichtshof für Menschenrechte habe in einem Fall sogar ausdrücklich erklärt, dass die in den Entscheidungsgründen genannten Verpflichtungen des Staates von der Bindungswirkung eines Urteils umfasst werden.[88] Darüber hinaus sei für die Bestimmung des Umfangs der Rechtskraftwirkung der Entscheidung der Beschwerdegegenstand maßgeblich.[89] Um bestimmen zu können, auf welchen Beschwerdegegenstand sich die Rechtskraft erstrecke und wo sie ihre Grenzen habe, müssen die Entscheidungsgründe herangezogen werden. Andernfalls sei eine Identifizierung der Konventionsverletzung nicht möglich.[90] Der Tenor der Entscheidung sei für die Beurteilung der sachlichen Grenzen der Rechtskraft wenig hilfreich. Aus ihm gehe der Beschwerdegegenstand nicht hervor.[91]

Polakiewiczs Auffassung ist zu folgen. Sie ist im Ansatz folgerichtig und zu ergänzen. Sowohl der Tenor als auch die Entscheidungsgründe sind in einer Zusammenschau zu betrachten. Dafür spricht die Ergänzung des ansonsten inhaltsleeren Tenors durch die Entscheidungsgründe sowie die Bestimmung des Streitgegenstands zur Ziehung der Grenzen der Rechtskraftwirkung. Darüber hinaus ist für den verurteilten Mitgliedstaat ohne Hinzuziehung der Gründe nicht erkennbar, welches Verhalten konventionswidrig ist. Weitere Verletzungen können dann nicht vermieden werden. Im Tenor ist der Hauptausspruch der Entscheidung enthalten. Er ist jedoch für die Bestimmung des Beschwerdegegenstands und der Konventionsverletzung ungenügend. Bei einem Feststellungsurteil erklärt der EGMR im Tenor der Entscheidung, ob er eine Verletzung der Konvention festgestellt hat oder nicht. Der EGMR bezeichnet dabei aber nicht das konventionswidrige Handeln des Mitgliedstaates. Das führt jedoch dazu, dass aus dem Tenor der Beschwerdegegenstand, der der Entscheidung zugrunde liegt, nicht ersichtlich wird. Auch wird für den verurteilten Mitgliedstaat nicht erkennbar, worin sein konventionswidriges Verhalten lag. Um weitere Verletzungen zu vermeiden, muss der Tenor mit dem Inhalt der Gründe betrachtet werden. Nur dann weiß der Mitgliedstaat, inwiefern er sich konventionsgemäß zu verhalten hat. Auch bei einem Leistungsurteil lässt sich aus dem Tenor nicht

---

87 *Polakiewicz*, Die Verpflichtungen der Staaten aus den Urteilen des EGMR, S. 29 m.w.N.

88 *Polakiewicz*, Die Verpflichtungen der Staaten aus den Urteilen des EGMR, S. 31 m.w.N.

89 *Polakiewicz*, Die Verpflichtungen der Staaten aus den Urteilen des EGMR, S. 38.

90 *Polakiewicz*, Die Verpflichtungen der Staaten aus den Urteilen des EGMR, S. 38; *Mellech*, Die Rezeption der EMRK sowie der Urteile des EGMR in der französischen und deutschen Rechtsprechung, S. 63.

91 *Polakiewicz*, Die Verpflichtungen der Staaten aus den Urteilen des EGMR, S. 38 m.w.N.

feststellen, was der Beschwerdegegenstand ist. Daraus geht lediglich hervor, dass der Mitgliedstaat an den Beschwerdeführer einen konkreten Entschädigungsbetrag zu zahlen hat. Der Beschwerdegegenstand bleibt unbestimmt.[92]

Um den Beschwerdegegenstand bestimmen zu können, müssen die Entscheidungsgründe herangezogen werden. Sie konkretisieren den Beschwerdegegenstand und damit auch den Umfang der Rechtskraftwirkung der Entscheidung. Aus ihnen geht hervor, welcher Lebenssachverhalt der Beschwerde zugrunde liegt und welches Verhalten des Mitgliedstaates den Beschwerdeführer in seinen Konventionsrechten verletzt hat. Der verurteilte Mitgliedstaat kann in Zukunft nicht mehr mit dem Argument gehört werden, sein Verhalten sei konventionskonform.

Im Ergebnis sind die Entscheidungsgründe neben dem Tenor zu berücksichtigen. Die Rechtskraftwirkung hat ihre sachlichen Grenzen im Inhalt der Entscheidung, dem Entscheidungsausspruch, dem Beschwerdegegenstand und dem ihm zugrunde liegenden Lebenssachverhalt.[93] Der verurteilte Mitgliedstaat hat gemäß Art. 46 Abs. 1 EMRK das Urteil insgesamt zu befolgen, d.h. den Tenor und die Entscheidungsgründe. Beide erwachsen in Rechtskraft. Die Verpflichtung zur Befolgung der Urteile trifft somit den an dem Verfahren beteiligten Mitgliedstaat im Umfang des Entscheidungsausspruchs sowie des Beschwerdegegenstands und dem ihm zugrunde liegenden Lebenssachverhalt im Zeitpunkt der Urteilsverkündung. Andere Mitgliedstaaten sind nicht von der Rechtskraft des Urteils betroffen. Für sie ist die Entscheidung des Gerichtshofs nicht verbindlich, sodass sie keine Pflicht zur Umsetzung der Urteile in innerstaatliches Recht trifft.[94]

---

92 *Kilian*, Die Bindungswirkung der Entscheidungen des EGMR, S. 174.

93 *Mellech*, Die Rezeption der EMRK sowie der Urteile des EGMR in der französischen und deutschen Rechtsprechung, S. 63.

94 *Okresek*, Die Umsetzung der EGMR-Urteile und ihre Überwachung, EuGRZ 2003, 168, 169; *Pache*, EuR 2004, 393, 406. *Pache* sieht hierin auch ein Hauptproblem der Durchsetzung und Geltung der EMRK. Durch die begrenzte Rechtskraft der Urteile des EGMR muss sich der Gerichtshof mit einer Vielzahl von identischen Verfahren auseinandersetzen, ohne das bereits ergangene Urteile berücksichtigt werden können. Durch eine allgemeine Geltung der Urteile könnte eine Vielzahl der Verfahren vermieden werden. Andererseits hat der Gerichtshof im Jahr 2004 erstmalig das Pilotverfahren durchgeführt, um einer Überlastung des Gerichtshofs zu begegnen (*EGMR*, Urt. v. 22.6.2004, 31443/96 – Broniowski). Dabei hat er eine Vielzahl von identischen Verfahren ausgesetzt und eins dieser Verfahren als Pilotverfahren fortgesetzt. Das Ergebnis dieses Verfahrens galt für die anderen Verfahren als wegweisend. Jedoch wird der Pilotverfahrenstechnik lediglich Orientierungswirkung zugeschrieben.

2. Orientierungswirkung

Gemäß der Rechtskraftwirkung ist nur der am Verfahren beteiligte Mitgliedstaat zur Umsetzung des Urteils im innerstaatlichen Recht verpflichtet.[95] Für Mitgliedstaaten, die nicht an dem Verfahren beteiligt sind, ist die Entscheidung grundsätzlich nicht bindend. Das führt dazu, dass sich der Gerichtshof immer wieder in verschiedenen Verfahren mit identischen Rechtsfragen auseinandersetzen muss. Diese Vorgehensweise ist unökonomisch und führt zu einer Überlastung des Gerichtshofs.[96] Um diese Auswirkungen einzudämmen, haben die Urteile des Gerichtshofs für alle anderen nicht am Verfahren beteiligte Mitgliedstaaten Orientierungswirkung[97] bei der Auslegung der Konvention. Die anderen Mitgliedstaaten richten sich nach den Entscheidungen des EGMR, indem sie im innerstaatlichen Recht Maßnahmen einleiten, die den Entscheidungen Rechnung tragen, obwohl keine solche Entscheidung gegen sie selbst ergangen ist.[98]

---

95 *Okresek*, Die Umsetzung der EGMR-Urteile und ihre Überwachung, EuGRZ 2003, 168, 169.

96 *Pache*, Die Europäische Menschenrechtskonvention und die deutsche Rechtsordnung, EuR 2004, 393, 406.

97 Siehe dazu *Grabenwarter/Pabel*, EMRK, § 16 Rn. 9. *Bleckmann* geht hingegen von einer *erga-omnes*-Wirkung aus, wonach ein Urteil auch für alle Parallelfälle bindend ist; *Bleckmann*, Bundesverfassungsgericht versus Europäischer Gerichtshof für Menschenrechte, EuGRZ 1995, 387, 388. Siehe zur *erga-omnes*-Wirkung auch *Papier*, Umsetzung und Wirkung der Entscheidungen des EGMR aus der Perspektive der nationalen deutschen Gerichte, EuGRZ 2006, 1, 1 ff.

98 *Ress* u.a. führen dazu aus, dass sich die Mitgliedstaaten auch an den Urteilen gegen andere Mitgliedstaaten richten müssen, um künftige Konventionsverletzungen gegen sich selbst zu vermeiden. Sie folgern diese Pflicht aus der allgemeinen, durch den Gerichtshof konkretisierten Konventionswirkung. Da sich die Mitgliedstaaten der Konvention verpflichtet haben, die Konvention und die darin enthaltenen Rechte zu gewährleisten, haben sich die Mitgliedstaaten an den Entscheidungen des Gerichtshofs gegenüber anderen Mitgliedstaaten zu orientieren; *Ress*, Wirkung und Beachtung der Urteile und Entscheidungen der Straßburger Konventionsorgane, EuGRZ 1996, 350, 350; *ders.*, Die EMRK und die Vertragsstaaten: Die Wirkungen der Urteile des EGMR im innerstaatlichen Recht und vor innerstaatlichen Gerichten, in: Maier (Hrsg.), Europäischer Menschenrechtsschutz, 227, 234; *Grabenwarter/Pabel*, EMRK, § 16 Rn. 9; *Polakiewicz*, Innerstaatliche Durchsetzung der Urteile des EGMR vom 29. November 1991, ZaöRV 52 (1992), 149, 165 ff.; Das *BVerfG* teilt diese Ansicht und erklärt, dass das Urteil gegen einen Mitgliedstaat für andere Mitgliedstaaten nicht verbindlich sei, aber Orientierungswirkung entfalte. Es gäbe den anderen Mitgliedstaaten die Möglichkeit, die eigene Rechtsordnung hinsichtlich der streitentscheidenden Frage zu überprüfen „und sich bei einer möglicherweise erforderlichen

Die Urteile des EGMR sind somit nicht völlig bedeutungslos für die anderen Mitgliedstaaten. Dabei sind die Entscheidungsgründe für die Orientierungswirkung maßgeblich. Die Gründe sind in der Regel auf den Einzelfall bezogen. Sie können jedoch auch über den Einzelfall hinaus Rechtskraft entfalten, wenn es sich dabei um allgemeine Aussagen handelt und sie eine gewisse Stabilität aufweisen.[99] Diese liegt vor, wenn in anderen Entscheidungen wiederholt auf sie Bezug genommen wird.[100] Den Aussagen allgemeiner Natur wird auf alle Fälle Orientierungswirkung zugesprochen. Ihre Bindungswirkung entfällt aber, wenn sie veraltet sind oder eine Überprüfung aus anderen Gründen in Betracht kommt.[101]

III. Die Verpflichtungen aus dem Urteil des Gerichtshofs

Für den verurteilten Mitgliedstaat folgen aus dem Urteil des EGMR Verpflichtungen. Diese Verpflichtungen ergeben sich aus der EMRK und der Rechtsprechung des EGMR. Auch das Ministerkomitee als Organ des Europarates in Straßburg hat zu den Verpflichtungen der Mitgliedstaaten bei der Umsetzung der Urteile des EGMR Stellung genommen und gegenüber den verurteilten Mitgliedstaaten Empfehlungen ausgesprochen. Die daraus folgenden Pflichten und ihre Ausgestaltung werden im Folgenden näher erläutert.

1. Die Verpflichtung zur Befolgung der Urteile aus Art. 46 Abs. 1 EMRK

Stellt der EGMR eine Verletzung der Konvention oder ihrer Zusatzprotokolle fest, so ist der verurteilte Mitgliedstaat gemäß Art. 46 Abs. 1 EMRK dazu verpflichtet, das Urteil des EGMR zu befolgen. Die Erfüllung dieser Verpflichtung aus Art. 46 Abs. 1 EMRK wird gemäß Art. 46 Abs. 2 EMRK vom Ministerkomitee

Änderung an der einschlägigen Rechtsprechung des Gerichtshofs zu orientieren". Das sei darauf zurückzuführen, dass die EMRK und die Rechtsprechung des EGMR „als Auslegungshilfen für die Bestimmung von Inhalt und Reichweite von Grundrechten und rechtsstaatlichen Grundsätzen" des Grundgesetzes dienen, *BVerfG*, Beschl. vom 14.10.2004, Az 2 BvR 1481/04, Ziff. 32, 39 – Görgülü.

99 *Gusy*, Wirkungen der Rechtsprechung des EGMR; JA 2009, 406, 409.

100 *Gusy*, Wirkungen der Rechtsprechung des EGMR; JA 2009, 406, 409.

101 *Gusy*, Wirkungen der Rechtsprechung des EGMR; JA 2009, 406, 410.

überwacht.[102] Weitergehende Regelungen über die Durchsetzung und Vollstreckung der Urteile des EGMR kennt die EMRK nicht. Die Umsetzung der Urteile des EGMR in das innerstaatliche Recht wurde in der EMRK nicht ausdrücklich geregelt. Das ist ein wesentlicher Schwachpunkt der Konvention und des durch sie aufgebauten Rechtsschutzsystems[103], da die Durchsetzung der Urteile für den Beschwerdeführer einen effektiven Menschenrechtsschutz darstellt. Etwaige Sanktionsmöglichkeiten, um einen Staat zur Beachtung der Rechtsprechung des EGMR zu zwingen, sieht die EMRK ebenso nicht vor. Daher bestehen im Hinblick auf die Wirkungen und Durchsetzungsmöglichkeiten von Urteilen des EGMR Unklarheiten.

Ausgangspunkt aller Überlegungen zu der Wirkung der Urteile des EGMR ist Art. 46 Abs. 1 EMRK. [104] In Art. 46 Abs. 1 EMRK heißt es: „The High Contracting Parties undertake to abide by the final judgment of the Court in any case to which they are parties.“. Der Wortlaut von Art. 46 Abs. 1 EMRK beinhaltet lediglich die Befolgungspflicht der Urteile des EGMR durch die Mitgliedstaaten. Die Pflichten der Mitgliedstaaten sind damit sehr knapp beschrieben. Was inhaltlich darunter zu verstehen ist, wird von der EMRK nicht weiter festgelegt. In Art. 45 Abs. 1 EMRK wird lediglich eine Begründungspflicht für die Urteile verlangt und in Art. 74 VerfO wird der notwendige Urteilsinhalt beschrieben. Doch geben diese Normen keinen Aufschluss darüber, was für konkrete Maßnahmen durch den verurteilten Mitgliedstaat zu ergreifen sind. Einen Anhaltspunkt für die geschuldete Leistung gibt Art. 41 EMRK wieder, der erstmalig eine Wiedergutmachung für die Konventionsverletzung und ihrer Folgen verlangt. Das Prinzip der Wiedergutmachung ist ein im Völkerrecht allgemein anerkannter Grundsatz. Demnach hat der verurteilte Staat die tatsächlichen und rechtlichen Folgen des Unrechtstatbestands zu beseitigen und den Zustand wiederherzustellen, der bestehen würde, wenn das schadensverursachende Ereignis nicht eingetreten wäre.[105] Dabei handelt es sich um den Grundsatz der Naturalrestitution,

---

102 *Altermann*, Ermittlungspflichten der Staaten aus der EMRK, S. 158; *Egli*, Zur Reform des Rechtsschutzsystems der Europäischen Menschenrechtskonvention, ZaöRV 64 (2004), 759, 766.

103 *Polakiewicz*, Die Verpflichtungen der Staaten aus den Urteilen des EGMR, S. 4.

104 *Polakiewicz*, Die Verpflichtungen der Staaten aus den Urteilen des EGMR, S. 51 ff.; *Ress*, Wirkung und Beachtung der Urteile und Entscheidungen der Straßburger Konventionsorgane, EuGRZ 1996, 350 ff.

105 *IGH*, Urt. v. 13.9.1928, PCIJ, Series A No. 17, S. 47 – Chorzów Factory. So hat der Ständige Internationale Gerichtshof in seiner Entscheidung erklärt: „(...) reparation must, as far as possible, wipe out all consequences of the illegal act and reestablish

die sogenannte *restitutio in integrum.*[106] Auch die EMRK richtet sich nach den völkerrechtlichen Grundsätzen der Staatenverantwortlichkeit[107] und nach dem Grundsatz der Naturalrestitution. Daraus ergeben sich für Art. 46 Abs. 1 EMRK bei der Feststellung eines völkerrechtswidrigen Aktes grundsätzlich drei Pflichten: (1) die Pflicht zur Beendigung der festgestellten Konventionsverletzung durch den Mitgliedsstaat, (2) die Pflicht zur Wiedergutmachung im Sinne einer *restitutio in integrum* und (3) die Pflicht Genugtuung zu leisten und Vorkehrungen zu treffen, um eine Wiederholung der Konventionsverletzung zu vermeiden.[108] Welche Maßnahmen der Mitgliedstaat dafür zu ergreifen hat, liegt in seinem Ermessen. Er ist in der Wahl seiner Mittel, um seine Pflichten aus Art. 46 Abs. 1 EMRK zu erfüllen, frei, sofern die gewählten Mittel mit den im Urteil genannten Schlussfolgerungen vereinbar sind.[109] Art. 46 Abs. 1 EMRK beinhaltet daher eine abstrakte Verpflichtung, die erst durch die in den Urteilen genannte Konventionsverletzung genauer bestimmt wird.[110] Die obenstehenden Pflichten werden im Folgenden näher untersucht.

a) Die Verpflichtung zur Beendigung der Konventionsverletzung

Die Verpflichtung zur Beendigung der Konventionsverletzung folgt unmittelbar aus der Primärverpflichtung zur Unterlassung konventionswidrigen

---

the situation which would, in all probability, have existed if the act had not been committed.".

106 *Meyer-Ladewig/Brunozzi*, in: Meyer-Ladewig/Nettesheim/v. Raumer, Hk-EMRK, Art. 41 Rn. 18.

107 *Polakiewicz*, Die Verpflichtungen der Staaten aus den Urteilen des EGMR, S. 51 f.; *Heckötter*, Die Bedeutung der EMRK und der Rechtsprechung des EGMR für die deutschen Gerichte, S. 48.

108 So *Polakiewicz*, Die Verpflichtungen der Staaten aus den Urteilen des EGMR, S. 52; *ders.*, Die innerstaatliche Durchsetzung der Urteile des EGMR vom 29. November 1991, ZaöRV 52 (1992), 149, 164 f.; so auch: *Cremer*, in Dörr/Grote/Marauhn (Hrsg.), Konkordanz-Kommentar, Kap. 32 Rn. 76; *Pietrowicz*, Die Umsetzung der zu Art. 6 I EMRK ergangenen Urteile des EGMR in der Russischen Föderation, S. 43; *Haß*, Die Urteile des EGMR, S. 72, nennt als die ersten drei Pflichten die Pflicht zur Beendigung der Konventionsverletzung, die Pflicht zur Beseitigung der Verletzung und die Pflicht zur Wiedergutmachung des Schadens. Als vierte Pflicht nennt er, die Verpflichtung zur Vermeidung einer Wiederholung der Konventionsverletzung Vorkehrungen zu treffen.

109 *EGMR*, Urt. v. 13.7.2000, 39221/98; 41963/98, Ziff. 249 – Scozzari u. Giunta; *EGMR*, Urt. v. 31.10.1995, 14556/89, Ziff. 34 – Papamichalopoulos u.a.

110 *Polakiewicz*, Die Verpflichtungen der Staaten aus den Urteilen des EGMR, S. 32.

Verhaltens.[111] Stellt der EGMR eine Konventionsverletzung fest, so obliegt es dem verurteilten Mitgliedstaat, diese Verletzung zunächst zu beenden.[112] Er ist dann verpflichtet, Maßnahmen zu treffen, um die innerstaatliche Rechtsordnung mit der Konvention in Einklang zu bringen. Dafür ist die Ursache der Rechtsverletzung zu beseitigen.[113] Die Verpflichtung ist besonders interessant bei noch andauernden Verletzungen, wie beispielsweise einer rechtswidrigen Inhaftierung.[114] Dann hat der verurteilte Mitgliedstaat ohne Zögern geeignete innerstaatliche Maßnahmen zu ergreifen, um die Verletzung zu beenden.[115] Im Fall einer rechtswidrigen Inhaftierung ist der Inhaftierte freizulassen.[116] Liegt die Konventionsverletzung in einem innerstaatlichen Gesetz, so ist dieses grundsätzlich aufzuheben oder zu ändern. Jedoch genügt zur Erfüllung der Pflicht grundsätzlich die Nichtanwendung der konventionswidrigen innerstaatlichen Rechtsnormen, da die Änderung oder Aufhebung eines innerstaatlichen Hoheitsaktes mit Schwierigkeiten verbunden ist.[117] So können einer Änderung oder Aufhebung die Rechtskraft der Urteile, die Bestandskraft von Verwaltungsakten oder Verjährungs- und Ausschlussfristen entgegenstehen.[118]

---

111 *Heckötter*, Die Bedeutung der EMRK und der Rechtsprechung des EGMR, S. 49.

112 *EGMR*, Urt. v. 31.10.1995, 14556/89, Ziff. 34 – Papamichalopoulos u.a.; ebenso Clooth ./. Belgien, EGMR, Urt. v. 5.3.1998, Nr. Nr. 12718/87, Ziff. 14; siehe dazu auch *Haß*, Die Urteile des EGMR, S. 75 ff.; *Heckötter*, Die Bedeutung der EMRK und der Rechtsprechung des EGMR für die deutschen Gerichte, S. 49–50; *Okresek*, Die Umsetzung der EGMR-Urteile und ihre Überwachung, EuGRZ 2003, 168, 170; *Ress*, Wirkung und Beachtung der Urteile und Entscheidungen der Straßburger Konventionsorgane, EuGRZ 1996, 350, 350.

113 *Heckötter*, Die Bedeutung der EMRK und der Rechtsprechung des EGMR, S. 49.

114 *Cremer*, in Grote/Dörr/Marauhn, Konkordanz-Kommentar, Kap. 32 Rn. 82; *ders.*, Zur Bindungswirkung von EGMR-Urteilen, EuGRZ 2004, 683, 691; *Heckötter*, Die Bedeutung der EMRK und der Rechtsprechung des EGMR für die deutschen Gerichte, S. 49; Genaueres bei *Polakiewicz*, Die Verpflichtungen der Staaten aus den Urteilen des EGMR, S. 71 f.

115 So in *EGMR*, Urt. v. 13.7.2000, 39221/98 und 41963/98, Ziff. 249 – Scozzari u. Giunta.

116 So in *EGMR*, Urt. v. 8.4.2004, 71503/01, Ziff. 198, 202, 203 – Assanidze.

117 *Polakiewicz*, Die Verpflichtungen der Staaten aus den Urteilen des EGMR, S. 67 f.

118 *Polakiewicz*, Die Verpflichtungen der Staaten aus den Urteilen des EGMR, S. 184 ff.

b) *Die Verpflichtung zur Wiedergutmachung im Sinne einer* restitutio in integrum

Aus Art. 46 Abs. 1 EMRK trifft den verurteilten Mitgliedstaat neben der Beendigung der Konventionsverletzung die Verpflichtung die Konventionsverletzung zu beseitigen. Im Vergleich zu der Beendigungspflicht ist die Wiedergutmachungspflicht auf eine in der Vergangenheit eingetretene Konventionsverletzung gerichtet. Sie beseitigt die Folgen der Verletzung.[119] Der Mitgliedstaat muss Naturalrestitution leisten, d.h. die rechtlichen und tatsächlichen Folgen der Konventionsverletzung beseitigen und den konventionskonformen Zustand wiederherstellen, wie er vor der Konventionsverletzung bestand,[120] die sogenannte *restitutio in integrum.*[121] So hat er im Fall *Papamichalopoulos* aus Art. 53 EMRK[122] hergeleitet, dass ein Urteil, in dem der Gerichtshof eine Konventionsverletzung festgestellt hat, einen Staat dazu verpflichte, die Verletzung zu beenden und hinsichtlich der Folgen Wiedergutmachung zu leisten, sodass der Zustand vor der Verletzung wiederhergestellt werden könne.[123] Er erklärte: „The Court points out that by Article 53 (Art. 53) of the Convention the High Contracting Parties undertook to abide by the decision of the Court in any case to which they were parties; (…) It follows that a judgment in which the Court finds a breach imposes on the respondent State a legal obligation to put an end to the

119 *Heckötter*, Die Bedeutung der EMRK und der Rechtsprechung des EGMR, S. 50; *Polakiewicz*, Die Verpflichtungen der Staaten aus den Urteilen des EGMR, S. 92.

120 *EGMR*, Urt. v. 28.11.2002, 25701/94, Ziff. 72 – früherer König von Griechenland u.a.: „*The Court reiterates that a judgment in which it finds a breach imposes on the respondent State a legal obligation to put an end to the breach and make reparation for its consequences in such a way as to restore as far as possible the situation existing before the breach*; so auch *Paraskeva*, The relationship between the domestic implementation of the European Convention on Human Rights and the ongoing reforms of the European Court of Human Rights, S. 83 f.; *Ress*, Die EMRK und die Vertragsstaaten: Die Wirkungen der Urteile des EGMR im innerstaatlichen Recht und vor innerstaatlichen Gerichten, in: Maier (Hrsg.), Europäischer Menschenrechtsschutz, 227, 234; *Rohleder*, Grundrechtsschutz im europäischen Mehrebenen-System, S. 132; *Schilling*, Deutscher Grundrechtsschutz zwischen staatlicher Souveränität und menschenrechtlicher Europäisierung, S. 113.

121 *EGMR*, Urt. v. 28.11.2002, 25701/94, Ziff. 73 – früherer König von Griechenland u.a.; *EGMR*, Urt. v. 31.10.1995, 14556/89, Ziff. 34 – Papamichalopoulos u.a.; ausführlich dazu *Verdross/Simma*, Völkerrecht, § 1295 f.

122 Art. 53 EMRK entspricht nunmehr Art. 46 Abs. 1 EMRK.

123 *EGMR*, Urt. v. 31.10.1995, 14556/89, Ziff. 34 – Papamichalopoulos u.a.

breach and make reparation for its consequences in such a way as to restore as far as possible the situation existing before the breach. (…) If the nature of the breach allows of restitutio in integrum, it is for the respondent State to effect it, the Court having neither the power nor the practical possibility of doing so itself."[124] Die *restitutio in integrum* ist dabei nur im Rahmen des innerstaatlich Möglichen zu leisten.[125]

Welche konkreten Maßnahmen zur Erfüllung der Wiedergutmachungspflicht zu treffen sind, hängt dabei von der Art des konventionswidrigen Handelns ab, das heißt, ob das Verhalten des Mitgliedstaates in einem Verwaltungsakt, Gesetzgebungsakt oder in der Rechtsprechung der nationalen Gerichte liegt.

aa) Konventionsverletzung durch einen innerstaatlichen Verwaltungsakt

Die Verpflichtung des verurteilten Mitgliedstaates zur Änderung seiner Verwaltungspraxis als Reaktion auf eine festgestellte Konventionsverletzung wird allgemein angenommen.[126] Liegt die Konventionsverletzung im Erlass eines Verwaltungsaktes, so muss dieser geändert oder aufgehoben werden. Das stellt in der Bundesrepublik keine Probleme dar. In der Verwaltungsverfahrensordnung des Bundes und der Länder ist die Möglichkeit der Aufhebung eines Verwaltungsaktes in § 48 Abs. 1 VwVfG bzw. in § 48 Abs. 1 (L)VwVfG geregelt. Danach kann ein rechtswidriger Verwaltungsakt nach § 48 Abs. 1 VwVfg bzw. § 48 Abs. 1 (L)VwVfG i.V.m. § 580 Nr. 8 ZPO aufgehoben werden. Die Rechtswidrigkeit des Verwaltungsaktes richtet sich dabei nach deutschem Recht, aber auch nach dem Völkerrecht.[127]

bb) Konventionsverletzung durch die Rechtsprechung der innerstaatlichen Gerichte

Auch eine Verpflichtung des verurteilten Mitgliedstaates zur Änderung seiner Rechtsprechungspraxis aufgrund einer festgestellten Konventionsverletzung

---

124 *EGMR*, Urt. v. 31.10.1995, 14556/89, Ziff. 34 – Papamichalopoulos u.a.

125 *Cremer*, in Dörr/Grote/Marauhn (Hrsg.), Konkordanz-Kommentar, Kap. 32 Rn. 77.

126 *Meyer-Ladewig/Brunozzi*, in: Meyer-Ladewig/Nettesheim/v. Raumer, Hk-EMRK, Art. 46 Rn. 26; *Werwie-Haas*, Die Umsetzung der strafrechtlichen Entscheidungen des Europäischen Gerichtshofs für Menschenrechte in Deutschland, Österreich, der Schweiz und im Vereinigten Königreich, S. 74 ff.

127 *Kopp/Ramsauer*, VwVfG-Kommentar, § 48 Rn. 50.

wird allgemein angenommen.[128] Liegt die Verletzung der Konvention in dem Urteil eines innerstaatlichen Gerichts, so ist das konventionswidrige Urteil aufzuheben. Das ist die effektivste Möglichkeit, um der Entscheidung des EGMR zur optimalen Wirksamkeit zu verhelfen. Diese Pflicht gestaltet sich jedoch als schwierig, da die Urteile des EGMR nicht die Rechtskraft der innerstaatlichen Urteile durchbrechen können.[129] Diese steht der Entscheidung des EGMR entgegen und wird durch das Urteil des EGMR nicht berührt. Die innerstaatliche Entscheidung kann lediglich in Form einer innerstaatlichen Maßnahme aufgehoben werden. In Betracht kommt dafür das innerstaatliche Wiederaufnahmeverfahren, falls die innerstaatliche Rechtsordnung ein solches Verfahren vorsieht. In der Bundesrepublik ist eine Wiederaufnahme in einer Vielzahl von Gerichtsverfahren ausnahmsweise möglich. Die Prozessordnungen sehen eine solche unter anderem bei der Feststellung einer Konventionsverletzung durch den EGMR vor. Die Wiederaufnahme führt dazu, dass eine rechtskräftige, folglich mit Rechtsmitteln nicht mehr angreifbare Entscheidung, aufgehoben und neu verhandelt wird.

cc) Konventionsverletzung durch die innerstaatliche Gesetzgebung

Ist ein Gesetz konventionswidrig, so nimmt das Schrifttum eine Verpflichtung zur Änderung der betreffenden Rechtsnormen an.[130] Ist eine Rechtsnorm konventionswidrig und kann ihr nicht durch völkerrechtsfreundliche Auslegung abgeholfen werden, dann muss der Gesetzgeber tätig werden. *Polakiewicz* und *Ress* leiten das aus der Wiedergutmachungspflicht ab. Die Wiedergutmachungspflicht im Sinne einer *restitutio in integrum* beinhalte im Falle einer konventionswidrigen Rechtsnorm nicht nur eine Beseitigung der Konventionsverletzung an sich, sondern auch eine Änderung oder Aufhebung der konventionswidrigen innerstaatlichen Rechtsnorm.[131]

---

128 *Meyer-Ladewig/Brunozzi*, in: Meyer-Ladewig/Nettesheim/v. Raumer, Hk-EMRK, Art. 46 Rn. 27; *Werwie-Haas*, Die Umsetzung der strafrechtlichen Entscheidungen des Europäischen Gerichtshofs für Menschenrechte, S. 72 ff.

129 *Uerpmann*, Die EMRK und die deutsche Rechtsprechung, S. 216; *Meyer-Ladewig/Brunozzi*, in: Meyer-Ladewig/Nettesheim/v. Raumer, Hk-EMRK, Art. 46 Rn. 27; *Polakiewicz*, Die Verpflichtungen der Staaten aus den Urteilen des EGMR, S. 223.

130 *Haß*, Die Urteile des EGMR, S. 95 ff.; *Peukert*, in: Frowein/Peukert, EMRK, Art. 46 Rn. 7; *Okresek*, Die Umsetzung der EGMR-Urteile und ihre Überwachung, EuGRZ 2003, 168, 170 f.

131 *Polakiewicz*, Innerstaatliche Durchsetzung der Urteile des EGMR vom 29. November 1991, ZaöRV 52 (1992), 149, 166 f.; *Ress*, Die EMRK und die Vertragsstaaten: Die

c) *Die Verpflichtung zur Genugtuung und die Verpflichtung zur Vermeidung einer Wiederholung der festgestellten Konventionsverletzung*

Liegt eine Konventionsverletzung vor, so ist es auch Pflicht des Mitgliedstaates aus Art. 46 Abs. 1 EMRK, eine Genugtuung zu leisten und eine solche Konventionsverletzung für die Zukunft zu vermeiden. Die Erfüllung der Pflicht zur Genugtuung wird im allgemeinen Völkerrecht bereits in der Feststellung der Verletzung des Völkerrechts gesehen.[132] Auch im Rahmen der EMRK wird die Feststellung der Konventionsverletzung als hinreichende Genugtuung angesehen, sodass der Verpflichtung zur Genugtuung keine zentrale Bedeutung zugeschrieben wird.[133] Hingegen kommt der Verpflichtung zur Vermeidung einer Wiederholung der festgestellten Konventionsverletzung eine wesentliche Bedeutung zu.[134] Die Feststellung einer Konventionsverletzung heißt schließlich auch, dass der betroffene Mitgliedstaat durch Ergreifen von innerstaatlichen Maßnahmen in Zukunft gleiche Konventionsverletzungen verhindern soll.[135] Andernfalls bestünde die Gefahr, dass der verurteilte Mitgliedstaat die Konvention erneut verletzt und dies seitens des EGMR erneut gegenüber dem verurteilten Mitgliedstaat festgestellt wird.[136] Das ist jedoch kaum im Sinne des Beschwerdesystems der EMRK.[137] Dieses beinhaltet die effektive Durchsetzung der Konventionsrechte und dient dem kollektiven Schutz der in ihr enthaltenen Rechte und Freiheiten und nicht dem Rechtsschutz des Einzelnen.[138] Die Verpflichtung zur Vermeidung einer Wiederholung der festgestellten Konventionsverletzung beinhaltet daher die Prävention künftiger gleich gelagerter Verletzungen.[139] Die

---

Wirkungen der Urteile des EGMR im innerstaatlichen Recht und vor innerstaatlichen Gerichten, in: Maier (Hrsg.), Europäischer Menschenrechtsschutz, 227, 235 f. m.w.N.

132 *Schröder*, in: Vitzthum/Proeßl, Völkerrecht, 7. Abschn. Rn. 32; *Verdross/Simma*, Völkerrecht, § 1299.

133 *Heckötter*, Die Bedeutung der EMRK und der Rechtsprechung des EGMR, S. 55.

134 *Haß*, Die Urteile des EGMR, S. 96 ff.; *Heckötter*, Die Bedeutung der EMRK und der Rechtsprechung des EGMR, S. 56; *Polakiewicz*, Die Verpflichtungen der Staaten aus den Urteilen des EGMR, S. 149 ff.

135 *Heckötter*, Die Bedeutung der EMRK und der Rechtsprechung des EGMR, S. 58; *Villiger*, HB EMRK, Rn. 228.

136 *Cremer*, Zur Bindungswirkung von EGMR-Urteilen, EuGRZ 2004, 683, 690.

137 *Villiger*, HB EMRK, Rn. 228.

138 *Heckötter*, Die Bedeutung der EMRK und der Rechtsprechung des EGMR, S. 58; *Polakiewicz*, Die Verpflichtungen der Staaten aus den Urteilen des EGMR, S. 153.

139 *Polakiewicz*, Die Verpflichtungen der Staaten aus den Urteilen des EGMR, S. 153 f.

Verpflichtung zur Prävention kann nur in bestimmten Fällen geschuldet sein, so bei Vorliegen konventionswidriger Rechtsnormen, bei strukturellen Defiziten der innerstaatlichen Gerichtsorganisation[140] oder wenn die Bedeutung und Tragweite der in der EMRK garantierten Rechte im allgemeinen Verwaltungsvollzug verkannt werden.[141]

Auch das Ministerkomitee geht grundsätzlich von einer Pflicht zur Vermeidung gleich gelagerter Konventionsverletzungen für die Zukunft durch den verurteilten Mitgliedstaat aus. Es kontrolliert, ob individuelle Maßnahmen *(individual measures)* zur Beendigung der Verletzung und Wiedergutmachung veranlasst und ob generelle Maßnahmen *(general measures)* vorgenommen wurden, um weitere Konventionsverletzungen zu vermeiden.[142] Dabei überprüft es die Bekanntgabe der völkerrechtlichen Urteile, Änderungen der innerstaatlichen Rechts- und Verwaltungspraxis sowie die Änderung der innerstaatlichen Gesetze. Diese Maßnahmen sind zielführend, um die innerstaatlichen Rechtsordnungen dauerhaft in Einklang mit der Konvention zu bringen und zukünftige Verletzungen der Konvention effektiv zu vermeiden.[143]

d) Zwischenergebnis zu 1.

Es bestehen drei Pflichten der Mitgliedstaaten aus Art. 46 Abs. 1 EMRK. Diese drei Pflichten stehen dem verurteilten Mitgliedstaat nicht zur Disposition. Er hat sie zu erfüllen und so die Urteile des EGMR zu „befolgen". So folgt aus Art. 46 Abs. 1 EMRK, dass der verurteilte Mitgliedstaat nach der Feststellung einer Konventionsverletzung durch den EGMR die Verletzung beenden, dem Beschwerdeführer Wiedergutmachung in Form der Naturalrestitution gewähren und präventive Maßnahmen ergreifen muss, um eine Verletzung in gleich gelagerten Fällen zu vermeiden. Wie er diesen Pflichten nachkommen will, bestimmt der betroffene Mitgliedstaat selbst.

---

140 Siehe dazu mit Fallbeispielen *Polakiewicz*, Die Verpflichtungen der Staaten aus den Urteilen des EGMR, S. 151 f.

141 *Polakiewicz*, Die Verpflichtungen der Staaten aus den Urteilen des EGMR, S. 155.

142 *Pietrowicz*, Die Umsetzung der zu Art. 6 I EMRK ergangenen Urteile des EGMR in der Russischen Föderation, S. 48.

143 *Heckötter*, Die Bedeutung der EMRK und der Rechtsprechung des EGMR für die deutschen Gerichte, S. 58 f.; *Okresek*, Die Umsetzung der EGMR-Urteile und ihre Überwachung, EuGRZ 203, 168, 170.

2. Die Bindung der innerstaatlichen Organe an die Verpflichtung aus Art. 46 Abs. 1 EMRK

Die Bundesrepublik ist als Völkerrechtssubjekt verpflichtet, die aus Art. 46 Abs. 1 EMRK folgenden Pflichten zu erfüllen und die Urteile des EGMR zu befolgen. Ob darüber hinaus auch eine Bindungswirkung der Urteile des EGMR für die innerstaatlichen Organe besteht, lässt sich anhand des Falles *Görgülü* beantworten. Anlässlich dieses Falls hatte das BVerfG in seinem Beschluss vom 14. Oktober 2004[144] erstmals Gelegenheit, sich ausführlich mit der Frage nach der Bindungswirkung der Urteile des EGMR gegenüber den deutschen Organen, vorliegend den deutschen Gerichten, auseinanderzusetzen.

Der Entscheidung des *BVerfG* lag folgender Sachverhalt zugrunde: Herr Görgülü hatte nach erfolglosem Beschreiten des innerstaatlichen Rechtswegs beim EGMR Individualbeschwerde eingelegt, da ihm das Sorge- und Umgangsrecht mit seinem Kind durch das OLG Naumburg untersagt wurde. Darin sah er eine Verletzung seines Konventionsrechts auf Achtung des Familienlebens aus Art. 8 EMRK. Der EGMR stellte in seiner Entscheidung vom 26. Februar 2004[145] eine solche Verletzung fest und hob hervor, dass die Bundesrepublik im Sinne von Art. 46 Abs. 1 EMRK verpflichtet sei, das Urteil des Gerichtshofs zu beachten, im vorliegenden Fall Herrn Görgülü zumindest den Umgang mit seinem Kind zu gewähren.[146] Daraufhin ergingen zwei sehr zweifelhafte Beschlüsse des OLG Naumburg vom 30. Juni 2004[147] und vom 9. Juli 2004[148], aufgrund derer das BVerfG erstmals Gelegenheit hatte sich intensiv mit der Frage nach der Bindungswirkung von Urteilen des EGMR auch gegenüber innerstaatlichen Organen auseinanderzusetzen.

Das OLG Naumburg hatte in seinem Beschluss vom 30. Juni 2004[149] ausgeführt, dass weder die EMRK noch das Grundgesetz die deutschen Gerichte dazu verpflichte, eine rechtskräftige Entscheidung wieder aufzunehmen oder die Rechtskraft einer Entscheidung anderweitig zu beseitigen. Die Urteile des EGMR enthielten lediglich Feststellungen einer Konventionsverletzung.[150]

144 *BVerfG*, Beschl. v. 14.2.2004, Az. 2 BvR 1481/04 – Görgülü.

145 *EGMR*, Urt. v. 26.2.2004, 74969/01 – Görgülü.

146 *EGMR*, Urt. v. 26.2.2004, 74969/01, Ziff. 64 – Görgülü.

147 *OLG Naumburg*, Beschl. v. 30.6.2004, Az. 14 WF 64/04.

148 *OLG Naumburg*, Beschl. v. 9.7.2004, Az. 14 UF 60/04.

149 Dieser Beschluss des OLG Naumburg erging zu der Frage nach dem Umgangsrecht des Vaters.

150 *OLG Naumburg*, Beschl. v. 30.6.2004, Az. 14 WF 64/04, Ziff. 25.

Ferner stehe die EMRK als einfaches Bundesgesetz unter dem Rang des Grundgesetzes und der EGMR sei kein höherrangiges Gericht. Aus diesem Grund seien die deutschen Gerichte weder bei der Auslegung der EMRK noch bei der Auslegung des Grundgesetzes an die Urteile des EGMR gebunden.[151] Durch Art. 46 Abs. 1 EMRK sei die Bundesrepublik als Völkerrechtssubjekt zwar an die Urteile des EGMR gebunden, die deutschen Gerichte seien jedoch aufgrund des in Art. 97 Abs. 1 GG verankerten Grundsatzes der richterlichen Unabhängigkeit nicht an die Urteile des EGMR gebunden.[152] In seiner Entscheidung vom 9. Juli 2004[153] bestätigte das OLG Naumburg seine Ausführungen aus dem Beschluss vom 30. Juni 2004 zur Bindungswirkung deutscher Gerichte an die Urteile des EGMR und verneinte sogar eine mittelbare Bindungswirkung an die Urteile des EGMR. Die Vorgaben des EGMR seien für seine Entscheidungsfindung nicht zu beachten.[154]

Stimmen aus der Literatur haben die Entscheidungen des OLG Naumburg energisch kritisiert[155] und darauf hingewiesen, dass auch die deutschen Gerichte an die Urteile des EGMR gebunden seien, zumal die EMRK als in das deutsche Recht inkorporierte Recht beachtet werden müsse, und nicht mehr davon auszugehen sei, dass die deutschen Gerichte nicht an die Urteile gebunden seien.[156] Das BVerfG hat daraufhin in seinem Beschluss vom 14. Oktober 2004[157] und in seinem Beschluss vom 5. April 2005[158] ausdrücklich die Pflicht der deutschen Gerichtsbarkeit zur „Berücksichtigung" der Rechtsprechung des EGMR festgestellt, sofern dem nicht das Verfassungsrecht entgegenstehe.[159] Es ging dabei von einer weitergehenden, aber nicht absoluten Bindung deutscher Gerichte

151 *OLG Naumburg*, Beschl. v. 30.6.2004, Az. 14 WF 64/04, Ziff. 26.

152 *OLG Naumburg*, Beschl. v. 30.6.2004, Az. 14 WF 64/04, Ziff. 24.

153 Dieser Beschluss des OLG Naumburg erging zu der Frage nach dem Sorgerecht.

154 *OLG Naumburg*, Beschl. v. 9.7.2004, Az. 14 UF 60/04, Ziff. 17 ff.

155 *Klein* spricht von einem elementaren Fehlverständnis des OLG Naumburg, *Klein*, JZ 2004, 1176, 1176; *Rixe* beschreibt die Auseinandersetzung des OLG Naumburg mit der Rechtsprechung des EGMR als mangelnde Offenheit gegenüber der europäischen Entwicklung und stellt klar, dass die Bundesrepublik ihrer Verpflichtung aus Art. 46 Abs. 1 EMRK nur gerecht werden kann, wenn alle staatlichen Organe an die Urteile des EGMR gebunden sind; *Rixe*, FamRZ 2004, 1460, 1461.

156 *Klein*, JZ 2004, 1176, 1176.

157 *BVerfG*, Beschl. v. 14.10.2004, Az. 2 BvR 1481/04 – Görgülü.

158 *BVerfG*, Beschl. v. 5.4.2005, Az. 1 BvR 1664/04.

159 *BVerfG*, Beschl. v. 14.10.2004, Az. 2 BvR 1481/04, Ziff. 29 ff., 62 – Görgülü; *BVerfG*, Beschl. v. 5.4.2005, Az. 1 BvR 1664/04, Ziff. 14 f. – Görgülü.

an die Entscheidungen des EGMR aus und stellte eine verfassungsrechtliche Pflicht zur Berücksichtigung dieser Entscheidungen fest, d.h. eine Verpflichtung zur Auseinandersetzung mit einschlägiger Rechtsprechung in Verbindung mit einer besonderen Begründungslast im Falle einer Abweichung.[160] Die Bindungswirkung der Urteile des EGMR erstrecke sich somit innerstaatlich auf alle staatlichen Organe, die für die Wiederherstellung eines konventionskonformen Zustands zu sorgen haben.[161] Das folgerte das BVerfG aus der Überlegung, dass die Pflicht aus Art. 46 Abs. 1 EMRK (vormals Art. 52 EMRK) nur durch alle Träger der öffentlichen Gewalt in der Bundesrepublik erfüllt werden könne und somit auch die deutschen Gerichte an die Urteile des EGMR gebunden seien. Alle Organe seien gemäß Art. 46 Abs. 1 EMRK angehalten, eine Verletzung der Konvention zu beenden und einen konventionskonformen Zustand wiederherzustellen.[162] Von dieser Berücksichtigungspflicht sei ebenso wenig die richterliche Unabhängigkeit berührt, da auch die deutschen Gerichte an Gesetz und Recht[163] nach Art. 20 Abs. 3 GG und damit an die ins deutsche Recht inkorporierte EMRK gebunden seien.[164]

Das BVerfG bestätigte damit seine Rechtsprechung, nach der die Urteile des EGMR lediglich als Auslegungshilfe dienen[165], und versuchte die fehlende innerstaatliche Bindungswirkung zu kompensieren, indem es die Pflicht zur Berücksichtigung der Konvention und Rechtsprechung des EGMR für alle staatlichen Organe betonte. Der verurteilte Mitgliedstaat ist daher mit allen seinen staatlichen Organen an die Urteile des EGMR gebunden.[166] Das Ziel des effektiven

160 *BVerfG*, Beschl. v. 14.10.2004, Az. 2 BvR 1481/04, Ziff. 29 f., 62 – Görgülü; *BVerfG*, Beschl. v. 5.4.2005, Az. 1 BvR 1664/04, Ziff. 14 f. – Görgülü.

161 *BVerfG*, Beschl. v. 14.10.2004, Az. 2 BvR 1481/04, Ziff. 30 – Görgülü; *BVerfG*, Beschl. v. 5.4.2005, Az. 1 BvR 1664/04, Ziff. 15 – Görgülü.

162 *BVerfG*, Beschl. v. 14.10.2004, Az. 2 BvR 1481/04, Ziff. 30 – Görgülü; *BVerfG*, Beschl. v. 5.4.2005, Az. 1 BvR 1664/04, Ziff. 15 – Görgülü.

163 „Zu der Bindung an Recht und Gesetz (Art. 20 Abs. 3 GG) gehört die Berücksichtigung der Gewährleistung der Konvention zum Schutz der Menschenrechte und Grundfreiheiten und der Entscheidungen des Gerichtshofs für Menschenrechte im Rahmen methodisch vertretbarer Gesetzesauslegung", so *BVerfG*, Beschl. v. 14.10.2004, Az. 2 BvR 1481/04, Ls. 1 – Görgülü.

164 *BVerfG*, Beschl. v. 14.10.2004, Az. 2 BvR 1481/04, Ziff. 53 – Görgülü.

165 Vgl. *BVerfG*, Beschl. v. 26.3.1987, Az. 2 BvR 589/79, 740/81 und 284/85, Ziff. 35.

166 So auch *Polakiewicz*, Die Verpflichtungen der Staaten aus den Urteilen des EGMR, S. 225 ff. *Polakiewicz* ist der Auffassung, dass bereits die „Einheit des Staates" zur Beachtung der Konvention durch alle staatlichen Organe führe. Seiner Auffassung

Menschenrechtsschutzes kann im Sinne der Effektivität nur durch die Beachtung der Urteile des Gerichtshofs durch alle Organe des Mitgliedstaates erreicht werden.[167]

3. Die Konkretisierung der Verpflichtungen aus Art. 46 Abs. 1 EMRK durch die Rechtsprechung des EGMR

Grundsätzlich stellt der EGMR in seinen Entscheidungen stets die Verletzung der Konvention fest und überlässt die Erfüllung der Verpflichtungen aus Art. 46 Abs. 1 EMRK den Mitgliedstaaten in ihrem Ermessen. Es bleibt ihnen überlassen, welche konkreten Maßnahmen sie im innerstaatlichen Recht vornehmen, um ihren Verpflichtungen nachzukommen.[168] In der jüngsten Vergangenheit hat der Gerichtshof jedoch in seinen Entscheidungen deutliche Worte gefunden und versucht die Verpflichtungen der Mitgliedstaaten aus Art. 46 Abs. 1 EMRK zu konkretisieren. Damit wollte er mehr Effektivität des Menschenrechtsschutzes erreichen.

In seiner anfänglichen Rechtsprechung hat der Gerichtshof es vermieden, Ausführungen zu den von den verurteilten Mitgliedstaaten zu ergreifenden Maßnahmen zu machen und seine Entscheidung allgemein formuliert. Mit der Zeit hat er dem verurteilten Mitgliedstaat in seinem Urteil jedoch bestimmte Maßnahmen nahegelegt. Erste Anzeichen für eine solche Entwicklung gab es in dem Urteil *Papamichalopoulos u.a.*[169] Dort erklärte der Gerichtshof in den Entscheidungsgründen, dass die Wahl der Mittel im Ermessen der Staaten liege und der verurteilte Mitgliedstaat eine *restitutio in integrum* gewähren solle, wenn die Art der Verletzung dies erlaube.[170] Im Urteilstenor ordnete er sodann

---

nach erhebt die Konvention bereits in den Art. 1, 13 und 57 a.F. EMRK den Anspruch, durch alle staatlichen Organe anwendbar zu sein.

167 So auch *Polakiewicz*, Die Verpflichtungen der Staaten aus den Urteilen des EGMR, S. 227 f.

168 So in *EGMR*, Urt. v. 13.6.1979, 6833/74 – Marckx; vgl. *BGH*, Beschl. v. 19.3.2014, Az. XII ZB 511/13, Ziff. 19; *BAG*, Urt. v. 22.11.2012, Az. 2 AZR 570/11, Ziff. 37.

169 *EGMR*, Urt. v. 31.10.1995, 14556/89 – Papamichalopoulos u.a.

170 *EGMR*, Urt. v. 31.10.1995, 14556/89, Ziff. 34 – Papamichalopoulos u.a.: „It follows that a judgment in which the Court finds a breach imposes on the respondent State a legal obligation to put an end to the breach and make reparation for its consequences in such a way as to restore as far as possible the situation existing before the breach. The Contracting States that are parties to a case are in principle free to choose the means whereby they will comply with a judgment in which the Court has found a breach. This discretion as to the manner of execution of a judgment reflects the freedom of choice attaching to the primary obligation of the Contracting States under the Convention

die Rückübertragung eines Grundstücks an, allerdings mit der Einschränkung, dass der Staat andernfalls eine gerechte Entschädigung zu zahlen habe.[171] Er erklärte: „The Court (...) 2. Holds that the respondent State is to return to the applicant, within six months, the land in issue of an area of 104,018 sq. m, including the building on it; 3. Holds that, failing such restitution, the respondent State is to pay the applicants, within six months, 5,551,000,000 (five thousand five hundered and fifty-one million) drachmas in respect of pecuniary damage, plus non-capitalisable interest at 6% from the expiry of the six-month period (point 2 of the operative provisions) until payment;“[172]. Im Fall *Scozzari und Giunta*[173] erklärte er, dass der verurteilte Mitgliedstaat allgemeine Maßnahmen („general measures“) und/oder wenn erforderlich, individuelle Maßnahmen („individual measures“) in seiner innerstaatlichen Rechtsordnung zu treffen habe, um die Verletzung zu beenden und die Folgen so weit wie möglich zu beseitigen.[174] Dabei betonte er ebenfalls, dass der Mitgliedstaat in der Wahl seiner Mittel grundsätzlich frei sei. Er schränkte die Wahl des Mittels und somit den Ermessenspielraum der Mitgliedstaaten jedoch ein. Er erklärte, der Staat sei nur solange vollkommen ungebunden in der Wahl der für die Umsetzung des Urteils adäquaten Maßnahmen, wie diese mit den Feststellungen des Gerichtshofs vereinbar seien („provided that such means are compatible with the conclusions set out in the Court's judgment.“).[175] In den Urteilen *Assanidze,*[176]

---

to secure the rights and freedoms guaranteed (Article 1) (Art. 1). If the nature of the breach allows of restitutio in integrum, it is for the respondent State to effect it, the Court having neither the power nor the practical possibility of doing so itself.“.

171 Für weitere Beispiele aus der Rechtsprechung des EGMR siehe *Breuer*, Zur Anordnung konkreter Abhilfemaßnahmen durch den EGMR, EuGRZ 2004, 257, 258 f.

172 *EGMR*, Urt. v. 31.10.1995, 14556/89, Ziff. 2 des Tenors – Papamichalopoulos u.a.

173 *EGMR*, Urt. v. 13.7.2000, Nr. Nr. 39221/98 u. 41963/98 – Scozzari und Giunta.

174 *EGMR*, Urt. v. 13.7.2000, Nr. Nr. 39221/98 u. 41963/98, Ziff. 249 – Scozzari und Giunta: „It follows, inter alia, that a judgment in which the Court finds a breach imposes on the respondent State a legal obligation not just to pay those concerned the sums awarded by way of just satisfaction, but also to choose, subject to supervision by the Committee of Ministers, the general and/or, if appropriate, individual measures to be adopted in their domestic legal order to put an end to the violation found by the Court and to redress so far as possible the effects (see, mutatis mutandis, the Papamichalopoulos and Others v. Greece (Article 50) judgment of 31 October 1995, Series A no. 330-B, pp. 58–59, § 34).“.

175 *EGMR*, Urt. v. 13.7.2000, Nr. Nr. 39221/98 u. 41963/98, Ziff. 249 – Scozzari und Giunta.

176 *EGMR*, Urt. v. 8.4.2004, 71503/01 – Assanidze.

Broniowski[177] und *Görgülü*[178] schrieb der EGMR den Mitgliedstaaten zudem erstmals vor, welche konkreten Maßnahmen sie zu ergreifen haben, um das Urteil des EGMR umzusetzen. Die letztgenannten Entscheidungen werden daher im Folgenden näher untersucht.

a) Die Entscheidung Assanidze

Im Fall *Assanidze* hat der Gerichtshof eine Verletzung von Art. 5 Abs. 1 EMRK und Art. 6 Abs. 1 EMRK festgestellt.[179] Er hat den Mitgliedstaat verurteilt, zum frühestmöglichen Zeitpunkt sicherzustellen, dass der Beschwerdeführer aus der konventionswidrigen Haft entlassen werde sowie eine Entschädigungszahlung aufgrund der Freiheitsentziehung zu leisten. Er hat in seiner Entscheidung ausgeführt: „However, by its very nature, the violation found in the instant case does not leave any real choice as to the measures required to remedy it. In these conditions, having regard to the particular circumstances of the case and the urgent need to put an end to the violation of Article 5 § 1 and Article 6 § 1 of the Convention, the Court considers that the respondent State must secure the applicant's release at the earliest possible date.“[180]. Im Tenor der Entscheidung wiederholte er: „Holds unanimously (a) that the respondent State must secure the applicant's release at the earliest possible date (paragraphs 202 and 203); (…)“[181]. Damit hat er das Ermessen des Mitgliedstaates noch weiter eingeschränkt. Er hat in den Entscheidungsgründen und im Tenor eine Freilassung des konventionswidrig inhaftierten Beschwerdeführers angeordnet und das Ermessen des verurteilten Mitgliedstaates in der Wahl der zu ergreifenden Maßnahmen auf Null reduziert. Er hat dem betroffenen Mitgliedsstaat aufgezeigt, wie die Konventionsverletzung zu beenden ist. Aus Sicht des EGMR bestand kein anderes Mittel, als die unverzügliche Freilassung, um die Verletzung zu beenden.

b) Die Entscheidung Broniowski

In der Sache *Broniowski* hat der Gerichtshof entschieden, dass Art. 1 des ZPs zur EMRK verletzt ist und dass es sich bei dieser Verletzung um ein strukturelles Problem in der Rechtsordnung Polens handelt, welches zu einer Vielzahl an

---

177 *EGMR*, Urt. v. 22.4.2004, 31443/96 – Broniowski.
178 *EGMR*, Urt. v. 26.2.2004, 74969/01 – Görgülü.
179 *EGMR*, Urt. v. 8.4.2004, 71503/01 – Assanidze.
180 *EGMR*, Urt. v. 8.4.2004, 71503/01, Ziff. 202 f. – Assanidze.
181 *EGMR*, Urt. v. 8.4.2004, 71503/01, Tenor, Ziff. 14. lit. a) – Assanidze.

gleich gelagerten Fällen führe und den Gerichtshof in Form von Individualbeschwerden belaste (167 Beschwerden mit fast 80.000 betroffenen Personen).[182] Daher hat er erstmals ein Pilotverfahren („pilot judgment procedure") durchgeführt. Dieses sollte ihm ermöglichen, dem betroffenen Mitgliedstaat konkrete Maßnahmen zur Beendigung einer fortdauernden Konventionsverletzung vorzuschreiben und ein Urteil zu erlassen, welches für die Vielzahl der rechtlich gleich gelagerten Fälle richtungsweisend ist. Damit sollten weitere gleichartige Beschwerden vermieden werden. Dem lag die Empfehlung Rec(2004)6 vom 12.5.2004 des Ministerkomitees des Europarates zugrunde. Darin hatte das Ministerkomitee eine einzelfallabhängige Vorgehensweise empfohlen, mit der aber auch anhängige Parallelverfahren zurückgewiesen werden konnten.[183] Grund für das Tätigwerden des Komitees war die ansteigende Zahl der Beschwerden. Diese war auf strukturelle Probleme in den Mitgliedstaaten zurückzuführen und gefährdete die Funktionsfähigkeit des EGMR.[184]

Der Gerichtshof hat in seiner Entscheidung angemerkt, dass es grundsätzlich nicht die Aufgabe des Gerichtshofs sei, über Maßnahmen zur Erfüllung der aus Art. 46 Abs. 1 EMRK resultierenden Verpflichtungen zu entscheiden. Jedoch sei es angesichts des vorliegenden strukturellen Problems notwendig innerstaatliche Maßnahmen zu treffen, die die zahlreichen aus der Konventionsverletzung resultierenden Fälle berücksichtigen und den strukturellen Mangel beheben, der der Grund für die zahlreichen gleichartigen Beschwerden ist. Die innerstaatlichen Behörden müssten Maßnahmen treffen, damit der Gerichtshof seine Feststellungen nicht in einer langen Serie gleichartiger Fälle wiederholen müsse. So erklärte er: „Although it is in principle not for the Court to determine what remedial measures may be appropriate to satisfy the respondent State's obligations under Article 46 of the Convention, in view of the systemic situation which it has identified, the Court would observe that general measures at national level are undoubtedly called for in execution of the present judgment, measures which must take into account the many people affected. Above all, the measures adopted must be such as to remedy the systemic defect underlying the Court's finding of a violation so as not to overburden the Convention system with large numbers of applications deriving from the same cause. Such measures should therefore

182 *EGMR*, Urt. v. 22.6.2004, 31443/96, Ziff. 189 f., 193 – Broniowski.

183 *EGMR*, Urt. v. 22.6.2004, 31443/96, Ziff. 191 – Broniowski.

184 *EGMR*, Urt. v. 22.6.2004, 31443/96, Ziff. 191 – Broniowski. Siehe zur Arbeitsbelastung des EGMR *Ress*, Der EGMR, seine Reform und die Rolle der nationalen Gerichte, in: Karl (Hrsg.), Internationale Gerichtshöfe und nationale Rechtsordnung, 39, 45 ff.

include a scheme which offers to those affected redress for the Convention violation identified in the instant judgment in relation to the present applicant. In this context the Court's concern is to facilitate the most speedy and effective resolution of a dysfunction established in national human rights protection. Once such a defect has been identified, it falls to the national authorities, (…), retroactively if appropriate (…), the necessary remedial measures in accordance with the subsidiary character of the Convention, so that the Court does not have to repeat its finding in a lengthy series of comparable cases."[185]. Im Tenor der Entscheidung erklärte er zudem: „Holds that the respondent State must, through appropriate legal measures and administrative practices, secure the implementation of the property right in question in respect of the remaining Bug River claimants or provide them with equivalent redress in lieu, in accordance with the principles of protection of property rights under Article 1 of Protocol No. 1;"[186].

Damit schränkte der Gerichtshof das Ermessen des Mitgliedstaates erneut ein. Er reduzierte es sogar auf Null.[187] Er konkretisierte die Maßnahmen, die der verurteilte Mitgliedstaat zu treffen hat, um das innerstaatliche strukturelle Problem zu beheben und weitere vergleichbarer Fälle zu beseitigen, sowohl in seinen Entscheidungsgründen als auch im Tenor. Diese Ermessensreduzierung auf Null machte der Gerichtshof auch, um der Vielzahl der durch dieses strukturelle Problem entstandenen Individualbeschwerden Herr zu werden. Andernfalls sah er die Effektivität seiner Rechtsprechung nicht mehr gewahrt. Mit der Entscheidung in dieser Sache sollten Wiederholungen der Verletzung verhindert, der EGMR entlastet und eine schnelle und wirksame Lösung für das strukturelle Problem gefunden werden.

c) Die Entscheidung Görgülü

Im Fall *Görgülü*[188] hat der Gerichtshof entschieden, dass die Verweigerung des Sorge- und Umgangsrechts für den Vater eines nicht ehelichen Kindes einen Verstoß gegen Art. 8 EMRK darstellt und sogar konkret angeordnet, dass dem Beschwerdeführer der Umgang mit seinem Kind zu gewähren ist. Er hat dabei wiederholt, dass der verurteilte Mitgliedstaat nach Art. 46 Abs. 1 EMRK dazu verpflichtet sei, allgemeine und/oder angemessene individuelle Maßnahmen in der innerstaatlichen Rechtsordnung zu treffen, um die Verletzung zu beenden

---

185 *EGMR*, Urt. v. 22.6.2004, 31443/96, Ziff. 193 – Broniowski.

186 *EGMR*, Urt. v. 22.6.2004, 31443/96, Ziff. 4 des Tenors – Broniowski.

187 So bereits *Grabenwarter/Pabel*, EMRK, § 16 Rn. 7.

188 *EGMR*, Urt. v. 26.2.2004, 74969/01 – Görgülü.

und ihre Folgen zu beseitigen. Er hat auch betont, dass der Mitgliedstaat frei sei in der Wahl seiner Mittel, vorausgesetzt diese seien mit den Feststellungen aus dem EGMR-Urteil vereinbar. Jeder verurteilte Mitgliedstaat habe solche innerstaatlichen Maßnahmen zu ergreifen, die geeignet seien, die Verpflichtungen aus dem Urteil im Ergebnis zu erfüllen („obligations of results").[189] Für den konkreten Fall bedeute das, dass dem Beschwerdeführer der Umgang mit seinem Kind zu gewähren sei: „It follows, inter alia, that a judgment in which the Court finds a breach imposes on the respondent State a legal obligation not just to pay those concerned the sums awarded by way of just satisfaction, but also to choose, (...), the general and/or, if appropriate, individual measures to be adopted in their domestic legal order to put an end to the violation found by the Court and to redress so far as possible the effects. Furthermore, (...), the respondent State remains free to choose the means by which it will discharge its legal obligation under Article 46 of the Convention, provided that such means are compatible with the conclusions set out in the Court's judgment (...). In the case at hand this means making it possible for the applicant to at least have access to his child."[190].

Der Gerichtshof betonte in dieser Entscheidung, dass das „Ob" der Befolgung des Urteils nicht im Ermessen der Mitgliedstaaten liegt. Vielmehr liegt das „Wie" im Ermessen der Mitgliedstaaten. Er hat in den Entscheidungsgründen eine konkrete Maßnahme ausgesprochen. Um den konventionswidrigen Zustand zu beseitigen, war dem Beschwerdeführer der Umgang mit seinem Kind zu gewähren. Damit hat er die Pflicht des Mitgliedstaates konkretisiert.

d) Zusammenfassung zu 3.

Die Entscheidungen zeigen insgesamt eine Entwicklung des EGMR in seiner Rechtsprechung hinsichtlich der Pflichten aus Art. 46 Abs. 1 EMRK. Damit ist der EGMR von seiner ursprünglichen Praxis abgewichen. Diese bestand darin, dass er eine Verletzung der Konvention feststellte und dem Beschwerdeführer eventuell eine Entschädigung zusprach. Die Wahl der Mittel, um die Verpflichtungen aus Art. 46 Abs. 1 EMRK zu erfüllen, stellte er dem verurteilten Mitgliedstaat frei.[191] Er bezeichnete keine konkreten Abhilfemaßnahmen, zeigte dem Mitgliedstaat keine Maßnahmen im Tenor der Entscheidung auf, sondern nur in den Gründen *obiter dicta*. Dem folgend ist er dazu übergegangen, die zu ergreifenden Maßnahmen konkret zu bezeichnen. So zeigt er dem Mitgliedstaat die zu

---

189 *EGMR*, Urt. v. 26.2.2004, 74969/01, Ziff. 64 – Görgülü.
190 *EGMR*, Urt. v. 26.2.2004, 74969/01, Ziff. 64 – Görgülü.
191 *EGMR*, Urt. v. 13.6.1979, 6833/74, Ziff. 58 – Marckx.

ergreifenden Maßnahmen zum Teil im Tenor und in den Entscheidungsgründen auf. Er betont zwar stets die freie Wahl der Mitgliedstaaten, jedoch konkretisiert er seine Vorstellungen zur Erfüllung der Pflichten immer weiter und begründet seine konkreten Maßnahmen damit, dass die Feststellungen aus dem Urteil nur diese Maßnahmen zulassen. Damit will der EGMR eine bessere und schnellere Umsetzung seiner Entscheidungen erreichen und dem Rechtsschutzsystem der EMRK zu mehr Effektivität verhelfen.

4. Die Konkretisierung der Verpflichtungen aus Art. 46 Abs. 1 EMRK durch das Ministerkomitee

Auch das Ministerkomitee hat sich zu der Umsetzung der Urteile des EGMR geäußert und somit zu den Verpflichtungen der Mitgliedstaaten aus Art. 46 Abs. 1 EMRK Stellung genommen. Das Ministerkomitee ist neben der Parlamentarischen Versammlung eines der zwei satzungsmäßig vorgesehenen Organe des Europarates (Art. 10 EuRatS). Es besteht aus Vertretern der Regierungen der Mitgliedstaaten des Europarates. Das sind in der Regel die Außenminister oder deren Ständige Vertreter.[192] Das Komitee stellt ein politisches Organ dar, handelt weisungsgebunden und ergänzt in seiner Kontrollfunktion die Arbeiten des Gerichtshofs.[193] Seine Aufgabe ist die Überwachung der Durchführung der Entscheidungen des EGMR (Art. 46 Abs. 2 EMRK). Es hat sicherzustellen, dass die Mitgliedstaaten ihren Verpflichtungen aus der EMRK nachkommen und die Entscheidungen des Gerichtshofs umsetzen. Sobald ein Urteil ergangen ist, prüft nicht mehr der EGMR seine Umsetzung, sondern das Ministerkomitee.[194] Dieser Aufgabe geht das Komitee in jährlich vier Sitzungen, den sogenannten „DH

---

192 Im Ministerkomitee sind die Mitgliedstaaten des Europarates durch ihre Außenminister, bzw. durch deren Ständige Vertreter im Range eines Botschafters vertreten. Die Liste der Mitgliedstaaten ist abrufbar unter: http://www.coe.int/en/web/portal/47-members-states (Stand 27.10.2016). Die Liste der Minister der Mitgliedsstaaten ist abrufbar unter: http://www.coe.int/en/web/cm/members-cm (Stand 27.10.2016). Die Liste der Ständigen Vertreter der Mitgliedstaaten abrufbar unter: http://www.coe.int/en/web/cm/ministers-deputies (Stand 27.10.2016).

193 *Pietrowicz*, Die Umsetzung der zu Art. 6 I EMRK ergangenen Urteile des EGMR in der Russischen Föderation, S. 59.

194 *Villiger*, HB EMRK, Rn. 233. So hat der EGMR in seiner Entscheidung in der Sache *Öcalan* betont, dass keine weitere Prüfung mehr durch den Gerichtshof erfolge, wenn das Ministerkomitee das Verfahren abgeschlossen hat; *EGMR*, Beschl. v. 16.7.2010, 5980/07 – Öcalan.

meetings", nach.[195] Eine der wichtigsten Aufgaben dabei ist der Erlass von Empfehlungen[196], den sogenannten „resolutions".

Das Ministerkomitee arbeitet nach den Rules of the Committee of Ministers for the supervision of the execution of judgements and of the terms of friendly settlements.[197] Nachdem der EGMR ein Urteil erlassen hat, wird das endgültige Urteil zur Überwachung der Umsetzung an das Ministerkomitee geleitet. Gemäß Rule 3 wird das Urteil nach seinem Erlass unverzüglich auf die Agenda des Ministerkomitees gesetzt. Das Ministerkomitee prüft dann auf dem nächsten DH meeting, inwieweit der verurteilte Mitgliedstaat die Urteile des EGMR umgesetzt hat, beispielsweise die zugesprochene Entschädigung ausgezahlt oder Maßnahmen zur Wiedergutmachung und zur Vermeidung künftiger Konventionsverletzungen getroffen hat. Daraufhin erlässt es entsprechende Empfehlungen.[198] Diese können entweder abschließend (final resolution) sein oder eine Zwischenresolution (interim resolution) darstellen. Hält das Ministerkomitee die Maßnahmen, die der betroffene Staat zur Umsetzung des Urteils ergriffen hat, für nicht ausreichend, so erlässt es eine interim resolution, in welcher bereits erzielte Erfolge und noch ausstehende Maßnahmen benannt werden (Rule 16 „Interim resolutions"). Dabei stellt der Erlass einer interim resolution ein wichtiges Mittel dar, um den politischen Druck auf einen verurteilten Mitgliedstaat zu erhöhen.[199] Ist das Urteil vollständig umgesetzt worden, schließt das Ministerkomitee die Sache mit einer final resolution (Rule 17 „Final resolution") ab, in der die durch den verurteilten Mitgliedstaat getroffenen Maßnahmen genannt

---

195 Im Jahr 2016 waren die Treffen auf den 8.–10. März (1250DH meeting), 7.–9. Juni (1259DH meeting), 20.–21. September (1265DH meeting) und 6.–8. Dezember 2016 (1273DH meeting) angesetzt.

196 Die Empfehlungen des Ministerkomitees sind abrufbar unter: https://search.coe.int/cm/Pages/result_details.aspx?ObjectID=09000016805cf200 (Stand 27.10.2016).

197 Rules of the Committee of Ministers for the supervision of the execution of judgements and of the terms of friendly settlements, adopted by the Committee of Ministers on 10th May 2006 at the 964th meeting of the Ministers' Deputies, abrufbar unter http://www.coe.int/en/web/cm.

198 Siehe ausführlich zur Überwachung der Durchführung der Urteile *Werwie-Haas*, Die Umsetzung der strafrechtlichen Entscheidungen des Europäischen Gerichtshofs für Menschenrechte in Deutschland, Österreich, der Schweiz und im Vereinigten Königreich, S. 81 ff.

199 Siehe dazu *Werwie-Haas*, Die Umsetzung der strafrechtlichen Entscheidungen des Europäischen Gerichtshofs für Menschenrechte in Deutschland, Österreich, der Schweiz und im Vereinigten Königreich, S. 103 f.; *Pietrowicz*, Die Umsetzung der zu Art. 6 I EMRK ergangenen Urteile des EGMR in der Russischen Föderation, S. 60.

werden.[200] Auf alle Fälle bleibt das Urteil so lange auf der Tagesordnung jedes DH meetings, bis das Ministerkomitee davon überzeugt ist, dass der verurteilte Mitgliedstaat seine Verpflichtung aus Art. 46 Abs. 1 EMRK erfüllt und das Urteil des EGMR befolgt hat (Rule 7 „Control intervals").[201]

So hat der EGMR beispielsweise im Fall *Broniowski*[202] auf die Empfehlung Rec(2004)6[203] des Ministerkomitees verwiesen. Darin hatte das Ministerkomitee dem Mitgliedstaat empfohlen, sicherzustellen, dass im innerstaatlichen Recht ein Rechtsbehelf besteht, mit dem über die Konventionsverletzung entschieden und ihr Abhilfe verschafft werden könne.[204] Er habe strukturelle Defizite im innerstaatlichen Rechtssystem aufzuzeigen und zu prüfen, ob Rechtsbehelfe bestünden und solche zu schaffen, um Wiederholungen der Konventionsverletzung für die Zukunft zu vermeiden[205], vor allem, wenn es um Fälle von unangemessen langer Verfahrensdauer ginge[206]. Das Komitee hat dem verurteilten Mitgliedstaat aufgegeben einen Rechtsbehelf zu schaffen, mit dem bereits im innerstaatlichen Recht über die Verletzung entschieden und ihren Folgen Abhilfe geleistet werden kann. Es hat die Pflicht aus Art. 46 Abs. 1 EMRK zur Vermeidung von Wiederholungen von Konventionsverletzung für die Zukunft mit der Schaffung eines entsprechenden Rechtsbehelfs konkretisiert.

Auch hat das Ministerkomitee Empfehlungen für die Umsetzung von Urteilen des EGMR abgeben. So hat es beispielsweise in der Empfehlung Rec(2000)2[207] auf die Verpflichtungen aus Art. 46 Abs. 1 EMRK, vor allem die Wiedergutmachungspflicht im Sinne der *restitutio in integrum,* hingewiesen und den Mitgliedstaat aufgefordert, sicherzustellen, dass im innerstaatlichen Recht geeignete Maßnahmen enthalten sind, um Naturalrestitution zu leisten.[208] Es hat zudem den Mitgliedstaat aufgefordert zu prüfen, ob geeignete Möglichkeiten zur Prüfung der Sache, einschließlich der Wiederaufnahme des Verfahrens bestehen.[209] Es hat damit aufgezeigt, dass die Wiederaufnahme des Verfahrens zur Erfüllung

---

200 *Meyer-Ladewig/Brunozzi*, in: Meyer-Ladewig/Nettesheim/v. Raumer, Hk-EMRK, Art. 46 Rn. 44.
201 So auch *Dannemann*, Schadensersatz bei der Verletzung der EMRK, S. 76.
202 *EGMR*, Urt. v. 22.6.2004, 31443/96 – Broniowski.
203 Empfehlung des Ministerkomitees Rec(2004)6 vom 12.5.2004.
204 Empfehlung des Ministerkomitees Rec(2004)6 vom 12.5.2004, Ziff. I.
205 Empfehlung des Ministerkomitees Rec(2004)6 vom 12.5.2004, Ziff. II.
206 Empfehlung des Ministerkomitees Rec(2004)6 vom 12.5.2004, Ziff. III.
207 Empfehlung des Ministerkomitees Rec(2000)2 vom 19.1.2000.
208 Empfehlung des Ministerkomitees Rec(2000)2 vom 19.1.2000, Ziff. I.
209 Empfehlung des Ministerkomitees Rec(2000)2 vom 19.1.2000, Ziff. II.

der Wiedergutmachungspflicht im Sinne der *restitutio in integrum* geeignet ist und die Pflicht aus Art. 46 Abs. 1 EMRK dahin konkretisiert, dass nach innerstaatlichem Recht eine Wiederaufnahme des Verfahrens zu gewähren ist.

Den Empfehlungen des Ministerkomitees wird nicht so viel Gewicht zugeschrieben. Denn auch hier fehlt es in den vertraglichen Normen an einer Regelung zu ihrer Wirkungskraft.[210] Im Hinblick auf das Wirken von internationalen Organisationen haben *Seidl-Hohenveldern* und *Loibl* ausgeführt, dass die Abgabe von Empfehlungen das „schwächste derartige Mittel" sei.[211] In ihnen stecke lediglich eine moralische und keine rechtliche Verpflichtung.[212] Entgegen der Annahme einer rein „moralischen Pflicht" durch *Seidl/Hohenveldern* und *Loibl* ist bei den Empfehlungen des Ministerkomitees jedoch davon auszugehen, dass die Mitgliedstaaten dem Ministerkomitee eine amtliche Autorität einräumen.[213] Sie sind zwar rechtlich nicht verbindlich, haben aber zumindest eine maßgebliche Wirkung.[214] Zumindest kann das Ministerkomitee mithilfe der Empfehlungen politischen Druck gegenüber den Mitgliedstaaten erzeugen.[215]

Aus dem Handeln des Ministerkomitees werden die Pflichten aus Art. 46 Abs. 1 EMRK konkretisiert, weil das Ministerkomitee die Umsetzung der Entscheidungen des Gerichtshofs solange kontrolliert, bis die Verpflichtungen aus Art. 46 Abs. 1 EMRK erfüllt sind. Dafür erlässt es Empfehlungen, mit denen unter anderem die Umsetzung von Urteilen des EGMR verbessert und beschleunigt werden soll. Das Komitee zeigt darin dem verurteilten Mitgliedsstaat auf, welche Maßnahmen er zu ergreifen hat, um das Urteil des EGMR umzusetzen und seinen Pflichten aus Art. 46 Abs. 1 EMRK gerecht zu werden. In dem Wirken des Ministerkomitees liegt eine Konkretisierung der Verpflichtungen aus

---

210 In diesem Zusammenhang ist auf die Empfehlungen im Gemeinschaftsrecht hinzuweisen. Auch diesem wird eine eher untergeordnete Rolle neben den weiteren gemeinschaftsrechtlichen Instrumenten zugeschrieben.

211 *Seidl-Hohenveldern/Loibl*, Das Recht der Internationalen Organisationen, S. 237.

212 *Seidl-Hohenveldern/Loibl*, Das Recht der Internationalen Organisationen, S. 237.

213 *Jung*, Die Empfehlungen des Ministerkomitees des Europarates, in: Bröhmer/Bieber/Callies/Langenfeld/Weber/Wolf (Hrsg.), FS für Georg Ress zum 70. Geburstag, 519, 523.

214 *Jung*, Die Empfehlungen des Ministerkomitees des Europarates, in: Bröhmer/Bieber/Callies/Langenfeld/Weber/Wolf (Hrsg.), FS für Georg Ress zum 70. Geburstag, 519, 523.

215 *Meyer-Ladewig/Brunozzi*, in: Meyer-Ladewig/Nettesheim/v. Raumer, Hk-EMRK, Art. 46 Rn. 54.

Art. 46 Abs. 1 EMRK. Die Empfehlungen sind rechtlich unverbindlich. Jedoch darf der politische Druck, der von ihnen ausgeht, nicht unterschätzt werden.

IV. Zusammenfassung zum 2. Teil

Die Entscheidungen des EGMR sind für die betroffenen Mitgliedstaaten völkerrechtlich verbindlich.[216] Sie erwachsen in Rechtskraft gegenüber dem am Verfahren beteiligten Mitgliedstaat im Umfang des Entscheidungsausspruchs, des Beschwerdegegenstands und des ihm zugrunde liegenden Lebenssachverhalts im Zeitpunkt der Urteilsverkündung. Gegenüber anderen Mitgliedstaaten entfaltet das Urteil eine Orientierungswirkung, wenn die Entscheidungsgründe allgemeine Formulierungen und Grundsätze der Rechtsprechung enthalten.

Die Entscheidungen des EGMR haben gemäß Art. 46 Abs. 1 EMRK bindende Wirkung und verpflichten die Mitgliedstaaten, „in allen Rechtssachen, in denen sie Partei sind, das endgültige Urteil des Gerichtshofs zu befolgen."[217]. Die Verpflichtung die Urteile des EGMR zu berücksichtigen, erstreckt sich dabei auf alle Träger öffentlicher Gewalt und damit auch auf die innerstaatlichen Gerichte.

In der EMRK existiert keine Verpflichtung, dass Urteile des EGMR in den Mitgliedstaaten unmittelbare innerstaatliche Wirkung entfalten.[218] Aus Art. 46 Abs. 1 EMRK geht lediglich eine Verpflichtung zur Befolgung der Urteile des EGMR hervor („to abide by"). Diese umfasst die Pflicht zur Beendigung, zur Wiedergutmachung im Sinne der *restitutio in integrum* und zur Vermeidung von Wiederholungen für die Zukunft. Dauert eine Konventionsverletzung noch an, so hat der Mitgliedstaat die Verletzung primär zu beenden und eine Wiederholung zu vermeiden, was meist unproblematisch ist. Ist eine Verletzung bereits beendet, wie beispielsweise durch ein konventionswidriges rechtskräftiges Urteil, so hat der Mitgliedstaat Wiedergutmachung im Sinne der *restitutio in integrum* zu leisten, was sich aufgrund der entgegenstehenden Rechtskraft des innerstaatlichen Urteils als schwierig gestaltet. Auch hier hat der EGMR eine Wiederholung der Verletzung der Konvention durch Ergreifung präventiver Maßnahmen zu vermeiden. Wie die Mitgliedstaaten diesen Verpflichtungen nachkommen,

---

216 *Meyer-Ladewig/Brunozzi*, in: Meyer-Ladewig/Nettesheim/v. Raumer, Hk-EMRK, Art. 46 Rn. 2.

217 In der rechtsverbindlichen englischen Fassung heißt es: „The High Contracting Parties undertake to abide by (...) to which they are parties.".

218 *Uerpmann*, Die EMK und die deutsche Rechtsprechung, S. 2, 192 f.; keine unmittelbare Wirkung der Entscheidungen des EGMR sieht auch *Villiger*, HB EMRK, 2. Aufl., Rn. 23.

liegt in ihrem Ermessen. Sie sind grundsätzlich frei, diejenigen Mittel zu wählen, mit denen sie ihren Verpflichtungen aus Art. 46 Abs. 1 EMRK nachkommen wollen. Diese müssen nach dem innerstaatlichen Recht vorgesehen und geeignet sein die Verpflichtungen aus Art. 46 Abs. 1 EMRK zu erfüllen. Vor allem müssen sie mit den Feststellungen aus dem Urteil des EGMR vereinbar sein.[219] Der EGMR hat in seinen Urteilen gegenüber den Mitgliedstaaten konkrete Maßnahmen bezeichnet, die er als geeignet zur Erfüllung der Pflichten aus Art. 46 Abs. 1 EMRK ansieht. Auch das Ministerkomitee, welches die Umsetzung der Urteile überwacht, hat die Pflichten durch Erlass von Empfehlungen genauer definiert. So hat es dem jeweiligen Mitgliedstaat aufgezeigt, mit welchen Maßnahmen er seine Pflichten erfüllen und das Urteil innerstaatlich umsetzen kann.

219 *EGMR*, Urt. v. 13.7.2000, 39221/98 und 41963/98, Ziff. 249 – Scozzari und Giunta.

3. Teil – Die Anforderungen der EMRK an die Gewährleistung effektiven Rechtsschutzes

Wie im 2. Teil erläutert, ist der verurteilte Mitgliedstaat an die Urteile des EGMR gebunden. Ihn trifft gemäß Art. 46 Abs. 1 EMRK die Pflicht, die Urteile im innerstaatlichen Recht umzusetzen und ihnen zur innerstaatlichen Geltung zu verhelfen. Ist ein Mitgliedstaat nicht selbst von einem Urteil und dessen Rechtskraftwirkung betroffen, hat er sich zumindest an den völkerrechtlichen Grundsätzen aus dem Urteil zu orientieren. Andernfalls läuft er Gefahr, wegen dieser Konventionsverletzung verurteilt zu werden.

Die Urteile des EGMR verlangen von den Mitgliedstaaten die Vornahme innerstaatlicher Maßnahmen. Diese hängen von dem konventionswidrigen Verhalten des Mitgliedstaats ab. So verlangt der EGMR, dass ein innerstaatliches konventionswidriges Urteil gemäß Art. 46 Abs. 1 EMRK aufgehoben und der konventionskonforme Zustand wiederhergestellt wird. Auch verlangt er, dass ein nach Art. 6 Abs. 1 S. 1 EMRK überlanges Verfahren zu Ende gebracht und die Konventionsverletzung beendet wird. Fraglich ist nur, inwiefern die Mitgliedstaaten dazu verpflichtet sind, diese Garantien der EMRK auf die vom EGMR und der EMRK vorgegebenen Art und Weise zu gewähren. Gibt es konkrete Pflichten? Hat der EGMR überhaupt eine derart umfassende Kompetenz, um solche Maßnahmen anzuordnen? Wirken diese Maßnahmen überhaupt?

Die Pflichten aus den Urteilen des EGMR und der EMRK sollen zu mehr Effektivität des Menschenrechtsschutzes führen. Doch was ist mit effektivem Menschenrechtsschutz überhaupt gemeint? Dies soll im folgenden Teil der Arbeit untersucht werden.

I. Die Garantien des effektiven Rechtsschutzes

Die EMRK wird von dem EGMR effektiv angewandt und verlangt das auch von ihren Mitgliedstaaten. Auf völkerrechtlicher Ebene wird der Anspruch auf effektiven Rechtsschutz in Art. 6 EMRK manifestiert. Art. 6 EMRK besitzt eine herausragende Bedeutung für die Demokratie, Rechtsstaatlichkeit und den Grundrechtsschutz und damit für die Wertvorstellungen der Konvention. Das wissentlich hat der EGMR Art. 6 EMRK gemäß dem Sinn und Zweck der Konvention ausgelegt und das Recht auf einen effektiven Rechtsschutz, „right to a fair trial"[220], entwickelt.[221] Danach steht dem Betroffenen aus Art. 6 Abs. 1 EMRK das Recht auf Zugang zu einem unabhängigen Gericht zu, welches unter Beachtung der Prinzipien des rechtlichen Gehörs und der Waffengleichheit sowie unter Wahrung des Öffentlichkeitsgrundsatzes innerhalb einer angemessenen Zeit eine Entscheidung zu treffen hat. Die Einhaltung der Garantien des effektiven Rechtsschutzes aus Art. 6 Abs. 1 EMRK ist für das Vertrauen in die Rechtsstaatlichkeit eines Verfahrens notwendig. Daher legt der EGMR großen Wert auf deren Einhaltung. Er legt Art. 6 Abs. 1 EMRK weit aus und gewährleistet damit einen umfassenden Anwendungsbereich mit der Begründung, dass eine andere Auslegung dem Sinn und Zweck der Konvention nicht genügen würde: „In a democratic society within the meaning of the Convention, the right to a fair administration of justice holds such a prominent place that a restrictive interpretation of Article 6 (1) would not correspond to the aim and purpose of that provision."[222]. Auch das BVerfG hat die Einhaltung dieser Garantien stets in seiner Rechtsprechung betont. In Deutschland besteht ein Grundrecht auf effektiven Rechtsschutz. Dieses Grundrecht ist gegen Akte der öffentlichen Gewalt in Art. 19 Abs. 4 GG verankert.[223] In Zivilrechtsstreitigkeiten resultiert es aus Art. 2 Abs. 2 GG i.V.m. dem in Art. 20 Abs. 3 GG verankerten allgemeinen Justizgewährungsanspruch.[224] Es beinhaltet das Recht auf Zugang zum Gericht, eine umfangreiche Prüfung des Streitgegenstands sowie das Recht auf eine Entscheidung innerhalb einer angemessenen Frist.

Das Recht auf effektiven Menschenrechtsschutz bedeutet aber nicht nur die Erfüllung der Verfahrensgarantien aus Art. 6 Abs. 1 EMRK und damit auch die Wahrung des Rechts auf eine Entscheidung in angemessener Frist. Es bedeutet auch die Einhaltung der Rechte und Freiheiten aus der Konvention durch

---

220 In seiner Entscheidung vom 21.2.1975 hat der EGMR erklärt: „In sum, the whole makes up the right to a fair hearing", *EGMR*, Urt. v. 21.2.1975, 4451/70, Ziff. 36 – Golder.

221 *Pache*, Tatbestandliche Abwägung und Beurteilungsspielraum, S. 269 m.w.N.

222 *EGMR*, Urt. v. 17.1.1970, 2689/65, Ziff. 25 – Delcourt.

223 *BVerfG*, Beschl. v. 22.5.2012, Az. 2 BvR 2207/10, Ziff. 3; *BVerfG*, Beschl. v. 11.6.2010, Az. 2 BvR 1046/08, Ziff. 25; *BVerfG*, Beschl. v. 23.2.2001, Az. 1 BvR 500/07, Ziff. 13; *BVerfG*, Beschl. v. 30.4.1997, Az. 2 BvR 817/90, 2 BvR 728/92, 2 BvR 802/95, 2 BvR 1065/95, Ziff. 47; *BVerfG*, Beschl. v. 2.5.1984, Az. 2 BvR 1413/83, Ziff. 31; vgl. dazu *Zuck*, Die Gewährleistung effektiven Rechtsschutzes im Zivilprozess, NJW 2013, 1132, 1132 ff.

224 *BVerfG*, Beschl. v. 30.7.2009, Az. 1 BvR 2662/06, Ziff. 20; *BVerfG*, Beschl. v. 20.6.1995, Az. 1 BvR 166/93, Ziff. 29; vgl. dazu *Zuck*, Die Gewährleistung effektiven Rechtsschutzes im Zivilprozess, NJW 2013, 1132, 1132 ff.

Wahrung, Sicherung und vor allem Wiederherstellung eines konventionskonformen Zustandes. Um dem Einzelnen einen möglichst effektiven Menschenrechtsschutz zu gewähren, müssen sowohl die EMRK als auch die Rechtsprechung des EGMR von den Mitgliedstaaten gelebt und umgesetzt werden. Die Effektivität des Menschenrechtsschutzes läuft ins Leere, wenn die Mitgliedstaaten sich nicht konventionskonform verhalten (Art. 1 EMRK) und einen konventionskonformen Zustand erhalten. Vor allem im Fall einer festgestellten Konventionsverletzung ist der konventionskonforme Zustand wiederherzustellen. Liegt eine Verletzung der Konvention vor und stellt der EGMR eine solche Verletzung fest, so ergeht ein Feststellungsurteil. Die Urteile des Gerichtshofs haben gegenüber den Mitgliedstaaten, die Partei des jeweiligen Verfahrens waren, eine bindende Wirkung.[225] Sie verpflichten die Mitgliedstaaten und alle ihre Organe, die Urteile des EGMR in ihrem Handeln zu berücksichtigen. Nur auf diesem Weg können die Mitgliedstaaten den Verpflichtungen aus der EMRK auch innerstaatlich gerecht werden. Nach der Feststellung einer Konventionsverletzung muss diese beseitigt werden, um den konventionskonformen Zustand wiederherzustellen. Gemäß Art. 46 Abs. 1 EMRK haben die Mitgliedstaaten die Urteile des EGMR zu „befolgen" („to abide by"). Diese Befolgungspflicht beinhaltet unter anderem die Pflicht zur Wiedergutmachung. Diese muss in Form der Naturalrestitution erfolgen, d.h. es muss wieder der Zustand hergestellt werden, der ohne die Konventionsverletzung bestünde (sogenannte *restitutio in integrum*). Liegt die Konventionsverletzung in einem innerstaatlichen Urteil, so ist die Erfüllung der Pflicht durch die Wiederaufnahme des innerstaatlichen Verfahrens möglich. Der konventionskonforme Zustand wird durch das Wiederaufnahmeverfahren wiederhergestellt. Damit wird der sogenannte „richtige" Menschenrechtsschutz gewährt.

Der effektive Rechtsschutz nach der EMRK – der der vorliegenden Untersuchung zugrunde liegt – setzt sich folglich zusammen aus den Verfahrensrechten der Konvention (Art. 6 Abs. 1 EMRK) und damit dem Recht auf eine Entscheidung in angemessener Frist sowie aus der Wahrung und Wiederherstellung der Rechte und Freiheiten aus der Konvention. Er setzt die Gewähr von richtigem und rechtzeitigem Rechtsschutz voraus.

Es sind jedoch Fallkonstellationen denkbar, in denen die Ziele der beiden Ausformungen des Rechtsschutzes gegenläufig sind. Im Fall einer festgestellten Konventionsverletzung in Form eines innerstaatlichen Urteils bedeutet die Erfüllung des Rechts auf „richtigen" Menschenrechtsschutz, dass das bereits

---

225 Siehe dazu bereits im 2. Teil unter Ziffer II.

abgeschlossene innerstaatliche Verfahren erneut durchgeführt wird und erneut viel Zeit in Anspruch nimmt, obwohl der Beschwerdeführer bereits die innerstaatlichen Instanzen ausgeschöpft und den Rechtsweg zum EGMR beschritten hat. Zeit, die nach dem Beschleunigungsgrundsatz, nicht zwangsläufig gegeben ist. Das wirft die Frage auf, ob das Recht auf rechtzeitigen Rechtsschutz gewährleistet werden kann, wenn richtiger Rechtsschutz in Form eines Wiederaufnahmeverfahrens gewährt wird. Steht die umfangreiche und erneute Prüfung des Streitgegenstands als Gewährleistung richtigen Rechtsschutzes einer Entscheidung innerhalb angemessener Zeit als Gewährleistung rechtzeitigen Rechtsschutzes zumindest partiell entgegen? Im Folgenden soll das Augenmerk daher vor allem auf den richtigen Menschenrechtsschutz in Form der Wiederherstellung des konventionskonformen Zustandes sowie auf den rechtzeitigen Menschenrechtsschutz in Form des Verfahrensrechts aus Art. 6 Abs. 1 S. 1 EMRK, das Recht auf eine Entscheidung innerhalb einer angemessenen Frist, gelegt werden. Die EMRK verlangt von den Mitgliedstaaten richtigen und rechtzeitigen Menschenrechtsschutz. Ihm wohnt folglich ein Spannungsverhältnis inne[226], da eine rechtlich richtige – da konventionskonforme – Entscheidung Zeit braucht, jedoch geleichzeitig im Sinne des Beschleunigungsgrundsatzes innerhalb angemessener Zeit ergehen soll. Die Untersuchung dieses Verhältnisses wird Gegenstand des folgenden Teils der Arbeit sein. Dabei werden die beiden Garantien, ihre Grundlage sowie Ausformung im innerstaatlichen Recht unabhängig voneinander untersucht.

II. Die Gewährleistung richtigen Rechtsschutzes nach der EMRK

„Richtiger" Menschenrechtsschutz liegt in der Erhaltung und der Wiederherstellung des konventionskonformen Zustandes. Dieser Zustand kann je nach Art der Konventionsverletzung auf unterschiedliche Art und Weise erreicht werden. Da der „richtige" Rechtsschutz in Form des Wiederaufnahmeverfahrens der Rechtzeitigkeit einer Entscheidung entgegenstehen kann, steht diese Form der Richtigkeit im Fokus der Untersuchung. Es ist daher zunächst die Gewährleistung

226 So bereits *Schlette*, Der Anspruch auf gerichtliche Entscheidung in angemessener Frist, S. 31. *Schlette* führt aus, dass dem Recht auf effektiven Rechtsschutz aus Art. 19 Abs. 4 GG ein Spannungsverhältnis innewohnt. Denn wirksamer Rechtsschutz beinhaltet die gründliche Ermittlung, Aufarbeitung und das Durchdenken der Streitsache: „Das alles braucht Zeit, und zwar umso mehr, je komplexer die Sache ist.".

„richtigen“ Menschenrechtsschutz zu untersuchen. Woraus folgt das Recht auf richtigen Rechtsschutz? In welchem Verhältnis steht eine Verpflichtung zur Wiederaufnahme zu einer Entschädigungszahlung, wenn die Wiederaufnahme die vollständige Wiedergutmachung einer Verletzung im Sinne der *restitutio in integrum* darstellt und der Wortlaut von Art. 41 EMRK diese ausschließt. Entspricht es den Anforderungen an einen „richtigen“ Rechtsschutz, wenn der Zustand, der ohne die Verletzung bestünde, nicht mehr hergestellt werden kann, und stattdessen eine Entschädigung nach Art. 41 EMRK gewährt wird? Im Anschluss daran ist zu prüfen, ob und inwiefern die Anforderungen dieses Rechts im innerstaatlichen Recht erfüllt wurden.

1. Die Anforderungen an den richtigen Rechtsschutz aus der EMRK

Zunächst ist zu untersuchen, woraus „richtiger“ Rechtsschutz folgt. Liegt die Verletzung der Konvention in einem innerstaatlichen Urteil, so ist dieses Urteil aufzuheben und das innerstaatliche Verfahren wieder aufzunehmen. Dadurch wird der „richtige“ Menschenrechtsschutz gewährt. Es stellt sich daher die Frage, ob aus einem Feststellungsurteil des EGMR zugleich die Verpflichtung für den verurteilten Mitgliedstaat folgt, die Wiederaufnahme eines rechtskräftig abgeschlossenen Verfahrens durchzuführen. Diese Frage muss anhand der Prüfung der Konvention und der dazugehörigen Rechtsprechung des EGMR beantwortet werden.

a) Die Verpflichtung der Mitgliedstaaten zur Wiederaufnahme des Verfahrens aus der EMRK

In der EMKR gibt es keine Norm, die explizit etwas zur Wiederaufnahme von innerstaatlichen Verfahren sagt. Daher bedarf es der Auslegung einzelner Normen aus der EMRK.

Die EMRK wird als völkerrechtlicher Vertrag nach den völkerrechtlichen Grundsätzen ausgelegt. Der Gerichtshof ist für die Auslegung der Konvention zuständig. Er wurde als ständiger Gerichtshof eingerichtet, um die Einhaltung der völkerrechtlichen Verpflichtungen der Mitgliedstaaten aus der EMRK sicherzustellen. Dazu gehört auch die Auslegung und Fortentwicklung der EMRK. Er bedient sich dabei den allgemein anerkannten und in der Wiener Konvention über das Recht der Verträge vom 23. Mai 1969[227] (nachfolgend „WVK“ genannt)

227 BGBl. 1985 II, 926; UNTS Bd. 1155, 331.

genannten Auslegungsmethoden.[228] Die WVK regelt das Recht über völkerrechtliche Verträge[229] und „gibt ganz überwiegend bereits gewohnheitsrechtlich geltende Vorschriften wieder“[230].[231] Die Auslegungsregeln befinden sich in den Artikeln 31 bis 33 WVK. Danach ist der Vertrag nach seinem Wortlaut, seinem Sinn und Zweck (Art. 31 Abs. 1 WVK) sowie nach seinem Zusammenhang (Art. 31 Abs. 2 WVK) auszulegen. Die Umstände des Vertragsschlusses sowie die vorbereitenden Arbeiten zum Vertrag sind lediglich ergänzend zur Auslegung heranzuziehen, wenn die Auslegung nach den in Art. 31 WVK genannten Grundsätzen zu keinem befriedigenden Ergebnis geführt hat (Art. 32 WVK).

Ein völkerrechtlicher Vertrag ist zunächst nach seinem Wortlaut auszulegen, d.h. nach der gewöhnlichen Bedeutung, die seine Bestimmungen haben (Art. 31 Abs. 1 WVK).[232] Dabei spielt auch eine Rolle, welche Sprachfassungen des Vertrages maßgeblich sind (Art. 33 WVK). Die Auslegung der EMRK erfolgt

---

228 Die in den Art. 31 bis 33 WVK genannten Auslegungsregeln hat der EGMR erstmals im Fall *Golder* anerkannt und angewendet, *EGMR*, Urt. v. 21.2.1975, 4451/70, Ziff. 29 - Golder.

229 Gemäß Art. 31 Abs. 1 WVK sind völkerrechtliche Verträge „nach Treu und Glauben in Übereinstimmung mit der gewöhnlichen, seinen Bestimmungen in ihrem Zusammenhang zukommenden Bedeutung und im Lichte seines Zieles und Zwecks auszulegen.“.

230 *Vitzthum* in: Vitzthum/Proeßl, Völkerrecht, 1. Abschn. Rn. 114.

231 Im Grundsatz ist die WVK gemäß Art. 4 WVK auf Verträge anwendbar, die nach ihrem Inkrafttreten am 27. Januar 1980 abgeschlossen wurden. Das hätte zur Folge, dass sie auf die EMRK keine Anwendung findet. Gemäß der Präambel der WVK besteht jedoch die Möglichkeit auf Vertragswerke, die nicht unter den Anwendungsbereich der WVK fallen, die Regeln des Völkergewohnheitsrechts anzuwenden. In dem Vertragstext heißt es: „Affirming that the rules of customary international law will continue to govern questions not regulates by the provisions of the present Convention.“; siehe dazu *EGMR*, Urt. v. 21.2.1975, 4451/70, Ziff. 29 - Golder; *Vitzthum* in: Vitzthum/Proeßl, Völkerrecht, 1. Abschn. Rn. 115. Die Interpretationsregeln sind folglich auch auf die EMRK anwendbar, da die WVK im Wesentlichen allgemein anerkannte Grundsätze des Völkerrechts enthält, die auch für die EMRK als sog. *law-making treaty* gelten; siehe dazu *EGMR*, Urt. v. 21.2.1975, 4451/70, Ziff. 29 - Golder; *EGMR*, Urt. v. 12.11.2008, 34503/97, Ziff. 65 - Demir und Baykara; *Cremer*, in: Dörr/Grote/Marauhn (Hrsg.), Konkordanz-Kommentar, Kap. 4 Rn. 18; *Vitzthum* in: Vitzthum/Proeßl, Völkerrecht, 1. Abschn. Rn. 115.

232 *Cremer*, in Dörr/Grote/Marauhn (Hrsg.), Konkordanz-Kommentar, Kap. 4 Rn. 19; *Villiger*, HB EMRK, Rn. 253; *Matscher*, Die Methoden der Auslegung der EMRK in der Rechtsprechung ihrer Organe, in: Schwind (Hrsg.), Aktuelle Fragen zum Europarecht aus der Sicht in- und ausländischer Gelehrter, 102, 114.

anhand der beiden offiziellen Sprachfassungen, der englischen und der französischen Sprachfassung[233].[234] Nur diese Fassungen sind nach der Schlussklausel der EMRK für die Mitgliedstaaten verbindlich.[235] Sie sind für die Wortlautauslegung maßgeblich. Im Sinne von Art. 33 Abs. 2 WVK wird zwar vermutet, dass die Bestimmungen des Vertrages in jeder verbindlichen Sprachfassung dieselbe Bedeutung haben[236], sollte jedoch ein Unterschied bestehen, so ist unter Beachtung von Sinn und Zweck des Vertrages die Auslegung zu wählen, die mit dem Sinn des Vertrages am besten vereinbar ist (Art. 33 Abs. 4 WVK).[237]

Der grammatischen Auslegung folgt die systematische Auslegung (Art. 31 Abs. 2 WVK). Sie interpretiert die Norm in ihrem Zusammenhang mit den übrigen Konventionsrechten, einschließlich der Präambel und der Zusatzprotokolle, sowie aller mit der Konvention in Zusammenhang stehenden Dokumenten.[238] Ebenso finden auch andere völkerrechtliche Verträge Berücksichtigung[239], die Sachverhalte aus dem Schutzbereich eines Konventionsrechts regeln, und auch das Recht der Europäischen Gemeinschaften.[240] Die Konvention muss im Sinne der Harmonie der Konvention[241] in einer Gesamtschau

---

233 Die Länder Schweiz, Österreich und Deutschland haben zwar eine deutschsprachige Version zusammengestellt, die jedoch keine Wirkung entfaltet.

234 *Guradze*, EMRK-Kommentar, S. 33.

235 In der Schlussklausel der EMRK heißt es (in der deutschen Übersetzung): „Geschehen zu Rom am 4. November 1950 in englischer und französischer Sprache, wobei jeder Wortlaut gleichermaßen verbindlich ist, in einer Urschrift, die im Archiv des Europarates hinterlegt wird.".

236 *Cremer*, in Dörr/Grote/Marauhn (Hrsg.), Konkordanz-Kommentar, Kap. 4 Rn. 26.

237 *EGMR*, Urt. v. 27.6.1968, 2122/64, Ziff. 8 – Wemhoff. Darin hat der EGMR erklärt, dass die Sprachfassungen möglichst in Übereinstimmungen ausgelegt werden sollen. Es ist die Auslegung zu wählen, die den Mitgliedstaat am meisten verpflichtet und die Ziele der Konvention am effektivsten erreicht; „Thus confronted with two versions of a treaty which are equally authentic but not exactly the same, the Court must, following established international law precedents, interpret them in a way that will reconcile them as far as possible. Given that it is a law-making treaty, it is also necessary to seek the interpretation that is most appropriate in order to realise the aim and achieve the object of the treaty, not that which would restrict to the greatest possible degree the obligations undertaken by the Parties."; so auch *Grabenwarter*, der Art. 33 Abs. 4 WVK als „Auffangregel" bezeichnet; *Grabenwarter/Pabel*, EMRK, § 5 Rn. 4; ebenso *Hilf*, Die Auslegung mehrsprachiger Verträge, S. 101 f.

238 *Cremer*, in Dörr/Grote/Marauhn (Hrsg.), Konkordanz-Kommentar, Kap. 4 Rn. 19.

239 *Grabenwarter/Pabel*, EMRK, § 5 Rn. 8.

240 *Grabenwarter/Pabel*, EMRK, § 5 Rn. 8.

241 *EGMR*, Urt. v. 7.7.1989, 14038/88, Ziff. 103 – Soering.

aller zusammenhängenden Dokumente gelesen und verstanden werden.[242] Im Zusammenhang mit der Systematik der EMRK ist die autonome Auslegung[243] des EGMR zu nennen. Demnach sieht sich der Gerichtshof nicht an die nationalen Auslegungsmethoden gebunden, sondern geht vielmehr von einer autonomen Auslegung der Konvention aus. Autonome Auslegung meint eine Interpretation, die „die Systematik des Vertrages, seine Zielsetzung und – nach deren Maßgabe – die Gemeinsamkeiten und Unterschiede der (und zwar grundsätzlich aller) nationalen Rechtsordnungen berücksichtigt“[244]. Die in der Konvention verwendeten Begriffe sind als Begriffe einer eigenständigen Konventionsordnung von den Rechtsordnungen der Mitgliedstaaten unabhängig zu verstehen.[245] Dem Gerichtshof ist es wichtig, die Konvention nach mit möglichst vielen Mitgliedstaaten übereinstimmenden Punkten auszulegen. Eine Auslegung ausschließlich anhand des Rechts des betroffenen Staates ist nicht möglich, da die EGMR-Rechtsprechung dann nicht mehr einheitlich, sondern von der jeweiligen Nationalität abhängig wäre. Ein wesentliches Ziel der Konvention, die Angleichung der Menschenrechtsstandards, wäre ohne die autonome Auslegung nicht möglich.[246] Daher wendet der Gerichtshof seine eigene Interpretation von Rechtsbegriffen auf die Fälle aller Mitgliedstaaten an. Er interpretiert Rechtsbegriffe aus der EMRK grundsätzlich frei und selbstständig und orientiert sich nicht an der Auslegung in den innerstaatlichen Rechtsordnungen. Für ihn ist von Bedeutung, dass diese Interpretation ihre Grundlage in der Konvention und in einem oder möglichst vielen Mitgliedstaaten hat.[247]

---

242 Vgl. dazu *Bernhardt*, Die Auslegung völkerrechtlicher Verträge, S. 86 ff.

243 *Cremer*, in Dörr/Grote/Marauhn (Hrsg.), Konkordanz-Kommentar, Kap. 4 Rn. 19; *Villiger*, HB EMRK, Rn. 251; siehe auch *Matscher*, Die Methoden der Auslegung der EMRK in der Rechtsprechung ihrer Organe, in: Schwind (Hrsg.), Aktuelle Fragen zum Europarecht aus der Sicht in- und ausländischer Gelehrter, 102, 109 ff.

244 *Grabenwarter/Pabel*, EMRK, § 5 Rn. 9.

245 *Grabenwarter/Pabel*, EMRK, § 5 Rn. 10; *Matscher*, Die Methoden der Auslegung der EMRK in der Rechtsprechung ihrer Organe, in: Schwind (Hrsg.), Aktuelle Fragen zum Europarecht aus der Sicht in- und ausländischer Gelehrter, 102, 109 ff.

246 *Matscher*, Die Methoden der Auslegung der EMRK in der Rechtsprechung ihrer Organe, in: Schwind (Hrsg.), Aktuelle Fragen zum Europarecht aus der Sicht in- und ausländischer Gelehrter, 102, 112.

247 *Matscher*, Die Methoden der Auslegung der EMRK in der Rechtsprechung ihrer Organe, in: Schwind (Hrsg.), Aktuelle Fragen zum Europarecht aus der Sicht in- und ausländischer Gelehrter, 102, 113.

Die historische Auslegung orientiert sich an den vorbereitenden Arbeiten und Umständen des Vertragsabschlusses.[248] Die vorbereitenden Arbeiten der EMRK sind die *„travaux préparatoires"*. Der historischen Auslegung kommt nach Art. 32 WVK grundsätzlich nur eine subsidiäre Bedeutung zu. Die historischen Unterlagen und Umstände des Vertragsschlusses können zur Bestimmung des Vertragszweckes nur ergänzend herangezogen werden, wenn die Auslegung nach Art. 31 WVK zu keinem zufriedenstellenden Ergebnis geführt hat.[249] Darüber hinaus liegt ihre Subsidiarität darin begründet, dass an den *„travaux préparatoires"* nicht alle Mitgliedstaaten mitgewirkt und nicht alle Mitgliedstaaten den Hergang und die Entwicklung des Konventionstextes begleitet haben. Grundsätzlich sind die Unterlagen nur den Parteien zugänglich, die bei der Entstehung der EMRK beteiligt waren, d.h. die ursprünglichen Mitgliedstaaten. Inwiefern diese Dokumente auch gegenüber den später beigetretenen Mitgliedstaaten gelten, ist fraglich. Sind die *„travaux préparatoires"* auch den nach dem Inkrafttreten der Konvention beigetretenen Staaten zugänglich oder veröffentlicht, so ist davon auszugehen, dass sie auch für diese Staaten gelten. Da diese Geltung jedoch vor Anwendung der historischen Interpretation im Einzelfall einer Klärung bedarf, können die Vorarbeiten der Konvention nicht generell, sondern nur im Einzelfall bei der Auslegung berücksichtigt werden.[250] Daher ist die Auslegung anhand historischer Unterlagen subsidiär.

Die teleologische Auslegung berücksichtigt den Vertragszweck (Art. 31 Abs. 1 WVK). Bei der EMRK liegt dieser in der Sicherung und Wahrung der Konventionsrechte für den Einzelnen. Sie wird bei der Auslegung der EMRK durch die Sonderfälle der „dynamischen"[251] oder „evolutiven"[252] Auslegung ergänzt. Zudem wird auch der Effektivitätsgrundsatz[253] als eine weitere teleologische Auslegungsmethode[254] hinzugezogen. Der EGMR hat bei der Auslegung

---

248 Siehe dazu allgemein *Bernhardt*, Die Auslegung völkerrechtlicher Verträge, S. 109 ff.

249 *Cremer*, in: Dörr/Grote/Marauhn (Hrsg.), Konkordanz-Kommentar, Kap. 4 Rn. 20.

250 *Hilf*, Die Auslegung mehrsprachiger Verträge, S. 93 f.

251 *Dröge* sieht die dynamische Auslegung in Art. 31 Abs. 3 lit. b WVK begründet, *Dröge*, Positive Verpflichtungen der Staaten in der EMRK, S. 232.

252 *Matscher*, Die Methoden der Auslegung der EMRK in der Rechtsprechung ihrer Organe, in: Schwind (Hrsg.), Aktuelle Fragen zum Europarecht aus der Sicht in- und ausländischer Gelehrter, 102, 107 ff.

253 Näheres dazu *Matscher*, Methods of Interpretation of the Convention, in: Macdonald/Matscher/Petzold (Hrsg.), 63, 68 ff.; so auch *Guradze*, der von einer Auslegung nach der Effektivität des Vertrages ausgeht. Es sei demnach die Auslegung anzuwenden, die der Konvention die „größere Wirksamkeit verleiht"; *Guradze*, EMRK-Kommentar, S. 34.

254 *Dröge*, Positive Verpflichtungen der Staaten in der EMRK, S. 228.

der EMRK stets den effektiven Menschenrechtsschutz, den Schutz des Einzelnen hervorgehoben. In seiner Rechtsprechung hat er betont, er wende die EMRK so an und lege sie derart aus, dass ein „praktischer und effektiver“ Menschenrechtsschutz gewährleistet wird: „The Convention is intended to guarantee not rights that are theoretical or illusory but rights that are practical and effective.“[255]. Ziel sei ein möglichst intensiver Schutz des Einzelnen: „As has been noted in previous occasions the Convention must be interpreted in the light of its special character as a treaty for the protection of individual human beings and its safeguards must be construed in a manner which makes them practical and effective.“[256]. Das bedeutet, dass die in der Konvention enthaltenen Rechte und Freiheiten nicht nur theoretischer Natur sind, sondern für den Einzelnen „erlebbar“ gemacht werden. Nur durch diese praktische Umsetzung erfüllen sie die Anforderungen an einen effektiven Menschenrechtsschutz.

Um diese Effektivität fortwährend zu erreichen, interpretiert der Gerichtshof die EMRK dynamisch. Danach ist sie im Sinne eines „living instrument“[257] „in the light of present day conditions“[258] zu verstehen und auszulegen. Er berücksichtigt dabei die zum Zeitpunkt der Entscheidung bestehenden sozialen und wirtschaftlichen Verhältnisse[259], indem er die bestehenden Normen mit neuen zeitgemäßen Inhalten füllt.[260] Da sich die Konvention allgemeiner Begrifflichkeiten bedient und sehr weit gefasst ist, können die gegenwärtigen Verhältnisse

---

255 *EGMR*, Urt. v. 9.10.1979, 6289/73, Series A Nr. Nr. 32, Ziff. 24 – Airey; *EGMR*, Urt. v. 27.9.1995, 18984/91, Ziff. 146 – McCann; so auch *EGMR*, Urt. v. 23.3.2005, 15869/02, Ziff. 58 – Cudak.

256 *EGMR, Urt. v.* 20.3.1991, 15576/89, Ziff. 94 – Cruz Varas.

257 St. Rspr. seit *EGMR*, Urt. v. 25.4.1978, 5856/72, Ziff. 31 – Tyrer. Im Fall *Tyrer* hat der EGMR den Effektivitätsgrundsatz durch die dynamische Auslegung ergänzt.

258 *EGMR*, Urt. v. 25.4.1978, 5856/72, Ziff. 31 – Tyrer; *EGMR*, Urt. v. 13.6.1979, 6833/74, Ziff. 41 – Marckx; *EGMR*, Urt. v. 9.10.1979, 6289/73, Ziff. 26 – Airey.

259 *Meyer-Ladewig/Nettesheim*, in: Meyer-Ladewig/Nettesheim/v. Raumer, Hk-EMRK, Einl. Rn. 24; *Meyer-Ladewig/Petzold*, Die Bindung deutscher Gerichte an Urteile des EGMR, 15, 18.

260 *Cremer*, in: Dörr/Grote/Marauhn (Hrsg.), Konkordanz-Kommentar, Kap. 4 Rn. 35; *Matscher*, Die Methoden der Auslegung der EMRK in der Rechtsprechung ihrer Organe, in: Schwind (Hrsg.), Aktuelle Fragen zum Europarecht aus der Sicht in- und ausländischer Gelehrter, 102, 108. In der Rechtsprechung des EGMR spiegelt sich der aktuelle Entwicklungsstand der Konvention und ihrer Protokolle wider. Die Rechte und Freiheiten der Konvention sind in der Gestalt zu lesen, die sich in der Rechtsprechung der EGMR entwickelt hat, so *Meyer-Ladewig/Brunozzi*, in: Meyer-Ladewig/Nettesheim/v. Raumer, Hk-EMRK, Art. 46 Rn. 16.

hineininterpretiert werden.[261] Das führt dazu, dass der Gerichtshof bei der Auslegung eines Konventionsrechts heute zu einem anderen Ergebnis gelangen kann als noch vor 50 Jahren. Das ist der Grundstein für die richterliche Rechtsfortbildung.[262]

Bernhardt[263] hat die dynamische Auslegung der Konvention damit gerechtfertigt, dass gerade die Auslegung zu einer Anpassung der Konvention an die aktuellen rechtlichen und gesellschaftlichen Bedingungen führen soll. Ziel der Konvention sei u.a. ein einheitlicher Menschenrechtsschutz, der lange Zeit Bestand hat. Diese Langlebigkeit erfordert aber gerade eine solche Anpassung und Fortentwicklung der Konvention.[264] Und diese wird durch den Gerichtshof als Hüter der Konvention durchgeführt.

aa) Die Verpflichtung zur Wiederaufnahme des Verfahrens aus Art. 1 EMRK

Art. 1 EMRK stellt die Grundverpflichtung der Mitgliedstaaten dar, allen ihrer Hoheitsgewalt unterstehenden Personen die in Abschnitt I der EMRK genannten Rechte und Freiheiten zuzusichern („shall secure (…) the rights and freedoms defined in Section I of this Convention“).[265] Der Wortlaut „The High Contracting Parties shall secure“ zeigt, dass Art. 1 EMRK die Mitgliedstaaten direkt anspricht und eine direkte Wirkung auf sie hat. Die Mitgliedstaaten haben als Schützer der Konventionsrechte[266] diese zu bewachen. Jedoch hat die Norm keine unmittelbare Anwendbarkeit auf das innerstaatliche Recht.[267] Aus dem Wortlaut von Art. 1 EMRK folgt nicht die Verpflichtung zur Wiederaufnahme von Verfahren. Art. 1 EMRK erstreckt sich nach seinem Wortlaut auf die unter Abschnitt I der Konvention bestimmten Rechte und Freiheiten (Artikel 2 bis 18 EMRK).

---

261 *Matscher*, Die Methoden der Auslegung der EMRK in der Rechtsprechung ihrer Organe, in: Schwind (Hrsg.), Aktuelle Fragen zum Europarecht aus der Sicht in- und ausländischer Gelehrter, 102, 108.

262 *Dröge*, Positive Verpflichtungen der Staaten in der EMRK, S. 233; *Cremer*, in: Dörr/Grote/Marauhn (Hrsg.), Konkordanz-Kommentar, Kap. 4 Rn. 36; vgl. *Meyer-Ladewig/Petzold*, Die Bindung deutscher Gerichte an Urteile des EGMR, 15, 18.

263 *Bernhardt*, Evolutive Treaty Interpretation, Especially of the European Convention on Human Rights, GYIL 42 (2000), 11, 21 ff.

264 *Bernhardt*, Evolutive Treaty Interpretation, Especially of the European Convention on Human Rights GYIL 42 (2000), 11, 17 ff.

265 *Cremer* in: Dörr/Grote/Marauhn (Hrsg.), Konkordanz-Kommentar, Kap. 32 Rn. 75.

266 *Dröge*, Positive Verpflichtungen der Staaten in der EMRK, S. 240.

267 *Frowein* in: Frowein/Peukert, EMRK, Art. 1 Rn. 2.

In keinem dieser Artikel ist ein Wiederaufnahmeverfahren normiert, sodass die Wiederaufnahme nicht unter die von Art. 1 EMRK umfassten Rechte fällt.

Auch die systematische Auslegung kommt zu keinem anderen Ergebnis. Art. 1 EMRK ist der erste Artikel der EMRK und steht unter keiner Überschrift. Er hat für alle nachfolgenden Normen eine große Bedeutung. Er bestimmt den persönlichen, sachlichen und örtlichen Anwendungsbereich der Normen. Er sagt, dass die Rechte der Konvention für alle Personen gelten, die der Hoheitsgewalt („jurisdiction") eines Mitgliedstaates unterstehen. Auch grenzt er den räumlichen Anwendungsbereich insofern ein, als dass sich die Herrschaftsgewalt („jurisdiction") des Staates nicht nur auf sein jeweiliges Staatsgebiet erstreckt. Die systematische Stellung von Art. 1 EMRK beruht darauf, dass seine Verletzung nicht selbstständig geltend gemacht werden kann und stets aus der Verletzung eines unter Abschnitt I bestimmten Rechts folgt.[268] Er enthält die Primärverpflichtung der Mitgliedstaaten zur Unterlassung völkerrechtswidrigen Verhaltens[269]. Um eine Verpflichtung zur Wiederaufnahme aus Art. 1 EMRK herleiten zu können, müsste die Wiederaufnahme ein in Abschnitt I gewährtes Recht oder zumindest ein gleichwertiges Recht darstellen. Dies ist jedoch nicht der Fall. Die von Art. 1 EMRK umfassten Rechte sind abschließend genannt („the rights and freedoms defined in Section I of this Convention"*)*. Sie sind absolut geschützt und von jedem Mitgliedstaat zu beachten. Die Wiederaufnahme ist in ihnen nicht enthalten.

Lediglich die teleologische Auslegung unter den Aspekten der dynamischen und effektiven Auslegung und unter Berücksichtigung der Grundsätze der Annexkompetenz könnte zu einem anderen Ergebnis führen. Sinn und Zweck von Art. 1 EMRK ist die Unterlassung völkerrechtswidrigen Verhaltens. Durch die Wiederaufnahme des Verfahrens wird kein völkerrechtswidriges Verhalten unterlassen. Es werden vielmehr das völkerrechtswidrige Verhalten und die Folgen eines solchen Verhaltens beseitigt. Die Unterlassung völkerrechtswidrigen Verhaltens kann durch die Wiederaufnahme nicht gewährt werden. Gemäß der dynamischen Auslegung und der Auslegung nach dem Effektivitätsgrundsatz könnte Art. 1 EMRK aber derart interpretiert werden, dass aus ihm eine Verpflichtung der Mitgliedstaaten zur Wiederaufnahme eines Verfahrens folgt. Eine solche Befugnis könnte sich dann unmittelbar aus der Primärverpflichtung zur Unterlassung völkerrechtswidrigen Verhaltens ergeben. Zumindest könnte

---

268 *Frowein* in: Frowein/Peukert, EMRK, Art. 1 Rn. 1.

269 *Breuer*, Zur Anordnung konkreter Abhilfemaßnahmen durch den EGMR, EuGRZ 2004, 257, 261.

die Pflicht zur Wiederaufnahme als unmittelbare Folge der Primärverpflichtung gelten.

Um einen effektiven Menschenrechtsschutz gewährleisten zu können, ist eine bevorstehende Konventionsverletzung zu vermeiden und eine bestehende Verletzung zu beseitigen. Diese beiden Pflichten knüpfen aneinander an. Es erscheint daher folgerichtig, dem EGMR nicht nur die Befugnis zur Feststellung der Verletzung eines Konventionsrechts zu erlauben, sondern auch die Befugnis zur Feststellung der aus der Primärpflicht unmittelbar resultierenden Folgen.[270] Daher könnte aus Art. 1 EMRK nicht nur die Primärverpflichtung zur Unterlassung völkerrechtswidrigen Verhaltens folgen, sondern gleichzeitig auch die Pflicht ein solches Verhalten zu beseitigen. *Breuer* bezeichnet diese Art der Kompetenz als „Annexkompetenz"[271]. Er hat diese These in Verbindung mit dem Urteil in der Sache *Assanidze*[272] aufgestellt. Darin ging es um eine andauernde konventionswidrige Haft, deren unverzügliche Beendigung der Gerichtshof forderte.[273] Der Oberste Gerichtshof Georgiens hatte die Freilassung des Beschwerdeführers bereits angeordnet. Die ausführende Behörde hatte der Entscheidung jedoch nicht Folge geleistet. Um die konventionswidrige Haft zu beenden, hatte der Gerichtshof die sofortige Freilassung angeordnet. Die Ermächtigung für diese Anordnung durch den EGMR sieht *Breuer* in der Annexkompetenz. Die Pflicht zur Feststellung der Verletzung habe auch die Pflicht zur Beseitigung der Verletzung zur Folge.

Ob die Annexkompetenz auch auf andere Fälle Anwendung findet, ist fraglich. Schließlich sind der Annexkompetenz auch Grenzen gesetzt. So ist sie lediglich möglich bei einer noch anhaltenden Konventionsverletzung (Dauerdelikt), wenn keine innerstaatliche Gerichtsentscheidung vorliegt und das Ermessen des Mitgliedstaates auf Null reduziert ist.[274] Im Vergleich zum Ausgangsfall *Assanidse* handelt es sich bei einem konventionswidrigen Urteil um eine Verletzung,

---

270 *Breuer*, Zur Anordnung konkreter Abhilfemaßnahmen durch den EGMR, EuGRZ 2004, 257, 261.

271 *Breuer*, Zur Anordnung konkreter Abhilfemaßnahmen durch den EGMR, EuGRZ 2004, 257, 261; dem folgend *Heckötter*, Die Bedeutung der Europäischen Menschenrechtskonvention und der Rechtsprechung des EGMR für die deutschen Gerichte, S. 65.

272 *EGMR*, Urt. v. 8.4.2004, 71503/01 – Assanidze.

273 *Breuer* erläuterte in diesem Zusammenhang die Frage, ob die Anordnung der Freilassung unter die Beendigungspflicht oder unter die Wiedergutmachungspflicht fällt.

274 *Breuer*, Zur Anordnung konkreter Abhilfemaßnahmen durch den EGMR, EuGRZ 2004, 257, 262 f.

die bereits abgeschlossen ist. Das innerstaatliche Urteil ist bereits rechtskräftig. In diesen Fällen können die durch die Verletzung entstandenen Schäden nur durch eine Wiedergutmachung erreicht werden und nicht durch eine Beendigungsmaßnahme.[275] Auch liegt die Verletzung bei einem konventionswidrigen Urteil in einem Akt der Judikative. Der Gerichtshof kann dann keine konkrete Anordnung treffen, da die innerstaatliche rechtskräftige Entscheidung einer solchen Anordnung entgegensteht.[276] Bei der Wiederaufnahme eines Verfahrens wird ein bereits rechtskräftiges innerstaatliches Urteil aufgehoben. Seine Rechtskraft steht der Anordnung des EGMR entgegen. Würde der Gerichtshof eine Wiederaufnahme anordnen, so würde er in das innerstaatliche Recht eingreifen und eine rechtkräftige Entscheidung abändern oder aufheben. Dazu ist er aber nicht ermächtigt. Ferner kommt eine Verpflichtung aus der Annexkompetenz nur in Betracht, wenn eine „Ermessensreduzierung auf Null" vorliegt. Das ist der Fall, wenn dem verurteilten Mitgliedstaat keine andere als die vom Gerichtshof aufgeführte Möglichkeit bleibt, um eine Konventionsverletzung zu beheben. Um die Verletzung in Form eines konventionswidrigen Urteils zu beheben, muss das Urteil aufgehoben werden. Das Ermessen des verurteilten Mitgliedstaates könnte in diesem Fall auf Null reduziert sein. Jedoch könnte eine weitere Möglichkeit der Wiedergutmachung die Nichtvollstreckung des Urteils oder eine Begnadigung in einem Strafurteil[277] sein. Diese Möglichkeiten werden aber nicht zu einer vollständigen Wiedergutmachung führen.[278] Das hat zur Folge, dass der Beschwerdeführer aufgrund der verbleibenden Beschwer eine Schadensersatzforderung verlangen kann.[279] Genau dieser Konstellation trägt Art. 41 EMRK Rechnung. Ist eine Wiedergutmachung nach dem innerstaatlichen Recht nicht vollkommen oder überhaupt nicht möglich, so kann der EGMR dem Verletzten gemäß Art. 41 EMRK eine Entschädigungszahlung in Geld zusprechen. Damit

---

275 *Breuer*, Zur Anordnung konkreter Abhilfemaßnahmen durch den EGMR, EuGRZ 2004, 257, 262.

276 *Breuer*, Zur Anordnung konkreter Abhilfemaßnahmen durch den EGMR, EuGRZ 2004, 257, 263.

277 *Ress*, Die EMRK und die Vertragsstaaten: Die Wirkungen der Urteile des EGMR im innerstaatlichen Recht und vor innerstaatlichen Gerichten, in: Maier (Hrsg.), Europäischer Menschenrechtsschutz, 227, 240.

278 *Ress*, Wirkung und Beachtung der Urteile und Entscheidungen der Straßburger Konventionsorgane, EuGRZ 1996, 350, 351.

279 *Ress*, Die EMRK und die Vertragsstaaten: Die Wirkungen der Urteile des EGMR im innerstaatlichen Recht und vor innerstaatlichen Gerichten, in: Maier (Hrsg.), Europäischer Menschenrechtsschutz, 227, 240.

haben die Verfasser der Konvention einen Ausgleich dafür geschaffen, dass das innerstaatliche Recht eine Wiedergutmachung, beispielsweise die Wiederaufnahme eines rechtskräftigen Urteils, nicht vorsieht. Aufgrund dieser Alternative zur Wiedergutmachung könnte im Grunde keine Ermessensreduzierung auf Null vorliegen. Jedoch stellt Art. 41 EMRK keine Alternative zu einer Wiedergutmachungsmaßnahme dar, sondern lediglich eine Ergänzung. Für den Fall eines konventionswidrigen Urteils ist das Wiederaufnahmeverfahren das effektivste Mittel zur Wiedergutmachung. Daher liegt zumindest die Voraussetzung der Ermessensreduzierung auf Null vor.

Die Annexkompetenz wurde aber für den Einzelfall *Assanidze* entwickelt. Darin ging es um die Beendigung der Verletzung. Die Grundsätze der Entscheidung können daher nicht zwangsläufig auf den Fall der Wiedergutmachung angewandt werden. Bei der Beendigungspflicht geht es um das Vorliegen eines Dauerdelikts und dessen Beendigung. Bei der Wiederaufnahme geht es um das Vorliegen einer bereits abgeschlossenen Konventionsverletzung, die in einer bereits rechtskräftigen innerstaatlichen Entscheidung liegt. Diese kann, wie oben stehend bereits erläutert, nicht ohne Weiteres aufgehoben werden. Dem Urteil des EGMR steht die Rechtskraft des innerstaatlichen Urteils entgegen. Daher kann eine Verpflichtung zur Wiederaufnahme auch nicht aus der oben geschilderten Annexkompetenz folgen. Im Ergebnis kann Art. 1 EMRK nicht derart ausgelegt werden, dass aus ihm eine Verpflichtung zu bestimmten Wiedergutmachungsmaßnahmen, der Wiederaufnahme eines Verfahrens, folgt.

bb) Die Verpflichtung zur Wiederaufnahme des Verfahrens aus Art. 13 EMRK

Die Wiederaufnahme des Verfahrens könnte im Sinne von Art. 13 EMRK als innerstaatlicher Rechtsbehelf zur Aufhebung rechtskräftiger nationaler Urteile gesehen werden. Der Gerichtshof könnte dann aus Art. 13 EMRK eine Wiederaufnahme anordnen.

So sieht etwa *Sattler* in Art. 13 EMRK eine solche Verpflichtung und begründet die Pflicht mit der Kompensation des Kompetenzdefizits des Gerichtshofs.[280] Dieser könne die innerstaatlichen Urteile nicht aufheben, da seine Urteile lediglich deklaratorische Wirkung haben. Um das auszugleichen, seien die Mitgliedstaaten gemäß Art. 13 EMRK verpflichtet, eine wirksame Beschwerdemöglichkeit bereitzustellen. Die Wiederaufnahme komme als wirksamer innerstaatlicher

---

280 *Sattler*, Wiederaufnahme des Strafprozesses nach Feststellung der Konventionsverletzung durch Organe der EGMR, 1973, S. 95 ff.

Rechtsbehelf im Sinne von Art. 13 EMRK in Betracht. Nur mit ihr sei die Beseitigung des konventionswidrigen Urteils möglich.[281] Zutreffend ist, dass die Wiederaufnahme das konventionswidrige Urteil beseitigt. Jedoch spricht gegen die Herleitung der Pflicht zur Wiederaufnahme aus Art. 13 EMRK, dass die Mitgliedstaaten bei Schaffung der Konvention eine kassatorische Wirkung der Urteile bewusst abgelehnt haben, da diese zu stark in ihr innerstaatliches Recht eingreift.[282] Daher ist auch nicht anzunehmen, dass eine Kompensation dieses beabsichtigten Defizits mit Art. 13 EMRK gewollt ist. Darüber hinaus handelt es sich bei Art. 13 EMRK um keine Umsetzungsnorm der Urteile des EGMR, sondern um das Recht auf eine wirksame innerstaatliche Beschwerde. Art. 13 EMRK sieht eine innerstaatliche Rügemöglichkeit für Verletzungen der Konvention vor und nicht ihre Beseitigung. Mit der Wiederaufnahme kann ein Beschwerdeführer nicht die Konventionsverletzung rügen, er kann vielmehr innerstaatlich eine solche beseitigt verlangen. Es ist daher zu untersuchen, ob die Verfasser der EMRK mit dieser Norm eine solche Pflicht begründen wollten. Hierzu im Einzelnen wie folgt:

Aus dem Wortlaut von Art. 13 EMRK folgt das Recht des Einzelnen im Fall einer Konventionsverletzung eine „effective remedy“/„effectif devant“ vor einer innerstaatlichen Instanz einzulegen. Art. 13 EMRK fordert von dem Mitgliedstaat die Errichtung einer wirksamen innerstaatlichen Beschwerdemöglichkeit und dadurch die Errichtung oder Erweiterung des innerstaatlichen Rechtsschutzsystems. Für den Fall, dass die Verletzung in einem innerstaatlichen Gerichtsurteil liegt, könnte als innerstaatliche Beschwerdemöglichkeit im Sinne von Art. 13 EMRK die Wiederaufnahme des Verfahrens in Betracht kommen, um die Verletzung effektiv zu beheben. Daraus könnte die Verpflichtung zu einer Wiederaufnahme von Verfahren folgen.

Um eine Verpflichtung bejahen zu können, müsste das Wiederaufnahmeverfahren eine „effective remedy“ im Sinne von Art. 13 EMRK darstellen. Dabei ist zunächst auf die Bedeutung der englischen und der französischen Version einzugehen. Der englische Begriff „remedy“ beinhaltet nicht nur die prozessuale Möglichkeit der Beschwerde, sondern fordert auch ein Ergebnis der Beschwerde. Die französische Bedeutung von „recours“ umfasst im Vergleich dazu lediglich die prozedurale Möglichkeit der Geltendmachung der Verletzung.[283] Wie oben

281 *Sattler*, Wiederaufnahme des Strafprozesses nach Feststellung der Konventionsverletzung durch Organe der EGMR, 1973, S. 100 ff.
282 Vgl. Ausführungen unter Ziffer cc).
283 *Richter* in: Dörr/Grote/Marauhn (Hrsg.), Konkordanz-Kommentar, Kap. 20 Rn. 4.

stehend bereits erläutert, wird grundsätzlich vermutet, dass die Bestimmungen des Vertrages in jeder Sprachfassung dieselbe Bedeutung haben. Sollte jedoch ein Unterschied bestehen, so ist unter Beachtung von Sinn und Zweck des Vertrages die Auslegung zu wählen, die mit dem Sinn des Vertrages am Besten vereinbar ist (Art. 33 Abs. 4 WVK).[284] Eine Beschwerde, die nicht nur eine Möglichkeit der Beschwer bietet, sondern auch ergebnisorientiert ist und zu einer Beseitigung der Verletzung führt, ist mit dem Sinn und Zweck der Konvention, dem effektiven Menschenrechtsschutz, am Besten vereinbar. Demnach ist der englischen Fassung „remedy" der Vorrang zu geben.

Unter einer „effective remedy" versteht Art. 13 EMRK eine innerstaatliche Beschwerdemöglichkeit, um die Konventionsrechte des Individuums durchsetzen zu können. „Remedy" meint dabei einen Rechtsbehelf, der dazu führen muss, dass über eine auf eine Verletzung gestützte Beschwerde entschieden und Abhilfe geleistet wird.[285] Das beinhaltet nicht nur die Feststellung einer Konventionsverletzung.[286] „Effective" ergänzt den Begriff des „remedy" dahin, dass die innerstaatliche Beschwerde grundsätzlich geeignet sein muss, die konventionswidrige Situation zu beseitigen bzw. eine konventionskonforme Situation wiederherzustellen.[287] Zur Wirksamkeit des Rechtsbehelfs muss die von Art. 13 EMRK genannte Instanz unabhängig und zu einer verbindlichen Abhilfeentscheidung ermächtigt sein.[288] Die Unabhängigkeit der Instanz ist dabei nur gewährleistet, wenn sie nicht unter dem Einfluss der Instanz steht, die den Streitgegenstand der Beschwerde geschaffen hat oder selbst den Beschwerdegegenstand erlassen hat. So fehlt es beispielsweise an einer Unabhängigkeit, wenn eine Instanz über von ihr selbst getroffene Maßnahmen entscheidet.[289] Das wäre bei einem innerstaatlichen Wiederaufnahmeverfahren jedoch der Fall. Das konventionswidrige Urteil wird an das Gericht zurückgewiesen, welches es erlassen hat.

---

284 *EGMR*, Urt. v. 27.6.1968, 2122/64, Ziff. 8 – Wemhoff. Darin hat der EGMR erklärt, dass die Sprachfassungen möglichst in Übereinstimmung ausgelegt werden sollen. Es ist die Auslegung zu wählen, die den Mitgliedstaat am meisten verpflichtet und die Ziele der Konvention am effektivsten erreicht; *Grabenwarter/Pabel*, EMRK, § 5 Rn. 4; *Grabenwarter/Pabel* bezeichnen Art. 33 Abs. 4 WVK als „Auffangregel".

285 *Meyer-Ladewig/Renger*, in: Meyer-Ladewig/Nettesheim/v. Raumer, Hk-EMRK, Art. 13 Rn. 3.

286 *Schweizer* in: IntKomm-EMRK, Art. 13 Rn. 57.

287 *EGMR*, Urt. v. 26.3.1987, Nr. Nr. 9248/81, Ziff. 77 (a) – Leander.

288 *Richter* in: Dörr/Grote/Marauhn (Hrsg.), Konkordanz-Kommentar, Kap. 20 Rn. 45, 63; *Last*, Garantie wirksamen Rechtsschutzes gegen Maßnahmen der EU, S. 9.

289 *Richter* in: Dörr/Grote/Marauhn (Hrsg.), Konkordanz-Kommentar, Kap. 20 Rn. 63.

Dieses Gericht entscheidet über die Wiederaufnahme und ob das abgeschlossene Verfahren neu verhandelt wird. Auch trifft es die neue Entscheidung. Demnach wäre die Wiederaufnahme des Verfahrens nicht „effective" im Sinne von Art. 13 EMRK. Auch führt die Wiederaufnahme nicht dazu, dass über eine auf eine Konventionsverletzung gestützte Beschwerde entschieden wird. Die Wiederaufnahme setzt eine bereits festgestellte Konventionsverletzung voraus. Sie enthält nicht die Beschwer der Verletzung, sondern die Umsetzung der Feststellung einer Verletzung. Mit der Wiederaufnahme kann ein Beschwerdeführer nicht die Konventionsverletzung rügen, er kann vielmehr innerstaatlich eine solche beseitigt verlangen. Auch wenn der Wortlaut von Art. 13 EMRK eine bereits festgestellte Konventionsverletzung nicht ausschließt,[290] geht die Wiederaufnahme des Verfahrens schon einen Schritt weiter als Art. 13 EMRK. Denn die Wiederaufnahme rügt nicht die Verletzung, sondern sie hebt sie auf.

In der Praxis wurde die Nichtdurchführung des Wiederaufnahmeverfahrens nur selten als Verstoß von Art. 13 EMRK gerügt. So wurde beispielsweise im Fall *Eckle*[291] die Nichtdurchführung des Wiederaufnahmeverfahrens als Verstoß gegen Art. 13 EMRK als erneute Beschwerde geltend gemacht. Die Wiederaufnahme wurde nach innerstaatlichem Recht abgelehnt, da die Voraussetzungen dafür nicht vorlagen. Der Beschwerdeführer legte erneut Beschwerde ein und machte eine Verletzung von Art. 13 EMRK geltend, da eine Wiederaufnahme des Verfahrens nach innerstaatlichem Recht abgelehnt wurde und er in der Wiederaufnahme einen wirksamen Rechtsbehelf im Sinne von Art. 13 EMRK sah. Die Europäische Menschenrechtskommission lehnte die erneute Beschwerde jedoch ab, weil kein Recht auf eine Wiederaufnahme des Verfahrens bestand. Eine Verletzung von Art. 13 EMRK lag nicht vor. Es bedurfte keiner weiteren Kompensation der ursprünglichen Konventionsverletzung durch eine Wiederaufnahme. Die Verletzung der Konvention hatte in der in Art. 6 Abs. 1 S. 1 EMRK geregelten überlangen Verfahrensdauer gelegen. Die überlange Verfahrensdauer war bereits im Strafmaß berücksichtigt worden. Das Strafurteil war nicht aufgrund der Konventionsverletzung ergangen, es beruhte nicht darauf. Daher war kein Anlass gegeben, das Strafurteil aufzuheben und das Verfahren wieder aufzunehmen. Ferner besteht seit dem 14. Zusatzprotokoll zur EMRK die Möglichkeit Verstöße gegen die Befolgungspflicht aus Art. 46 Abs. 1 EMRK erneut vor dem EGMR geltend zu machen. Die Neuerung wurde in Art. 46 Abs. 4 und Abs. 5 EMRK eingefügt. Kommt ein Mitgliedstaat seiner Pflicht zur

290 *Polakiewicz*, Die Verpflichtungen der Staaten aus den Urteilen des EGMR, S. 113.
291 *EKMR*, Entsch. v. 9.12.1987, 12866/87 – Eckle.

Befolgung nicht nach, so wird der Gerichtshof mit der Frage befasst, ob die Partei ihre Verpflichtung erfüllt hat. Verneint er diese Frage, so verweist er die Sache zurück an das Ministerkomitee, welches die Prüfung der zu treffenden Maßnahmen übernimmt.

Die grammatische Auslegung spricht folglich dagegen, das Wiederaufnahmeverfahren als „effective remedy" anzusehen. Art. 13 EMRK gewährt das Recht, eine wirksame Beschwerde gegen eine Konventionsverletzung bei einer innerstaatlichen Instanz zu erheben. Er beinhaltet keine Verpflichtung zur Wiederaufnahme eines innerstaatlichen Verfahrens.

Bei der Auslegung der Norm ist darüber hinaus ihre systematische Stellung in der Konvention zu berücksichtigen. Art. 13 EMRK steht in Abschnitt I der Konvention unter der Überschrift „Rights and Freedoms". Darin sind die durch die Konvention gewährleisteten Rechte und Freiheiten sowie mögliche Beschränkungen dieser Rechte enthalten. Auch die Regelungen um sie herum, wie Art. 12 EMRK, das Recht auf Eheschließung, und Art. 14 EMRK, das Diskriminierungsverbot, enthalten Rechte des Einzelnen. Im Vergleich dazu handelt es sich bei der Wiederaufnahme des Verfahrens um eine Umsetzungsmaßnahme und damit Wirkung der Urteile. Diese Regeln finden sich in Abschnitt II der EMRK unter der Überschrift „European Court of Human Rights". Aus der Systematik der Konvention folgt daher, dass Art. 13 EMRK keine Anforderungen an die innerstaatliche Umsetzung der Urteile und damit an die Staaten zur Umsetzung stellen kann. Das wird durch das Verhältnis der Norm zu Art. 6 Abs. 1 EMRK bestätigt. Bei einer Wiederaufnahme liegt die Konventionsverletzung in einem innerstaatlichen rechtskräftigen Urteil. Das innerstaatliche Gerichtsverfahren ist bereits abgeschlossen. Ansprüche und Verpflichtungen aus und an Gerichtsverfahren sind in den Verfahrensrechten in Art. 6 Abs. 1 EMRK geregelt. Während Art. 6 Abs. 1 EMRK einen gerichtlichen Rechtsschutz gewährt, stellt Art. 13 EMRK nur Rechtsschutz bei einer innerstaatlichen Instanz und bei Vorliegen der Verletzung eines Konventionsrechts (Akzessorietät)[292] sicher. Der in Art. 6 Abs. 1 EMRK enthaltene Rechtsschutz geht daher weiter.[293] Darüber hinaus ist Art. 13 EMRK eine allgemeine Vorschrift und gegenüber Art. 6 Abs. 1 EMRK

292 Art. 13 EMRK stellt ein akzessorisches Recht dar. Ein Beschwerdeführer muss mit der Geltendmachung von Art. 13 EMRK stets die Verletzung eines anderen Konventionsrechts behaupten, das mit der Beschwerde nach Art. 13 EMRK gerügt wird. Art. 13 EMRK kann nicht selbstständig geltend gemacht werden; *Schweizer*, in: IntKom-EMRK, Art. 13 Rn. 1; *Frowein* in: Frowein/Peukert, EMRK, Art. 13 Rn. 1.

293 *Last*, Garantie wirksamen Rechtsschutzes gegen Maßnahmen der EU, S. 10.

subsidiär[294], weil er die allgemeinen Regelungen über Verfahren trifft und keine speziellen Anforderungen an die innerstaatlichen Rechtsordnungen stellt. Nach der Rechtsprechung des EGMR wird Art. 13 EMRK als „less strict“[295] bezeichnet. Würde Art. 13 EMRK als Rechtsgrundlage für ein Wiederaufnahmeverfahren gelten, so würde er strengere Voraussetzungen an die innerstaatlichen Rechtsordnungen stellen als Art. 6 Abs. 1 EMRK. Das würde dem oben Gesagten aber widersprechen und die beiden Normen in Widerspruch zueinander setzen. Folglich kann aus der systematischen Stellung von Art. 13 EMRK keine Regel über die Wirkung der Entscheidungen des EGMR interpretiert werden. Aus der systematischen Auslegung von Art. 13 EMRK folgt keine Verpflichtung zur Wiederaufnahme.

Auch die historische Auslegung kommt zu keinem anderen Ergebnis. Nach den *travaux préparatoires* sollte Art. 13 EMRK die Funktion haben, die Geltung der Konventionsrechte gerade im innerstaatlichen Raum sicherzustellen.[296] Es war aber von Beginn an unklar, ob das Beschwerderecht aus Art. 13 EMRK ein echtes Individualrecht oder lediglich eine Staatenverpflichtung darstellen sollte.[297] Eine Verpflichtung zur Wiederaufnahme von innerstaatlichen Verfahren war mit der Norm jedenfalls nicht vorgesehen.

Die teleologische Interpretation der Vorschrift kommt ebenfalls zu keinem anderen Ergebnis. Sinn und Zweck der Vorschrift ist es, dem Einzelnen die Möglichkeit zu geben, vor innerstaatlichen Instanzen seine Konventionsrechte durchzusetzen.[298] Dafür muss dem Verletzten ein Rechtsmittel bei einer nationalen Instanz zur Verfügung stehen, das über das Vorliegen einer Verletzung entscheidet und diese bei ihrem Vorliegen auch beseitigt.[299] Das heißt aber auch, dass der Einzelne zunächst im innerstaatlichen Rechtssystem Abhilfe suchen muss, bevor er die Individualbeschwerde beim Gerichtshof einlegt. Art. 13 EMRK verweist damit auf die innerstaatliche Rechtsordnung und trägt der Ausschöpfung

---

294 *Schweizer*, in: IntKom-EMRK, Art. 13 Rn. 46.

295 *EGMR*, Urt. v. 9.10.1979, 6289/73, Ziff. 35 – Airey; „(…) these requirements are less strict than, and are here entirely absorbed by, those of the latter Article (Art. 6–1)“; *EGMR*, Urt. v. 25.3.1983, 5947/72 u.a., Ziff. 110 – Silver: „(…) this is because the requirements of the latter Article (Art. 13) are less strict than, and are here absorbed by, those of the former“.

296 Travaux préparatoires, Bd. I, 167 f.

297 Travaux préparatoires, Bd. IV, 22 f.

298 *Frowein*, in: Frowein/Peukert, EMRK, Art. 13 Rn. 2.

299 *Meyer-Ladewig/Renger*, in: Meyer-Ladewig/Nettesheim/v. Raumer, Hk-EMRK, Art. 13 Rn. 3.

des innerstaatlichen Rechtswegs vor dem Gang zum EGMR Rechnung (Art. 35 Abs. 1 EMRK).[300] Sein Zweck liegt in der Schaffung und Erweiterung eines innerstaatlichen Rechtsschutzsystems. Er fordert keine unmittelbare Geltendmachung des Konventionsrechts im innerstaatlichen Recht.[301] Er hat vielmehr für Mitgliedstaaten, „die die Konvention nicht inkorporiert habe, sicherzustellen, dass effektive Rechtsbehelfe gegen die Konventionsverletzung verfügbar sind“[302]. Damit soll ein effektiver Menschenrechtsschutz auch innerstaatlich sichergestellt werden. Durch die Wiederaufnahme des Verfahrens im innerstaatlichen Recht wird das konventionswidrige Urteil aufgehoben und die Konventionsverletzung beseitigt. Damit wird das Urteil des EGMR befolgt und seiner Entscheidung kommt innerstaatlich Bedeutung zu. Die Konventionsverletzung wird mit der Wiederaufnahme behoben, sie wird mit ihr aber nicht erhoben bzw. gerügt. Durch die Wiederaufnahme wird kein effektiver Rechtsbehelf im Sinne von Art. 13 EMRK geschaffen, der eine Konventionsverletzung innerstaatlich feststellen soll. Art. 13 EMRK sieht Rechtsmittel vor, die vor dem Gang zum EGMR eingreifen und nicht erst, wenn dieser bereits entschieden hat. Würde die Wiederaufnahme als Beschwerde im Sinne von Art. 13 EMRK gelten, so müsste der Beschwerdeführer nach erfolgter Individualbeschwerde erneut den innerstaatlichen Rechtsweg begehen, um die Wiederaufnahme zu erreichen. Sinn und Zweck von Art. 13 EMRK ist jedoch eine innerstaatliche Beschwerdemöglichkeit vor der Individualbeschwerde zu erlangen. Die Wiederaufnahme des Verfahrens genügt dem Sinn und Zweck von Art. 13 EMRK somit nicht. Auch die teleologische Auslegung der Norm führt zu keiner Verpflichtung der Mitgliedstaaten zur Wiederaufnahme von Verfahren.

Aus Art. 13 EMRK folgt nicht die Verpflichtung der Mitgliedstaaten zu einer Rechtskraft durchbrechenden Wiederaufnahme eines innerstaatlichen Verfahrens.

---

300 Der Gerichtshof spricht dabei von einer Subsidiarität der Individualbeschwerde, *EGMR*, Urt. v. 26.10.2000, 30210/96, Ziff. 152 – Kudla.

301 *Ress*, Die EMRK und die Vertragsstaaten: Die Wirkungen der Urteile des EGMR im innerstaatlichen Recht und vor innerstaatlichen Gerichten, in: Maier (Hrsg.), Europäischer Menschenrechtsschutz, 227, 244.

302 *Polakiewicz*, Die Verpflichtungen der Staaten aus den Urteilen des EGMR, S. 116 m.w.N.

cc) Die Verpflichtung zur Wiederaufnahme des Verfahrens aus Art. 46 Abs. 1 EMRK

Art. 46 EMRK ist Ausgangspunkt für die Bestimmung der Maßnahmen, die ein verurteilter Mitgliedstaat zu treffen hat. Art. 46 Abs. 1 EMRK verlangt von den Mitgliedstaaten die Befolgung der Urteile des EGMR. Es ist fraglich, ob Art. 46 Abs. 1 EMRK auch die Verpflichtung zur Wiederaufnahme enthält. Gemäß Art. 46 Abs. 1 EMRK verpflichten sich die Mitgliedstaaten, die Urteile des EGMR zu befolgen („undertake to abide by the final judgment"). Die Norm enthält aufgrund des Wortlauts („undertake") eine konkrete Staatenverpflichtung. Die Verpflichtung zur Wiederaufnahme des Verfahrens könnte aus der Befolgungspflicht der Urteile des EGMR folgen. Dazu müsste die Wiederaufnahme ein Teil dieser Befolgungspflicht sein und die Mitgliedstaaten verpflichten. Dafür ist zu untersuchen was unter „final judgment" und unter „to abide by" zu verstehen ist.

Das Urteil des EGMR stellt die Konventionswidrigkeit eines mitgliedstaatlichen Handelns, Tuns oder Unterlassens fest und besteht aus den Entscheidungsgründen und dem Tenor. Der Tenor bezeichnet nur sehr selten den konventionswidrigen Akt sowie die zur Beendigung und Wiedergutmachung der Verletzung zu ergreifenden Maßnahmen. Aus ihm wird nicht ersichtlich, worin die Verletzung der Konvention liegt und welche konkreten Maßnahmen zur Durchführung des Urteils erforderlich sind. Diese Ausführungen sind grundsätzlich in den Entscheidungsgründen zu finden. Wie bereits im 2. Teil unter Ziffer II. 1. lit. b) erläutert, finden die Entscheidungsgründe als tragende Gründe des Urteils ebenfalls Berücksichtigung durch die Mitgliedstaaten. Sowohl der Tenor als auch die Entscheidungsgründe erwachsen in materieller Rechtskraft und haben gegenüber dem verurteilten Mitgliedstaat eine verbindliche Wirkung. Die Befolgungspflicht aus Art. 46 Abs. 1 EMRK umfasst also die Entscheidung des Gerichtshofs als Ganzes. Ist die Wiederaufnahme des Verfahrens Bestandteil der Entscheidungsgründe des Urteils, so ist auch sie von Art. 46 Abs. 1 EMRK mitumfasst. Der verurteilte Mitgliedstaat hat danach die Wiederaufnahme des Verfahrens zu „befolgen", wenn der Gerichtshof sie in seinen Entscheidungsgründen als konkrete Maßnahme benennt, um die Verletzung zu beheben. Jedoch meint befolgen („to abide by") nach allgemeinem Sprachgebrauch sich in seinem Handeln nach etwas richten, etwas berücksichtigen, beachten. Dieser offene Wortlaut der Konvention trägt nicht der Verpflichtung des Mitgliedstaates Rechnung, die Wiederaufnahme innerstaatlich durchzuführen.[303] Inwiefern der

303 Eine innerstaatliche Gestaltungswirkung von Art. 46 Abs. 1 EMRK aufgrund der Wortlautauslegung verneinend *Schilling*, Deutscher Grundrechtsschutz zwischen

verurteilte Mitgliedstaat ein Urteil des EGMR zu „berücksichtigen“ hat, geht aus dem Wortlaut der Norm nicht hervor. Die Befolgungspflicht aus Art. 46 Abs. 1 EMRK sagt vielmehr nur, dass der verurteilte Mitgliedstaat eine Feststellung des EGMR nicht ignorieren kann. Mehr sagt der Wortlaut jedoch nicht. Demnach kommt die grammatische Auslegung nicht zu dem Ergebnis, dass Art. 46 Abs. 1 EMRK eine Verpflichtung zur Wiederaufnahme des Verfahrens umfasst.

Bei der systematischen Auslegung ist eine Zusammenschau von Art. 46 Abs. 1 EMRK unter Einbeziehung von Art. 46 Abs. 2 EMRK durchzuführen. In Art. 46 Abs. 2 EMRK heißt es: „The final judgment of the Court shall be transmitted to the Committee of Ministers, which shall supervise its execution.“. Danach überwacht das Ministerkomitee die Mitgliedstaaten bei der Umsetzung der EGMR-Urteile in ihre innerstaatliche Rechtsordnung. Aus der Überwachungsfunktion allein folgt aber noch keine Verpflichtung zur Wiederaufnahme. Die Überwachung durch das Ministerkomitee indiziert, dass durch den EGMR keine konkreten oder allgemeinen Maßnahmen verpflichtend an die Mitgliedstaaten herangetragen werden können. Sie werden in den Urteilen des EGMR genannt, doch überlässt der EGMR ihre konkrete Umsetzung den Mitgliedstaaten innerhalb der Möglichkeiten ihrer innerstaatlichen Rechtsordnung. Die staatliche Autorität ist frei in ihrer Entscheidung, konkrete Maßnahmen vorzunehmen, um das Urteil des EGMR innerstaatlich umzusetzen. Sieht die Rechtsordnung die vorgegebenen Maßnahmen nicht vor, dann ist der Mitgliedstaat nicht verpflichtet, sie in dieser Art vorzunehmen. Er ist dann in der Wahl der Mittel zur Umsetzung frei. Das Ministerkomitee hat, wie im 2. Teil unter Ziffer III. 4. erläutert, nur die Aufgabe mithilfe von Empfehlungen die Umsetzung der Urteile zu überwachen. Diese Empfehlungen haben aber keine rechtsverbindliche Wirkung, aus der eine solche Verpflichtung abgeleitet werden kann. Hätten die Verfasser der EMRK gewollt, dass die Urteile des EGMR eine Rechtskraft durchbrechende Wirkung haben, so müsste nicht das Ministerkomitee die Überwachung der Maßnahmen (bspw. der Wiederaufnahme) übernehmen. Dann wäre es selbstverständlich, dass die vom Gerichtshof genannten Maßnahmen von den Mitgliedstaaten durchgeführt werden. Dann bedürfte es eines solchen Kontrollorgans nicht. Aus der Zusammenschau von Art. 46 Abs. 1 und Abs. 2 EMRK ergibt sich kein weiterführendes Ergebnis hinsichtlich der Frage nach einer Verpflichtung zur Wiederaufnahme.

---

staatlicher Souveränität und menschenrechtlicher Europäisierung, S. 105.

Ein weiterer Aspekt, der aus der systematischen Sicht gegen eine Verpflichtung aus Art. 46 Abs. 1 EMRK spricht, ist die Auslegung der Norm in Zusammenschau mit Art. 63 AMRK. Im Vergleich zu Art. 46 Abs. 1 EMRK sieht die Amerikanische Menschenrechtskonvention in Art. 63 Abs. 1 eine ausdrückliche Kompetenz des Interamerikanischen Gerichtshofs (IAGMR) vor, die vom verurteilten Mitgliedstaat zu treffenden Maßnahmen anzuordnen, um eine Verletzung der Konvention zu beseitigen.[304] Art. 63 Abs. 1 AMRK lautet: „1. If the Court finds that there has been a violation of a right or freedom protected by this Convention, the Court shall rule that the injured party be ensured the enjoyment of his right or freedom that was violated. It shall also rule, if appropriate, that the consequences of the measure or situation that constituted the breach of such right or freedom be remedied and that fair compensation be paid to the injured party.". Art. 63 Abs. 1 AMRK ist eine zentrale Regelung über die Wiedergutmachung von Konventionsverletzungen. Sie spricht zum einen aus, dass die verletzten Garantien in Zukunft zu beachten sind (S. 1), zum anderen, dass die Folgen der Verletzung wiedergutgemacht werden sollen (S. 2, 1. Hs.), und dass an den Betroffenen eine gerechte Entschädigung zu zahlen ist (S. 2, 2. Hs.). Die Norm enthält eine Kompetenzvorschrift, die den Gerichtshof zur Festsetzung einer konkreten Haftungsfolge ermächtigt[305] und beinhaltet mit der starken Formulierung „shall rule" eine Verpflichtung der Mitgliedstaaten zur Wiedergutmachung von Konventionsverletzungen.[306] Eine solche Regelung fehlt aber gerade in Art. 46 Abs. 1 EMRK. Daraus ist zu folgern, dass die Verfasser der EMRK eine solche Regelung bewusst vermieden haben und eine Verpflichtung zur Wiederaufnahme nicht aus der systematischen Auslegung von Art. 46 Abs. 1 EMRK folgt[307].

Auch die historische Auslegung der Norm kommt nicht zu der Annahme einer Verpflichtung zur Wiederaufnahme des innerstaatlichen Verfahrens. Aus den *travaux préparatoires* geht hervor, dass die Verfasser der EMRK im Fall einer Konventionsverletzung die völkerrechtlichen Grundsätze der Staatenverantwortlichkeit vor Augen hatten.[308] Die Verfasser der EMRK wollten auf keinen

---

304 *Traßl*, Die Wiedergutmachung von Menschenrechtsverletzungen im Völkerrecht, S. 32 f.; *Breuer*, Zur Anordnung konkreter Abhilfemaßnahmen durch den EGMR, EuGRZ 2004, 257, 257.

305 *Seegers*, Das Individualrecht auf Wiedergutmachung, S. 128.

306 *Traßl*, Die Wiedergutmachung von Menschenrechtsverletzungen im Völkerrecht, S. 34.

307 Eine innerstaatliche Gestaltungswirkung von Art. 46 Abs. 1 EMRK nach der systematischen Interpretation verneinend auch *Schilling*, Deutscher Grundrechtsschutz zwischen staatlicher Souveränität und menschenrechtlicher Europäisierung, S. 105.

308 *Polakiewicz*, Die Verpflichtungen der Staaten aus den Urteilen des EGMR, S. 51 f.

Fall die Kompetenz des Gerichtshofs derart ausweiten, dass seine Entscheidungen unmittelbar innerstaatlich Wirkungen entfalten und nationale Entscheidungen abändern oder aufheben können.[309]

Die Lösung der Frage nach einer Verpflichtung zur Wiederaufnahme könnte aber im Rahmen der teleologischen Auslegung unter den Aspekten der effektiven und dynamischen Auslegung zu finden sein. Mit Art. 46 Abs. 1 EMRK soll erreicht werden, dass die Urteile des Gerichtshofs von den verurteilten Mitgliedstaaten in der innerstaatlichen Rechtsordnung umgesetzt werden und ihnen dadurch innerstaatlich Geltung zukommt. Durch diese Umsetzung werden sowohl die Urteile des EGMR als auch die EMRK von den Mitgliedstaaten effektiv gelebt. Aus Art. 46 Abs. 1 EMRK trifft den verurteilten Mitgliedstaat zur Umsetzung des EGMR-Urteils unter anderem die Pflicht zur Wiedergutmachung der Konventionsverletzung und ihrer Folgen im Sinne der Naturalrestitution, der sogenannten *restitutio in integrum*.[310] Die Mitgliedstaaten haben danach alle geeigneten Möglichkeiten auszunutzen, um innerstaatlich eine *restitutio in integrum* zu erreichen. Bei einem konventionswidrigen Urteil kann der Zustand, der ohne die Verletzung bestünde, mit der innerstaatlichen Wiederaufnahme des Verfahrens wiederhergestellt werden. Ein wirksameres Mittel zur Herstellung des konventionskonformen Zustandes gibt es nicht. Die Wiederaufnahme des Verfahrens gewährt daher eine Effektivierung des Menschenrechtsschutzes.

Gemäß der obenstehenden historischen Überlieferungen wollten die Mitgliedstaaten mit Art. 46 Abs. 1 EMRK keine Norm, die sie zu einem konkreten Handeln verpflichtet und in ihr innerstaatliches Recht eingreift. Im Sinne der Effektivität des Menschenrechtsschutzes hat sich die Pflicht aus Art. 46 Abs. 1 EMRK jedoch weiterentwickelt. Um einen möglichst effektiven Menschenrechtsschutz in Fällen von konventionswidrigen innerstaatlichen Urteilen gewähren zu können, hat der verurteilte Mitgliedstaat ein Wiederaufnahmeverfahren durchzuführen. Andernfalls drohen die Urteile des EGMR ins Leere zu laufen. Das ist im Sinne der Effektivität jedoch nicht gewollt. Es besteht daher eine völkerrechtliche Verpflichtung zur Wiederaufnahme des Verfahrens. Sie folgt im Sinne der effektiven und dynamischen Auslegung aus der Pflicht zur Naturalrestitution aus Art. 46 Abs. 1 EMRK.

---

309 Travaux préparatoires, Bd. IV, 44.

310 Ausführlich dazu *Verdross/Simma*, Universelles Völkerrecht, § 1295 f.

dd) Die Wechselwirkung von Art. 41 EMRK mit Art. 46 Abs. 1 EMRK

Art. 46 Abs. 1 EMRK verpflichtet den verurteilten Mitgliedstaat zur Wiederaufnahme des innerstaatlichen Verfahrens. Danach hat der verurteilte Mitgliedstaat das bestehende Urteil aufzuheben und das Verfahren neu durchzuführen. Diese Verpflichtung könnte jedoch durch den Wortlaut der EMRK modifiziert werden, indem Art. 41 EMRK eine Ausnahme vom völkerrechtlichen Grundsatz der Naturalrestitution, der *restitutio in integrum*, formuliert.[311] Es stellt sich daher die Frage, ob Art. 41 EMRK eine Einschränkung oder Modifikation der Pflicht zur Naturalrestitution darstellt.

Der Grundsatz der Naturalrestitution besagt, dass das für eine Völkerrechtsverletzung verantwortliche Völkerrechtssubjekt im Rahmen des Möglichen die tatsächlichen und rechtlichen Folgen der Verletzung zu beseitigen und den Zustand wiederherzustellen hat, der ohne die Verletzung bestünde.[312] Danach ist die Naturalrestitution das primäre Ziel des verletzenden Völkerrechtssubjekts.[313] Das allgemeine Völkerrecht kennt aber auch Fallkonstellationen, in denen eine Naturalrestitution nicht oder lediglich unvollständig möglich ist. Dann ist durch den verantwortlichen Staat Wertersatz zu leisten.[314] Dabei unterscheidet das allgemeine Völkerrecht zwischen tatsächlicher, völkerrechtlicher und rechtlicher Unmöglichkeit. Es läßt einen Wertersatz nur zu, wenn eine tatsächliche oder völkerrechtliche Unmöglichkeit vorliegt.[315] Beruht die Unmöglichkeit auf

---

311 *Schilling*, Deutscher Grundrechtsschutz zwischen staatlicher Souveränität und menschenrechtlicher Europäisierung, S. 115. Er beschreibt Art. 41 EMRK im Ergebnis als Ausnahmeregelung, die die Verpflichtung zur Naturalrestitution aus Art. 46 Abs. 1 EMRK in Ausnahmefällen aussetzt.

312 *Polakiewicz*, Die Verpflichtungen der Staaten aus den Urteilen des EGMR, S. 97 ff., 357; *Grabenwarter/Pabel*, EMRK, § 16 Rn. 4; *Ress*, Wirkung und Beachtung der Urteile und Entscheidungen der Straßburger Konventionsorgane, EuGRZ 1996, 350, 351; *Herdegen*, Völkerrechtliche Restitutionspflichten und ihre Wirkungen im innerstaatlichen Recht, NJW 1988, 593, 593 f.; *Wildhaber*, The Execution of Judgements of the European Court of Human Rights: Recent Developments, in: Pierre-Marie Dupuy (Hrsg.), Völkerrecht als Werteordnung: Festschrift für Christian Tomuschat, 671, 671.

313 *IGH*, Urt. v. 13.9.1928, PCIJ, Series A No. 17, S. 47 – Chorzów Factory; *Pache/Bielitz*, Verwaltungsprozessuale Wiederaufnahmepflicht kraft Völker- oder Gemeinschaftsrechts?, DVBl 2006, 325, 327.

314 *Verdross/Simma*, Universelles Völkerrecht, § 1296; *Polakiewicz*, Die Verpflichtungen der Staaten aus den Urteilen des EGMR, S. 61.

315 *Polakiewicz*, Die Verpflichtungen der Staaten aus den Urteilen des EGMR, S. 57.

rechtlichen Umständen, die aus dem innerstaatlichen Recht stammen, so kann sich der Staat nicht auf eine Leistung von Wertersatz berufen.[316]

Auch die EMRK verpflichtet den verurteilten Mitgliedstaat völkerrechtlich vorrangig zur *restitutio in integrum*.[317] Sie hat aber mit Art. 41 EMRK eine Regelung geschaffen, die von dem völkerrechtlichen Grundsatz der Naturalrestitution abweicht.[318] Nach Art. 41 EMRK spricht der Gerichtshof dem Beschwerdeführer eine gerechte Entschädigung zu, wenn das innerstaatliche Recht keine oder nur eine unvollständige Wiedergutmachung gestattet. Art. 41 EMRK verdeutlicht, dass die Wiedergutmachung die vorrangige Pflicht der Mitgliedstaaten im Rahmen ihrer rechtlichen und tatsächlichen Möglichkeiten ist.[319] Er betont aber

---

316 *Polakiewicz*, Die Verpflichtungen der Staaten aus den Urteilen des EGMR, S. 57; *Ress*, Die EMRK und die Vertragsstaaten: Die Wirkungen der Urteile des EGMR im innerstaatlichen Recht und vor innerstaatlichen Gerichten, in: Maier (Hrsg.), Europäischer Menschenrechtsschutz, 227, 241.

317 Dass der Wortlaut von Art. 41 EMRK die Naturalrestitution voraussetzt, war nicht immer klar. Es war umstritten, ob der Begriff „reparation" aus Art. 41 EMRK sowohl Naturalrestitution als auch Schadensersatz in Geld oder nur die Naturalrestitution meint, dazu näher *Traßl*, Die Wiedergutmachung von Menschenrechtsverletzungen im Völkerrecht, S. 22–23; *Pache/Bielitz*, Verwaltungsprozessuale Wiederaufnahmepflicht kraft Völker- oder Gemeinschaftsrechts?, DVBl 2006, 325, 327.

318 So auch *BVerfG*, Beschl. v. 11.10.1985, Az. 2 BvR 336/85, Ziff. 5 – Pakelli. Darin heißt es: „Zwar haben sich nach der – (…) – Vorschrift des Art. 53 EMRK die Vertragsparteien der Europäischen Konvention zum Schutz der Menschenrechte und Grundfreiheiten nach den Entscheidungen des Gerichtshofs zu richten. Ein Vertragsstaat, der nach den Feststellungen des Gerichtshofs gegen die Konvention verstoßen hat, hat demgemäß soweit als möglich Wiedergutmachung durch Naturalrestitution zu leisten; im vorliegenden Fall hätte diese in erster Linie durch eine Wiederaufnahme des revisionsgerichtlichen Verfahrens gegen den Beschwerdeführer und eine konventionskonforme Entscheidung (…) zu erfolgen. Die Konvention trägt jedoch Art. 50 der Möglichkeit Rechnung, dass die innerstaatlichen Gesetze der Vertragspartner eine „vollkommene Wiedergutmachung" der eingetretenen Völkerrechtsverletzung nicht gestatten; in einem solchen Fall hat der Gerichtshof dem von der Konventionsverletzung Betroffenen gegebenenfalls eine gerechte Entschädigung zuzubilligen. (…) Wie diese gestattet Art. 50 EMRK den Vertragsstaaten gerade mit Rücksicht auf das Institut der Rechtskraft und den hohen Rang, der ihm in den innerstaatlichen Rechtsordnungen allgemein beigemessen wird, rechtskräftige Entscheidungen, von denen festgestellt worden ist, dass sie unter Verstoß gegen das Völkerrecht zustande gekommen sind, unangetastet zu lassen." Das *BVerfG* beschreibt Art. 41 EMRK als eine das Institut der Rechtskraft schützende Norm.

319 *Pietrowicz*, Die Umsetzung der zu Art. 6 I EMRK ergangenen Urteile des EGMR in der Russischen Föderation, S. 45.

auch den Vorbehalt, dass das innerstaatliche Recht eine solche nicht vorsieht. Danach muss der Mitgliedstaat die Folgen der Konventionsverletzung im Sinne der Naturalrestitution nicht vollständig beseitigen[320], sondern nur insoweit, als seine Rechtsordnung eine *restitutio in integrum* erlaubt.[321] Anders als das allgemeine Völkerrecht[322] unterscheidet die EMRK in Art. 41 aber nicht zwischen einer tatsächlichen oder rechtlichen Unmöglichkeit. Sie gewährt eine Entschädigung auch, bzw. gerade, wenn ein Fall von rechtlicher Unmöglichkeit vorliegt. Sieht das innerstaatliche Recht keine *restitutio in integrum* vor, so ist der Mitgliedstaat nicht dazu verpflichtet.

Eine solche Ausnahmeregelung vom allgemeinen Völkerrecht ist möglich. Im Grundsatz ist das allgemeine Völkerrecht gemäß Art. 25 GG Bestandteil des Bundesrechts und geht den formellen Gesetzen, und damit der EMRK, vor. Das BVerfG hat in seinem *Pakelli-Beschluss*[323] ein Bestehen des allgemeinen Grundsatzes der Naturalrestitution bestätigt, aber auch gesagt, dass seine Geltung für völkerrechtswidrige Urteile dahinstehen könne, da die Konvention eine vom Grundsatz abweichende Regelung enthalte.[324] Das zeigt, dass das allgemeine Völkerrecht und so auch der Vorrang der Naturalrestitution durch einen völkerrechtlichen Vertrag verdrängt werden kann.[325]

In der Literatur ist aber umstritten, ob Art. 41 EMRK einen Ausschluss, eine Einschränkung oder Modifikation der Verpflichtung zur *restitutio in integrum* darstellt. *Polakiewicz* sieht in Art. 41 EMRK kein Argument gegen eine Verpflichtung zur Naturalrestitution, sondern einen Hinweis darauf, dass die Mitgliedstaaten grundsätzlich von einer Pflicht zur Naturalrestitution ausgingen und Art. 41 EMRK geschaffen haben, um möglichen Problemen bei der Umsetzung der Naturalrestitution entgegenzuwirken.[326] „Denn selbst nach rechtskräftigem Abschluss eines innerstaatlichen Verfahrens sind Maßnahmen möglich,

---

320 *Dörr* in: Dörr/Grote/Marauhn (Hrsg.), Konkordanz-Kommentar, Kap. 33 Rn. 2.

321 *Polakiewicz*, Die Verpflichtungen der Staaten zur Umsetzung der Urteile des EGMR, S. 112 f.; *Pache/Bielitz*, Verwaltungsprozessuale Wiederaufnahmepflicht kraft Völker- oder Gemeinschaftsrechts?, DVBl 2006, 325, 327; vgl. *Grabenwarter/Pabel*, EMRK, § 16 Rn. 4.

322 *Pache/Bielitz*, Verwaltungsprozessuale Wiederaufnahmepflicht kraft Völker- oder Gemeinschaftsrechts?, DVBl 2006, 325, 327.

323 *BVerfG*, Beschl. v. 11.10.1985, Az. 2 BvR 336/85 – Pakelli.

324 *BVerfG*, Beschl. v. 11.10.1985, Az. 2 BvR 336/85, Ziff. 5 – Pakelli.

325 *Pache/Bielitz*, Verwaltungsprozessuale Wiederaufnahmepflicht kraft Völker- oder Gemeinschaftsrechts?, DVBl 2006, 325, 329.

326 *Polakiewicz*, Die Verpflichtungen der Staaten aus den Urteilen des EGMR, S. 59.

die zumindest eine partielle Wiederherstellung des ursprünglichen Zustands erlauben, ohne die eingetretene Rechtskraft zu tangieren."[327] Für den Fall, dass die Naturalrestitution eine Rechtskraft durchbrechende Maßnahme vorsehe, sieht er in Art. 41 EMRK aber ein Hindernis für die Aufhebung der Rechtskraft innerstaatlicher Urteile.[328] Art. 41 EMRK sei „Ausdruck des Willens der Konventionsstaaten die eigene Rechtsordnung und insbesondere die Rechtskraft nationaler Gerichtsentscheidungen gegen direkte Wirkungen der Straßburger Entscheide abzuschirmen."[329]. Durch völkerrechtliche Maßnahmen könne nicht in die innerstaatliche Rechtsordnung eingegriffen werden.[330]

Nach *Cremer* wird die Wiederaufnahmepflicht durch Art. 41 EMRK modifiziert.[331] Art. 41 EMRK weiche vom Grundsatz der Naturalrestitution ab und erlaube den Mitgliedstaaten ihre rechtskräftigen konventionswidrigen Entscheidungen im Sinne des Instituts der Rechtskraft unberührt zu lassen. Eine Rechtskraft durchbrechende Maßnahme zu treffen, liege in der Befugnis der Mitgliedstaaten.[332] *Ress* sieht in Art. 41 EMRK keinen Ausschluss der Pflicht zur *restitutio in integrum*, sondern lediglich einen „Zwischenzustand". Art. 41 EMRK ändere nichts daran, dass die Mitgliedstaaten ihre Pflicht zur *restitutio in integrum* zu erfüllen haben und eventuell entgegenstehendes Recht anpassen müssen.[333] Dem schließt sich auch *Walter*[334] an und bejaht eine Verpflichtung zur Wiederaufnahme. Er lehnt eine Freizeichnung der Mitgliedstaaten von ihrer Pflicht zur Naturalrestitution durch Art. 41 EMRK ab. Für ihn ist Art. 41 EMRK eine „Sekundärlösung", die einschlägig wird, wenn das innerstaatliche Recht keine vollständige Wiedergutmachung vorsieht. Sie ändere nichts an der Pflicht zur *restitutio in integrum*.[335] „Ist eine Wiedergutmachung nur durch ein

327 *Polakiewicz*, Die Verpflichtungen der Staaten aus den Urteilen des EGMR, S. 59.

328 *Polakiewicz*, Die Verpflichtungen der Staaten aus den Urteilen des EGMR, S. 99.

329 *Polakiewicz*, Die Verpflichtungen der Staaten aus den Urteilen des EGMR, S. 113

330 *Polakiewicz*, Die Verpflichtungen der Staaten aus den Urteilen des EGMR, S. 113, 116.

331 *Cremer*, in Dörr/Grote/Marauhn (Hrsg.), Konkordanz-Kommentar, Kap. 32 Rn. 77; so auch *Pietrowicz*, Die Umsetzung der zu Art. 6 I EMRK ergangenen Urteile des EGMR in der Russischen Föderation, S. 44.

332 *Cremer*, in Dörr/Grote/Marauhn (Hrsg.), Konkordanz-Kommentar, Kap. 32 Rn. 77.

333 *Ress*, Wirkung und Beachtung der Urteile und Entscheidungen der Straßburger Konventionsorgane, EuGRZ 1996, 350, 352.

334 *Walter*, in: Grote/Marauhn (Hrsg.), Konkordanz-Kommentar, 2006, Kap. 31 Rn. 53 m.w.N.

335 *Walter*, in: Grote/Marauhn (Hrsg.), Konkordanz-Kommentar, 2006, Kap. 31 Rn. 53; *Ress*, Wirkung und Beachtung der Urteile und Entscheidungen der Straßburger Konventionsorgane, EuGRZ 1996, 350, 352.

Wiederaufnahmeverfahren möglich, so sind die Mitgliedstaaten deshalb aus Art. 46 Abs. 1 EMRK zur Einführung eines solchen Verfahrens verpflichtet."[336] Die Konvention habe als „constitutional instrument of european public order" auf Veränderungen in den innerstaatlichen Rechtsordnungen hinzuwirken und dazu gehöre auch, rechtskräftige Entscheidungen aufzuheben. „Es spricht nichts dagegen, unmittelbar aus Art. 46 Abs. 1 EMRK eine Pflicht zur Wiederaufnahme bereits rechtskräftig abgeschlossener Verfahren zu entnehmen."[337]

Traßl[338] verlangt für einen Ausschluss der Naturalrestitution durch Art. 41 EMRK eine Rechtfertigung durch das öffentliche Interesse. Er folgert das aus dem Gesamtzusammenhang der Menschenrechtsverträge, die für einen Eingriff in Rechtspositionen des Individuums ein solches öffentliches Interesse verlangen, und nennt als Beispiel Art. 1 Abs. 1 S. 2 des 1. ZP zur EMRK („No one shall be deprived of his possessions except in the public interest (…)"). Im Fall der Wiederaufnahme von Verfahren stehe der Naturalrestitution die Rechtskraft der innerstaatlichen Entscheidungen entgegen. Sie diene der Rechtssicherheit und sei ohne Zweifel als öffentliches Interesse anerkannt und daher ein Rechtfertigungsgrund für den Ausschluss durch Art. 41 EMRK.[339] Eine Verpflichtung zur Naturalrestitution wird danach durch Art. 41 EMRK ausgeschlossen, wenn das innerstaatliche Recht eine *restitutio in integrum* in Form der Wiederaufnahme nicht zulässt und diese an der Rechtskraft der innerstaatlichen Entscheidung scheitern würde. Das heißt im Umkehrschluss, dass die Verpflichtung nach dem innerstaatlichen Recht zu erfüllen ist.

Auch *Schilling* hat sich mit der Problematik der Wirkung von Art. 41 EMRK auf die Pflichten aus Art. 46 Abs. 1 EMRK auseinandergesetzt. Er ist der Auffassung, die EMRK ordne bei der Wiedergutmachung einer abgeschlossenen Konventionsverletzung keine Aufhebung von innerstaatlichen Entscheidungen an.[340] Art. 41 EMRK sei eine Regelung, die vom allgemeinen Völkerrecht abweiche. Danach müsse der verurteilte Mitgliedstaat keine Naturalrestitution

---

336 *Walter*, in: Grote/Marauhn (Hrsg.), Konkordanz-Kommentar, 2006, Kap. 31 Rn. 53.

337 *Walter*, in: Grote/Marauhn (Hrsg.), Konkordanz-Kommentar, 2006, Kap. 31 Rn. 53; so auch *Ress*, Wirkung und Beachtung der Urteile und Entscheidungen der Straßburger Konventionsorgane, EuGRZ 1996, 350, 351.

338 *Traßl*, Die Wiedergutmachung von Menschenrechtsverletzungen im Völkerrecht, S. 83.

339 *Traßl*, Die Wiedergutmachung von Menschenrechtsverletzungen im Völkerrecht, S. 83.

340 *Schilling*, Deutscher Grundrechtsschutz zwischen staatlicher Souveränität und menschenrechtlicher Europäisierung, S. 119.

leisten, wenn das innerstaatliche Recht ihr entgegenstehe.[341] Die Wiedergutmachungspflicht habe ihre Grenze im für den Mitgliedstaat rechtlich Möglichen.[342] Die Konvention fordere nicht, dass innerstaatliches Recht angepasst werde, um Wiedergutmachung zu leisten. Dem stehe die Rechtskraft der innerstaatlichen Entscheidung entgegen.[343] Bei der Frage nach einer Befreiung von der Naturalrestitution aufgrund von Art. 41 EMRK lehnt er eine grundsätzliche Abkehr von der Naturalrestitution ab.[344] Er kommt aber zu dem Schluss, dass Art. 41 EMRK eine Ausnahmeregelung darstelle und in Ausnahmefällen von der Verpflichtung zur Naturalrestitution befreie.[345] Er begründet das mit dem Sinn und Zweck von Art. 41 EMRK. Die Norm dürfe „nicht derart weit ausgelegt werden, dass dies die Effektivität der Konvention gefährden würde“[346]. „Eine grundsätzliche Abkehr von der Naturalrestitution liefe dem Grundanliegen der Konvention zuwider, nach dem die Primärverpflichtungen der Staaten effektiv durchzusetzen sind. Die Primärverpflichtungen werden durch die Wiederherstellung des ursprünglichen Zustandes am besten geschützt. Wenn an ihre Stelle stets der Anspruch auf Entschädigungszahlung träte, so liefe dies auf eine Kommerzialisierung der Menschenrechte hinaus.“[347] Art. 41 EMRK stelle eine Ausweitung der Befugnisse des Gerichtshofs dar. Er könne dann eine Entschädigung zusprechen, wenn eine Naturalrestitution nicht möglich ist und dadurch die Konventionsverletzung nicht „völlig unbeanstandet“ lassen.[348] Die Ausnahmefunktion stütze auch die historische Auslegung von Art. 41 EMRK (Art. 50 a.F. EMRK).[349] Der

341 *Schilling*, Deutscher Grundrechtsschutz zwischen staatlicher Souveränität und menschenrechtlicher Europäisierung, S. 113.

342 *Schilling*, Deutscher Grundrechtsschutz zwischen staatlicher Souveränität und menschenrechtlicher Europäisierung, S. 113.

343 *Schilling*, Deutscher Grundrechtsschutz zwischen staatlicher Souveränität und menschenrechtlicher Europäisierung, S. 113.

344 *Schilling*, Deutscher Grundrechtsschutz zwischen staatlicher Souveränität und menschenrechtlicher Europäisierung, S. 114.

345 *Schilling*, Deutscher Grundrechtsschutz zwischen staatlicher Souveränität und menschenrechtlicher Europäisierung, S. 115, 127.

346 *Schilling*, Deutscher Grundrechtsschutz zwischen staatlicher Souveränität und menschenrechtlicher Europäisierung, S. 114.

347 *Schilling*, Deutscher Grundrechtsschutz zwischen staatlicher Souveränität und menschenrechtlicher Europäisierung, S. 114 f.

348 *Schilling*, Deutscher Grundrechtsschutz zwischen staatlicher Souveränität und menschenrechtlicher Europäisierung, S. 127 f.

349 *Schilling*, Deutscher Grundrechtsschutz zwischen staatlicher Souveränität und menschenrechtlicher Europäisierung, S. 116: „Art. 50 a.F. EMRK sollte primär die

Vorrang der Naturalrestitution gelte weiterhin.[350] „Nur wenn die innerstaatliche Rechtsordnung die Wiederherstellung nicht erlaubt oder sie nach der Natur der Verletzung nicht möglich ist, entfällt die Pflicht zur *restitutio in integrum.*“[351]

Auch *Schlosser*[352] hat sich ausführlich mit der Frage nach einer Verpflichtung der Mitgliedstaaten zur Wiederaufnahme des Verfahrens beschäftigt. Er bejahte eine völkerrechtliche Pflicht zur Aufhebung eines innerstaatlichen Urteils aus der Haftung nach dem allgemeinen Völkerrecht, dem Grundsatz der Naturalrestitution. Entgegen den Behauptungen von *Urbanek*[353] bestehe eine Verpflichtung trotz der Regelung in Art. 41 EMRK. Art. 41 EMRK ändere nichts an der Primärverpflichtung der Mitgliedstaaten, soweit wie möglich, den ursprünglichen Zustand wiederherzustellen. Daher bleibe der Mitgliedstaat auch zur Aufhebung von Gerichtsentscheidungen verpflichtet.[354] „Erst wenn er nach Ausschöpfung aller zumutbaren Möglichkeiten nicht mehr in der Lage ist, das Urteil zu beseitigen, kann er sich auf die für ihn bestehende Unmöglichkeit berufen,

---

Bestandskraft innerstaatlicher Entscheidungen sichern und klarstellen, dass dem Europäischen Gerichtshof für Menschenrechte keine kassatorischen Befugnisse zukommen und dass innerstaatliche rechts- oder bestandskräftige Entscheidungen bestehen bleiben können. Die vertragsschließenden Parteien wollten gerade erreichen, dass den Urteilen des Europäischen Gerichtshofs für Menschenrechte die klassischen Wirkungen des Völkerdeliktsrechts zukommen, zu denen auch das Primat der Naturalrestitution zählt.“.

350 *Schilling*, Deutscher Grundrechtsschutz zwischen staatlicher Souveränität und menschenrechtlicher Europäisierung, S. 116.

351 *Schilling*, Deutscher Grundrechtsschutz zwischen staatlicher Souveränität und menschenrechtlicher Europäisierung, S. 116.

352 *Schlosser*, Das völkerrechtswidrige Urteil nach deutschem Prozessrecht, ZZP (79) 1966, 164, 164 ff.

353 *Urbanek* hat eine solche Verpflichtung bestritten. Seiner Ansicht nach besteht kein völkerrechtlicher Grundsatz, der eine Aufhebung innerstaatlicher Urteile vorsieht. Das begründet er u.a. mit dem Vorliegen von Ersatzregelungen in völkerrechtlichen Verträgen, die eine Aufhebung ausschließen. In seiner Aufzählung nennt er als eine solche Ersatzregelung explizit auch Art. 50 EMRK a.F. Völkerrechtsverletzungen in Form von völkerrechtswidrigen Urteilen seien daher auf andere Weise zu kompensieren, wenn die Wiederherstellung des ursprünglichen Zustandes nicht möglich sei, *Urbanek*, Die Unrechtsfolgen bei einem völkerrechtsverletzenden nationalen Urteil; seine Behandlung durch internationale Gerichte, öZöfR 11, 70, 70 ff., 75 ff.

354 *Schlosser*, Das völkerrechtswidrige Urteil nach deutschem Prozessrecht, ZZP (79) 1966, 164, 183 f.

das Urteil aufzuheben."[355] Er bestätigte, dass der EGMR keine innerstaatlichen Gerichtsentscheidungen aufheben könne, da es sich bei den Urteilen des EGMR um Feststellungsurteile handele.[356] Jedoch treffe den verurteilten Mitgliedstaat fatalerweise[357] eine völkerrechtliche Pflicht zur Aufhebung eines völkerrechtswidrigen Urteils. Es bestünden jedoch keine Möglichkeiten, um diese Pflicht erfüllen zu können.[358] Die Völkerrechtswidrigkeit führe nicht automatisch zur Unwirksamkeit eines gerichtlichen Urteils[359], da Völkerrechtsverträge oft anderweitige Ersatzregelungen vorsehen. Diese kommen zur Anwendung, wenn das innerstaatliche Recht die völkerrechtswidrige Entscheidung nicht oder nicht vollständig beseitige. Die Völkerrechtswidrigkeit sei kein Grund, dem Urteil seine innerstaatliche Wirksamkeit abzusprechen. Jedoch sei der Mitgliedstaat nach dem Völkerrecht haftbar für den völkerrechtswidrigen Hoheitsakt.[360] Die Haftung nach dem Völkerrecht erfolge im Grundsatz vorrangig nach der Naturalrestitution. Dies gelte auch für die Haftung für gerichtliche Urteile, wenn sie eine Völkerrechtsverletzung darstellen.[361] Daraus folge, dass der Mitgliedstaat verpflichtet sei, das völkerrechtswidrige Urteil in allen seinen Wirkungen wieder zu beseitigen. Das ist meist nur durch Aufhebung des Urteils möglich.[362]

Den Auffassungen von *Polakiewicz*, *Cremer*, *Walter*, *Ress* und *Schilling* sowie *Schlosser* ist gemein, dass die Mitgliedstaaten vorrangig ihre Pflicht zur Naturalrestitution zu erfüllen haben. Art. 41 EMRK verändert aber diese Verpflichtung aus Art. 46 Abs. 1 EMRK. *Polakiewicz*, *Cremer* und *Schilling* sehen in Art. 41 EMRK ein Hindernis bei der Durchbrechung der Rechtskraft des

355 *Schlosser*, Das völkerrechtswidrige Urteil nach deutschem Prozessrecht, ZZP (79) 1966, 164, 184.

356 *Schlosser*, Das völkerrechtswidrige Urteil nach deutschem Prozessrecht, ZZP (79) 1966, 164, 165 f.

357 *Schlosser*, Das völkerrechtswidrige Urteil nach deutschem Prozessrecht, ZZP (79) 1966, 164, 166.

358 *Schlosser*, Das völkerrechtswidrige Urteil nach deutschem Prozessrecht, ZZP (79) 1966, 164, 166.

359 *Schlosser*, Das völkerrechtswidrige Urteil nach deutschem Prozessrecht, ZZP (79) 1966, 164, 168 m.V.a. *Schumann*, Verfassungs- und Menschenrechtsbeschwerde gegen richterliche Entscheidungen, S. 277.

360 *Schlosser*, Das völkerrechtswidrige Urteil nach deutschem Prozessrecht, ZZP (79) 1966, 164, 181 m.w.N.

361 *Schlosser*, Das völkerrechtswidrige Urteil nach deutschem Prozessrecht, ZZP (79) 1966, 164, 181 f.

362 *Schlosser*, Das völkerrechtswidrige Urteil nach deutschem Prozessrecht, ZZP (79) 1966, 164, 182.

innerstaatlichen Urteils. Nur wenn das innerstaatliche Recht eine entsprechende Regelung vorsieht, ist eine Durchbrechung der Rechtskraft und Aufhebung des innerstaatlichen Urteils möglich. Daher ist es Aufgabe des nationalen Gesetzgebers eine solche Regelung im innerstaatlichen Recht zu schaffen. Dann kann eine vollständige Wiedergutmachung durchgeführt werden. *Traßl* schließt sich diesem Ergebnis an, indem er die Rechtskraft als einen Rechtfertigungsgrund für die hemmende Wirkung von Art. 41 EMRK erklärt. *Ress* und *Walter* stimmen mit der obigen Ansicht insofern überein, als Art. 41 EMRK die Verpflichtung aus Art. 46 Abs. 1 EMRK verändert. Sie lehnen aber eine einschränkende Wirkung von Art. 41 EMRK ab und bejahen eine Verpflichtung aus Art. 46 Abs. 1 EMRK zur Durchführung von innerstaatlichen Maßnahmen. *Schlosser* geht sogar so weit, dass er eine Verpflichtung zur Aufhebung von innerstaatlichen Gerichtsentscheidungen bejaht.

Der Auffassung von *Walter*, *Ress* und *Schlosser* kann nicht gefolgt werden. Sie gehen bei ihrer Ansicht über die Befugnisse der Konvention hinaus und sprechen den Urteilen eine Rechtskraft durchbrechende Wirkung zu, die aufgrund der entgegenstehenden innerstaatlichen Rechtskraft nicht gewährt werden kann. Die Urteile des EGMR sind rein deklaratorisch. Sie kassieren keine innerstaatlichen Hoheitsakte. Vor allem kassieren sie keine innerstaatlichen Gerichtsentscheidungen. Denn diesen steht die Rechtskraft des innerstaatlichen Urteils entgegen, die im öffentlichen Interesse und dem Vertrauensschutz von Gerichtsentscheidungen begründet ist. Ein Eingriff in das innerstaatliche Recht ist dann nur möglich, wenn das innerstaatliche Recht eine entsprechende Regelung vorsieht.

Im Ergebnis ist daher den Auffassungen von *Polakiewicz*, *Cremer*, *Schilling* sowie *Traßl* zu folgen. Es besteht eine völkerrechtliche Verpflichtung der Mitgliedstaaten zur Wiedergutmachung der Konventionsverletzung im Sinne der *restitutio in integrum* aus Art. 46 Abs. 1 EMRK. Die Pflicht zur *restitutio in integrum* wird von den Mitgliedstaaten primär geschuldet und wird durch Art. 41 EMRK nicht ausgeschlossen. Der verurteilte Mitgliedstaat hat vorrangig Wiedergutmachung zu leisten, d.h. die Konventionsverletzung und ihre Folgen zu beseitigen und den konventionskonformen Zustand wiederherzustellen. Im Fall eines konventionswidrigen Urteils ist das nur durch eine Wiederaufnahme des Verfahrens möglich. Auch Art. 41 EMRK betont in seinem Wortlaut die Pflicht zur *restitutio in integrum*. Art. 41 EMRK gibt dem Mitgliedstaat nicht die Möglichkeit zwischen der geschuldeten Wiedergutmachung und einer Entschädigungszahlung zu wählen. Andernfalls würde die Pflicht zur Wiedergutmachung ausgehebelt werden. Der Mitgliedstaat würde sich für den einfacheren Weg, die Entschädigungszahlung, entscheiden. Diese führt jedoch nicht zur Wiedergutmachung im Sinne der *restitutio in integrum*. Der effektive Menschenrechtsschutz würde unterlaufen werden. Auch und vor allem im Fall von innerstaatlichen konventionswidrigen Urteilen ist jedoch erforderlich, dass das innerstaatliche Recht eine *restitutio in integrum* vorsieht. Diese liegt in der Aufhebung der konventionswidrigen Urteile. Das abgeschlossene Verfahren muss dann wieder aufgenommen werden. Dies ist nur möglich, wenn das innerstaatliche Recht eine entsprechende gesetzliche Regelung enthält. Art. 41 EMRK stellt daher eine Ergänzung zu Art. 46 Abs. 1 EMRK dar. Die Verpflichtung zur Wiederaufnahme von Verfahren wird durch Art. 41 EMRK dahin gehend modifiziert, dass die Verpflichtung nur dann eine Naturalrestitution in Form eines Wiederaufnahmeverfahrens vorsieht, wenn ein solches Verfahren im innerstaatlichen Recht vorgesehen ist. Die Mitgliedstaaten sind nach den Möglichkeiten ihres innerstaatlichen Rechts verpflichtet, eine Wiederaufnahme vorzunehmen. Sollte das nicht möglich sein, erfolgt – erst dann – eine Verurteilung zu einer Entschädigungszahlung durch den EGMR.

ee) Die Grenzen der Verpflichtung zur Wiederaufnahme des Verfahrens

Die Verpflichtung zur Wiederaufnahme des Verfahrens aus Art. 46 Abs. 1 EMRK unterliegt der Modifikation durch Art. 41 EMRK. Ist im innerstaatlichen Recht ein Wiederaufnahmeverfahren vorgesehen, so besteht die Pflicht zur Durchführung des Verfahrens. Neben dieser Modifikation sind bei der völkerrechtlichen Verpflichtung jedoch weitere Grenzen zu beachten, die unter anderem in der Wahrung der Rechtssicherheit, in dem Wortlaut der Konvention[363] sowie in dem klar erkennbaren Willen der Verfasser der EMRK[364] liegen. Es stellt sich daher die Frage, ob gemäß völkerrechtlicher und/oder verfassungsrechtlicher Grundsätze eine Wiederaufnahme des innerstaatlichen Verfahrens grenzenlos möglich ist.

aaa) Der verfassungsrechtliche Grundsatz der Rechtssicherheit

Das innerstaatliche Urteil, das auf einer Konventionsverletzung beruht, ist meist bereits in Rechtskraft erwachsen, wenn der Gerichtshof sein Urteil fällt. Es steht dann der Entscheidung auf völkerrechtlicher Ebene entgegen. Die Verpflichtung

---

363 *Dröge* beschreibt den Wortlaut als Grenze für die effektive Auslegung, u.a., weil der Wortlaut ein „am ehesten handhabbares Auslegungskriterium" ist, „welches insbesondere der Rechtssicherheit dient", *Dröge*, Positive Verpflichtungen der Staaten in der EMRK, S. 243.

364 *IGH*, Urt. v. 18.7.1950, ICJ Reports 1950, S. 221, 229.

zur Wiederaufnahme aus Art. 46 Abs. 1 EMRK hätte zur Folge, dass die Rechtskraft des innerstaatlichen Urteils durch die Entscheidung des EGMR durchbrochen wird. Die Rechtskraft setzt der Pflicht zur Wiederherstellung des ursprünglichen Zustands jedoch Grenzen und schließt sie beispielsweise bei konventionswidrigen Gesetzen für die Vergangenheit[365] oder bei konventionswidrigen in Rechtskraft erwachsenen innerstaatlichen Entscheidungen aus. Die Rechtskraft eines Urteils ist Ausformung des verfassungsrechtlichen Grundsatzes der Rechtssicherheit. Der Grundsatz der Rechtssicherheit ist eines der tragenden Ziele jeder Rechtsordnung. Der Einzelne soll auf die bestehende Rechtslage vertrauen können. Um das zu erreichen, wurde die materielle Rechtskraft von Urteilen geschaffen. Sie verhindert, dass Entscheidungen unendlich überprüft und angefochten werden können, und soll für die Betroffenen einen unabänderlichen Rechtszustand schaffen.[366] Nach Abschluss eines Rechtsstreits müssen für die Parteien das Ergebnis des Verfahrens und die daraus resultierenden wirtschaftlichen und persönlichen Folgen klar erkennbar sein. Die Parteien müssen auf den Erhalt dieser Entscheidung vertrauen dürfen.

Problematisch erscheint jedoch, dass das Urteil des EGMR ebenfalls in Rechtskraft erwächst. Die Urteile des EGMR erwachsen in formeller und materieller Rechtskraft und grenzen ihre Wirkung in sachlicher und personeller Hinsicht ein.[367] Wie bereits im 2. Teil der Arbeit unter Ziffer II. 1. erläutert, ist das EGMR-Urteil rechtskräftig gegenüber den am Verfahren beteiligten Parteien und im Umfang der Entscheidung.[368] Der Tenor und die Entscheidungsgründe des Urteils betreffen die konkrete Verletzung und die zu treffenden Maßnahmen zur Behebung der Verletzung. Darunter fällt auch die Wiederaufnahme des Verfahrens. Daraus könnte man schlussfolgern, dass die Rechtskraft des EGMR-Urteils die Rechtskraft des innerstaatlichen Urteils aufhebt. Jedoch spricht dagegen, dass die materielle Rechtskraft des EGMR-Urteils in personeller Hinsicht keine Wirkung gegenüber allen Parteien des innerstaatlichen Urteils entfaltet, da diese nicht immer identisch sind. Während ein strafrechtliches Urteil auf

365 *Ress*, Die EMRK und die Vertragsstaaten: Die Wirkungen der Urteile des EGMR im innerstaatlichen Recht und vor innerstaatlichen Gerichten, in: Maier (Hrsg.), Europäischer Menschenrechtsschutz, 227, 239.

366 *Braun*, Lehrbuch des Zivilprozessrechts, S. 898; *Gaul*, Die Grundlagen des Wiederaufnahmerechts, S. 35.

367 *Schilling*, Deutscher Grundrechtsschutz zwischen staatlicher Souveränität und menschenrechtlicher Europäisierung, S. 107.

368 So auch *Schilling*, Deutscher Grundrechtsschutz zwischen staatlicher Souveränität und menschenrechtlicher Europäisierung, S. 107.

innerstaatlicher Ebene gegenüber dem Beschwerdeführer und dem Mitgliedstaat (wie auch das Urteil des EGMR) in Rechtskraft erwächst, erwächst ein zivilrechtliches Urteil gegenüber dem Beschwerdeführer und seinem Prozessgegner (Dritter) in Rechtskraft. Dieser Prozessgegner ist aber nicht Partei des Verfahrens vor dem EGMR. Ihm gegenüber entfaltet das Urteil des Gerichtshofs keine materielle Rechtskraft. Warum sollte das innerstaatliche Zivilurteil folglich ihm gegenüber aufgehoben werden? Für den Prozessgegner würde damit ein Zustand geschaffen werden, der mit den Grundsätzen der Rechtssicherheit nicht vereinbar ist und der von der Rechtskraftwirkung der völkerrechtlichen Urteile nicht gedeckt ist.[369]

Würde das völkerrechtliche Urteil auf die innerstaatliche Ebene durchgreifen, so würde die Rechtskraft des innerstaatlichen Urteils durchbrochen werden. Ein solcher Durchbruch würde geschehen, wenn die Parteien und der Streitgegenstand des innerstaatlichen Verfahrens mit denen aus dem Beschwerdeverfahren identisch sind. Das ist aber nicht bei allen Verfahrensarten der Fall. Bei der Möglichkeit einer Rechtskraftdurchbrechung kann daher nicht zwischen den einzelnen Verfahrensarten unterschieden werden. Die Verpflichtung aus Art. 46 Abs. 1 EMRK hat daher die Grenze in Form des Grundsatzes der Rechtssicherheit zu beachten.

bbb) Der Ausnahmecharakter des Wiederaufnahmeverfahrens

Natürlich könnte den obigen Ausführungen entgegnet werden, dass der deutsche Gesetzgeber trotz der entgegenstehenden innerstaatlichen Rechtskraft durch die Wiederaufnahmeverfahren in den deutschen Verfahrensordnungen eine Möglichkeit geschaffen hat, diese zu durchbrechen. Jedoch hat er an ein solches Verfahren ganz konkrete Voraussetzungen geknüpft[370], vor allem hat er die Wiederaufnahmegründe gesetzlich abschließend normiert[371]. Die Wiederaufnahme des Verfahrens ist „eine Folge von ausdrücklichen gesetzlichen

---

369 Auch *Schilling* hat dieses Problem zwischen den bi- und multipolaren Beziehungen gesehen, S. 139 ff.

370 Das wird noch im Folgenden unter Ziffer 2. Lit a) näher erläutert. An die Korrektur von Urteilen sind Voraussetzungen geknüpft, sodass sie nicht ohne Weiteres möglich ist. Die Prozessordnungen beschränken vielmehr diese Korrektur, indem sie die Fragen regeln, „wann eine Urteilskorrektur auf Kosten der Rechtskraft möglich" und „wann sie ausgeschlossen sein soll", *Braun*, Rechtskraft und Restitution II, S. 35.

371 *Meyer/Ladewig/Rudisile*, in: Schoch/Schneider/Bier (Hrsg.), VwGO, § 153 Rn. 8; *Kühne*, Strafprozessrecht, Rn. 1106; *Pache/Bielitz*, Verwaltungsprozessuale Wiederaufnahmepflicht kraft Völker- oder Gemeinschaftsrecht, DVBl 2006, 325, 326.

Bestimmungen"[372]. Würde eine Wiederaufnahme zwangsläufig aus dem Erlass eines EGMR-Urteils folgen, so würden die Voraussetzungen einer innerstaatlichen Wiederaufnahme umgangen und die Grenzen, die der deutsche Gesetzgeber damit festgelegt hat, missachtet werden. Es bedürfte keiner innerstaatlichen Regelungen der Wiederaufnahme. Ferner würde dem Staat die Möglichkeit verwehrt werden, eine entsprechende innerstaatliche Regelung zu treffen. Gerade weil der Gesetzgeber diese Regelungen geschaffen hat, ist darauf zu schließen, dass er ein solches Verfahren zur Achtung des Grundsatzes der Rechtssicherheit nur als „Ausnahme"[373] und nur unter den von ihm vorgegebenen Voraussetzungen durchführen will. Ob und wann eine Wiederaufnahme durchgeführt wird, ist allein Entscheidung des deutschen Gesetzgebers.[374]

ccc) Die Rechtskraft als ein der EMRK natürlich anhaftendes Prinzip und Bestandteil der EMRK

Ferner stellt sich die Frage, warum der Gerichtshof das Institut der Rechtskraft mit seinen Urteilen durchbrechen sollte. Die Rechtskraft von Gerichtsentscheidungen dient dem Rechtsfrieden und der Rechtssicherheit.[375] Das Prinzip ist Ausfluss aus dem Grundsatz der Rechtssicherheit, welches ebenfalls Bestandteil der EMRK ist. Der Grundsatz der Rechtssicherheit ist ein der Konvention natürlich anhaftendes Prinzip, das den verurteilten Mitgliedsstaat daran hindert, innerstaatliche Rechtsakte aufzuheben. Das hat der Gerichtshof bereits in seiner Rechtsprechung im Fall *Marckx* erläutert: „ (…), the principle of legal certainty, which is necessarily inherent in the law of the Convention as in Community Law, dispenses the Belgian State from re-opening legal acts or situations that antedate the delivery of the present judgment."[376]. Der Grundsatz der Rechtssicherheit rechtfertigt daher als Teil des Konventionsrechts eine Begrenzung der Verpflichtungen aus Art. 46 Abs. 1 EMRK.[377] Der verurteilte Mitgliedstaat kann sich auf die bestehende Rechtskraft des konventionswidrigen innerstaatlichen Urteils berufen, wenn seine Rechtsordnung keine Wiederaufnahme des Verfahrens

---

372 *Braun*, Rechtskraft und Restitution II, S. 35.

373 *BGH*, Beschl. v. 19.03.1999, Az. 2 Ars 109/99, Ziff. 5; *Gaul*, Grundlagen des Wiederaufnahmerechts, S. 35.

374 *Braun*, Rechtskraft und Restitution II, S. 29.

375 *BVerfG*, Urt. v. 1.7.1953, Az. 1 BvL 23/51, Ziff. 81.

376 *EGMR*, Urt. v. 13.6.1979, 6833/74, Ziff. 58 – Marckx.

377 *Frowein*, in: Frowein/Peukert, EMRK, Art. 46 Rn. 7; vgl. *BAG*, Urt. v. 22.11.2012, Az. 2 AZR 570/11, Ziff. 33.

vorsieht. Würde der Gerichtshof dagegen verstoßen, so würde er gegen sein eigenes Prinzip verstoßen. Die Rechtskraft des völkerrechtlichen Urteils kann folglich nicht die Rechtskraft des innerstaatlichen Urteils durchbrechen.

ddd) (Keine) Rechtskraftdurchbrechende Wirkung der Urteile des Gerichtshofs

Schaffarzik hat jedoch der Rechtskraft des EGMR-Urteils im Vergleich zu einer Entscheidung des Bundesverfassungsgerichts Vorrang zugesprochen und diese Prinzipien auf alle anderen innerstaatlichen Instanzen übertragen.[378] Er hat seine Ausführungen damit begründet, dass die Verfassungsbeschwerde der Kontrolle des EGMR unterliege. Der Gerichtshof habe die Kompetenz die Entscheidungen des BVerfG zu überprüfen. Die Rechtskraft einer Entscheidung des BVerfG sowie ihre spezielle Bindungswirkung aus Art. 31 BVerfGG erfahren durch die Artikel 42, 44 und 46 Abs. 1 EMRK eine Einschränkung. Danach seien die Urteile des EGMR endgültig zu befolgen.[379] Die Entscheidung des BVerfG komme nur unter dem Vorbehalt der Überprüfung durch ein höherrangiges Gericht, den EGMR, zustande. Diesem sei die erneute Überprüfung zugewiesen, da der Beschwerdeführer vor Anrufung des Gerichtshofs gemäß Art. 35 Abs. 1 EMRK zunächst den innerstaatlichen Rechtsweg, und somit auch das Verfassungsbeschwerdeverfahren, auszuschöpfen habe.[380] Ferner sei das BVerfG verfahrensrechtlich an das Bundesverfassungsgerichtsgesetz (BVerfGG) gebunden, das ein einfaches Bundesgesetz ist. Daher könne es auch durch den einfachgesetzlichen Rang der Konvention an diese selbst und an ihre Vorschriften zur Wirkung der EGMR-Entscheidungen in Art. 35 Abs. 1 und Art. 46 Abs. 1 EMRK gebunden sein.[381] Die Urteile des Gerichtshofs haben demnach eine Rechtskraft durchbrechende Wirkung auf die Entscheidungen des BVerfG.

Gegen die Auffassung von *Schaffarzik* sind jedoch folgende Argumente aufzuführen: Die Überprüfungsmöglichkeit einer Entscheidung obliegt nicht nur dem EGMR. Auch das Bundesverfassungsgericht hat die Kompetenz zur

---

378 *Schaffarzik*, Europäische Menschenrechte unter der Ägide des Bundesverfassungsgerichts, DÖV 2005, 860, 860 ff.

379 *Schaffarzik*, Europäische Menschenrechte unter der Ägide des Bundesverfassungsgerichts, DÖV 2005, 860, 867.

380 *Schaffarzik*, Europäische Menschenrechte unter der Ägide des Bundesverfassungsgerichts, DÖV 2005, 860, 867.

381 *Schaffarzik*, Europäische Menschenrechte unter der Ägide des Bundesverfassungsgerichts, DÖV 2005, 860, 867.

Überprüfung von Entscheidungen. Nach Erschöpfung des innerstaatlichen Rechtswegs kann an das BVerfG eine Beschwerde herangetragen werden, mit der die bisherige Rechtsanwendung überprüft werden soll.[382] Ferner wird den Entscheidungen des EGMR keine die innerstaatliche Rechtskraft beseitigende Wirkung beigemessen.[383] Gegenstand des Beschwerdeverfahrens vor dem EGMR ist die Frage der Konventionsverletzung und nicht die gerichtliche Überprüfung der Entscheidungen des Bundesverfassungsgerichts. Der Gerichtshof hat lediglich die Kompetenz zur Feststellung, ob eine Konventionsverletzung vorliegt oder nicht.[384] Er entscheidet, ob der innerstaatliche Rechtsakt mit dem Konventionsrecht vereinbar ist.[385] Seine Urteile sind keine Gestaltungsurteile.[386] Ihnen kommt keine Kassationswirkung zu, sie erklären weder Rechtssätze noch Gerichtsentscheidungen für nichtig.[387] Die Entscheidungen des Gerichtshofs überlassen es den verurteilten Mitgliedstaaten, die notwendigen Maßnahmen zu ergreifen, um sie zu befolgen.[388] Daher überprüft der EGMR auch nicht die richtige Anwendung des jeweiligen innerstaatlichen Rechts durch die innerstaatlichen Instanzen.

Auch stellt die Nichtbeachtung der Urteile des EGMR nicht zwangsläufig (*ipso facto*) eine Verletzung der Konvention dar, da der Gerichtshof kein den innerstaatlichen Gerichten hierarchisch übergeordnetes Gericht ist.[389] *Ress* beschreibt die Position des Gerichtshofs als „Dilemma". Der Gerichtshof sei einerseits „letztentscheidungsbefugt" für die Auslegung und Anwendung der Konvention. Andererseits entfalten seine Entscheidungen nicht automatisch

382 *Ress*, Die EMRK und die Vertragsstaaten: Die Wirkungen der Urteile des EGMR im innerstaatlichen Recht und vor innerstaatlichen Gerichten, in: Maier (Hrsg.), Europäischer Menschenrechtsschutz, 227, 232.

383 *BVerfG*, Beschl. v. 11.10.1985, Az. 2 BvR 336/85, Ziff. 3 – Pakelli.

384 Die Sachentscheidung des EGMR hat lediglich einen deklaratorischen Inhalt; *Cremer*, in: Dörr/Grote/Marauhn (Hrsg.), Konkordanz-Kommentar, Kap. 32 Rn. 83.

385 *Ress*, Die EMRK und die Vertragsstaaten: Die Wirkungen der Urteile des EGMR im innerstaatlichen Recht und vor innerstaatlichen Gerichten, in: Maier (Hrsg.), Europäischer Menschenrechtsschutz, 227, 232.

386 *Cremer*, in: Dörr/Grote/Marauhn (Hrsg.), Konkordanz-Kommentar, Kap. 32 Rn. 83.

387 *Ress*, Die EMRK und die Vertragsstaaten: Die Wirkungen der Urteile des EGMR im innerstaatlichen Recht und vor innerstaatlichen Gerichten, in: Maier (Hrsg.), Europäischer Menschenrechtsschutz, 227, 232; *Guradze*, EMRK-Kommentar, S. 247.

388 *EGMR*, Urt. v. 13.6.1979, 6833/74, Ziff. 58 – Marckx.

389 *Ress*, Die EMRK und die Vertragsstaaten: Die Wirkungen der Urteile des EGMR im innerstaatlichen Recht und vor innerstaatlichen Gerichten, in: Maier (Hrsg.), Europäischer Menschenrechtsschutz, 227, 232.

eine Bindungswirkung im innerstaatlichen Rechtssystem.[390] *Matscher* schreibt dem Kontrollsystem der EMRK sogar einen „subsidiären Charakter" zu[391]: „Der Schutz der Grundrechte bleibt in erster Linie der innerstaatlichen Rechtsordnung anvertraut; die Konvention will diese nicht ersetzen, sie greift nur ergänzend und korrigierend ein, und auch die Konventionsorgane schreiten nicht anstelle der im innerstaatlichen Recht vorgesehenen Schutzmechanismen ein, sondern nur, diese kontrollierend, nach Erschöpfung des innerstaatlichen Instanzenzuges."[392].

Alsdann stellen die Garantien der EMRK nur einen Mindeststandard an Grundrechtsschutz dar[393] und können die innerstaatlichen Rechte nicht einschränken. Daher hat der Gerichtshof lediglich die Wahrung eines Mindestmaßes an Grundrechtsschutz zu überprüfen, nicht jedoch die innerstaatlichen Entscheidungen aufzuheben. Ziel der EMRK ist die Harmonisierung des Grundrechtsschutzes in Europa durch die Rechtsprechung des EGMR. Dabei soll aber die kulturelle, ideologische und rechtliche Vielfalt, die Europa zu bieten hat und für die Europa steht, auch gewahrt werden. Der Erhalt der Vielfalt ist neben der Harmonisierung ein gleichrangiges Ziel der EMRK.[394] Die Rechtskraft des innerstaatlichen Urteils steht folglich der Entscheidung des EGMR entgegen.

eee) Der Wille der Verfasser der EMRK und die dem EGMR von den Mitgliedstaaten eingeräumte Kompetenz

Auch der Wille der Verfasser der EMRK stellt eine Grenze der Verpflichtung zur Wiederaufnahme des Verfahrens aus Art. 46 Abs. 1 EMRK dar. Die Verfasser der EMRK wollten – gemäß den *travaux préparatoires* – auf keinen Fall die Kompetenz des Gerichtshofs derart ausweiten, dass seine Entscheidungen unmittelbar

---

390 *Ress*, Die EMRK und die Vertragsstaaten: Die Wirkungen der Urteile des EGMR im innerstaatlichen Recht und vor innerstaatlichen Gerichten, in: Maier (Hrsg.), Europäischer Menschenrechtsschutz, 227, 228.

391 *Matscher*, Die Methoden der Auslegung der EMRK in der Rechtsprechung ihrer Organe, in: Schwind (Hrsg.), Aktuelle Fragen zum Europarecht aus der Sicht in- und ausländischer Gelehrter, 102, 117.

392 *Matscher*, Die Methoden der Auslegung der EMRK in der Rechtsprechung ihrer Organe, in: Schwind (Hrsg.), Aktuelle Fragen zum Europarecht aus der Sicht in- und ausländischer Gelehrter, 102, 117.

393 *Walter*, in: Ehlers, Europäische Grundrechte und Grundfreiheiten, § 1 Rn. 25.

394 *Matscher*, Die Methoden der Auslegung der EMRK in der Rechtsprechung ihrer Organe, in: Schwind (Hrsg.), Aktuelle Fragen zum Europarecht aus der Sicht in- und ausländischer Gelehrter, 102, 116.

innerstaatliche Wirkungen entfalten und innerstaatliche Entscheidungen abändern oder aufheben können.[395]

Des Weiteren stellt auch der Umstand, dass der EGMR nur innerhalb der ihm von den Mitgliedstaaten eingeräumten Kompetenz handeln und seine Handlungsbefugnisse nicht selbstständig erweitern darf[396], eine Grenze dar. Die Interpretation einer Verpflichtung der Mitgliedstaaten zur Wiederaufnahme von Verfahren aus Art. 46 Abs. 1 EMRK, würde die Handlungsbefugnisse des Gerichtshofs jedoch überdehnen. Dadurch könnte der EGMR mit seinen Urteilen die innerstaatlichen Maßnahmen aufheben und abändern. Das würde aber seine von den Mitgliedstaaten eingeräumten Befugnisse eindeutig überschreiten. Eine solche Kompetenzerweiterung würde eine Änderung der Konvention durch die Mitgliedstaaten voraussetzen, was aber bislang unterblieben ist.

fff) Die Souveränität der Staaten[397]

Gegen eine unbegrenzte Verpflichtung zur Wiederaufnahme von innerstaatlichen Verfahren spricht ebenso die Souveränität der Staaten. Der Gerichtshof würde die staatliche Souveränität verletzen, wenn er die Wiedergutmachungsmaßnahmen durchführen würde. Die innerstaatlichen Behörden hätten dann keinen Einfluss auf das Wiederaufnahmeverfahren. Die Souveränität würde aber beachtet werden, wenn die Wiedergutmachung im innerstaatlichen Recht geregelt und von den innerstaatlichen Organen durchgeführt werden würde.

ff) Zwischenergebnis zu a)

Es besteht eine völkerrechtliche Pflicht des verurteilten Mitgliedstaates zur Wiederaufnahme des innerstaatlichen Verfahrens. Die Verpflichtung zur Wiederaufnahme von Verfahren folgt aus der Pflicht zur Naturalrestitution aus Art. 46 Abs. 1 EMRK. Art. 46 Abs. 1 EMRK verlangt eine Naturalrestitution. Liegt die Konventionsverletzung in einem innerstaatlichen Urteil, so führt die Wiederaufnahme des Verfahrens zur Aufhebung dieses Urteils und zur Neuverhandlung. Dadurch wird die bestehende Konventionsverletzung beseitigt und der konventionskonforme Zustand wiederhergestellt. Effektiver Menschenrechtsschutz wird mithin sichergestellt.

---

395 Travaux préparatoires, Bd. IV, 44.

396 *Klein* in: Vitzthum/Proeßl, Völkerrecht, 4. Abschnitt, Rn. 189.

397 Zum Souveränitätsbegriff siehe *Breuer*, Souveränität in der Staatengemeinschaft, in: Breuer/Epiney/Haratsch/Schmahl/Weiß (Hrsg.), Der Staat im Recht: FS für Eckart Klein zum 70. Geburtstag, 747 ff.

Jedoch wird diese Verpflichtung durch Art. 41 EMRK modifiziert. Die Verpflichtung zur Naturalrestitution besteht weiterhin fort, wenn das innerstaatliche Recht eine Wiederaufnahme des innerstaatlichen Verfahrens vorsieht. Der Wiedergutmachung im Sinne der *restitutio in integrum* steht im Fall eines konventionswidrigen Urteils die Rechtskraft des innerstaatlichen Urteils entgegen. Diese kann nicht ohne Weiteres aufgehoben werden. Dafür fehlt den Urteilen des EGMR eine kassatorische Wirkung. Ist eine Durchbrechung der Rechtskraft im innerstaatlichen Recht nicht vorgesehen, kann der EGMR mit seinen Urteilen eine solche Wirkung nicht hervorrufen. Der völkerrechtlichen Verpflichtung zur Wiederaufnahme steht dann das innerstaatliche Recht entgegen. Keineswegs stellt Art. 41 EMRK einen Ausschluss der Verpflichtung zur Wiederaufnahme des Verfahrens aus Art. 46 Abs. 1 EMRK dar. Art. 41 EMRK regelt den Fall, dass das innerstaatliche Recht keine vollständige Wiedergutmachung gewährt. Darin sehen Meinungen aus der Literatur und Rechtsprechung eine Beschränkung der Verpflichtung zur Naturalrestitution. Jedoch kann die Verpflichtung zur Naturalrestitution nicht ausgeschlossen werden, da sie von dem verurteilten Mitgliedstaat vorrangig zu erfüllen ist. Dieser hat primär Wiedergutmachung zu leisten, d.h. die Konventionsverletzung und ihre Folgen zu beseitigen und den konventionskonformen Zustand wiederherzustellen. Dies ist nur durch eine Wiederaufnahme des Verfahrens möglich. Art. 41 EMRK gibt dem Mitgliedstaat nicht die Möglichkeit zwischen der Wiedergutmachung und der Entschädigung zu wählen. Andernfalls würden die Pflicht zur Wiedergutmachung und der effektive Menschenrechtsschutz unterlaufen werden. Denn der betroffene Mitgliedstaat würde sich für die Zahlung einer Entschädigung entscheiden, weil sie mit einem geringeren innerstaatlichen Aufwand verbunden ist. Eine Entschädigungszahlung gewährt jedoch keine Wiedergutmachung im Sinne der *restitutio in integrum*. Art. 41 EMRK dient daher lediglich als Kompensation für eine unvollständige Wiedergutmachung und nicht als Ausschluss der völkerrechtlichen Verpflichtung zur *restitutio in integrum*.

Zudem ist die Verpflichtung zur Wiederaufnahme des Verfahrens aus Art. 46 Abs. 1 EMRK nicht grenzenlos. So unterliegt sie völkerrechtlichen und verfassungsrechtlichen Grenzen. Würde ein Urteil des EGMR zwangsläufig zur Wiederaufnahme eines innerstaatlichen Verfahrens führen, würde diese Vorgehensweise gegen völkerrechtliche und verfassungsrechtliche Grundsätze verstoßen. Der Wiedergutmachung im Sinne der *restitutio in integrum* stehen aber die Rechtskraft des innerstaatlichen Urteils, der Wille der Verfasser der Konvention sowie die dem EGMR eingeräumte Kompetenz und die Souveränität der Mitgliedstaaten entgegen. Die Mitgliedstaaten haben die Verpflichtung zur Wiederaufnahme daher unter Beachtung der Möglichkeiten des innerstaatlichen Rechts sowie im Rahmen der völkerrechtlichen und verfassungsrechtlichen Grenzen zu befolgen. Besteht im innerstaatlichen Recht eine Möglichkeit der Wiederaufnahme des innerstaatlichen Verfahrens, so ist der verurteilte Mitgliedstaat verpflichtet, das Verfahren durchzuführen.

b) Die Verpflichtung zur Wiederaufnahme des Verfahrens aus der Rechtsprechung des EGMR

Meine Auslegung der Konvention kommt zu dem vorgenannten Ergebnis. Es ist jedoch gerade Aufgabe des EGMR die EMRK effektiv auszulegen. Es stellt sich daher die Frage, ob der EGMR Art. 46 Abs. 1 EMRK richtig angewandt hat. Hat er eine Verpflichtung der Mitgliedstaaten zur Wiederaufnahme aus Art. 46 Abs. 1 EMRK bejaht und den Mitgliedstaaten gegenüber eine Wiederaufnahme des innerstaatlichen Verfahrens angeordnet? Hat er die Verpflichtung unter Beachtung der Modifikation durch Art. 41 EMRK und unter Beachtung der völkerrechtlichen und verfassungsrechtlichen Grenzen bejaht? Es folgt eine kritische Auseinandersetzung der Rechtsprechung des EGMR unter Beachtung der Ergebnisse aus Ziffer II. 1. lit. a).

aa) Konkretisierung der Pflicht zur Wiederaufnahme des Verfahrens durch die Rechtsprechung des EGMR

Wie oben stehend bereits ausführlich erläutert, trifft den verurteilten Mitgliedstaat aus Art. 46 Abs. 1 EMRK die Pflicht zur Wiedergutmachung der Konventionsverletzung in Form der Wiederaufnahme des Verfahrens, wenn der EGMR eine Verletzung der Konvention festgestellt hat und das innerstaatliche Urteil darauf beruht. Der EGMR konkretisierte hierzu, dass der verurteilte Mitgliedstaat bei der Wahl seiner Mittel, mit denen er die Wiedergutmachung leisten wird, grundsätzlich frei ist.[398] Diese Wahlfreiheit bedeutet, dass dem Mitgliedstaat nur solche Mittel zur Verfügung stehen, die eine *restitutio in integrum* auch zulassen.[399] Neuerlich hat der Gerichtshof die Wiederaufnahme des Verfahrens im Grundsatz als die angemessenste Art der Wiedergutmachung („most appropriate form“) beschrieben, wenn die Verletzung durch ein Gericht verursacht

398 *EGMR*, Urt. v. 31.10.1995, 14556/89, Ziff. 34 – Papamichalopoulos u.a.; so auch *Reinkenhof*, Auswirkungen des EGMR-Urteils zur Bodenreform auf rechtskräftig abgeschlossene gerichtliche Verfahren, NJ 2004, 250, 252; *Ress*, Wirkung und Beachtung der Urteile und Entscheidungen der Straßburger Konventionsorgane, EuGRZ 1996, 350, 351.

399 *Polakiewicz*, Die Verpflichtungen der Staaten aus den Urteilen des EGMR, S. 98.

wurde. Er hat dem verurteilten Mitgliedstaat damit die für solche Fallkonstellationen zu treffende innerstaatliche Maßnahme vorgegeben, um seine Verpflichtung aus Art. 46 Abs. 1 EMRK zu erfüllen. So hat der EGMR in den Fällen *Sejdovic*, *Öcalan* und *Cudak* erklärt, dass die Wiederaufnahme des Verfahrens „the most appropriate form of redress"[400] sei und „where an individual, as in the instant case, has been convicted by a court that did not meet the Convention requirements of independence and impartiality, a retrial or a reopening of the case, if requested, represents in principle an appropriate way of redressing the violation."[401]. Im Fall *Schüth* hat er die Wiederaufnahme als „un moyen approprié"[402] bezeichnet.

Im Folgenden soll die Rechtsprechung des EGMR näher untersucht werden. Wie hat der Gerichtshof über die Wiederaufnahme entschieden und ist seine Anordnung den Mitgliedstaaten gegenüber verbindlich? Schränkt sie die Wahl der Mitgliedstaaten derart ein, dass ihnen keine andere Wahl bleibt, als die Wiederaufnahme vorzunehmen? Dann wäre das vom EGMR stets betonte Ermessen der Mitgliedstaaten auf Null reduziert.

aaa) Die Entscheidung Marckx

Frau Paula Marckx war ledig und hatte am 16. Oktober 1973 ihre Tochter Alexandra Marckx als nicht eheliches Kind zur Welt gebracht. Am 29. Oktober 1973 hat sie die Mutterschaft gemäß dem belgischen Recht (Art. 384 Code Civil) anerkannt und ein Jahr später ihre Tochter adoptiert. Das belgische Recht sah vor, dass die nicht eheliche Tochter nicht mit den Verwandten der Mutter verwandt sei. So war sie gegenüber ehelichen Kindern in ihrer erbrechtlichen Stellung benachteiligt. Frau Paula Marckx rügte für sich (Beschwerdeführerin zu 1.) und im Namen ihrer minderjährigen Tochter (Beschwerdeführerin zu 2.) die Bestimmungen des belgischen Code Civil, die die rechtliche Beziehung zwischen Mutter und Tochter regelten. Sie machte eine Verletzung von Art. 3, 8, 12 und 14 EMRK sowie von Art. 1 1. ZP der EMRK geltend. Der Gerichtshof stellte für beide Beschwerdeführerinnen eine Verletzung von Art. 8 und Art. 14 i.V.m. 8 EMRK und für die Beschwerdeführerin zu 2. eine Verletzung von Art. 14 EMRK

400 *EGMR*, Urt. v. 10.11.2004, 56581/00, Ziff. 55 – Sejdovic; diese Entscheidung bestätigend *EGMR*, Urt. v. 1.3.206, 56581/00, Ziff. 125 – Sejdovic; *EGMR*, Urt. v. 12.5.2005, 46221/99, Ziff. 210 – Öcalan.

401 *EGMR*, Urt. v. 23.5.2010, 15869/02, Ziff. 79 – Cudak; *EGMR*, Urt. v. 12.5.2005, 46221/99, Ziff. 210 – Öcalan; *EGMR*, Urt. v. 1.3.2006, 56581/00, Ziff. 126 – Sejdovic.

402 *EGMR*, Urt. v. 28.6.2012, 1620/03, Ziff. 17 – Schüth.

i.V.m. Art. 1 des 1. ZP der EMRK fest. Er lehnte jedoch eine gerechte Entschädigung ab, da die Feststellung per se eine hinreichende Entschädigung darstelle.[403]

Hinsichtlich der Verpflichtung des verurteilten Mitgliedstaates zur Umsetzung des Urteils stellte der Gerichtshof fest: „but the decision cannot of itself annul or repeal these provisions: the Court's judgment is essentially declaratory and leaves to the State the choice of the means to be utilised in its domestic legal system for performance of its obligation under Article 53 (Art. 53).“[404]. Damit erklärte er, dass seine Urteile keine aufhebende Wirkung haben und er nicht befugt sei, in die innerstaatliche Rechtsordnung der Mitgliedstaaten einzugreifen, um innerstaatliche Gerichtsentscheidungen aufzuheben. Seine Urteile haben lediglich deklaratorischen Charakter und überlassen es dem verurteilten Mitgliedstaat die Maßnahmen zur Erfüllung seiner Pflichten aus Art. 53 (heute Art. 46 Abs. 1 EMRK) zu ergreifen. Damit hat er eine Verpflichtung der Mitgliedstaaten zur Wiederaufnahme von innerstaatlichen Verfahren verneint. Er hat eine über die Feststellung der Konventionsverletzung hinausgehende Funktion seiner Urteile abgelehnt.

bbb) Die Entscheidung Pakelli

Herr Lüftü Pakelli, im Jahr 1937 geboren und türkischer Staatsangehöriger, hat in der Zeit von 1964 bis 1976 in Deutschland als Gastarbeiter gelebt. Im Jahr 1972 war er wegen Verstoßes gegen das Betäubungsmittelgesetz zu einer Freiheitsstrafe von zehn Monaten auf Bewährung verurteilt worden. Im Jahr 1974 wurde ihm erneut ein solcher Verstoß zur Last gelegt. Er wurde verhaftet und ihm wurde ein Pflichtverteidiger beigeordnet. Er wurde zu einer Freiheitsstrafe von zwei Jahren und drei Monaten verurteilt. Der Verteidiger des Beschwerdeführers legte Revision ein. In der Hauptverhandlung im Revisionsverfahren wurde ihm jedoch kein Pflichtverteidiger beigeordnet. Der Beschwerdeführer machte vor dem EGMR eine Verletzung von Art. 6 Abs. 3 lit. c EMRK und Art. 6 Abs. 1 EMRK geltend. Der Gerichtshof stellte eine Verletzung von Art. 6 Abs. 3 lit. c EMRK aufgrund der fehlenden Beiordnung eines Pflichtverteidigers in der Hauptverhandlung im Revisionsverfahren vor dem BGH fest. Eine Entschädigung lehnte er mit der Begründung ab, die Feststellung sei *per se* ausreichend für die Entschädigung eines angeblich immateriellen Schadens.[405]

---

403 *EGMR*, Urt. v. 29.3.1974, 6833/74 – Marckx.

404 *EGMR*, Urt. v. 29.3.1974, 6833/74, Ziff. 58 – Marckx.

405 *EGMR*, Urt. v. 25.4.1983, 8398/78 – Pakelli.

Zur Umsetzungspflicht der Mitgliedstaaten führte er aus, dass er aus der EMRK nicht befugt sei, Urteile des BGH aufzuheben oder die Regierung aufzufordern, die strittigen Passagen der Entscheidung zurückzunehmen: „The Court notes, as regards the first claim, that it is not empowered under the Convention either to annul the Federal Court's judgment or to direct the Government to disavow the passages complained of."[406]. Damit verneinte der Gerichtshof eine Verpflichtung zur Wiederaufnahme von Verfahren mangels Kompetenz. Er konnte gegenüber dem verurteilten Staat keine konkreten Maßnahmen anordnen, um das Urteil aufzuheben oder die strittigen Passagen zu beseitigen. Daher konnte er auch keine Wiederaufnahme anordnen. Die Formulierung „it is not empowered" zeigt, dass der Gerichtshof zu einem solchen Handeln nicht befugt war. In dieser Entscheidung erklärte er sinngemäß das Gleiche wie in seinem Urteil im Fall *Marckx*. Im Vergleich zu seinen Ausführungen im Fall *Marckx*, war seine Formulierung jedoch stärker und er fand klare Worte für eine Absage an eine Verpflichtung zur Wiederaufnahme.

ccc) Die Entscheidung Papamichalopoulos

Im Fall Papamichalopolous waren dem Beschwerdeführer einige Teile seines Landes durch die griechische Militärdiktatur enteignet worden. Nach dem Fall der Diktatur im Jahr 1974 erlangte der Beschwerdeführer 1978 ein Urteil, das seinen Rechtstitel an seinem Grundstück bestätigte. Seine Bemühungen, das Grundstück wiederzuerlangen, blieben jedoch alle erfolglos. Der Gerichtshof stellte eine Verletzung von Art. 1 des 1. ZP der EMRK fest.[407] Der Beschwerdeführer war nicht imstande den rechtmäßigen Zustand wiederherzustellen. Alle seine Versuche sein Grundstück wieder nutzen zu können, scheiterten. Der Gerichtshof ging daher von einer Enteignung aus, da das in einer mit dem Recht auf Eigentum unvereinbaren Weise geschehen war.[408]

Zur Urteilsumsetzung führte er aus: „If the nature of the breach allows of restitutio in integrum, it is for the respondent State to effect it, the Court having neither the power nor the practical possibility of doing so itself."[409]. Er wiederholte erneut, dass er nicht berechtigt sei, die Wiedergutmachung der Konventionsverletzung und damit eine Wiederaufnahme des Verfahrens herbeizuführen. Das obliege allein dem verurteilten Mitgliedstaat. Auch hier führte er aus, dass er

---

406 *EGMR*, Urt. v. 25.4.1983, 8398/78, Ziff. 45 – Pakelli.

407 *EGMR*, Urt. v. 31.10.1995, 14556/89 – Papamichalopoulos u.a.

408 *EGMR*, Urt. v. 31.10.1995, 14556/89, Ziff. 36 – Papamichalopoulos u.a.

409 *EGMR*, Urt. v. 31.10.1995, 14556/89, Ziff. 34 – Papamichalopoulos u.a.

weder eine Berechtigung („power“) noch eine praktische Möglichkeit („practical possibility“) habe, um eine Wiedergutmachung zu erwirken. Damit verneinte er eine Verpflichtung zur Wiederaufnahme des Verfahrens und machte die Grenzen seines Handelns deutlich.

ddd) Die Entscheidung Lyons

Im Zusammenhang mit einer feindlichen Übernahme der Distillers Company durch die Firma Guinness im Jahr 1986 wurde ein Aktientausch zwischen dem Erwerber und dem Veräußerer vereinbArt. Aufgrund von erheblichen Kursschwankungen der Guiness Aktie entwickelte sich der Tausch in großem Umfang zugunsten des Erwerbers. Isidore Jack Lyons u.a. machten in diesem Zusammenhang Aussagen gegenüber Behörden, zu denen sie gesetzlich verpflichtet waren, die sie jedoch strafrechtlich belasteten. Die Strafverfolgungsbehörden bedienten sich dieser Aussagen im Strafprozess. Die Beschwerdeführer wurden aufgrund dieser Aussagen zu Freiheits- und Geldstrafe oder ersatzweise einer längeren Freiheitsstrafe verurteilt. Der Gerichtshof stellte eine Verletzung des Rechts auf ein faires Verfahren aus Art. 6 Abs. 1 EMRK fest.[410] Die Verurteilungen der Beschwerdeführer beruhten auf Aussagen, die die Beschwerdeführer gemacht hatten, weil sie dazu gesetzlich verpflichtet gewesen waren. Anlässlich des Urteils des EGMR wurden die Fälle der Beschwerdeführer wieder verhandelt. Eine Wiederaufnahme des Verfahrens aufgrund der Konventionsverletzung wurde jedoch von allen innerstaatlichen Instanzen abgelehnt. Die Beschwerdeführer machten daraufhin erneut vor dem EGMR eine Verletzung von Art. 6 und 13 EMRK geltend, da der verurteilte Mitgliedstaat keine Wiederaufnahme des Verfahrens angeordnet und der Wirkung des vorausgegangenen Urteils keine Geltung verschafft hatte.

Der Gerichtshof wies die Beschwerde als unzulässig zurück. Er führte in seinen Entscheidungsgründen aus, dass die Beschwerde auf einem früheren Verfahren vor dem EGMR beruhe, welches bereits zu einer Verurteilung des Mitgliedstaates geführt habe. Die Beschwerdeführer hatten gerügt, dass der Feststellung des Gerichts keine Wirkung anhand eines Wiederaufnahmeverfahrens verschafft worden sei. Jedoch seien die Feststellungen des Gerichtshofs lediglich deklaratorischer Natur. Die Mitgliedstaaten seien zwar gemäß Art. 46 Abs. 1 EMRK dazu verpflichtet, die Urteile des EGMR zu befolgen. Sie seien jedoch frei, diejenigen Mittel zu wählen, mit denen sie ihre Verpflichtung aus Art. 46 Abs. 1 EMRK erfüllen wollen, sofern diese Mittel mit den Schlussfolgerungen

410 *EGMR*, Entsch. v. 8.7.2003, 15227/03 – Lyons u.a. = EuGRZ 2004, 777 ff.

des Urteils vereinbar seien.[411] Er stellte in diesem Zusammenhang noch einmal klar, dass ihm die Konvention keine Befugnis verleihe, gegenüber einem Staat die Durchführung eines neuen Verfahrens oder gar die Aufhebung einer innerstaatlichen Entscheidung anzuordnen.[412] Er machte damit deutlich, dass er nicht für die Durchführung eines Wiederaufnahmeverfahrens zuständig ist, und lehnte eine Verpflichtung zur Wiederaufnahme des innerstaatlichen Verfahrens ab.

eee) Die Entscheidung Sejdovic

Im Oktober 1992 wurde gegen Herrn M. Sejdovic vom zuständigen Ermittlungsrichter in Rom eine vorläufige Festnahme wegen Mordverdachts angeordnet. Herr Sejdovic war jedoch von den italienischen Behörden nicht auffindbar, sodass ihn die Behörden für „flüchtig" erklärten. Ihm wurde ein Pflichtverteidiger beigeordnet, der in seiner Abwesenheit am Strafverfahren teilnahm. Am 2. Juli 1996 wurde Herr Sejdovic zu einer Freiheitsstrafe von 21 Jahren und 8 Monaten verurteilt. Das Urteil wurde rechtskräftig. Am 22. September 1999 wurde Herr Sejdovic in Hamburg von der deutschen Polizei aufgrund eines Haftbefehls der römischen Staatsanwaltschaft festgenommen. Der italienische Justizminister verlangte die Auslieferung und wies darauf hin, dass der Beschwerdeführer eine Wiederaufnahme des Verfahrens nach Art. 175 der italienischen StPO beantragen könne. Den deutschen Behörden wurde auf Nachfrage hin erklärt, dass eine Wiederaufnahme des Verfahrens nur möglich sei, wenn die Einschätzung, Herr Sejdovic sei auf der Flucht, rechtsfehlerhaft gewesen sei. Die deutschen Behörden lehnte eine Auslieferung daraufhin ab, da nach italienischem Recht nicht sichergestellt werden könne, dass der Beschwerdeführer eine Wiederaufnahme des Verfahrens erreichen könne. Der Beschwerdeführer wurde von den deutschen Behörden freigelassen. Der Gerichtshof stellte aufgrund der Abwesenheit des Beschwerdeführers bei der Hauptverhandlung eine Verletzung von Art. 6 EMRK, das Recht auf ein faires Verfahren, fest.[413]

Im Fall *Sejdovic* führte der EGMR in den Entscheidungsgründen seines Urteils aus, dass neben den nach Art. 46 EMRK angeordneten allgemeinen Maßnahmen, die Wiederaufnahme des innerstaatlichen Verfahrens das angemessenste Mittel („most appropriate form of redress") sei, um die Verletzung

---

411 *EGMR*, Entsch. v. 8.7.2003, 15227/03 – Lyons u.a. = EuGRZ 2004, 777, 778.

412 *EGMR*, Entsch. v. 8.7.2003, 15227/03– Lyons u.a. = EuGRZ 2004, 777, 778.

413 *EGMR*, Urt. v. 10.11.2004, 56581/00 – Sejdovic; diese Entscheidung bestätigend *EGMR*, Urt. v. 1.3.2006, 56581/00 – Sejdovic.

von Art. 6 EMRK wiedergutzumachen.[414] Er hat dem verurteilten Mitgliedstaat damit konkrete Anweisungen gegeben. Er hat ihm erklärt, wie er die Konventionsverletzung im Sinne von Art. 46 Abs. 1 EMRK wiedergutzumachen habe. Darin könnte eine konkrete Anordnung zur Vornahme eines innerstaatlichen Wiederaufnahmeverfahrens gesehen werden.

Jedoch hat der Gerichtshof seine Formulierung sehr allgemein gehalten und vorsichtig formuliert. So verzichtete er darauf, die Wiederaufnahme des innerstaatlichen Verfahrens verbindlich anzuordnen. Seine Ausführungen wirken, als hätten sie lediglich empfehlenden Charakter.[415] Dafür sprechen die Positionierung seiner Ausführungen im Urteil und der Verweis in Ziffer 4 des Tenors. Der Gerichtshof hat seine Ausführungen unter Art. 41 EMRK in den Entscheidungsgründen gemacht. In den Gründen unterscheidet der EGMR grundsätzlich zwischen den Ausführungen nach Art. 46 Abs. 1 EMRK und denen nach Art. 41 EMRK. Unter Art. 46 EMRK erklärte er die von dem verurteilten Mitgliedstaat zu treffenden Maßnahmen, um die Konventionsverletzung wiedergutzumachen, und unter Art. 41 EMRK erläuterte er, aus welchen Gründen er eine gerechte Entschädigung gewährt oder nicht gewährt. Im vorliegenden Fall hat er unter Art. 46 EMRK ausgeführt, dass der verurteilte Staat die allgemeinen und/oder individuellen Maßnahmen nach seinem innerstaatlichen Recht zu wählen habe, um die festgestellte Verletzung und ihre eventuellen Folgen zu beseitigen. Erst im Zusammenhang mit der Entschädigung aus Art. 41 EMRK unter Ziffer 55 ist er konkret auf das Wiederaufnahmeverfahren eingegangen und hat die Wiederaufnahme als das angemessenste Mittel zur Wiedergutmachung bezeichnet. So erklärte er: „Besides the general measures indicated in paragraphs 44 to 47 above, the Court considers that, where it finds that an applicant has been convicted despite an infringement of his right to participate in his trial, the most appropriate form of redress would, in principle, be trial de novo or the reopening of the proceedings, in due course and in accordance with the requirements of Article 6 of the Convention".[416] Seine Ausführungen sind an dieser Stelle des Urteils ungewöhnlich, da es sich bei der Wiederaufnahme des Verfahrens um eine Art der Wiedergutmachung und damit um eine Maßnahme zur Verwirklichung der Pflicht aus Art. 46 Abs. 1 EMRK handelt. Diese Ausführungen hätten

414 *EGMR*, Urt. v. 10.11.2004, 56581/00, Ziff. 55 – Sejdovic; dies bestätigend *EGMR*, Urt. v. 1.3.2006, 56581/00, Ziff. 125 – Sejdovic.

415 So *Breuer*, Von Lyons zu Sejdovic: Auf dem Weg zu einer Wiederaufnahme konventionswidrig zustande gekommener nationaler Urteile, EuGRZ 2004, 782, 784.

416 *EGMR*, Urt. v. 10.11.2004, 56581/00, Ziff. 55 – Sejdovic.

daher dogmatisch richtigerweise unter Art. 46 Abs. 1 EMRK gehört. Durch diese Positionierung wird deutlich, dass der EGMR seine Ausführungen nur sehr vorsichtig gemacht hat. Hätte er ihnen mehr Ausdruck verleihen wollen, so hätte er sie in den Entscheidungsgründen unter Art. 46 Abs. 1 EMRK oder im Tenor gemacht.

Im Tenor seiner *Sejdovic*-Entscheidung ordnete der Gerichtshof zudem kein Wiederaufnahmeverfahren an. Er sprach unter Ziffer 3 des Tenors von geeigneten Maßnahmen („appropriate measures"), durch die der verurteilte Mitgliedstaat die Durchsetzung des infrage stehenden Rechts zu gewährleisten habe. Der Wortlaut „appropriate measures" ist dabei sehr weit formuliert. Der Gerichtshof ließ den Mitgliedstaaten damit das von ihm zugesprochene und unter den Ziffern 45–46 betonte Ermessen bei der Wahl ihrer Mittel zur Wiedergutmachung.[417] Erst in Ziffer 4 des Tenors nahm er Bezug zu den Ausführungen unter Ziffer 55–57, in denen er die Wiederaufnahme des Verfahrens als angemessenstes Mittel zur Wiedergutmachung beschrieb. Darin heißt es: „(…) the finding of a violation constitutes in itself sufficient just satisfaction for the non-pecuniary damage sustained by the applicant, drawing attention in this connection to its conclusions in paragraph 55 of the present judgment; (…)".[418] Damit wird deutlich, dass die Feststellung der Verletzung genügt, weil diese die Wiedergutmachung beinhaltet und somit zur Wiederaufnahme des Verfahrens führt. Die Wiederaufnahme hat gemäß der Pflicht aus Art. 46 Abs. 1 EMRK, der Pflicht zur Naturalrestitution, zu erfolgen. Sie stellt eine vollkommene Wiedergutmachung dar und erübrigt eine Entschädigungszahlung. Die Mitgliedstaaten sind vorrangig zur Naturalrestitution verpflichtet. Hat der Gerichtshof aus diesem Grund bereits eine Entschädigung verneint, dann geht er davon aus, dass die „angeordnete" Wiederaufnahme erfolgt. Wenn der EGMR im Tenor anordnete, „drawing attention in this connection to its conclusions in paragraph 55 of the present judgment"[419], dann ist das eine mittelbare verbindliche Anordnung. Ziffer 4 des Tenors ist damit eine Bestätigung dafür, dass der Gerichtshof eine Wiederaufnahme von Verfahren verlangt. Der EGMR hat seine Anordnung

---

417 *Breuer* sagt dazu, dass die ungenaue Formulierung des Gerichtshofs dem italienischen Gesetzgeber seine Wahlfreiheit suggeriert, die dieser nicht hat. Er begründet das damit, dass der Gerichtshof in seinen Urteilsgründen ausführt, was der italienische Gesetzgeber zu tun hat, um eine Wiederaufnahme zu gewähren; *Breuer*, Von Lyons zu Sejdovic: Auf dem Weg zu einer Wiederaufnahme konventionswidrig zustande gekommener nationaler Urteile, EuGRZ 2004, 782, 784.

418 *EGMR*, Urt. v. 10.11.2004, 56581/00, Ziff. 4 des Tenors – Sejdovic.

419 *EGMR*, Urt. v. 10.11.2004, 56581/00, Ziff. 4 des Tenors – Sejdovic.

des Wiederaufnahmeverfahrens durch die Positionierung seiner Ausführungen in den Entscheidungsgründen unter Art. 41 und durch den Verweis darauf im Tenor jedoch abgeschwächt. Seine Aussagen verpflichten die Mitgliedstaaten daher nicht zur Wiederaufnahme des Verfahrens.

fff) Die Entscheidung Cudak

Frau Cudak ist litauische Staatsangehörige und war als Sekretärin und Telefonistin bei der polnischen Botschaft in Vilnius angestellt. Auf den Arbeitsvertrag und alle sich daraus ergebenden Streitigkeiten fand litauisches Recht Anwendung. Im Jahr 1999 beschwerte sie sich beim Ombudsmann für Chancengleichheit über einen Fall sexueller Belästigung durch einen Kollegen, der zum diplomatischen Personal gehörte. Aufgrund der Belästigung und der damit verbundenen Spannungen am Arbeitsplatz erkrankte die Beschwerdeführerin in der Zeit vom 1.9.1999 bis 29.10.1999. Als sie danach wieder zur Arbeit gehen wollte, wurde ihr der Zutritt zur Botschaft verweigert. So auch am 22.11.1999 und 23.11.1999. Am 2.12.1999 wurde ihr mitgeteilt, dass sie entlassen worden sei, da sie in der Zeit vom 22. bis 29.11.1999 nicht zur Arbeit erschienen war. Daraufhin klagte sie auf Entschädigung wegen ungerechtfertigter Entlassung. Die Klage wurde mangels Zuständigkeit der litauischen Gerichte abgewiesen. Diese Entscheidung wurde von den höheren litauischen Gerichten bestätigt. Das Höchstgericht verwies die Beschwerdeführerin auf den Rechtsweg vor den polnischen Gerichten. Die Beschwerdeführerin machte daraufhin vor dem EGMR eine Verletzung ihres Rechts auf Zugang zu einem Gericht aus Art. 6 EMRK geltend. Der Gerichtshof stellte eine Verletzung von Art. 6 EMRK fest und sprach der Beschwerdeführerin eine Entschädigung in Höhe von EUR 10.000,– für materielle und immaterielle Schäden zu.[420] In seinem Urteil erklärte der Gerichtshof erneut, dass ein Wiederaufnahmeverfahren als angemessene Maßnahme gelte, um die Verletzung der Konvention zu beseitigen: „a retrial or the reopening of the case, if he or she so requests, represents in principle an appropriate way of redressing the violation“[421]. Er erklärte das aber erneut in den Entscheidungsgründen unter Art. 41 EMRK, was die Bedeutung seiner Erklärung schmälert. Leider hat er auch hier versäumt, weitere Angaben zur Erfüllung dieser „Empfehlung“ zu machen.

Besondere Beachtung ist in diesem Urteil jedoch der abweichenden Meinung von Richter Malinverni und den Richtern Casadevall, Cabral Barreto, Zagrebelsky und Popović zu schenken. Die Richter bemängelten die Zurückhaltung

420 *EGMR*, Urt. v. 23.3.2005, 15869/02 – Cudak.
421 *EGMR*, Urt. v. 23.3.2005, 15869/02, Ziff. 79 – Cudak.

des EGMR und kritisierten, dass gerade der Ausspruch über das Wiederaufnahmeverfahren als bestes Mittel zur Wiedergutmachung nicht im Tenor der Entscheidung enthalten sei. Die Ausführungen des Gerichtshofs unter Ziffer 79 des Urteils seien von größter Wichtigkeit[422] und gehörten in den Tenor der Entscheidung[423]. Die Entschädigung nach Art. 41 EMRK sei gegenüber der Wiedergutmachungspflicht subsidiär. Der Gerichtshof habe primär erreichen zu wollen, dass der Zustand wiederhergestellt wird, der vor der Verletzung bestand. Und der beste Weg, um das bei einer Verletzung von Art. 6 EMRK zu erreichen, sei die Wiederaufnahme des Verfahrens, sofern diese möglich und der Beschwerdeführer sie verlangt.[424] Die Richter erklärten: „It is important to emphasise this point, because it must not be overlooked that the amounts which the Court orders to be paid to victims of a violation of the Convention are, according to the terms and the spirit of Article 41, of a subsidiary nature. Wherever possible, the Court should seek to restore the status quo ante. What the Court states in paragraph 79 is, in my view, of the utmost importance. It reiterates the fundamental principle that the best way to redress a violation of Article 6 is to reopen the proceedings, whenever that is possible and if the applicant so wishes."[425]. Sie befürworteten damit eine Verpflichtung zur Wiederaufnahme des Verfahrens. Sie bemängelten, dass der EGMR nicht konsequent in der Anordnung seiner Maßnahmen war. Sie erkannten, wie wichtig die Wiedergutmachung in Form eines Wiederaufnahmeverfahrens für den Beschwerdeführer ist. Die Wiederaufnahme des Verfahrens

422 *EGMR*, Urt. v. 23.3.2005, 15869/02, Ziff. 3 der abweichenden Meinungen der Richter Malinverni, Casadevall, Cabral Barreto, Zagrebelsky, Popović – Cudak: „What the Court states in paragraph 79 is, in my view, of the utmost importance. It reiterates the fundamental principle that the best way to redress a violation of Article 6 is to reopen the proceedings, whenever that is possible and if the applicant so wishes.".

423 *EGMR*, Urt. v. 23.3.2005, 15869/02, Ziff. 4 der abweichenden Meinung der Richter Malinverni, Casadevall, Cabral Barreto, Zagrebelsky, Popović – Cudak; „Moreover, it is common knowledge that while the reasoning of a judgment allows the Contracting States to ascertain the grounds on which the Court found a violation or no violation of the Convention, and is thus of decisive importance for the interpretation of the Convention, it is the operative provisions that are binding on the parties for the purposes of Article 46 § 1 of the Convention. It is therefore a matter of some significance, from a legal standpoint, for certain considerations of the Court to be stated again in the operative part of the judgment.".

424 *EGMR*, Urt. v. 23.3.2005, 15869/02, Ziff. 3 der abweichenden Meinung der Richter Malinverni, Casadevall, Cabral Barreto, Zagrebelsky und Popović – Cudak.

425 *EGMR*, Urt. v. 23.3.2005, 15869/02, Ziff. 3 der abweichenden Meinung der Richter Malinverni, Casadevall, Cabral Barreto, Zagrebelsky und Popović – Cudak.

ist eine Ausformung der Naturalrestitution und von den Mitgliedstaaten primär zu erbringen. Die Aufforderung dazu gehört daher in den Tenor der Entscheidung. Damit erklärten sie, dass sie die Kompetenz des EGMR auch darin sehen eine Wiedergutmachung innerstaatlich anzuordnen, auch wenn das zur Aufhebung eines innerstaatlichen Urteils führt. Die Pflicht zur Wiederaufnahme schränkten sie aber dahin ein, dass diese besteht, wenn die Wiederaufnahme im innerstaatlichen Recht möglich ist und der Beschwerdeführer sie wünscht. Da diese Meinung der Richter jedoch vom Urteil in der Sache *Cudak* abweicht, lässt sich auch aus dieser Entscheidung keine Verpflichtung für ein Wiederaufnahmeverfahren herleiten.

ggg) Die Entscheidung Öcalan

Im Fall *Öcalan*[426] ging es um den Gründer und Chef der PKK, Abdullah Öcalan. Dieser war nach seiner Verhaftung durch die türkische Polizei wochenlang verhört worden, ohne Kontakt zu seinem Anwalt aufnehmen zu können. Auch später hatte er nur beschränkten und beaufsichtigten Kontakt zu seinem Anwalt. Das Staatssicherheitsgericht befand ihn für schuldig und verurteilte ihn zu einer Todesstrafe, die aufgrund einer Verfassungsänderung später in eine lebenslange Haftstrafe umgewandelt wurde. Der Gerichtshof stellte eine Verletzung der Artikel 5 Abs. 3 und 4, Art. 6 Abs. 1 i.V.m. Abs. 3, lit. b und c sowie von Art. 3 EMRK fest.[427]

In der Entscheidung *Öcalan* betonte der EGMR erneut, dass seine Entscheidungen grundsätzlich deklaratorischer Natur seien und es dem betroffenen Mitgliedstaat obliege, die Maßnahmen zu wählen, um seine Pflichten aus Art. 46 Abs. 1 EMRK zu erfüllen: „(...) the Court reiterates that its judgments are essentially declaratory in nature and that, in general, it is primarily for the State concerned to choose, subject to supervision by the Committee of Ministers, the means to be used in its domestic legal order in order to discharge its obligation under Article 46 of the Convention."[428].

Er schränke das Ermessen der Mitgliedstaaten aber dann ein, wenn aus seiner Sicht nur eine einzige mögliche Maßnahme geeignet erscheint, um die Verletzung zu heilen: „However, exceptionally, with a view to helping the respondent State to fulfil its obligations under Article 46, the Court will seek to indicate the type of measure that might be taken in order to put an end to a systemic situation

426 *EGMR*, Urt. v. 12.5.2005, 46221/99 – Öcalan.
427 *EGMR*, Urt. v. 12.5.2005, 46221/99 – Öcalan.
428 *EGMR*, Urt. v. 12.5.2005, 46221/99, Ziff. 210 – Öcalan.

it has found to exist. In such circumstances, it may propose various options and leave the choice of measure and its implementation to the discretion of the State concerned (see Broniowski v. Poland [GC], no. 31443/96, § 194, ECHR 2004-V). In other exceptional cases, the nature of the violation found may be such as to leave no real choice as to the measures required to remedy it and the Court may decide to indicate only one such measure (see Assanidze, cited above, § 202).“[429].

Er betonte damit, dass die Mitgliedstaaten in der Umsetzung der Urteile und den zu ergreifenden innerstaatlichen Maßnahmen grundsätzlich frei sind. Bestehen mehrere mögliche Maßnahmen, so wird der Gerichtshof diese Maßnahmen nennen und dem verurteilten Mitgliedstaat die Wahl überlassen, ob er sie durchführt oder nicht. Der Wortlaut „will seek to indicate“ indiziert, dass der Gerichtshof dem Mitgliedstaat helfen wird, die erforderlichen Maßnahmen zu ergreifen. Er wird den Mitgliedstaat auf die Maßnahmen hinweisen, die getroffen werden können („that might be taken“). Das indiziert aber noch keine Verpflichtung der Mitgliedstaaten zur Vornahme dieser Maßnahmen. Auch keine Verpflichtung indiziert, dass der Gerichtshof im Fall einer einzigen zu ergreifenden Maßnahme zur Erfüllung von Art. 46 Abs. 1 EMRK nur diese eine Maßnahme anzeigen wird. Denn der Wortlaut „may decide to indicate“ meint, dass der Gerichtshof entscheiden kann, den Mitgliedstaat auf die eine mögliche Maßnahme hinzuweisen und beinhaltet ebenso keine Verpflichtung zur Vornahme dieser Maßnahme.

Im weiteren Verlauf seiner Entscheidung hat der EGMR die Wiederaufnahme des innerstaatlichen Verfahrens erneut zum angemessensten Mittel für eine Wiedergutmachung nach Art. 46 Abs. 1 EMRK erklärt, wenn der Beschwerdeführer sie beantragt hat: „the most appropriate form of redress would be for the applicant to be given a retrial without delay if he or she so requests“[430]. Ein Wiederaufnahmeverfahren stelle im Grundsatz das angemessene Mittel dar, um eine Verletzung wiedergutzumachen, wenn die Verletzung der Konvention durch ein Gericht verursacht wurde: „(…) where an individual, as in the instant case, has been convicted by a court that did not meet the Convention requirements of independence and impartiality, a retrial or a reopening of the case, if requested, represents in principle an appropriate way of redressing the violation.“[431]. Damit formulierte er eine konkrete Maßnahme, die der verurteilte Mitgliedstaat zu ergreifen habe, um seiner Verpflichtung aus Art. 46 Abs. 1 EMRK zu genügen.

---

429 *EGMR*, Urt. v. 12.5.2005, 46221/99, Ziff. 210 – Öcalan.
430 *EGMR*, Urt. v. 12.5.2005, 46221/99, Ziff. 210 – Öcalan.
431 *EGMR*, Urt. v. 12.5.2005, 46221/99, Ziff. 210 – Öcalan.

Er formulierte die Wiederaufnahme des Verfahrens konkret als Ausformung der Wiedergutmachungspflicht. Anders als bei *Sejdovic* formulierte der EGMR seine Ausführungen zur Wiederaufnahme eines Verfahrens in den Entscheidungsgründen unter Art. 46 EMRK und nicht im Zusammenhang mit Art. 41 EMRK. Er positionierte seine Ausführungen damit bei den durch den verurteilten Mitgliedstaat zu ergreifenden Maßnahmen und schrieb ihnen dadurch mehr Bedeutung zu. Jedoch formulierte er im anschließenden Satz: „However, the specific remedial measures, if any, required of a respondent State in order to discharge its obligations under Article 46 of the Convention must depend on the particular circumstances of the individual case and be determined in the light of the terms of the Court's judgment in that case, and with due regard to the above case-law of the Court."[432]. Damit korrigierte er die Aussagekraft seiner „Aufforderung" wieder.

Aus seinen Ausführungen in diesem Urteil kann keine Verpflichtung zur Wiederaufnahme des Verfahrens gefolgert werden. Zum einen ist der Wortlaut der Entscheidung allgemein formuliert und lässt dem Mitgliedstaat immer noch einen Spielraum, um seine Pflicht zur Wiedergutmachung zu erfüllen. Zum anderen knüpfen die zu ergreifenden Maßnahmen an die Umstände des Einzelfalls an und müssen unter Berücksichtigung des Urteils und in Übereinstimmung mit der Rechtsprechung des Gerichtshofs bestimmt werden. Hätte der Gerichtshof verpflichtend eingreifen wollen, so hätte er die Begriffe „to undertake" oder „to commit" verwenden sollen oder beispielsweise formulieren können: „The Court will undertake the High Contracting Parties to reopen the trial to remedy the redress.". Das hat er aber nicht getan.

hhh) Die Entscheidung Schüth

Im Fall *Schüth* ging es um die Kündigung eines Angestellten der katholischen Kirche. Der Beschwerdeführer war Organist und Chorleiter in einer katholischen Gemeinde. Er hatte sich von seiner Ehefrau getrennt und war eine außereheliche Beziehung eingegangen. Als die Kirchenleitung davon erfuhr, sprach sie ihm eine Kündigung aus, da er gegen die Grundordnung der katholischen Kirche verstoßen hatte. Der Beschwerdeführer wehrte sich gegen die ausgesprochene Kündigung und blieb auf dem innerstaatlichen Rechtsweg erfolglos. Der EGMR stellte in der Kündigung eine Verletzung von Art. 8 EMRK, das Recht auf Achtung des Privat- und Familienlebens, fest.[433] Die Arbeitsgerichte hätten

432 *EGMR*, Urt. v. 12.5.2005, 46221/99, Ziff. 210 – Öcalan.
433 *EGMR*, Urt. v. 23.9.2010, 1620/03 – Schüth.

„nicht sorgfältig zwischen den Rechten des Beschwerdeführers und denen des kirchlichen Arbeitgebers abgewogen"[434] und lediglich die Argumente des kirchlichen Arbeitgebers berücksichtigt. Ein Ausspruch über eine Entschädigung nach Art. 41 EMRK erfolgte erst zwei Jahre später, nachdem der Beschwerdeführer innerstaatlich vergeblich versucht hatte, die Wiederaufnahme des Verfahrens zu erreichen.[435] Der Gerichtshof führte in dieser Entscheidung zur Wiederaufnahme aus, dass die Wiederaufnahme des arbeitsgerichtlichen Verfahrens grundsätzlich ein angemessenes Mittel darstelle, um der festgestellten Verletzung abzuhelfen.[436] Er folgerte aus der Gesamtheit der Umstände, dass auch bei der vorliegenden Verletzung von Art. 8 EMRK eine Wiederaufnahme und damit eine erneute Prüfung des Falles unter den Gesichtspunkten der Schlussfolgerungen des Gerichtshofs ein angemessenes Mittel darstelle, um die Verletzung zu beseitigen.[437] Er berücksichtigte jedoch auch, dass die in § 580 Nr. 8 ZPO vorgesehene Wiederaufnahme aufgrund der in § 35 EGZPO genannten Frist auf den vorliegenden Fall keine Anwendung finde und eine Wiederaufnahme daher nicht möglich sei.[438]

In dieser Entscheidung hat der EGMR die Wiederaufnahme des Verfahrens als angemessenes Mittel zur Wiedergutmachung in seinen Entscheidungsgründen unter der Überschrift „Redressement de la violation au niveau interne" genannt. Er erkannte aber an, dass eine solche momentan innerstaatlich nicht möglich sei. Auch wenn er seine Ausführungen unter den Ausführungen zu Art. 46 EMRK machte, so hat er die Wiederaufnahme des Verfahrens nicht konkret angeordnet, sondern sich nur vorsichtig dazu geäußert. Eine Verpflichtung zur Wiederaufnahme des Verfahrens kann aus dieser Entscheidung aufgrund des allgemeinen und vorsichtigen Wortlauts des EGMR und mangels einer entsprechenden innerstaatlichen Regelung nicht angenommen werden.

---

434 *EGMR*, Urt. v. 23.9.2010, 1620/03, Ziff. 67 – Schüth.

435 Dem ging eine Restitutionsklage des Beschwerdeführers vor dem LAG Düsseldorf voraus. Diese wurde jedoch mangels Zulässigkeit abgewiesen und daraufhin dem BAG zur Entscheidung vorgelegt. Das LAG betonte, dass § 580 Nr. Nr. 8 ZPO zwar eine Wiederaufnahme eines Verfahrens nach einer festgestellten Konventionsverletzung durch den EGMR vorsah, § 580 Nr. Nr. 8 ZPO jedoch lediglich für Verfahren gelte, die nach dem 31.12.2006 abgeschlossen worden sind (§ 35 EGZPO). Das Verfahren des Beschwerdeführers war innerstaatlich im Jahr 2000 abgeschlossen worden und fiel damit nicht in den Anwendungsbereich von § 580 Nr. Nr. 8 ZPO.

436 *EGMR*, Urt. v. 28.6.2012, 1620/03, Ziff. 17 – Schüth.

437 *EGMR*, Urt. v. 28.6.2012, 1620/03, Ziff. 17 – Schüth.

438 *EGMR*, Urt. v. 28.6.2012, 1620/03, Ziff. 18 – Schüth.

iii) Zwischenergebnis zu aa)

Die Rechtsprechung des EGMR hat sich stark gewandelt. Zu Beginn hat der Gerichtshof in den Entscheidungen *Marckx*, *Pakelli* und *Papamichalopolous* eine Verpflichtung zur Wiederaufnahme verneint. So hat er mehrfach festgestellt, dass er nicht befugt sei, innerstaatliche Rechtsakte aufzuheben, zu ändern oder für nichtig zu erklären. In der Entscheidung *Lyons u.a.* hat er sogar eine Zuständigkeit für das Wiederaufnahmeverfahren abgelehnt. Die Erfüllung der Verpflichtung aus Art. 46 Abs. 1 EMRK überließ er den betroffenen Mitgliedstaaten. In den darauffolgenden Entscheidungen *Sejdovic*, *Cudak*, *Öcalan* und *Schüth* hat er seine ablehnende Haltung aufgegeben und den verurteilten Mitgliedstaaten konkrete Maßnahmen vorgegeben, um die Konventionsverletzung zu beheben. In diesen Entscheidungen hat er stets betont, dass es Sache des verurteilten Mitgliedstaates sei, diejenigen Mittel zu wählen, die er in seiner innerstaatlichen Rechtsordnung ergreifen muss, um seine Verpflichtung aus Art. 46 Abs. 1 EMRK zu erfüllen. Im vorliegenden Fall sei das Wiederaufnahmeverfahren jedoch ein „angemessenes" oder gar das „angemessenste Mittel" zur Wiedergutmachung. Er hat damit versucht, dem Wiederaufnahmeverfahren mehr Bedeutung zuzuschreiben, wobei diesen Ausführungen kein verbindlicher Charakter zukommt.

Im Vergleich zu den Fällen *Cudak* und *Sejdovic* hat der EGMR im Fall *Öcalan* und *Schüth* seine Ausführungen zu der Wiederaufnahme des Verfahrens unter Art. 46 EMRK, der Behebung der Verletzung, gemacht. An dieser Stelle passen seine Ausführungen dogmatisch besser, da es sich bei der Wiederaufnahme um eine Art der Wiedergutmachung nach Art. 46 Abs. 1 EMRK handelt. Durch die Veränderung der Position seiner Ausführungen erkennt man eine Tendenz des EGMR, seine Maßnahmen gegenüber dem verurteilten Mitgliedstaat immer konkreter formulieren zu wollen. Dass seine Anordnung jedoch immer noch als Empfehlung zu verstehen ist, zeigt die Tatsache, dass sie immer noch in den Urteilsgründen und nicht im Tenor formuliert ist. Auch schwächt er seine Anordnung dadurch ab, dass er den Grundsatz der Wiederaufnahme in den genannten Fällen an bestimmte Bedingungen knüpft. Den Entscheidungen ist gemein, dass die Wiederaufnahme des Verfahrens als „in principle an appropriate way of redressing the violation" oder gar als „most appropriate way of redressing a violation" bezeichnet wird. Es gibt jedoch in den einzelnen Entscheidungen Abschwächungen dieser „Anordnung". Im Fall *Öcalan* machte der EGMR eine Wiederaufnahme des Verfahrens von den Umständen des Einzelfalls abhängig. Eine Wiederaufnahme des Verfahrens musste unter Berücksichtigung des vom EGMR in dieser Sache getroffenen Urteils und in Übereinstimmung mit der im Urteil wiedergegebenen Rechtsprechung des Gerichtshofs bestimmt werden. Im

Fall *Schüth* stand das innerstaatliche Recht einer Wiederaufnahme des Verfahrens entgegen. Eine Wiederaufnahme war trotz „Anordnung" durch den EGMR nicht erfolgt, da nach dem innerstaatlichen Recht eine solche nicht möglich war. Das hat der EGMR berücksichtigt. Im Fall *Cudak* hat ein Teil der Richterschaft eine vom Urteil abweichende Meinung formuliert und die Bedeutung der Textpassage über die Wiederaufnahme als angemessenstes Mittel hervorgehoben. Die Richter kamen abschließend zu dem Ergebnis, dass die Wiederaufnahme durchzuführen war, wenn sie innerstaatlich möglich war und der Beschwerdeführer sie verlangt hat.

Der EGMR ist stets sehr vorsichtig in seinen Formulierungen geblieben und hat die zu ergreifenden Maßnahmen allgemein formuliert. Er sagte beispielsweise nicht, dass der Mitgliedstaat das innerstaatliche Verfahren wieder aufzunehmen hat oder es aufnehmen soll. Er sprach vielmehr davon, dass ein solches die angemessene oder sogar angemessenste Maßnahme ist, um eine Konventionsverletzung wiedergutzumachen, und vermied die direkte Aufforderung an den betroffenen Mitgliedstaat. Anders hat er es beispielsweise im Fall *Görgülü* gemacht, als er den Umgang des Beschwerdeführers mit seinem Kind folgendermaßen formulierte: „In the case at hand this means making it possible for the applicant to at least have access to his child.".[439] Hier hat er gesagt „this means" und seine allgemeinen Ausführungen dadurch auf den vorliegenden Fall angewandt.

Die Anordnung der konkreten Maßnahmen sowie die Bezeichnung der Wiederaufnahme als angemessenes oder angemessenstes Mittel durch den EGMR sind begrüßenswert. Dieses Verhalten des EGMR ist dem Umstand geschuldet, dass er versucht seinen Entscheidungen mehr Beachtung durch eine „dynamische Fortentwicklung des prozessualen Konventionsrechts"[440] zu verschaffen. Der EGMR sieht sich einer stetig ansteigenden Zahl von Fällen konfrontiert. Um Herr dieser Vielzahl an entscheidungsträchtigen Sachverhalten zu werden, ergreift er neue rechtliche Mittel, um die Wirksamkeit seiner Urteile gegenüber den Mitgliedstaaten zu steigern.[441] Die Anordnung konkreter Maßnahmen

---

439 *EGMR*, Urt. v. 26.2.2004, 74969/01, Ziff. 64 – Görgülü.

440 *Schilling*, Deutscher Grundrechtsschutz zwischen staatlicher Souveränität und menschenrechtlicher Europäisierung, S. 101 m.V.a. die Übersicht der Rechtsprechung bei *Wildhaber*, The Execution of Judgements of the European Court of Human Rights: Recent Developments, in: Pierre-Marie Dupuy (Hrsg.), Völkerrecht als Werteordnung: Festschrift für Christian Tomuschat, 671, 671 ff.

441 *Schilling*, Deutscher Grundrechtsschutz zwischen staatlicher Souveränität und menschenrechtlicher Europäisierung, S. 101.

hilft dem verurteilten Mitgliedstaat, die richtigen Maßnahmen zu ergreifen.[442] Darüber hinaus steigert sie die Prozessökonomie.[443] Werden die vom EGMR in seinen Entscheidungen angeordneten Maßnahmen innerstaatlich erfüllt, so können gleich gelagerte Fälle gegen diesen Mitgliedstaat verhindert werden. Die Effektivität des Menschenrechtsschutzes steigt. Die Bezeichnung der Wiederaufnahme als angemessenes oder angemessenstes Mittel ist darüber hinaus zu begrüßen, da sie die Wiedergutmachungspflicht und ihre Bedeutung richtigerweise betont. Die Mitgliedstaaten sind vorrangig zur Wiedergutmachung und im Fall eines konventionswidrigen Urteils zur Wiederaufnahme des Verfahrens verpflichtet. Auch die zögerliche und vorsichtige Formulierung sowie die Positionierung der Ausführungen zur Wiederaufnahme sind zu befürworten. Der EGMR weiß um die Einschränkungen, denen seine Urteile unterliegen. Er weiß, dass manche Mitgliedstaaten eine Wiederaufnahme im innerstaatlichen Recht nicht vorsehen, und überlässt es grundsätzlich dem verurteilten Mitgliedstaat, in seinem Ermessen die Mittel zur Wiedergutmachung zu wählen. Damit hält er auch an seinem Grundsatz fest, wonach der verurteilte Mitgliedstaat grundsätzlich in der Wahl der zu ergreifenden Maßnahmen frei ist. Wäre die Formulierung des EGMR als konkrete und verbindliche Anordnung gegenüber den Mitgliedstaaten zu verstehen, dann könnte der EGMR mit der Anordnung eines Wiederaufnahmeverfahrens ein rechtskräftiges innerstaatliches Urteil aufheben. Dem steht aber die Rechtskraft des innerstaatlichen Gerichtsurteils als Ausfluss des Grundsatzes der Rechtssicherheit entgegen. Auch würde er damit die ihm von der Konvention gegebene Kompetenz klar überschreiten und die Souveränität der Staaten (hier der Judikative) verletzen. Ein solches Eingreifen in innerstaatliche Rechtsprechung ist und war von der EMRK nicht vorgesehen. Gerade ein solches Vorgehen haben die Mitgliedstaaten in den Entwurfsverhandlungen zur EMRK abgelehnt.[444] Ferner würde die Anordnung konkreter Maßnahmen das ursprüngliche Feststellungsurteil des EGMR zu einem Gestaltungsurteil wandeln. Daher stellt seine mittelbare Anordnung vielmehr den Charakter einer Empfehlung dar.[445]

---

442 *Schilling*, Deutscher Grundrechtsschutz zwischen staatlicher Souveränität und menschenrechtlicher Europäisierung, S. 131.

443 *Schilling*, Deutscher Grundrechtsschutz zwischen staatlicher Souveränität und menschenrechtlicher Europäisierung, S. 129.

444 Vgl. travaux préparatoires, Bd. IV, 44.

445 *Schilling* beschreibt die Anordnung konkreter Maßnahmen in den Entscheidungsgründen als „informalen Dialog“ zwischen dem EGMR und dem verurteilten

Der Gerichtshof gibt den verurteilten Mitgliedstaaten das Wiederaufnahmeverfahren als konkrete Maßnahme vor, damit die Staaten ihre Pflicht aus Art. 46 Abs. 1 EMRK erfüllen können. Damit bejaht er eine Verpflichtung aus Art. 46 Abs. 1 EMRK und hebt die Pflicht zur Naturalrestitution hervor. Er weiß aber auch um die verfassungs- und völkerrechtlichen Grenzen dieser Verpflichtung und formuliert seine Entscheidungen daher entsprechend vorsichtig. Im Ergebnis bejaht er die Verpflichtung zur Wiederaufnahme des Verfahrens aus Art. 46 Abs. 1 EMR unter Beachtung der verfassungs- und völkerrechtlichen Grenzen sowie der Modifikation aus Art. 41 EMRK.

bb) Kritische Betrachtung der Rechtsprechung des EGMR unter dem Gesichtspunkt der Gewährung einer gerechten Entschädigung nach Art. 41 EMRK neben der Wiederaufnahme des Verfahrens nach Art. 46 Abs. 1 EMRK

Wenn die Wiederaufnahme des Verfahrens als *restitutio in integrum* der Schlüssel zum richtigen Rechtsschutz ist, stellt sich die Frage, wie in diesem Zusammenhang mit dem Entschädigungsanspruch aus Art. 41 EMRK umzugehen ist. Kann eine Entschädigung überhaupt gewährt werden, wenn eine vollständige Wiedergutmachung der Konventionsverletzung in Form der Wiederaufnahme des Verfahrens vorliegt, obwohl Art. 41 EMRK seinem Wortlaut nach eine unvollständige Wiedergutmachung voraussetzt? Daraus folgt die Frage, in welchem Verhältnis die Entschädigung gemäß Art. 41 EMRK und die Wiedergutmachung in Form der Wiederaufnahme gemäß Art. 46 Abs. 1 EMRK stehen. Dazu ist zunächst Art. 41 EMRK näher zu beleuchten. Sodann ist anhand der Rechtsprechung des EGMR zu prüfen, in welchem Verhältnis die Wiederaufnahme des Verfahrens und der Entschädigungsanspruch stehen.

aaa) Die gerechte Entschädigung im Sinne von Art. 41 EMRK

Art. 41 EMRK setzt eine durch den EGMR festgestellte Konventionsverletzung, eine unvollkommene Wiedergutmachung nach innerstaatlichem Recht sowie die Notwendigkeit der gerechten Entschädigung voraus.[446] Ob eine Entschädigung

---

Mitgliedstaat; *Schilling*, Deutscher Grundrechtsschutz zwischen staatlicher Souveränität und menschenrechtlicher Europäisierung, S. 126.

446 In der englischsprachigen Fassung heißt es: „If the Court finds that there has been a violation of the Convention or the protocols thereto, and if the internal law of the High Contracting Party concerned allows only partial reparation to be made, the Court shall, if necessary, afford just satisfaction to the injured party.“.

nach Art. 41 EMRK notwendig ist, entscheidet der EGMR in seinem Ermessen.[447] Anhand der Abwägung aller Umstände des Einzelfalls entscheidet er, ob eine Entschädigung neben der Feststellung der Konventionsverletzung angemessen ist. Er prüft dabei, ob das Ziel, die Wiedergutmachung, bereits mit der Feststellung der Konventionswidrigkeit, erreicht ist. Er kann eine Wiedergutmachung als unvollkommen ansehen und daneben eine Entschädigung zusprechen.[448] Auch kann er allein die Feststellung der Konventionsverletzung als Wiedergutmachung genügen lassen und eine Entschädigungszahlung für nicht erforderlich halten.[449] Genauso kann er nach der Abwägung der gesamten Umstände zu dem Ergebnis kommen, dass trotz unvollkommener Wiedergutmachung keine Entschädigung zugesprochen wird. So hat er beispielsweise auch im Fall *McCann* eine Entschädigung abgelehnt, da die Bewertung der Gesamtumstände zu dem Ergebnis führte, dass eine solche nicht angemessen sei.[450] Im Fall *McCann* ging es um die Verletzung von Art. 2 EMRK aufgrund der Tötung von drei mutmaßlichen IRA-Terroristen bei ihrer Verhaftung. Die Angehörigen der Erschossenen hatten eine Verletzung von Art. 2 EMRK, das Recht auf Leben, geltend gemacht. Der Gerichtshof hatte in seiner Entscheidung eine solche Verletzung festgestellt[451], eine Entschädigung jedoch abgelehnt[452]. Er begründete seine Entscheidung damit, dass er bei seiner Prüfung nicht unberücksichtigt lassen konnte, dass die Getöteten einen Bombenanschlag vorbereitet hatten.[453]

Die Entschädigung nach Art. 41 EMRK ist der Ausgleich aller nachteiligen Folgen, die eine Menschenrechtsverletzung für den Betroffenen hat. Sie kann einen materiellen Schaden (*pecuniary damage*), einen immateriellen Schaden (*non-pecuniary damage*) sowie Verfahrenskosten und Auslagen enthalten.[454] Die einzelnen Schadenspositionen müssen durch den Beschwerdeführer nachgewiesen werden. Die Höhe des Schadens ermittelt der EGMR unter Berücksichtigung

---

447 *Dörr* in: Grote/Marauhn/Dörr, Konkordanz-Kommentar, Kap. 33 Rn. 40.

448 *EGMR*, Urt. v. 8.11.2012, 30804/07, Ziff. 72 – Neziraj. Der Gerichtshof ließ eine Feststellung der Verletzung zur Wiedergutmachung nicht genügen und setzte nach Billigkeit eine Entschädigung für den immateriellen Schaden in Höhe von EUR 1.000,– zuzüglich ggfs. zu berechnender Steuern fest.

449 *EGMR*, Urt. v. 12.5.2005, 46221/99, Ziff. 212 – Öcalan.

450 *EGMR*, Urt. v. 27.9.1995, 18984/91 – McCann u.a.

451 *EGMR*, Urt. v. 27.9.1995, 18984/91, Ziff. 1 des Tenors – McCann u.a.

452 *EGMR*, Urt. v. 27.9.1995, 18984/91, Ziff. 3 des Tenors – McCann u.a.

453 *EGMR*, Urt. v. 27.9.1995, 18984/91, Ziff. 219 – McCann u.a.

454 *Meyer-Ladewig/Brunozzi*, in: Meyer-Ladewig/Nettesheim/v. Raumer, Hk-EMRK, Art. 41 Rn. 7; *Oskierski*, Schadensersatz im Europäischen Recht, S. 57.

der gesamten Einzelfallumstände. Er entscheidet nach billigem Ermessen.[455] Dabei wird das Gewicht der Verletzung betrachtet und ob der Betrag im Verhältnis dazu angemessen ist.[456] Materieller Schaden ist jeder Nachteil, den ein Beschwerdeführer tatsächlich an seinem Vermögen oder an seinen sonstigen rechtlich geschützten Gütern durch die festgestellte Konventionsverletzung erlitten hat. Das können direkte Benachteiligungen am betroffenen Rechtsgut, aber auch Kranken,- oder Pflegekosten bei Körperverletzungen durch Folter oder Kosten für die Herstellung oder Wiederbeschaffung eines zerstörten oder entzogenen Eigentums[457], aber auch Vermögenseinbußen, die durch die Konventionsverletzung verursacht wurden, wie Einkunftseinbußen oder Zinsverluste bei überlangen Verfahren[458], sein. Ausnahmsweise hat der Gerichtshof auch den Verlust von Chancen bei konventionsgerechter Ausgestaltung des Verfahrens als materiellen Schaden anerkannt.[459] Im Fall *König* hat der Gerichtshof den Verlust der realen Möglichkeiten darin gesehen, dass der Beschwerdeführer durch das überlange Verfahren außerstande war, sich beruflich umzuorientieren. Er wusste über die gesamte Dauer des Verfahrens hinweg nicht, ob die Entziehung seiner ärztlichen Approbation und seiner Erlaubnis zum Betrieb einer Privatklinik rechtmäßig war. Der Ausgang des Verfahrens über seine berufliche Zukunft war damit über die lange Verfahrensdauer hinweg ungewiss.[460] Immaterieller Schaden (Nichtvermögensschaden) wird gewährt für psychologische Auswirkungen einer Konventionsverletzung, wie Furcht, Besorgnis oder Frustration.[461] Die Schwere der Konventionsverletzung und das Gewicht des Eingriffs bestimmen

---

455 *Meyer-Ladewig/Brunozzi*, Hk-EMRK, in: Meyer-Ladewig/Nettesheim/v. Raumer, Art. 41 Rn. 21.

456 Die Rechtsprechung des EGMR zeigt, dass die Schwere der Konventionsverletzung ein besonders wichtiges Kriterium ist bei der Bemessung der Entschädigung. Siehe dazu *Frowein* in: Festschrift für Karl Josef Partsch zum 75. Geburtstag, Jekewitz/Klein/Kühe/Petersmann/Wolfrum (Hrsg.), Entschädigung für Verletzungen von Grundrechten, 317, 318 ff.

457 *Peukert*, in: Frowein/Peukert, EMRK, Art. 41 Rn. 8.

458 *Peukert*, in: Frowein/Peukert, EMRK, Art. 41 Rn. 8.

459 Dabei handelt es sich um den Verlust „realer Möglichkeiten" oder „loss of real opportunities"; so *EGMR*, Urt. v. 28.6.2012, 1620/03, Ziff. 23 – Schüth; *EGMR*, Urt. v. 16.11.2004, 42317/98, Ziff. 30 – Hooper; *EGMR*, Urt. v. 1.7.1997, 17820/91, Ziff. 78 – Pammel; *EGMR*, Urt. v. 10.3.1980, 6232/73, Ziff. 19 – König.

460 *EGMR*, Urt. v. 10.3.1980, 6232/73, Ziff. 19 – König.

461 *Meyer-Ladewig/Brunozzi*, in: Meyer-Ladewig/Nettesheim/v. Raumer, Hk-EMRK, Art. 41 Rn. 11.

dabei die Höhe des Schadens.[462] Im Fall *König* hatte der Gerichtshof aufgrund der überlangen Verfahrensdauer und der damit verbundenen Ungewissheit über den Ausgang des Verfahrens ein hohes Maß an dauernder und tiefer Besorgnis als immateriellen Schaden angenommen.[463] Verfahrenskosten und Auslagen meinen Gerichtskosten vor den innerstaatlichen Gerichten und dem EGMR, Anwaltskosten, Reise- und Aufenthaltskosten sowie Übersetzungskosten.[464] Auch die Kosten und Auslagen für Rechtsbehelfsverfahren vor innerstaatlichen Instanzen werden erstattet, soweit sie tatsächlich entstanden sind und notwendig waren und wenn sie die später festgestellte Konventionsverletzung abwenden sollten oder sich dagegen richteten. Darüber hinaus müssen die Kosten der Höhe nach angemessen sein.[465] Auch muss der Schaden durch die festgestellte Konventionsverletzung verursacht worden sein. Bei Verletzungen von Verfahrensgarantien wird das nur vereinzelt festzustellen sein.[466] Der Gerichtshof kann nur hypothetische Szenarien erklären. Er geht grundsätzlich davon aus, dass er über den Ausgang des Verfahrens ohne Konventionsverletzung nicht spekulieren kann.[467]

Im Verfahren muss der Schaden bei seiner Geltendmachung belegt werden, d.h. er muss schriftlich in der Begründetheit der Beschwerde vorgetragen und beziffert werden. Das beinhaltet die Entstehung des Anspruchs und die Kausalität zwischen der Konventionsverletzung und dem Schaden. Ohne diesen substanziierten Vortrag des Beschwerdeführers kann der Gerichtshof eine Entscheidung über die Entschädigung zurückweisen.[468] Nur in Ausnahmefällen untersucht der EGMR von sich aus den Anspruch auf Entschädigung. Solche Ausnahmefälle liegen vor, wenn Gründe des effektiven Menschenrechtsschutzes dazu Anlass geben.[469]

---

462 *Meyer-Ladewig/Brunozzi*, in: Meyer-Ladewig/Nettesheim/v. Raumer, Hk-EMRK, Art. 41 Rn. 11.

463 *EGMR*, Urt. v. 10.3.1980, 6232/73, Ziff. 19 – König; vgl. dazu *Frowein*, Entschädigung für Verletzungen von Grundrechten, in: Jekewitz/Klein/Kühne/Petersmann/Wolfrum (Hrsg.), FS für Karl Josef Partsch, 317, 318 f.

464 *Meyer-Ladewig/Brunozzi*, in: Meyer-Ladewig/Nettesheim/v. Raumer, Hk-EMRK, Art. 41 Rn. 30.

465 *EGMR*, Urt. v. 1.6.2010, 22978/05, Ziff. 196 – Gäfgen.

466 *Peukert*, in Frowein/Peukert, EMRK, Art. 41 Rn. 11; *Meyer-Ladewig/Brunozzi*, in: Meyer-Ladewig/Nettesheim/v. Raumer, Hk-EMRK, Art. 41 Rn. 13.

467 *Peukert*, in Frowein/Peukert, EMRK, Art. 41 Rn. 12 m.w.N.

468 *EGMR*, Urt. v. 1.6.2010, 22987/05, Ziff. 190 f. – Gäfgen; *EGMR*, Urt. v. 26.4.2007, 14635/03, Ziff. 76 – Laudon.

469 So *EGMR*, Urt. v. 12.10.2004, 42066/98 – Bursuc.

bbb) *Die gerechte Entschädigung gemäß Art. 41 EMRK neben der innerstaatlichen Wiedergutmachung gemäß Art. 46 Abs. 1 EMRK*

Art. 46 Abs. 1 EMRK beinhaltet die vorrangige Pflicht der Mitgliedstaaten zur Wiedergutmachung in Form der Naturalrestitution. Ist es dem verurteilten Mitgliedstaat nicht möglich nach seinem innerstaatlichen Recht eine angemessene Wiedergutmachung zu gewähren, so regelt Art. 41 EMRK die Rechtsfolge. Dann kann der EGMR den verletzenden Mitgliedstaat auf Antrag des Beschwerdeführers zur Zahlung einer gerechten Entschädigung verurteilen. Eine gerechte Entschädigung ist dabei einzig für die Schäden zuzusprechen, welche durch eine vom EGMR festgestellte Konventionsverletzung verursacht werden.[470] Die Entscheidung über die Entschädigungszahlung ergeht meist zusammen mit der Feststellung der Konventionsverletzung in einem Leistungsurteil. Der Gerichtshof behält sich jedoch manchmal vor, eine Entscheidung über eine mögliche Entschädigung zu treffen, wenn er die Frage nach der Entschädigung zum Zeitpunkt des Urteils in der Hauptsache nicht für entscheidungsreif hält.[471] Er setzt das Verfahren dann unter den Voraussetzungen von Art. 54 Abs. 1 Verfahrensordnung des Gerichtshofs aus.[472]

Gemäß dem Wortlaut von Art. 41 EMRK kommt eine Entschädigung erst in Betracht, wenn das innerstaatliche Recht keine oder nur eine unvollkommene Wiedergutmachung gestattet („if the internal law of the High Contracting Party concerned allows only partial reparation to be made, (…).“). Es werden demnach zuerst die innerstaatlichen Maßnahmen zur Wiedergutmachung ergriffen, bevor über eine Entschädigung nach Art. 41 EMRK entschieden wird. Dem innerstaatlichen Recht wird damit ein Vorrang gegenüber dem Völkerrecht eingeräumt. Der völkerrechtliche Entschädigungsanspruch ist gegenüber den innerstaatlichen Wiedergutmachungsmaßnahmen subsidiär.[473] Jedoch hat der EGMR einen anderen Weg eingeschlagen und spricht in seinen Entscheidungen eine Entschädigung nach Art. 41 EMRK auch zu, wenn eine innerstaatliche Wiedergutmachung möglich, aber bislang nicht erfolgt ist. Er begründet das damit,

---

470 *EGMR*, Urt. v. 28.6.2012, 1620/03, Ziff. 19 – Schüth; *EGMR*, Urt. v. 12.7.2011, 36498/05, Ziff. 13 – Backlund.

471 So beispielsweise bei *EGMR*, Urt. v. 23.9.2010, 1620/03, Ziff. 81 sowie Tenor Ziff. 3 – Schüth.

472 Genauer dazu siehe *Dannemann*, Schadensersatz bei Verletzung der EMRK, S. 48 ff.

473 *Dörr* in: Grote/Marauhn/Dörr, Konkordanz-Kommentar, Kap. 33 Rn. 13; *Pietrowicz*, Die Umsetzung der zu Art. 6 I EMRK ergangenen Urteile des EGMR in der Russischen Föderation, S. 45.

dass es für den Beschwerdeführer unzumutbar sei, erneut den innerstaatlichen Rechtsweg auszuschöpfen, um eine gerechte Entschädigung zu erlangen. Eine solche Vorgehensweise würde das Verfahren um weitere Jahre verlängern und sei mit dem Grundsatz des effektiven Menschenrechtsschutzes nach der EMRK nicht vereinbar.[474] Im Fall *De Wilde u.a.* hat er es in seiner Entscheidung folgendermaßen formuliert: „In addition, if the victim, after exhausting in vain the domestic remedies before complaining at Strasbourg of a violation of his rights, were obliged to do so a second time before being able to obtain from the Court just satisfaction, the total length of the procedure instituted by the Convention would scarcely be in keeping with the idea of the effective protection of Human Rights. Such a requirement would lead to a situation incompatible with the aim and object of the Convention."[475].

In den Fällen *Scozzari und Giunta*[476], *Maestri*[477], *Assanidze*[478] *u.a.*[479] hat er zudem deutlich gemacht, dass es bei der Feststellung einer Konventionsverletzung nicht nur Aufgabe des verurteilten Mitgliedstaates sei, an den Beschwerdeführer eine gerechte Entschädigung zu zahlen. Er habe auch alle allgemeinen und individuellen Maßnahmen zu ergreifen, um die Konventionsverletzung zu beenden und ihre Folgen zu beseitigen.[480] Damit hat der EGMR die Verpflichtungen aus Art. 46 Abs. 1 EMRK hervorgehoben und den Mitgliedstaaten in

---

474 *EGMR*, Urt. v. 31.10.1995, 14556/89, Ziff. 34, 38 und 40 – Papamichalopolous u.a.; *EGMR*, Urt. v. 10.3.1972, 2832/66, 2835/66, 2899/66, Ziff. 16 – De Wilde u.a.; zum Fall De Wilde u.a.; siehe auch *Traßl*, Die Wiedergutmachung von Menschenrechtsverletzungen im Völkerrecht, S. 19 f.

475 *EGMR*, Urt. v. 10.3.1972, 2832/66; 2835/66; 2899/66, Ziff. 16 – De Wilde u.a.

476 *EGMR*, Urt. v. 13.7.2000, Nr. Nr. 39221/98 und 41963/98 – Scozzari und Giunta.

477 *EGMR*, Urt. v. 17.2.2004, Nr. Nr. 39748/98 – Maestri.

478 *EGMR*, Urt. v. 8.4.2004, Nr. Nr. 71503/01 – Assanidze.

479 *EGMR*, Urt. v. 8.7.2003, Nr. Nr. 15227/03 – Lyons u.a.; *EGMR*, Urt. v. 10.11.2004, Nr. Nr. 56581/00, Ziff. 45 – Sejdovic.

480 *EGMR*, Urt. v. 17.2.2004, Nr. Nr. 39748/98, Ziff. 47 – Maestri. Im Urteil heißt es: „It follows, inter alia, that a judgment in which the Court finds a violation of the Convention or its Protocols imposes on the respondent State a legal obligation not just to pay those concerned the sums awarded by way of just satisfaction, but also to choose, subject to supervision by the Committee of Ministers, the general and/or, if appropriate, individual measures to be adopted in its domestic legal order to put an end to the violation found by the Court and to redress so far as possible the effects." Genauso bei *EGMR*, Urt. v. 13.7.2000, Nr. Nr. 39221/98 und 41963/98, Ziff. 249 – Scozzari und Giunta; vgl. *EGMR*, Urt. v. 8.4.2004, Nr. Nr. 71503/01, Ziff. 198 – Assanidze.

Erinnerung gerufen.[481] Er hat gezeigt, dass die Wiedergutmachung und Entschädigung nebeneinander möglich ist.[482]

Der EGMR bejaht eine Entschädigungszahlung neben einer Wiedergutmachung, unabhängig davon, was der Wortlaut von Art. 41 EMRK ausdrücklich sagt. Damit erweitert er den Umfang von Art. 41 EMRK, indem er aus Gründen des effektiven Menschenrechtsschutzes die Voraussetzung der unvollkommenen innerstaatlichen Wiedergutmachung umgeht. Diese Vorgehensweise des EGMR hat verschiedene Ursachen. Er hält sich nicht streng an den Wortlaut der EMRK, weil es Fallkonstellationen gibt, die aufgrund der Art ihrer Verletzung keine vollkommene Wiedergutmachung erlauben.[483] Dabei handelt es sich zumeist um abgeschlossene Handlungen. Beispielsweise kann bei einem konventionswidrigen Strafurteil mit anschließender Haft keine *restitutio in integrum* bewirkt werden, da ein rechtswidriger Freiheitsentzug nicht rückgängig gemacht werden kann. Dann kann es nur zu einer teilweisen Wiedergutmachung kommen. Ferner ist es seine Aufgabe die EMRK durch seine Rechtsprechung nach dem Effektivitätsgrundsatz auszulegen. Nach Art. 32 Abs. 1 EMRK ist er dazu berufen, die EMRK auszulegen und fortzuentwickeln. Auch muss er dabei die aktuellen Entwicklungen im Sozial- und Wirtschaftsleben berücksichtigen. Bereits das BVerfG hat in seiner *Görgülü*-Entscheidung vom 14. Oktober 2004[484] ausdrücklich auf die „besondere Bedeutung der Entscheidungen des Gerichtshofs“[485] hingewiesen, „weil sich in ihnen der aktuelle Entwicklungsstand der Konvention und ihrer Protokolle widerspiegelt.“[486]. Das kann dann dazu führen, dass die Rechtsprechung des EGMR von dem Wortlaut der Konvention abweicht.

---

481 Die Verpflichtungen aus Art. 46 Abs. 1 EMRK gelten grundsätzlich primär gegenüber dem Entschädigungsanspruch aus Art. 41 EMRK. Art. 41 EMRK soll seinem Wortlaut nach nur eine Ergänzung der Wiedergutmachungspflicht aus Art. 46 Abs. 1 EMRK darstellen, d.h. für den Fall, dass diese nicht gestattet wird, kommt als Kompensation eine gerechte Entschädigung in Betracht. In der Rechtsprechung hatte sich jedoch ein anderes Bild herauskristallisiert, das eine Konventionsverletzung lediglich mittels einer Entschädigungszahlung kompensierte.

482 So *Schilling*, Deutscher Grundrechtsschutz zwischen staatlicher Souveränität und menschenrechtlicher Europäisierung, S. 115. Er folgert daraus: „Es kann daher nicht mehr davon ausgegangen werden, es sei gängige Staatenpraxis, auf innerstaatliche restitutio in integrum zu verzichten.“; vgl. dazu *Rohleder*, Grundrechtsschutz im europäischen Mehrebenen-System, S. 135.

483 *Peukert*, in Frowein/Peukert, EMRK, Art. 41 Rn. 3.

484 *BVerfG*, Beschl. v. 14.10.2004, Az. 2 BvR 1481/04 – Görgülü.

485 *BVerfG*, Beschl. v. 14.10.2004, Az. 2 BvR 1481/04, Ziff. 38 – Görgülü.

486 *BVerfG*, Beschl. v. 14.10.2004, Az. 2 BvR 1481/04, Ziff. 38 – Görgülü.

Für die Vorgehensweise des EGMR spricht zudem, dass der Wortlaut von Art. 41 EMRK nicht ausschließt, dass der Gerichtshof eine Entschädigung zusätzlich aussprechen kann, wenn eine vollkommene Wiedergutmachung nach innerstaatlichem Recht möglich ist und bis zum Zeitpunkt der Entscheidung über die Entschädigung nicht erfolgte.[487] Eine Entscheidung über eine gerechte Entschädigung liegt allein im Ermessen des Gerichtshofs. Er kann entscheiden, ob er nach Abwägung der Umstände des Einzelfalls eine Entschädigung zuspricht.[488]

Zudem gewährt der EGMR nach den obigen Ausführungen eine gerechte Entschädigung, wenn die Wiedergutmachung möglich ist. Das heißt aber nicht, dass sichergestellt ist, dass der Beschwerdeführer tatsächlich eine vollkommene Wiedergutmachung erlangen wird. Es besteht nach der innerstaatlichen Rechtsordnung lediglich die theoretische Möglichkeit der vollkommenen Wiedergutmachung. Diese allein ist jedoch noch kein Garant für den effektiven Menschenrechtsschutz im Sinne der EMRK. Der verurteilte Mitgliedstaat muss die vollkommene Wiedergutmachung auch tatsächlich gewährleisten, um eine *restitutio in integrum* bejahen zu können. Auch aus diesem Grund ist eine Entschädigung des EGMR neben der (möglichen) innerstaatlichen Wiedergutmachung angemessen, wenn die Wiedergutmachung bis zum Zeitpunkt der Entscheidung über eine Entschädigung nicht erfolgt ist. Da bis dahin nicht gewährleistet ist, dass der Beschwerdeführer eine vollkommene Wiedergutmachung nach dem innerstaatlichen Recht erlangt, spricht ihm der EGMR zur Wahrung des effektiven Schutzes seiner Konventionsrechte bereits vor der möglichen Wiedergutmachung eine gerechte Entschädigung zu. Damit wird nach der Rechtsprechung des EGMR eine Entschädigung neben einer Wiedergutmachung gewährt.

ccc) Die gerechte Entschädigung gemäß Art. 41 EMRK neben der innerstaatlichen Wiedergutmachung in Form eines Wiederaufnahmeverfahrens gemäß Art. 46 Abs. 1 EMRK

Grundsätzlich schließt der Wortlaut von Art. 41 EMRK nicht aus, dass eine Entschädigung neben einer Wiedergutmachung erfolgen kann. Das hat auch

---

487 *Peukert* in: Frowein/Peukert, EMRK, Art. 41 Rn. 3; *Meyer-Ladewig/Brunozzi*, in: Meyer-Ladewig/Nettesheim/v. Raumer, Hk-EMRK, Art. 41 Rn. 5.

488 *Dannemann* ist der Ansicht, dass diese opferfreundliche Rechtsprechung des EGMR dazu geführt hat, dass eine mögliche Naturalrestitution durch den verurteilten Mitgliedstaat gegenüber der vom Gerichtshof zugesprochenen Entschädigungszahlung zurücktritt; *Dannemann*, Schadensersatz bei Verletzung der EMRK, S. 205 ff.

der EGMR in seiner Rechtsprechung betont und den Anwendungsbereich von Art. 41 EMRK erweitert. Da das Wiederaufnahmeverfahren eine Unterform der Wiedergutmachung ist, müsste das oben Gesagte auch für das Wiederaufnahmeverfahren gelten. Inwiefern der Gerichtshof in seiner Rechtsprechung eine solche Vorgehensweise auch bei der Wiederaufnahme des Verfahrens angewendet hat und eine Entschädigung neben einem möglichen Wiederaufnahmeverfahren zugesprochen hat, soll anhand der Fälle *Sejdovic* und *Schüth* aufgezeigt werden.

(1) Die Entscheidung Sejdovic

Im Fall *Sejdovic* hat der Gerichtshof eine Entschädigung neben der Wiederaufnahme des Verfahrens abgelehnt. Es fehlte für einen materiellen Schaden an einem Kausalzusammenhang zwischen der Konventionsverletzung und der von dem Beschwerdeführer angegriffenen Inhaftierung. Der immaterielle Schaden war bereits durch die Feststellung der Konventionsverletzung kompensiert.[489] Eine Entschädigungszahlung war daher nicht mehr angemessen. Der Gerichtshof erklärte, dass der verurteilte Mitgliedstaat gemäß Art. 46 Abs. 1 EMRK nicht nur dazu verpflichtet sei, dem Beschwerdeführer eine gerechte Entschädigung zu zahlen. Er habe auch allgemeine oder/und individuelle Maßnahmen in seiner innerstaatlichen Rechtsordnung zu treffen, um die vom Gerichtshof festgestellte Verletzung abzustellen, und um die aus der Verletzung resultierenden Folgen soweit möglich wiedergutzumachen[490]. Er betonte, dass er sehr großen Wert darauf lege, dass sich die Mitgliedstaaten nicht ihren primären Pflichten aus Art. 46 Abs. 1 EMRK entziehen. Er wies darauf hin, dass sie den Beschwerdeführer nicht nur zu entschädigen, sondern auch („but also") Maßnahmen zur Wiedergutmachung zu treffen haben. Er verneinte eine Entschädigung, weil er gemäß Ziffer 4 des Tenors i.V.m. Ziffer 55 des Urteils eine vollkommene Wiedergutmachung in der Wiederaufnahme des Verfahrens sah und eine Entschädigung daher nicht für erforderlich hielt. Damit machte er deutlich, dass er keine Entschädigung ausspricht, wenn eine Wiederaufnahme des Verfahrens erfolgt. Die Verletzung ist dann bereits durch die Wiederaufnahme kompensiert und es bedarf keines weiteren Ausgleichs. Er betonte damit vor allem, dass die Wiedergutmachung die primäre Verpflichtung der Mitgliedstaaten ist. Die Mitgliedstaaten haben kein Wahlrecht zwischen den Wiedergutmachungsmaßnahmen und der Entschädigungszahlung. Die Konventionsverletzung ist nicht durch eine Entschädigungszahlung ausgeglichen. Eine Entschädigung wird der Verpflichtung

---

489 *EGMR*, Urt. v. 10.11.2004, 56581/00, Ziff. 53 f. – Sejdovic

490 *EGMR*, Urt. v. 10.11.2004, 56581/00, Ziff. 45 – Sejdovic.

der Mitgliedsstaaten aus Art. 46 Abs. 1 EMRK nicht gerecht. Diese gilt vorrangig gegenüber der Entschädigungszahlung und ist das primäre Ziel der Staaten zur Erfüllung ihrer Pflicht aus Art. 46 Abs. 1 EMRK.

(2) Die Entscheidung Schüth

Im Fall *Schüth* stellte der EGMR in seinem ersten Urteil[491] eine Verletzung von Art. 8 EMRK, das Recht auf Achtung des Privat- und Familienlebens, fest. Einen Ausspruch über eine Entschädigung nach Art. 41 EMRK erklärte er zum damaligen Zeitpunkt für nicht spruchreif.[492] Erst zwei Jahre später sprach der Gerichtshof dem Beschwerdeführer eine Entschädigung in Höhe von EUR 40.000,- zu.[493] Er begründete die Gewährung einer gerechten Entschädigung mit der Verletzung von Art. 8 EMRK. Er nahm einen Schaden in Form eines Verlustes von Chancen und einen immateriellen Schaden an, den die Feststellung der Konventionsverletzung alleine nicht kompensieren könne.[494] Zuvor hatte der Beschwerdeführer jedoch erfolglos versucht, eine Restitutionsklage vor dem LAG Düsseldorf zu erreichen. Diese wurde mangels Zulässigkeit abgewiesen und daraufhin dem BAG zur Entscheidung vorgelegt. Das LAG erklärte, dass § 580 Nr. 8 ZPO zwar die Wiederaufnahme eines Verfahrens nach einer festgestellten Konventionsverletzung durch den EGMR vorsah, jedoch lediglich für Verfahren gelte, die nach dem 31. Dezember 2006 abgeschlossen worden sind (§ 35 EGZPO). Das Verfahren des Beschwerdeführers war bereits 2000 abgeschlossen worden und fiel damit nicht in den Anwendungsbereich der Norm. Aus diesem Grund trat der Beschwerdeführer erneut an den EGMR heran und beantragte eine Entschädigung gemäß Art. 41 EMRK. Er führte dabei aus, dass ihm nach dem innerstaatlichen Recht kein Mittel zur Verfügung stehe, das eine Wiedergutmachung der Konventionsverletzung ermögliche. § 580 Nr. 8 sei aufgrund von § 35 EGZPO nicht auf seinen Fall anwendbar. Auch könne nicht von ihm verlangt werden, ein neues Verfahren einzuleiten, um eine Entschädigung zu erlangen.[495]

Der Gerichtshof erklärte in seiner Entscheidung, dass die Wiederaufnahme des Verfahrens im vorliegenden Fall ein angemessenes Mittel darstelle, um der festgestellten Verletzung abzuhelfen.[496] Jedoch <u>dürfte</u>[497] die in § 580 Nr. 8 ZPO vorgesehene

---

491 *EGMR*, Urt. v. 23.9.2010, 1620/03 – Schüth.
492 *EGMR*, Urt. v. 23.9.2010, 1620/03, Ziff. 81 sowie Ziff. 3 des Tenors – Schüth.
493 *EGMR*, Urt. v. 28.6.2012, 1620/03, Ziff. 1 lit. a) des Tenors – Schüth.
494 *EGMR*, Urt. v. 28.6.2012, 1620/03, Ziff. 23 – Schüth.
495 *EGMR*, Urt. v. 28.6.2012, 1620/03, Ziff. 9 – Schüth.
496 *EGMR*, Urt. v. 28.6.2012, 1620/03, Ziff. 17 – Schüth.
497 Hervorhebung erfolgte durch Verfasserin.

Wiederaufnahmemöglichkeit aufgrund der in § 35 EGZPO angegebenen Fristen auf den vorliegenden Fall nicht anwendbar und daher nicht mehr möglich sein.[498] Er erklärte in diesem Zusammenhang, dass die Frist aus § 586 Abs. 2 S. 2 ZPO auf § 580 Nr. 8 ZPO keine Anwendung finde, überließ eine Entscheidung darüber aber den innerstaatlichen Gerichten. Er verurteilte Deutschland daher zur Zahlung einer Entschädigung noch bevor die Frage nach der Anwendbarkeit der Frist aus Art. 586 Abs. 1 S. 2 ZPO und damit die Frage nach einer vollkommenen Wiedergutmachung durch das BAG geklärt werden konnte.[499] Er wollte das Verfahren über die Entschädigung nicht weiter aussetzen und keine innerstaatliche Entscheidung abwarten. Er begründete das mit der, nach seiner Ansicht, fehlerhaften Anwendung von § 586 Abs. 2 S. 2 ZPO und mit der bereits langen Dauer des Verfahrens.[500]

Im Fall *Schüth* hat der EGMR eine Entscheidung über eine Entschädigung zunächst abgelehnt und bis zu ihrer Spruchreife ausgesetzt. Er hat eine Entschädigung erst zugesprochen, als er erkannt hat, dass es innerstaatlich nach der gegenwärtigen geltenden Gesetzeslage für den Beschwerdeführer keine Möglichkeit der Wiederaufnahme des Verfahrens geben dürfte. Das zeigt: Als er eine Wiederaufnahme und damit die vollkommene Wiedergutmachung für möglich hielt, hat er keine Entschädigung zugesprochen, obwohl er das nach dem unter Ziffer bbb) Gesagten hätte tun können. Erst als er zu dem Ergebnis kam, dass eine Wiederaufnahme nach dem geltenden innerstaatlichen Recht nicht möglich sein dürfte, hat er eine Entschädigung gewährt. Er hat sie, wie schon bei *De*

498 *EGMR*, Urt. v. 28.6.2012, 1620/03, Ziff. 18 - Schüth.

499 Am 26.11.2012 entschied das BAG in der Sache (Nr. Nr. 2 AvR 570/11) und schloss sich der Auffassung des LAG Düsseldorf an. Es lehnte eine Wiederaufnahme vor den innerstaatlichen Gerichten mit der Begründung ab, der Wiederaufnahmegrund gemäß § 35 EGZPO sei nicht auf Verfahren, die vor dem 31.12.2006 rechtskräftig abgeschlossen wurden, anwendbar. So blieb dem Beschwerdeführer (bislang) zumindest die Entschädigung des EGMR in Höhe von EUR 40.000,–. Der Beschwerdeführer hatte auf innerstaatlicher Ebene jedoch noch nicht aufgegeben. Er klagte vor dem Arbeitsgericht Essen und dem LAG Düsseldorf auf Wiedereinstellung rückwirkend zum Tag des EGMR-Urteils vom 23.9.2010, hilfsweise ab Zustellung seiner Klage. Beide Gerichte lehnte seine Forderung ab mit der Begründung, die Feststellung durch den EGMR verschaffe ihm nicht automatisch einen Wiedereinstellungsanspruch. Dieser sei vielmehr von einer umfassenden Interessenabwägung abhängig, die hier zu seinem Nachteil ausfalle (LAG Düsseldorf, Urt. v. 5.6.2014, Az. 11 Sa 1484/13). Das LAG hat die Revision zugelassen.

500 In diesem Zusammenhang stellte er fest, dass die Frist aus § 586 Abs. 2 S. 2 ZPO nach Abs. 4 auf § 580 Nr. Nr. 8 ZPO keine Anwendung findet.

Wilde[501], aus Gründen des effektiven Menschenrechtsschutzes dem Beschwerdeführer zugesprochen.

(3) Zwischenergebnis zu ccc)

Der Gerichtshof hat die Mitgliedstaaten in beiden Fällen zu keiner Entschädigungszahlung neben der Wiederaufnahme des Verfahrens verurteilt, weil er die Naturalrestitution als primäres Ziel der Mitgliedstaaten ansieht. Da die Wiederaufnahme des Verfahrens als vollkommene Wiedergutmachung dieses Ziel erreicht, bedarf es keiner weiteren Entschädigung. Im Fall *Sejdovic* hat er eine Entschädigung unterlassen, weil eine Wiederaufnahme des Verfahrens innerstaatlich möglich war. Im Fall *Schüth* hat er eine Entschädigung erst ausgesprochen, als er davon ausgehen musste, dass es keine innerstaatliche Wiederaufnahme und damit keine Wiedergutmachung geben durfte.

Es ist zu begrüßen, dass der Gerichtshof dem Beschwerdeführer für den Fall, dass eine Wiederaufnahme des Verfahrens möglich ist, keine Entschädigung zuspricht. Denn die Naturalrestitution ist die primäre Pflicht der verurteilten Mitgliedstaaten. Sie müssen zunächst die innerstaatlichen Möglichkeiten prüfen und alles Mögliche unternehmen, um diesen Grundsatz zu erfüllen. Vor allem der Fall *Schüth* zeigt, dass der EGMR die Pflicht zur Naturalrestitution an oberste Stelle stellt. Hier war nach dem innerstaatlichen Recht eine Wiederaufnahme des Verfahrens und vollständige Wiedergutmachung möglich, bis zum Zeitpunkt der Entscheidung aber nicht erfolgt. Nach der oben beschriebenen Erweiterung des Wortlauts von Art. 41 EMRK hätte der EGMR eine Entschädigung zusprechen können. Er hat es jedoch unterlassen. Erst als ihn der Beschwerdeführer erneut angerufen hat, weil er im innerstaatlichen Recht mit seinem Wiederaufnahmebegehren gescheitert war, hat der EGMR Deutschland zu einer Entschädigungszahlung verurteilt. Die von ihm geforderte *restitutio in integrum* konnte innerstaatlich nicht erreicht werden, sodass dann die Voraussetzungen von Art. 41 EMRK, als sekundäre Pflicht, gegeben waren und eine gerechte Entschädigung zugesprochen wurde.

ddd) Zwischenergebnis zu bb)

Grundsätzlich kann der EGMR in seinem Ermessen und nach Abwägung der gesamten Umstände des Einzelfalls nach Billigkeit darüber entscheiden, ob er dem Beschwerdeführer eine Entschädigung zusprechen möchte. Er kann

501 *EGMR*, Urt. v. 10.3.1972, 2832/66; 2835/66; 2899/66, Ziff. 16 – De Wilde u.a.

entscheiden, ob er diese gleich im Anschluss an das Feststellungsurteil oder erst später aussprechen will, wenn die Frage nach der Entschädigung spruchreif ist. Er richtet sich danach, ob die Konventionsverletzung angemessen kompensiert ist.

Der Gerichtshof hat in zahlreichen Fällen eine Entschädigungszahlung neben einer Wiedergutmachung gewährt, unabhängig davon, ob die Wiedergutmachung vollkommen oder unvollkommen war. Er hat dafür den Anwendungsbereich von Art. 41 EMRK im Sinne des effektiven Menschenrechtsschutzes erweitert, indem er das Erfordernis „and if the internal law of the High Contracting Party concerned allows only partial reparation to be made" umging. Das führte zu zahlreichen Verurteilungen zu einer Entschädigungszahlung und ließ die Feststellungsurteile und ihre Wirkungen in den Hintergrund treten. Im Anschluss musste der Gerichtshof die Mitgliedstaaten in zahlreichen Entscheidungen daran erinnern, dass sie auch und vor allem ihre Wiedergutmachungspflicht zu erfüllen haben.

In den Fällen des Wiederaufnahmeverfahrens ist er von dieser Rechtsprechung abgewichen. Er verurteilte den Mitgliedstaat erst zu einer Entschädigung, als er von keiner Wiederaufnahme des Verfahrens ausgehen konnte. Er hat sich in diesen Fällen an den Wortlaut von Art. 41 EMRK gehalten und eine Entschädigung zugesprochen, wenn das innerstaatliche Recht keine oder nur eine unvollkommene Wiedergutmachung vorsah. Damit hat er den Vorrang der Naturalrestitution und die Pflicht zur Wiedergutmachung aus Art. 46 Abs. 1 EMRK hervorgehoben. Auch hat er damit klargestellt, was die Aufgabe von Art. 41 EMRK ist. Dieser kommt nur zur Anwendung, wenn das Recht des verurteilten Mitgliedstaates keine vollkommene Wiedergutmachung gestattet. Art. 41 EMRK kann die Verpflichtung aus Art. 46 Abs. 1 EMRK nicht ersetzen.

Diese Vorgehensweise ist zu begrüßen. Denn die erst genannte Rechtsprechung birgt die Gefahr, dass die Mitgliedstaaten eine Entschädigung der Wiedergutmachung in Form der Wiederaufnahme vorziehen. Dabei ist das vorrangige Ziel des EGMR die Wahrung der Konvention. Das beinhaltet, Verletzungen festzustellen und beseitigen zu lassen. Das Ziel beinhaltet nicht eine Entschädigung zuzusprechen und erst recht nicht, die Menschenrechtsverletzung damit für erledigt zu erklären. Denn ohne eine Form der Wiedergutmachung bleibt die Verletzung weiterhin bestehen. Es bleibt der konventionswidrige Zustand erhalten. Das ist nicht im Interesse eines effektiven Menschenrechtsschutzes. Die Mitgliedstaaten haben zunächst zu prüfen, ob und inwieweit eine Wiedergutmachung nach dem innerstaatlichen Recht möglich ist. Erst wenn diese nicht möglich ist, kommt eine Entschädigung nach Art. 41 EMRK in Betracht.

cc) Zwischenergebnis zu b)

Die Verpflichtung der Mitgliedstaaten zur Wiederaufnahme des Verfahrens folgt aus Art. 46 Abs. 1 EMRK. Sie unterliegt aber völkerrechtlichen und verfassungsrechtlichen Grenzen. Die Rechtsprechung des EGMR bestätigt diese Verpflichtung sowie die bestehenden Grenzen. Der EGMR gibt den Mitgliedstaaten in seinen Urteilen die Wiederaufnahme des Verfahrens als angemessenstes Mittel vor, damit diese ihre Pflicht aus Art. 46 Abs. 1 EMRK erfüllen können. Damit bejaht er eine Verpflichtung zur Wiederaufnahme des Verfahrens aus Art. 46 Abs. 1 EMRK und hebt die Pflicht zur Naturalrestitution hervor. Aufgrund der bestehenden Grenzen formuliert der Gerichtshof seine Urteile daher sehr vorsichtig und allgemein. Seine Anordnung ist aufgrund der Positionierung seiner Ausführungen zur Wiederaufnahme des Verfahrens im Urteil sowie aufgrund seines vorsichtigen Wortlauts unverbindlich. Zudem knüpft er an die Verpflichtung Bedingungen. So liegt diese unter anderem vor, wenn das innerstaatliche Recht eine Wiederaufnahme des Verfahrens vorsieht. Eine Verpflichtung zur Wiederaufnahme besteht demnach, wenn der deutsche Gesetzgeber eine solche Regelung unter Wahrung der völkerrechtlichen und verfassungsrechtlichen Grundsätze in seinen innerstaatlichen Prozessordnungen vorgesehen hat. Darüber hinaus spricht der EGMR dem verurteilten Mitgliedstaat keine gerechte Entschädigung im Sinne von Art. 41 EMRK zu, wenn er das Wiederaufnahmeverfahren als angemessenes oder angemessenstes Mittel zur Wiedergutmachung benennt und wenn die Wiederaufnahme des Verfahrens innerstaatlich möglich ist. Die Wiederaufnahme des Verfahrens stellt die vollkommene Wiedergutmachung im Sinne von Art. 46 Abs. 1 EMRK dar. Liegt diese vor, so sind die Voraussetzungen von Art. 41 EMRK nicht gegeben.

c) Die Verpflichtung zur Wiederaufnahme des Verfahrens aus den Empfehlungen des Ministerkomitees

Neben der Prüfung der Verpflichtung zur Wiederaufnahme des Verfahrens aus der EMRK und den einzelnen Urteilen des EGMR ist zu prüfen, ob eine solche Verpflichtung auch aus den Empfehlungen des Ministerkomitees resultiert. Das Ministerkomitee hat in der Vergangenheit bereits mehrfach davon Gebrauch gemacht, die Mitgliedstaaten in Empfehlungen dazu aufzufordern, in ihren innerstaatlichen Rechtsordnungen eine Möglichkeit der Wiederaufnahme eines rechtskräftig abgeschlossenen Verfahrens aufgrund eines entgegenstehenden Urteils des EGMR zu schaffen. So ist das in der Empfehlung Nr. (2000)2 des

Ministerkomitees vom 19. Januar 2000 geschehen.[502] In der Empfehlung (2000)2 vom 19. Januar 2000 wurden die Mitgliedstaaten auf ihre Verpflichtungen aus Art. 46 Abs. 1 EMRK, vor allem auf ihre Verpflichtung zur *restitutio in integrum*, hingewiesen.[503] Sie wurden aufgefordert, „sicherzustellen, dass geeignete Möglichkeiten für die Überprüfung einer Sache, einschließlich der Wiederaufnahme eines Verfahren in den Fällen bestehen, in denen der Gerichtshof eine Verletzung der Konvention festgestellt hat, (...).“[504]. Das Ministerkomitee rief die Mitgliedstaaten auf, die Wiederaufnahme des Verfahrens in ihren innerstaatlichen Rechtsordnungen zu schaffen. Die Wiederaufnahme habe sich in bestimmten Fällen als „das wirksamste, wenn nicht sogar als das einzige Mittel zur Verwirklichung der restitutio in integrum“ erwiesen.[505]

Obwohl das Gewicht der Empfehlungen des Ministerkomitees – mangels einer gesetzlichen Regelung zu ihrer Wirkungskraft – eher gering ist[506] und Ihnen lediglich eine maßgebliche Wirkung zugeschrieben wird[507], fanden die oben genannten Empfehlungen in Deutschland Gehör. Ihnen wird zumeist ein politisches Druckpotential zugeschrieben. Das politische Druckpotential bietet jedoch keine Grundlage für eine Verpflichtung der Mitgliedstaaten zur Wiederaufnahme des Verfahrens im innerstaatlichen Recht. Die Empfehlungen unterstützen die Verpflichtung aus Art. 46 Abs. 1 EMRK. Sie bieten aber selbst keine ausreichende Grundlage. Eine Verpflichtung zur Wiederaufnahme des Verfahrens folgt daher nicht aus den Empfehlungen des Ministerkomitees.

d) Die Verpflichtung zur Wiederaufnahme des Verfahrens aus dem deutschen Verfassungsrecht

Eine Verpflichtung zur Wiederaufnahme von innerstaatlichen Verfahren könnte sich – neben der Verpflichtung aus der EMRK und der Rechtsprechung des EGMR – aus dem deutschen Verfassungsrecht ergeben. Eventuell folgt sie auch aus dem Zusammenwirken des deutschen Rechts und der EMRK. Bei der Beantwortung der Frage, ob eine Verpflichtung zur Wiederaufnahme des Verfahrens besteht, gibt es auf der innerstaatlichen Ebene mehrere Ansatzpunkte.

---

502 Dieses Dokument ist einsehbar unter www.coe.int oder in EuGRZ 2004, 808 f.

503 Empfehlung des Ministerkomitees Rec(2000)2 vom 19.1.2000, Ziff. I.

504 Empfehlung des Ministerkomitees Rec (2000)2 vom 19.1.2000.

505 Empfehlung des Ministerkomitees Rec (2000)2 vom 19.1.2000.

506 Siehe dazu bereits die Ausführungen im 2. Teil unter Ziffer III. 4.

507 Siehe dazu bereits die Ausführungen im 2. Teil unter Ziffer III. 4.

aa) *Die Verpflichtung zur Wiederaufnahme des Verfahrens aus dem Grundsatz der Völkerrechtsfreundlichkeit*

Einer dieser Punkte ist der in Deutschland geltende Grundsatz der Völkerrechtsfreundlichkeit. Danach ist das deutsche Recht soweit wie möglich in Übereinstimmung mit dem Völkerrecht zu bringen.[508] Dem liegt die Vermutung zugrunde, dass der deutsche Gesetzgeber nicht gegen völkerrechtliche Verpflichtungen verstoßen will.[509] Der Grundsatz der Völkerrechtsfreundlichkeit veranschaulicht die Offenheit des Grundgesetzes gegenüber internationalem Recht.[510] Er ergibt sich aus mehreren Bestimmungen des Grundgesetzes, wie der Präambel, Art. 1 Abs. 2 GG, Art. 9 Abs. 2 GG, Art. 24 Abs. 1 GG sowie Art. 25 GG und ist zwingend geboten.[511]

Der Grundsatz der Völkerrechtsfreundlichkeit beinhaltet auch, dass der Staat die vorhandenen innerstaatlichen Regelungen so auszulegen hat, dass sie mit dem Völkerrecht in Einklang stehen.[512] Eine solche Auslegung ist aber nur möglich, wenn eine völkerrechtliche Verpflichtung des Staates zu einem konkreten Handeln existiert.[513] Um diese Pflicht zu erfüllen, muss der betroffene Staat seine vorhandenen Regelungen im Sinne des Völkerrechts und damit völkerrechtsfreundlich auslegen. Bei der Wiederaufnahme des Verfahrens sind die innerstaatlichen Verfahrensnormen im Sinne der Völkerrechtsfreundlichkeit so auszulegen, dass sie die Aufhebung eines konventionswidrigen Gerichtsurteils ermöglichen. Unter Umständen ist dies durch analoge Gesetzesanwendung zu erreichen. Stellt der EGMR in seinem Urteil fest, dass ein innerstaatliches Urteil

---

508 *Herdegen*, Völkerrecht, § 22 Rn. 8 ff.; *Tomuschat*, in: Kirchof/Isensee (Hrsg.), HdBStR VII, 1992, § 172 Rn. 8.

509 *BVerfG*, Beschl. v. 26.3.1987, Az. 2 BvR 589/79, 740/81 und 284/85, Ziff. 35; so auch *Sachs*, Zur Bedeutung der Menschenrechtsgarantien der EMRK für das deutsche (Verfassungs-)Recht, in: Breuer/Epiney/Haratsch/Schmahl/Weiß (Hrsg.), Der Staat im Recht: FS für Eckart Klein zum 70. Geburtstag, 312, 326.

510 *Herdegen*, Völkerrecht, § 22 Rn. 8; *Kunig/Uerpmann-Wittzack*, in: Vitzthum/Proeßl, Völkerrecht, 2. Abschnitt, Rn. 18 m.w.N.

511 *Tomuschat*, in: Kirchof/Isensee (Hrsg.), HdBStR VII, 1992, § 172 Rn. 27; siehe zum Grundsatz der Völkerrechtsfreundlichkeit *Bleckmann*, Die Völkerrechtsfreundlichkeit der deutschen Rechtsordnung, DÖV 1979, 309, 310 ff.

512 *Tomuschat*, in: Kirchof/Isensee (Hrsg.), HdBStR VII, 1992, § 172 Rn. 26, 27; allgemein auch *Schlosser*, Das völkerrechtswidrige Urteil nach deutschem Prozessrecht, ZZP (79) 1966, 164, 184 f.; anderer Auffassung *Pache/Bielitz*, Verwaltungsprozessuale Wiederaufnahmepflicht kraft Völker- oder Gemeinschaftsrechts?, DVBl 2006, 325, 328.

513 *Tomuschat*, in: Kirchhof/Isensee (Hrsg.), HdBStR VII, 1992, § 172 Rn. 8.

konventionswidrig ist, so ist ein „Nichtstun" durch den verurteilten Mitgliedstaat „völkerrechtsunfreundlich".

Wie oben bereits im 2. Teil unter Ziffer III. 1. und im 3. Teil unter Ziffer II. 1 lit. a) und b) erläutert, besteht auf völkerrechtlicher Ebene die Pflicht der verurteilten Mitgliedstaaten zur Umsetzung der Urteile des EGMR im innerstaatlichen Recht. Gemäß dem Grundsatz der Naturalrestitution haben die Mitgliedstaaten Wiedergutmachung der Konventionsverletzung zu leisten. Hat der EGMR eine Verletzung festgestellt und beruht das innerstaatliche Urteil darauf, so ist die Wiedergutmachung in Form der Wiederaufnahme des Verfahrens möglich. Aus der EMRK folgt eine Pflicht zur Wiederaufnahme von innerstaatlichen Verfahren aus Art. 46 Abs. 1 EMRK innerhalb der Grenzen des Völkerrechts und der Möglichkeiten des innerstaatlichen Rechts. Diese Pflicht ist angelehnt an den völkerrechtlichen Grundsatz der Naturalrestitution. Danach hat der schädigende Staat alles Mögliche zu unternehmen, um die Verletzung und ihre Folgen zu beseitigen. Folglich ist der Grundsatz der Völkerrechtsfreundlichkeit auf die Verpflichtung zur Wiederaufnahme des Verfahrens anwendbar. Daher ergibt sich eine Verpflichtung zur Wiedergutmachung im innerstaatlichen Recht aus einem Zusammenspiel aus der völkerrechtlichen Verpflichtung zur Wiedergutmachung und dem innerstaatlichen Grundsatz der Völkerrechtsfreundlichkeit.[514] Dass der deutsche Gesetzgeber jahrelang keine Möglichkeit der Wiederaufnahme vorgesehen hat, war nicht mit dem Grundsatz der Völkerrechtsfreundlichkeit zu vereinbaren.[515]

bb) Die Verpflichtung zur Wiederaufnahme des Verfahrens aus Art. 25 GG

Unabhängig vom Grundsatz der Völkerrechtsfreundlichkeit der deutschen Rechtsordnung könnte sich im deutschen Recht auch aus Art. 25 GG eine generelle Pflicht zur Naturalrestitution und damit die Verpflichtung zur Wiederaufnahme des Verfahrens ergeben. Art. 25 GG transformiert die allgemeinen Regeln des Völkerrechts in das Bundesrecht und verschafft ihnen somit innerstaatliche Geltung.[516] Er ist die zentrale Einbeziehungsnorm für das Völkerrecht in das

---

514 *Pache/Bielitz* verneinen eine solche Verpflichtung und daher auch eine Verpflichtung aus dem Grundsatz der Völkerrechtsfreundlichkeit; *Pache/Bielitz*, Verwaltungsprozessuale Wiederaufnahmepflicht kraft Völker- oder Gemeinschaftsrechts?, DVBl 2006, 325, 328.

515 *Tomuschat*, in: Kirchhof/Isensee (Hrsg.), HdBStR VII, 1992, § 172 Rn. 26.

516 *Herdegen*, Völkerrecht, § 22 Rn. 9.

innerstaatliche Recht.[517] Die allgemeinen Regeln des Völkerrechts im Sinne von Art. 25 GG meinen das völkerrechtliche Gewohnheitsrecht sowie die allgemeinen Rechtsgrundsätze des Völkerrechts im Sinne von Art. 38 Abs. 1 lit. c) IGH-Statut.[518] Sie werden gemäß Art. 25 S. 1 GG zum Bestandteil des Bundesrechts und gehen gemäß Art. 25 S. 2 GG den einfachen Bundesgesetzen vor, stehen aber unterhalb der Normen des Grundgesetzes.[519] Die allgemeinen Regeln des Völkerrechts erfassen nicht die völkerrechtlichen Verträge als solche.[520] Diese werden durch die Spezialregelung in Art. 59 Abs. 2 GG Bestandteil des innerstaatlichen Rechts.[521]

Um eine Verpflichtung zur Wiederaufnahme des Verfahrens aus Art. 25 GG zu begründen, muss der völkerrechtliche Grundsatz der Naturalrestitution eine allgemeine Regel des Völkerrechts im Sinne von Art. 25 GG darstellen. Das völkerrechtliche Deliktsrecht beinhaltet den Grundsatz, dass das für eine Völkerrechtsverletzung verantwortliche Völkerrechtssubjekt im Rahmen des Möglichen die Folgen dieser völkerrechtswidrigen Handlung zu beseitigen und den

---

517 *Steinberger*, in: Kirchof/Isensee (Hrsg.), HdBStR VII, 1992, § 173 Rn. 5; *Herdegen*, Völkerrecht, § 22 Rn. 12.

518 *Wollenschläger*, in: Dreier, GG-Kommentar, Bd. II, Art. 25 Rn. 17 ff.; *Tomuschat*, in: BK-GG, Art. 25 Rn. 13; *Steinberger*, in: Kirchof/Isensee (Hrsg.), HdBStR VII, 1992, § 173 Rn. 8; *Herdegen*, in: Maunz/Düring, GG-Kommentar, Art. 25 Rn. 35, 42; *Herdegen*, Völkerrecht, § 22 Rn. 12; dazu ausführlich *Papadimitriu*, Die Stellung der allgemeinen Regeln des Völkerrechts im innerstaatlichen Recht, S. 69 ff. sowie S. 75 ff., 84.

519 *BVerfG*, Urt. v. 26.3.1957, Az. 2 BvG 1/55, Ziff. 224; *Tomuschat*, in: Kirchhof/Isensee (Hrsg.), HBdStR VII, 1992, § 172 Rn. 15; *Herdegen*, Völkerrecht, § 22 Rn. 13; *Kunig/Uerpmann-Wittzack*, in: Vitzthum/Proeßl, Völkerrecht, 2. Abschnitt, Rn. 135; *Papadimitriu*, Die Stellung der allgemeinen Regeln des Völkerrechts im innerstaatlichen Recht, S. 90 mit weiteren Nachweisen für den Streit über den Rang der allgemeinen Regeln des Völkerrechts; a.A. und den (Über-)Verfassungsrang bejahend *Bleckmann*, Der Grundsatz der Völkerrechtsfreundlichkeit der deutschen Rechtsordnung, DÖV 1996, 137, 141.

520 *Steinberger*, in: Kirchhof/Isensee (Hrsg.), HdBStR VII, 1992, § 173 Rn. 9, 30; *Kunig/Uerpmann-Witzzack*, in: Vitzthum/Proeßl, Völkerrecht, 2. Abschnitt, Rn. 137; *Papadimitriu*, Die Stellung der allgemeinen Regeln des Völkerrechts im innerstaatlichen Recht, S. 79.

521 *Steinberger*, in: Kirchof/Isensee (Hrsg.), HdBStR VII, 1992, § 173 Rn. 9; *Kunig/Uerpmann-Wittzack*, in: Vitzthum/Proeßl, Völkerrecht, 2. Abschnitt, Rn. 137.

ohne sie bestehenden Zustand wiederherzustellen hat.[522] Dieser Grundsatz der Naturalrestitution gilt als allgemeine Regel des Völkerrechts[523] und damit auch als solche gemäß Art. 25 GG. Die Regel ist dahin gehend zu verstehen, dass auch für völkerrechtswidrige Gerichtsurteile unabhängig von den Vorschriften des innerstaatlichen Rechts grundsätzlich eine Wiedergutmachung zu leisten ist.[524] Die Regel gilt gemäß Art. 25 GG als Bestandteil des Bundesrechts und als den Bundesgesetzen vorgehende Vorschrift des innerstaatlichen Rechts.[525] Danach könnte eine Verpflichtung zur Wiederaufnahme des Verfahrens auch aus der deutschen Rechtsordnung folgen.

Dem steht jedoch die Wirkungsweise der Regelung über die Gewährung der Naturalrestitution als Regel des allgemeinen Völkerrechts und als Regel eines völkerrechtlichen Vertrages entgegen. Die Verpflichtung zur Wiederaufnahme des Verfahrens resultiert aus dem Grundsatz der Naturalrestitution. Dieser Grundsatz ist sowohl Bestandteil der allgemeinen Regeln des Völkerrechts als auch der EMRK als völkerrechtlicher Vertrag. Damit ist der Grundsatz sowohl völkergewohnheitsrechtlich als auch völkervertragsrechtlich geregelt. Enthalten völkerrechtliche Verträge Regelungen des allgemeinen Völkergewohnheitsrechts, so handelt es sich um materiell-rechtliche Bestimmungen eines Vertrages, die allgemeinen Charakter haben.[526] Es stellt sich die Frage, ob diese Regelungen den allgemeinen Regelungen des Völkerrechts oder dem Völkerrechtsvertrag zuzurechnen sind. Wie oben stehend bereits erläutert, fallen Völkerrechtsverträge nicht unter den Anwendungsbereich von Art. 25 GG. Sie werden durch das Zustimmungsgesetz im Sinne von Art. 59 Abs. 2 GG Bestandteil der deutschen

---

522 vgl. dazu *IGH*, Urt. v. 13.9.1928, PCIJ, Series A No. 17, S. 47 – Chorzów Factory; *Verdross/Simma*, Universelles Völkerrecht, § 1294 ff. m.w.N.; *Polakiewicz*, Die Verpflichtungen der Staaten aus den Urteilen des EGMR, S. 51 ff.

523 Siehe dazu *Pache/Bielitz*, Verwaltungsprozessuale Wiederaufnahmepflicht kraft Völker- oder Gemeinschaftsrechts?, DVBl 2006, 325, 329 m.w.N.; *Herdegen*, Völkerrechtliche Restitutionspflichten und ihre Wirkungen im innerstaatlichen Recht, NJW 1988, 593, 594.

524 *Pache/Bielitz*, Verwaltungsprozessuale Wiederaufnahmepflicht kraft Völker- oder Gemeinschaftsrechts?, DVBl 2006, 325, 329.

525 *BVerfG*, Beschl. v. 11.10.1985, Az. BVR 336/85 – Pakelli; a.A. *Frowein*, Anmerkung zur Pakelli-Entscheidung des Bundesverfassungsgerichts, ZaöRV 46 (1986), 286, 286; *Schlosser*, Das völkerrechtswidrige Urteil nach deutschem Prozessrecht, ZZP (79) 1966, 164, 185.

526 *Papadimitriu*, Die Stellung der allgemeinen Regeln des Völkerrechts im innerstaatlichen Recht, S. 81.

Rechtsordnung. Das hat dann praktisch zur Folge, dass sie einen anderen Rang im innerstaatlichen Recht einnehmen, als die allgemeinen Regeln des Völkerrechts. Folgt der Grundsatz der Naturalrestitution aus den allgemeinen Regeln des Völkerrechts, so wird der Grundsatz gemäß Art. 25 GG Bestandteil der deutschen Rechtsordnung. Dann resultiert aus diesem Grundsatz in Verbindung mit Art. 25 GG die Verpflichtung des Mitgliedstaates, ein beendetes innerstaatliches Verfahren wieder aufzunehmen. Folgt der Grundsatz der *restitutio in integrum* aus der EMRK, so wird der Grundsatz nach Art. 59 Abs. 2 GG Bestandteil des innerstaatlichen Rechts. Die Pflicht zur Wiederaufnahme des Verfahrens folgt dann nicht aus Art. 25 GG.

Papadimitriu schreibt diesen Regelungen, die sowohl in den allgemeinen Regeln des Völkerrechts als auch im Völkervertragsrecht enthalten sind, eine „doppelte Rechtsnatur" zu.[527] Die Regelungen seien gewohnheitsrechtlicher und vertraglicher Natur. Sie seien gleichzeitig Bestandteil des Völkervertragsrechts. Er begründet seine Auffassung mit der deklaratorischen Bedeutung der völkerrechtlichen Verträge. Diese schreiben das Völkergewohnheitsrecht lediglich fest. Daher sei auch im Rahmen des innerstaatlichen Rechts die gewohnheitsrechtliche Natur der Regelungen entscheidend.[528] „Ein parallel existierendes und als rechtstechnisches Mittel fungierendes Zustimmungs- bzw. Vertragsgesetz kann – zumindest negativ – auf die innerstaatliche Stellung dieser Normen nicht einwirken."[529] Die Regelungen verlieren demgemäß auch nicht ihren innerstaatlich höheren Rang.[530] Das Völkervertragsrecht und das Völkergewohnheitsrecht beeinflussen sich gegenseitig. Ist eine geltende allgemeine Regel Bestandteil einer vertraglichen Vorschrift, dann ist Art. 25 GG anwendbar.[531]

Es gibt jedoch auch Stimmen, die dies ablehnen. So führt *Herdegen* aus, dass die gewohnheitsrechtliche Geltung der Regeln über die Staatenverantwortlichkeit

---

527 *Papadimitriu*, Die Stellung der allgemeinen Regeln des Völkerrechts im innerstaatlichen Recht, S. 81 ff.

528 *Papadimitriu*, Die Stellung der allgemeinen Regeln des Völkerrechts im innerstaatlichen Recht, S. 83.

529 *Papadimitriu*, Die Stellung der allgemeinen Regeln des Völkerrechts im innerstaatlichen Recht, S. 83; vgl. dazu *Doehring*, Die allgemeinen Regeln des völkerrechtlichen Fremdenrechts und das deutsche Verfassungsrecht, S. 130; *Partsch*, Die Anwendung des Völkerrechts im innerstaatlichen Recht, S. 71 f.; *Rudolf*, Völkerrecht und deutsches Recht, S. 250 f.

530 *Papadimitriu*, Die Stellung der allgemeinen Regeln des Völkerrechts im innerstaatlichen Recht, S. 83.

531 *Kunig/Uerpmann-Wittzack*, in: Vitzthum/Proeßl, Völkerrecht, 2. Abschnitt, Rn. 137.

für völkerrechtliches Unrecht nicht bedeute, dass Art. 25 GG bei der Verpflichtung zur Wiedergutmachung im Fall der Verletzung eines völkerrechtlichen Vertrages anwendbar sei. Das hätte ansonsten zur Folge, dass in diesen Fällen Wiedergutmachungspflichten über Art. 25 S. 2, 1. Hs. GG einen höheren innerstaatlichen Geltungsrang hätten als die verletzte Primärpflicht. Unterliegt die Bundesrepublik vertraglich der Zuständigkeit eines internationalen Gerichts für Vertragsverletzungen, so stellt das Zustimmungsgesetz auch die Grundlage für eine vertraglich gebotene Umsetzung einer solchen Gerichtsentscheidung im innerstaatlichen Recht dar.[532]

Auch *Kunig/Uerpmann-Wittzack* vertreten die Auffassung, dass dem Recht des völkerrechtlichen Vertrages Vorrang zukommt.[533] Sie umschreiben, dass die Staaten oftmals vereinbaren, dass eine Regelung des Völkergewohnheitsrechts nicht oder nur mit verändertem Inhalt gelten soll. Damit berühren sie nicht die gewohnheitsrechtliche Geltung der Regelung. Sie „schieben sie nur beiseite für ein konkretes Rechtsverhältnis – was das Völkergewohnheitsrecht (…) durchaus erträgt."[534] „Nach Erlass des Vertragsgesetzes scheint dann Art. 59 Abs. 2 GG die Geltung und Anwendung des Vertrages zu gebieten, während Art. 25 GG weiterhin bestimmt (…), dass die betreffende Regel „den Gesetzen", also auch dem Vertragsgesetz vorgeht – und also dem Vertrag die Anwendbarkeit genommen wäre."[535]. Dieses Nebeneinander von Art. 25 GG und Art. 59 Abs. 2 GG führe jedoch zu einem unverständlichen Ergebnis. Der Gesetzgeber sei bei der Schaffung der Normen davon ausgegangen, dass die Mitgliedstaaten ihre vertraglichen Beziehungen in Abweichung vom allgemeinen Völkerrecht regeln können. Daher habe er Art. 25 GG und Art. 59 Abs. 2 GG geschaffen.[536] Demnach stehe Art. 25 GG unter der Einschränkung einer solchen völkervertraglichen Ausgestaltung. Daher sei das Vertragsgesetz innerstaatlich vorrangig.[537] Das Völkergewohnheitsrecht sei jedoch nicht gegenstandslos. Es komme auch weiterhin zwischen den Vertragsparteien zur Anwendung, wenn es zur Lückenfüllung und zur Auslegung herangezogen werden müsse.[538] Im Verhältnis zu

532 *Herdegen*, in: Maunz-Dürig, GG-Kommentar, Art. 25 Rn. 13.
533 *Kunig/Uerpmann-Wittzack*, in: Vitzthum/Proeßl, Völkerrecht, 2. Abschnitt, Rn. 138.
534 *Kunig/Uerpmann-Wittzack*, in: Vitzthum/Proeßl, Völkerrecht, 2. Abschnitt, Rn. 138.
535 *Kunig/Uerpmann-Wittzack*, in: Vitzthum/Proeßl, Völkerrecht, 2. Abschnitt, Rn. 138.
536 *Kunig/Uerpmann-Wittzack*, in: Vitzthum/Proeßl, Völkerrecht, 2. Abschnitt, Rn. 138.
537 *Kunig/Uerpmann-Wittzack*, in: Vitzthum/Proeßl, Völkerrecht, 2. Abschnitt, Rn. 138.
538 *Herdegen*, in: Maunz/Düring, GG-Kommentar, Art. 25 Rn. 42.

den Völkerrechtssubjekten, die nicht Vertragspartei des völkerrechtlichen Vertrages sind, werde es dagegen uneingeschränkt angewendet.[539]

Der Streit, welchem Recht Vorrang zukommt, ist für die vorliegende Frage nach der Verpflichtung zur Wiederaufnahme des Verfahrens erheblich. Es ist der Auffassung von *Herdegen* und *Kunig* zu folgen und der Regelung aus dem Völkerrechtsvertrag Vorrang einzuräumen. Würde der Regelung als Teil des Völkergewohnheitsrechts der Vorrang eingeräumt werden, so hätte das zur Folge, dass die betreffende Regelung den Rang über dem einfachen Gesetz und damit über dem Rang des völkerrechtlichen Vertrags an sich hätte. Das hätte wiederum zur Folge, dass die Kompensation der Konventionsverletzung höherrangig wäre als die Verletzung an sich. Das ist jedoch widersprüchlich. Die Regelungen aus dem Vertrag sind gegenüber den allgemeinen Regeln des Völkerrechts spezieller, da sie explizit von den Parteien des Vertrages für das Verhältnis untereinander vereinbart wurden. Das Gewohnheitsrecht dient hingegen als Auffangtatbestand. Sofern keine speziellen Regelungen gelten oder getroffene Regelungen unklar formuliert sind, wird das Gewohnheitsrecht ergänzend hinzugezogen, um einen „Mindeststandard" an völkerrechtlichem Schutz zu gewähren. Durch eine spezielle vertragliche Regelung wollten die Vertragsparteien nicht die Grundsätze des Völkerrechts aushebeln. Das ist auch nicht möglich. Die allgemeinen Regeln des Völkerrechts stehen als sogenannte „Dach-Konstruktion" über den Verträgen. Daher können die Verträge auch keine Regelung enthalten, die mit den allgemeinen Regeln des Völkerrechts im Widerspruch steht. In dem völkerrechtlichen Vertrag kommt ferner der Wille der Verfasser zum Ausdruck. Diese wollten eine von den allgemeinen Regeln abweichende Regelung aufnehmen. Diese Regel ist als Teil des völkerrechtlichen Vertrags Bestandteil des einfachen Bundesrechts geworden.

Die Regelung des völkerrechtlichen Vertrages geht der Regelung des Völkergewohnheitsrechts im Ergebnis vor. Das hat zur Folge, dass der Grundsatz der Naturalrestitution, aus dem die Verpflichtung zur Wiederaufnahme folgt, nach Art. 59 Abs. 2 GG Bestandteil des deutschen Rechts wird. Daher folgt keine Verpflichtung zur Wiederaufnahme des Verfahrens aus dem Grundsatz über den Vorrang des Völkerrechts aus Art. 25 GG.

---

539 *Kunig*, in: Vitzthum/Proeßl, Völkerrecht, 7. Aufl., 2. Abschnitt, Rn. 134.

e) *Die Verpflichtung zur Wiederaufnahme des Verfahrens aus der Rechtsprechung des BVerfG*

Eine Verpflichtung zur Wiederaufnahme des Verfahrens könnte das BVerfG in seiner Rechtsprechung bejaht haben. Die Rechtsprechung des BVerfG hat sich im Hinblick auf die Bedeutung der Konvention im Laufe der Zeit gewandelt. Das BVerfG hat sich in seinen Entscheidungen zunehmend mit der Frage nach einer Verpflichtung zur Wiederaufnahme des Verfahrens beschäftigt. Das lag vor allem daran, dass sich das BVerfG in seinen Entscheidungen vermehrt mit der Bedeutung und Wirkung des Konventionsrechts für das innerstaatliche Recht auseinandergesetzt hat. Während die Konvention in der Rechtsprechung des BVerfG vor den Achtzigerjahren wenig Beachtung fand, änderte sich dies grundlegend mit der Entscheidung des Bundesverfassungsgerichts im Fall *Pakelli*[540].[541] Darin wurde erstmals zu der Position des Konventionsrechts in der innerstaatlichen Rechtsordnung Stellung genommen. Das Konventionsrecht wurde in das deutsche Rechtsschutzsystem eingeordnet und fand Berücksichtigung in der verfassungsrechtlichen Praxis.[542] Darauffolgend, Ende der Neunzigerjahre, mehrten sich die Entscheidungen des BVerfG, in denen es zunehmend zum Recht der EMRK und zu den Entscheidungen des EGMR Stellung genommen hat.[543] Der Anstieg solcher Entscheidungen ging mit der Veränderung des Rechtsschutzsystems der Konvention durch das 11. Zusatzprotokoll im Jahr 1998 und dem damit verbundenen Anstieg von Entscheidungen des EGMR einher. Im Jahr 2004 kam es dann zu einer weiteren Grundsatzentscheidung des BVerfG im Fall *Görgülü*[544]. Darin beschäftigte sich das BVerfG erneut mit den Wirkungen der Entscheidungen des EGMR auf das deutsche Recht. Auch hier ging es um die Frage, ob und inwiefern das Grundgesetz für das Konventionsrecht geöffnet wird. In diesem Zusammenhang hat sich das BVerfG auch dazu geäußert, ob und inwiefern eine Verpflichtung zur Wiederaufnahme von Verfahren besteht. Diese Rechtsprechung des BVerfG zu den Wirkungen des Konventionsrechts auf

---

540 *BVerfG*, Beschl. v. 11.10.1985, Az. 2 BvR 336/85 – Pakelli.

541 Nähere Informationen zur Entwicklung der Rechtsprechung des BVerfG bei *Schilling*, Deutscher Grundrechtsschutz zwischen staatlicher Souveränität und menschenrechtlicher Europäisierung, S. 43 ff.

542 *Schilling*, Deutscher Grundrechtsschutz zwischen staatlicher Souveränität und menschenrechtlicher Europäisierung, S. 46.

543 *Schilling*, Deutscher Grundrechtsschutz zwischen staatlicher Souveränität und menschenrechtlicher Europäisierung, S. 42.

544 *BVerfG*, Beschl. v. 14.10.2004, Az. 2 BvR 1481/04 – Görgülü.

das innerstaatliche Recht ist im Folgenden im Hinblick auf die Frage nach einer Verpflichtung zur Wiederaufnahme zu untersuchen.

aa) Die Entscheidung Pakelli

In seiner Entscheidung im Fall *Pakelli* hat das BVerfG erstmals zu der Frage nach der rechtlichen Stellung und Wirkung der EMRK im innerstaatlichen Recht sowie nach der innerstaatlichen Wirkung eines Urteils des EGMR Stellung genommen. Es erklärte mittelbar, ob und inwiefern die Urteile des EGMR zu einer Wiederaufnahme des innerstaatlichen Verfahrens verpflichten. Der Entscheidung des BVerfG im Fall *Pakelli* lag der im 3. Teil unter Ziffer II. 1. lit. b) aa) bbb) erläuterte Sachverhalt zugrunde. Herrn Pakelli war im Revisionsverfahren vor dem BGH kein Pflichtverteidiger beigeordnet worden. Der EGMR hat in seiner Entscheidung vom 25. April 1983 eine Verletzung von Art. 6 Abs. 3 lit. c EMRK festgestellt und eine Befugnis zur Wiederaufnahme des Verfahrens verneint. Daraufhin verlangte Herr Pakelli vor einem innerstaatlichen Gericht die Wiederaufnahme des Verfahrens. Das zuständige OLG Stuttgart lehnte seinen Antrag ab. Daraufhin legte er Verfassungsbeschwerde vor dem BVerfG ein. Diese wurde ebenfalls abgewiesen und die Rechtsauffassung des OLG überwiegend bestätigt. Die Besonderheit dieses Sachverhalts lag darin, dass das innerstaatliche konventionswidrige Urteil bereits rechtskräftig geworden war. Daher hatte das BVerfG darüber zu entscheiden, wie es mit einem innerstaatlichen rechtkräftigen Urteil umzugehen habe, nachdem der EGMR die Konventionswidrigkeit dieser Entscheidung festgestellt hat.

Das BVerfG entschied in seinem Beschluss vom 11. Oktober 1985: „Weder die Europäische Menschenrechtskonvention noch das Grundgesetz verpflichtet dazu, einem Urteil des Europäischen Gerichtshofs für Menschenrechte, in dem festgestellt wird, dass die Entscheidung eines deutschen Gerichts unter Verletzung der Konvention zum Schutze der Menschenrechte und Grundfreiheiten zustande gekommen sei, eine die Rechtskraft dieser Entscheidung beseitigende Wirkung beizumessen.“[545] und verneinte damit eine Verpflichtung zur Wiederaufnahme von Verfahren aus der EMRK und aus dem Grundgesetz. Damit stand das Ergebnis der *Pakelli*-Entscheidung zur Frage nach einer Verpflichtung zur Wiederaufnahme des Verfahrens auf den ersten Blick fest. Das BVerfG hatte aber einzelne bedeutsame Punkte in seine Entscheidungsgründe aufgenommen. Diese sind aufzugreifen und zu erläutern, weil sie für die Frage nach einer Verpflichtung zur Wiederaufnahme von Bedeutung sind.

545 *BVerfG*, Beschl. v. 11.10.1985, Az. 2 BvR 336/85, Orientierungssatz Ziff. 1 – Pakelli.

aaa) Die Verpflichtung zur Wiederaufnahme des Verfahrens aus der EMRK

Das BVerfG hat eine Verpflichtung aus der Konvention, Urteilen des EGMR eine die Rechtskraft beseitigende Wirkung beizumessen, abgelehnt.[546] In seiner Begründung lehnte das Gericht eine solche Wirkung ab, da die Urteile des EGMR in erster Linie Feststellungsurteile seien.[547] Urteile des EGMR könnten kein innerstaatliches konventionswidriges Urteil beseitigen.[548] Sie hätten keine Gestaltungswirkung und daher auch keine unmittelbare Wirkung auf die innerstaatlichen Gerichtsentscheidungen. Es bleibe den Mitgliedstaaten überlassen, die zur Umsetzung der Urteile des EGMR erforderlichen Maßnahmen zu ergreifen.[549]

Auch sei der deutsche Gesetzgeber von Völkerrecht wegen nicht verpflichtet, eine Rechtskraft durchbrechende Wiederaufnahme gerichtlicher Verfahren in Fällen von konventionswidrigen innerstaatlichen Urteilen zu ermöglichen. „Es kann dahinstehen, ob und gegebenenfalls inwieweit sich die – vom Ständigen Gerichtshof als wesentlicher Grundsatz des völkerrechtlichen Deliktsrechts bezeichnete und als allgemeine Regel des Völkerrechts im Sinne von Art. 25 GG anzusehende – Pflicht zur Naturalrestitution, derzufolge das für eine völkerrechtlich unerlaubte Handlung verantwortliche Völkerrechtssubjekt soweit als möglich alle Folgen dieser Handlung zu beseitigen und den ohne sie vermutlich bestehenden Zustand wiederherzustellen hat, auch auf Fälle von Völkerrechtsverletzungen durch die innerstaatliche Rechtsprechung erstreckt. (…) Denn die Europäischen Menschenrechtskonvention enthält eine – vom deutschen Gesetzgeber durch Zustimmungsgesetz gemäß Art. 59 Abs. 2 S. 1 GG gebilligte – Regelung, die von dieser allgemeinen Regel des Völkerrechts abweicht.“[550] Bei dieser Regelung handele es sich um Art. 41 EMRK (Art. 50 EMRK a.F.). Die verurteilten Mitgliedstaaten haben zwar gemäß Art. 53 EMRK a.F. soweit wie möglich Wiedergutmachung durch Naturalrestitution zu leisten. Dies habe bei einem konventionswidrigen innerstaatlichen Urteil durch die Wiederaufnahme des Verfahrens zu geschehen. Jedoch ermögliche Art. 50 EMRK a.F. dem Betroffenen die Gewährung einer gerechten Entschädigung, wenn eine vollkommene

---

546 *BVerfG*, Beschl. v. 11.10.1985, Az. 2 BvR 336/85, Ziff. 3 – Pakelli.

547 *BVerfG*, Beschl. v. 11.10.1985, Az. 2 BvR 336/85, Ziff. 3 – Pakelli.

548 *Frowein*, Anmerkung zur Pakelli-Entscheidung des Bundesverfassungsgerichts, ZaöRV 46 (1986), 286, 287.

549 *BVerfG*, Beschl. v. 11.10.1985, Az. 2 BvR 336/85, Ziff. 3 – Pakelli.

550 *BVerfG*, Beschl. v. 11.10.1985, Az. 2 BvR 336/85, Ziff. 5 – Pakelli.

Wiedergutmachung der eingetretenen Völkerrechtsverletzung nach innerstaatlichem Recht nicht möglich sei.[551]

Diese Textpassage der Entscheidung ist sehr bedeutsam. Mit dem Satz „Es kann dahinstehen, ob und inwieweit (...) auch auf Fälle von Völkerrechtsverletzungen durch die innerstaatliche Rechtsprechung erstreckt" hat das BVerfG dem Völkervertragsrecht gegenüber den allgemeinen Regeln des Völkerrechts Vorrang eingeräumt. Es hat die Kollision des Grundsatzes der Naturalrestitution gesehen. Dieser Grundsatz ist sowohl Bestandteil der allgemeinen Regeln des Völkerrechts als auch Bestandteil der EMRK als völkerrechtlicher Vertrag. Wie bereits im 3. Teil unter Ziffer II. 1. lit. d) erläutert, hat das zur Folge, dass der Grundsatz auf unterschiedlichen Wegen Einzug in das innerstaatliche Recht findet. Wie bereits an dieser Stelle der Arbeit erläutert, ist der Regelung in Form des völkerrechtlichen Vertrages der Vorrang einzuräumen. Das BVerfG hat das in seiner Entscheidung bestätigt. Es hat erklärt, dass die Frage, ob und inwieweit die Pflicht zur Naturalrestitution aus den allgemeinen Regeln des Völkerrechts eine Verpflichtung zur Wiederaufnahme von Verfahren darstellt, unbeantwortet bleiben kann, weil die Antwort aus den Normen der EMRK folgt. Daher hat es eine Verpflichtung zur Wiedergutmachung durch Naturalrestitution aus Art. 46 Abs. 1 EMRK (Art. 53 EMRK a.F.) hergeleitet und die Erfüllung dieser Pflicht aufgrund der abweichenden Regelung aus Art. 41 EMRK (Art. 51 EMRK a.F.) verneint.

Der Auffassung des BVerfG, Art. 41 EMRK als Abweichung vom Grundsatz der Naturalrestitution zu sehen, ist jedoch nicht zuzustimmen. Bei der Entschädigungsregelung aus Art. 41 EMRK (Art. 50 EMRK a.F.) handelt es sich nicht um eine sogenannte Ausnahmeregelung vom Grundsatz der Naturalrestitution. Das BVerfG verkennt, dass die Mitgliedstaaten nicht von der Pflicht zur Naturalrestitution abweichen können. Die Pflicht zur *restitutio in integrum* ist vorrangig. Der Mitgliedstaat hat alles Mögliche zu unternehmen, um dieser Pflicht nachzukommen. Die Regelung in Art. 41 EMRK ist nicht geschaffen worden, um eine wesentliche Pflicht auszuschließen. Sie wurde vielmehr für den Fall der tatsächlichen Unmöglichkeit der Naturalrestitution als Alternativlösung geschaffen. Art. 41 EMRK eine ausschließende Wirkung beizumessen, hätte zur Folge, dass eine Wiedergutmachung nie in Form der Wiederaufnahme durchgeführt werden könne, wenn das innerstaatliche Recht eine „vollkommene Wiedergutmachung" nicht gestatte. Ohne die Wiedergutmachung bliebe stets der konventionswidrige Zustand durch das konventionswidrige Urteil erhalten. Eine

551 *BVerfG*, Beschl. v. 11.10.1985, Az. 2 BvR 336/85, Ziff. 5 – Pakelli.

gerechte Entschädigung würde ihn nicht beseitigen. Die Effektivität des Menschenrechtsschutzes wäre nicht gegeben.

Auffallend ist, dass das BVerfG die Beantwortung der eigentlichen Kernfrage über das Vorliegen einer Pflicht zur Wiederaufnahme von Verfahren in seiner Entscheidung „dahinstehen“ lässt: „Es kann dahinstehen, ob anderes gilt, wenn die (weitere) Vollstreckung einer innerstaatlichen Gerichtsentscheidung in Frage steht und der Gerichtshof festgestellt hat, dass die materiellrechtliche Grundlage dieser Entscheidung gegen die Konvention verstößt oder auf einem schwerwiegenden, ihre Eigenschaft als ordnungsgemäßer Justizakt in Frage stellender Verfahrensfehler beruht.“[552]. Diese Textpassage ist der eigentliche Kern der Entscheidung, wenn es um die Beantwortung der Frage nach einer Verpflichtung zur Wiederaufnahme geht. Sie belegt, dass es in bestimmten Fällen notwendig sein kann, Urteile aufzuheben, und dass das BVerfG eine Verpflichtung zur Wiedergutmachung für diese Fälle nicht ausschließt.[553] Im Fall *Pakelli* war eine solche Fallkonstellation nicht gegeben. Eine Entscheidung dazu erging nicht.

In seinem Beschluss hat das BVerfG eine das innerstaatliche Urteil aufhebende Wirkung abgelehnt und eine Verpflichtung der Mitgliedstaaten zur Wiederaufnahme des Verfahrens verneint. Es hat aber ausdrücklich dahinstehen lassen, ob etwas anderes in den oben genannten Ausnahmefällen gilt.[554] Eine solche Formulierung lässt Raum für Interpretationen. Aus dem „Dahinstehen“ kann gefolgert werden, dass das Gericht das Ergebnis für die oben genannten Fälle offen lassen wollte. Es trifft mit dieser offenen Formulierung keine greifbare Aussage. Es lässt den Gerichten in den genannten Fällen die Möglichkeit, zu einem anderen Ergebnis zu gelangen. Demnach kann es bei Vorliegen der Ausnahmetatbestände geboten sein, Feststellungsurteilen des Gerichtshofs im deutschen Recht rechtsgestaltende Wirkung beizumessen. Das BVerfG läßt offen, ob in den Ausnahmefällen eine Verpflichtung der Mitgliedstaaten besteht, welche die Rechtskraft der innerstaatlichen Entscheidung in irgendeiner Art und Weise beseitigt.[555] Hätte es einer Verpflichtung zur Wiederaufnahme von Verfahren den Riegel vorschieben wollen, wäre das an dieser Stelle der Entscheidung möglich gewesen.

---

552 *BVerfG*, Beschl. v. 11.10.1985, Az. 2 BvR 336/85, Ziff. 3 – Pakelli.

553 Im Ergebnis hat die Entscheidung dazu geführt, dass die Bundesrepublik den Wiederaufnahmegrund in § 359 Nr. Nr. 6 StPO eingeführt hat.

554 *BVerfG*, Beschl. v. 11.10.1985, Az. 2 BvR 336/85, Ziff. 3 – Pakelli.

555 So auch *Frowein*, Anmerkung zur Pakelli-Entscheidung des Bundesverfassungsgerichts, ZaöRV 46 (1986), 286, 287.

Grund für dieses offene Ergebnis ist die Gewissheit des Gerichts, dass es Fälle geben kann, in denen ein Festhalten an einem innerstaatlichen Urteil nicht mit dem Rechtsstaatsprinzip vereinbar ist. Verstößt eine innerstaatliche Entscheidung gegen bestehendes Konventionsrecht, welches Bestandteil des innerstaatlichen Rechts geworden ist, dann verstößt sie auch gegen einfaches Bundesrecht. Ein Verstoß von Art. 20 Abs. 3 GG liegt dann vor. Beruht das Urteil auf einem besonders schwerwiegenden Fehler, hat der Rechtsstaat kein Interesse an seiner Aufrechterhaltung. Dann besteht ein öffentliches Interesse an der Beseitigung der konventionswidrigen Entscheidung und Handlungsbedarf vonseiten des Gesetzgebers. Dies ist dann durch die Wiederaufnahme des Verfahrens möglich. Das Gericht hat sich daher die Möglichkeit einer anderen Entscheidung offen gehalten.

bbb) Die Verpflichtung zur Wiederaufnahme des Verfahrens aus dem Grundgesetz

Das BVerfG erklärte in seinem Beschluss, dass auch aus dem Grundgesetz keine Verpflichtung zur Beseitigung der konventionswidrigen Entscheidung aufgrund eines Urteils des EGMR, in dem die Konventionsverletzung in Form einer innerstaatlichen Gerichtsentscheidung festgestellt wird, besteht.[556] Es erläuterte, dass eine solche Verpflichtung auch nicht aus dem Grundgesetz, aus Art. 103 Abs. 1 GG und dem Rechtsstaatsprinzip, resultiere.[557] Dieses beinhalte kein Gebot, das eine erweiterte Auslegung der vorhandenen Normen, § 359 Nr. 5 StPO und § 79 Abs. 1 BVerfGG, vorsehe. Die bestehenden Wiederaufnahmegründe müssten nicht derart ausgelegt werden, dass aus ihnen eine Pflicht zur Wiederaufnahme des Verfahrens für Fälle einer festgestellten Konventionsverletzung folge. Eine verfassungsrechtliche Pflicht zur Wiederaufnahme des Verfahrens aus den vorliegenden innerstaatlichen Wiederaufnahmegründen bestünde nicht.

Diese Textpassage stellt eine mittelbare Aufforderung an den Gesetzgeber dar. Er hat etwas zu tun, um diesen Missstand zu beseitigen. Er hat entweder eine analoge Anwendung zuzulassen oder eine neue Norm zu schaffen. Damit hat das BVerfG in seinem Beschluss eine ausdehnende Auslegung der bestehenden Normen verneint und die Notwendigkeit der Schaffung einer entsprechenden Norm – zumindest für die oben bezeichneten Ausnahmefälle – bejaht.

Der Auffassung des BVerfG ist an dieser Stelle aber nicht vollständig zu folgen. Die unausgesprochene Aufforderung zur Schaffung eines neuen

---

556 *BVerfG*, Beschl. v. 11.10.1985, Az. 2 BvR 336/85, Ziff. 3 – Pakelli.
557 *BVerfG*, Beschl. v. 11.10.1985, Az. 2 BvR 336/85, Ziff. 4 – Pakelli.

Wiederaufnahmegrundes im innerstaatlichen Recht ist zu begrüßen. Jedoch ist dem BVerfG nicht darin zuzustimmen, wenn es die vorhandenen Normen über die Wiederaufnahme des innerstaatlichen Verfahrens nicht auf den vorliegenden Fall für anwendbar erklärt. Denn hier übersieht es den Grundsatz der Völkerrechtsfreundlichkeit. Danach ist das innerstaatliche Recht soweit wie möglich mit dem Völkerrecht in Einklang zu bringen. Die vorhandenen innerstaatlichen Normen sind derart auszulegen, dass sie mit dem Völkerrecht vereinbar sind. Das hat das BVerfG hier unterlassen.

ccc) Zusammenfassung zu aa)

Die Entscheidung des BVerfG in der Sache *Pakelli* wirkt auf den ersten Blick eindeutig und klar. Bei genauer Prüfung wirft sie jedoch Fragen auf. Das BVerfG verneinte für den vorliegenden Fall eine Verpflichtung zur Wiederaufnahme des Verfahrens aus der Konvention. Denn Art. 41 EMRK (Art. 50 EMRK a.F.) gestattet den Mitgliedstaaten, rechtskräftige innerstaatliche Entscheidungen unangetastet zu lassen, auch wenn festgestellt worden ist, dass sie unter Verstoß gegen das Völkerrecht zustande gekommen sind.[558] Es verneinte auch eine Verpflichtung aus dem Grundgesetz. Denn die vorhandenen innerstaatlichen Wiederaufnahmegründe können nicht auf den Fall einer festgestellten Konventionsverletzung in einem innerstaatlichen Urteil angewendet werden. Jedoch erklärte das BVerfG, dass eine Verpflichtung des verurteilten Mitgliedstaates zur Wiederaufnahme des innerstaatlichen Verfahrens und eine die Rechtskraft beseitigende Wirkung von EGMR-Urteilen bestehen kann, wenn bestimmte Fallkonstellationen vorliegen. Damit meinte es Fälle, in denen die materiellrechtliche Grundlage der innerstaatlichen Entscheidung eine Konventionsverletzung darstellt oder auf einem schwerwiegenden Verfahrensfehler beruht. In diesen Fällen besteht dann kein Interesse, das konventionswidrige Urteil aufrechtzuerhalten, da es sowohl gegen Konventionsrecht als auch gegen einfaches Bundesrecht verstößt. In Zusammenschau mit den Ausführungen, dass die vorhandenen Wiederaufnahmegründe nicht auf den Fall einer festgestellten Konventionsverletzung angewendet werden können, ist festzuhalten, dass ein Handlungsbedarf vonseiten des deutschen Gesetzgebers besteht, um diese „Ausnahmefälle" bewältigen zu können. Es ist erforderlich, dass der deutsche Gesetzgeber eine analoge Anwendung ermöglicht oder eine neue Norm schafft.

558 *BVerfG*, Beschl. v. 11.10.1985, Az. 2 BvR 336/85, Ziff. 5 – Pakelli.

bb) Die Entscheidung Görgülü

Auch in der Sache Görgülü hat sich das BVerfG zu der Wirkung der Entscheidungen des EGMR geäußert. Der Entscheidung lag der im 2. Teil unter Ziffer III. 3. lit. c) erläuterte Sachverhalt zugrunde. Der Beschwerdeführer machte vor dem BVerfG geltend, das OLG Naumburg habe die Entscheidung des EGMR gegen Deutschland nicht beachtet. Es hatte die Entscheidung des EGMR missachtet, da es sie innerstaatlich nicht für relevant hielt.[559] Der Beschwerdeführer rügte die mangelhafte Umsetzung der Entscheidungen des Gerichtshofs sowie die Missachtung des Völkerrechts durch das OLG Naumburg. Das BVerfG hob den Beschluss des OLG Naumburg auf und klärte die Frage, ob und inwiefern die deutschen Gerichte ein Urteil des EGMR zu beachten haben. In diesem Zusammenhang äußerte sich das Gericht auch zu der Frage nach einer Verpflichtung zur Wiederaufnahme des Verfahrens. Es handelte sich dabei um die erste Verfassungsbeschwerde, die sich auf die Nichtbeachtung der Konvention stützte. Das BVerfG hat sie als begründet angesehen.

aaa) Die Verpflichtung zur Wiederaufnahme des Verfahrens in Form der Berücksichtigungspflicht

Die Frage nach einer Verpflichtung zur Wiederaufnahme des Verfahrens hat das BVerfG im Ergebnis verneint. Es erklärte: „Bei einem Konventionsverstoß durch Gerichtsentscheidungen verpflichtet weder die Europäische Menschenrechtskonvention noch das Grundgesetz dazu, einem Urteil des Gerichtshofs, in dem festgestellt wird, dass die Entscheidung eines deutschen Gerichts unter Verletzung der Europäischen Menschenrechtskonvention zustande gekommen sei, eine die Rechtskraft dieser Entscheidung beseitigende Wirkung beizumessen.“[560] Damit schloss es sich im Ergebnis seinen Ausführungen in der *Pakelli*-Entscheidung an.[561] Anders als in der Sache *Pakelli* fügte das BVerfG in dieser Entscheidung aber ergänzend hinzu: „Daraus ist freilich nicht der Schluss zu ziehen, dass Entscheidungen des Gerichtshofs von deutschen Gerichten nicht berücksichtigt werden müssten.“[562] und begründete damit eine Verpflichtung zur Berücksichtigung der Urteile des EGMR.

Das BVerfG bestätigte in seinem Beschluss grundsätzlich das Vorliegen einer Bindungswirkung der Mitgliedstaaten an die Entscheidungen des Gerichtshofs.

559 *OLG Naumburg*, Beschl. v. 30.6.2004, Az. 14 WF 64/04, Ziff. 24 ff.
560 *BVerfG*, Beschl. v. 14.10.2004, Az. 2 BvR 1481/04, Ziff. 52 – Görgülü.
561 *BVerfG*, Beschl. v. 11.10.1985, Az. 2 BvR 336/85, Ziff. 3 – Pakelli.
562 *BVerfG*, Beschl. v. 14.10.2004, Az. 2 BvR 1481/04, Ziff. 52 – Görgülü.

Diese Bindungswirkung erstrecke sich aufgrund des Zustimmungsgesetzes gemäß Art. 59 Abs. 2 GG i.V.m. Art. 19 Abs. 4 GG auf alle staatlichen Organe und so auch auf die Gerichte. Durch das Zustimmungsgesetz haben die Konvention und die Rechtsprechung des EGMR den Rang eines einfachen Bundesgesetzes inne und seien Teil des deutschen Rechts. Daher seien auch die Mitgliedstaaten durch Gesetzesbindung im Sinne von Art. 20 Abs. 3 GG verpflichtet, sie zu beachten. Das habe auch Auswirkungen auf die Hoheitsträger der Mitgliedstaaten. Die Bindungswirkung verpflichte diese, einen Verstoß gegen die EMRK zu beenden und den konventionskonformen Zustand wiederherzustellen.[563] Bei Betroffenheit der Judikative seien die innerstaatlichen Gerichte verpflichtet, die Urteile des EGMR (die sich mit demselben Fall beschäftigen) zu berücksichtigen, sofern sie „in verfahrensrechtlich zulässiger Weise erneut über den Gegenstand entscheiden und dem Urteil ohne materiellen Gesetzesverstoß Rechnung tragen können“[564].

Nach Auffassung des BVerfG sind die Regelungen der EMRK und damit auch die Verpflichtungen aus Art. 46 Abs. 1 EMRK gemäß Art. 59 Abs. 2 GG durch das Zustimmungsgesetz Bestandteil der deutschen Rechtsordnung geworden. Daher haben sich die innerstaatlichen Organe daran zu halten. Jedoch können sowohl die EMRK als auch die Entscheidungen des EGMR nur insofern innerstaatliche Wirkung entfalten, als das deutsche Recht dies anordne. Enthält das innerstaatliche Recht Regelungen, die eine Wiederaufnahme des Verfahrens vorsehen, dann kann das innerstaatliche Gericht darüber entscheiden, ob es diesen Weg einschlägt, um die Verletzung der Konvention zu beenden und deren Folgen zu beseitigen. Dann kann Deutschland dem Urteil des Gerichtshofs Rechnung tragen, ohne gegen das innerstaatliche materielle Recht zu verstoßen. Aus der Berücksichtigung folgt dann die Verpflichtung zur Wiederaufnahme von Verfahren. Enthält das innerstaatliche Recht Regelungen, die gegen eine Beendigung und Wiedergutmachung sprechen, so haben die Hoheitsträger auch diese zu beachten. Die Pflicht zur Naturalrestitution ist daher nur möglich, sofern das innerstaatliche Recht die Erfüllung dieser Verpflichtung vorsieht.

Anders als im *Pakelli*-Beschluss hat das BVerfG damit eine neue Möglichkeit eröffnen, um den Entscheidungen des EGMR innerstaatlich mehr Bedeutung

---

563 *BVerfG*, Beschl. v. 14.10.2004, Az. 2 BvR 1481/04, Ziff. 30, 41 – Görgülü; vgl. *BAG*, Urt. v. 22.11.2012, Az. 2 AZR 570/11, Ziff. 24; *LAG Düsseldorf*, Urt. v. 4.5.2011, Az. 7 Sa 1427/10, Ziff. 43.

564 *BVerfG*, Beschl. v. 14.10.2004, Az. 2 BvR 1481/04, Ziff. 30 – Görgülü; vgl. *BGH*, Beschl. v. 19.3.2014, Az. XII ZB 511/13, Ziff. 20.

zuzuschreiben. Dem lagen verschiedene Beweggründe zugrunde. Eine die Rechtskraft beseitigende Wirkung wollte das Gericht nicht annehmen, weil es damit den Urteilen des EGMR eine unmittelbare innerstaatliche Eingriffswirkung zugesprochen hätte. Es wollte jedoch auch nicht, dass die Urteile des EGMR, wie durch das OLG Naumburg geschehen, innerstaatlich als nicht relevant angesehen werden. Daher hat es eine Lösung für die Frage nach der Wirkung der Urteile des Gerichtshofs in Form der Berücksichtigungspflicht gefunden. Es hat den Urteilen des EGMR keine Wirkung zugesprochen, die zur Aufhebung oder Änderung von innerstaatlichen Hoheitsakten führt. Es hat aber hervorgehoben, dass die Entscheidungen des EGMR von den innerstaatlichen Hoheitsträgern bei der Ausübung ihrer Hoheitsgewalt zu berücksichtigen sind. Eine solche Berücksichtigung führt dann zur innerstaatlichen Umsetzung der EGMR-Urteile und Gewährung effektiven Menschenrechtsschutzes.

bbb) Art. 41 EMRK als Indiz für die Einräumung von Ermessen bei der Umsetzung der EGMR-Urteile

Wie bereits im Fall *Pakelli*, griff auch hier das BVerfG die Entschädigungsregelung aus Art. 41 EMRK in seiner Entscheidung auf. Es erklärte: „Dass die Konvention allerdings der betroffenen Vertragspartei im Hinblick auf die Korrektur bereits getroffener, rechtskräftiger Entscheidungen Spielraum einräumt, zeigt sich darin, dass dem Beschwerdeführer durch den Gerichtshof eine ‚gerechte Entschädigung' in Geld zugesprochen werden kann, wenn das innerstaatliche Recht der betroffenen Vertragspartei nur eine unvollkommene Wiedergutmachung gestattet."[565]. Art. 41 EMRK sei ein Indiz dafür, dass den Mitgliedstaaten ein „Spielraum" bei der Berichtigung von rechtskräftigen innerstaatlichen Entscheidungen überlassen sei.[566] Es wies dabei auf die Rechtsprechung des Gerichtshofs hin, der mehrfach in seinen Entscheidungen klargestellt hatte, dass sich die Mitgliedstaaten zu einem konventionskonformen Handeln verpflichtet haben. Im Sinne von Art. 1 EMRK haben sie ihre innerstaatliche Rechtsordnung mit der Konvention in Einklang zu bringen. Daher haben sie auch alles zu unternehmen, um eine Wiedergutmachung zu ermöglichen.[567] Art. 41 EMRK diene lediglich dazu einzugreifen, wenn eine vollkommene Wiedergutmachung nicht möglich sei. Eine Entscheidung über die Entschädigung sei nicht Bestandteil der Entscheidung in der Hauptsache. Sie könne auch zu einem späteren Zeitpunkt

565 *BVerfG*, Beschl. v. 14.10.2004, Az. 2 BvR 1481/04, Ziff. 42 – Görgülü.
566 *BVerfG*, Beschl. v. 14.10.2004, Az. 2 BvR 1481/04, Ziff. 42 – Görgülü.
567 *BVerfG*, Beschl. v. 14.10.2004, Az. 2 BvR 1481/04, Ziff. 43 – Görgülü.

erfolgen. Folglich könne nur der verurteilte Mitgliedstaat beurteilen, welche rechtlichen Handlungsmöglichkeiten in der innerstaatlichen Rechtsordnung für die Umsetzung des Feststellungsurteils bestehen.[568] Es sei nicht hinnehmbar, „den Beschwerdeführer lediglich auf eine Entschädigung in Geld zu verweisen, obwohl eine Restitution tatsächlich und rechtlich möglich sei".[569].

Diese Ausführungen des BVerfG sind begrüßenswert. Anders als im Fall *Pakelli* hat das Gericht die Entschädigungsregelung in Art. 41 EMRK nicht als „Abweichung" von der Naturalrestitution ausgelegt. Es hat vielmehr bestätigt, dass primär eine Pflicht zur Naturalrestitution besteht und sich somit der Rechtsprechung des EGMR angeschlossen. Art. 41 EMRK wurde nicht geschaffen, um die Verpflichtung zur Naturalrestitution auszuhebeln und den Mitgliedstaaten die Wahl zu überlassen, ob sie die Verletzung beseitigen oder nur eine Entschädigung zahlen. Er wurde geschaffen als Kompensationsmöglichkeit, für den Fall, dass eine Naturalrestitution nach dem innerstaatlichen Recht nicht möglich ist. Ein Ermessen über die Entscheidung, ob eine Wiedergutmachung erfolgen soll, gibt es nicht. Es existiert lediglich ein Ermessen über das „Wie" der Wiedergutmachung. Art. 41 EMRK ist Ausdruck dieses Ermessens.

ccc) Grenzen der Verpflichtung zur Wiederaufnahme des Verfahrens

In seinem Beschluss hat das BVerfG eine Verpflichtung zur Wiederaufnahme sowie eine die Rechtskraft beseitigende Wirkung der EGMR-Urteile verneint. Es hat aber eine Berücksichtigungspflicht der Mitgliedstaaten bejaht. Die Berücksichtigungspflicht beinhaltet nach Auffassung des BVerfG die Erfüllung der Pflichten aus Art. 46 Abs. 1 EMRK. Der verurteilte Mitgliedstaat hat danach die Konventionsverletzung zu beenden, wiedergutzumachen sowie Maßnahmen zu ergreifen, um zukünftige Konventionsverletzungen zu vermeiden. Doch auch die Berücksichtigung der Urteile des EGMR kann nicht grenzenlos geschehen. Auch ihr stehen verfassungs- und völkerrechtliche sowie einfachgesetzliche Regelungen entgegen. Diese führen dazu, dass die Verpflichtung zur Berücksichtigung der Urteile des EGMR und so auch die damit einhergehende Verpflichtung zur Wiederaufnahme des Verfahrens beschränkt werden.

(1) Der verfassungsrechtliche Grundsatz der Rechtssicherheit

Das BVerfG formulierte in seinem Beschluss Grenzen für eine Verpflichtung zur Wiederaufnahme des Verfahrens. Es erklärte, dass die Beachtung der Urteile

568 *BVerfG*, Beschl. v. 14.10.2004, Az. 2 BvR 1481/04, Ziff. 44 – Görgülü.
569 *BVerfG*, Beschl. v. 14.10.2004, Az. 2 BvR 1481/04, Ziff. 56 – Görgülü.

des EGMR ihre Grenzen in den tragenden Gründen der deutschen Verfassung habe.[570] Ein tragender Grundsatz der deutschen Verfassung ist der Grundsatz der Rechtssicherheit. Er gewährleistet, dass der Einzelne auf die gerichtlich entschiedene und bestehende Rechtslage vertrauen kann. Ein Mittel, um dieses Vertrauen herzustellen, ist die materielle Rechtskraft von Entscheidungen. Sie schafft einen unabänderlichen Zustand für die von der Entscheidung betroffenen Parteien, indem sie Entscheidungen für unanfechtbar und nicht mehr überprüfbar erklärt.[571] Die Rechtskraft ist jedoch sachlich und vor allem personell begrenzt. So binden die Urteile des EGMR nur die am Verfahren beteiligten Parteien. Nur sie sind an das endgültige Urteil des Gerichtshofs gebunden.[572] Es handelt sich um eine „begrenzte materielle Rechtskraft"[573]. Sie reicht nicht soweit, als dass sie die innerstaatliche Rechtskraft durchbricht.

Berücksichtigt der verurteilte Mitgliedstaat die Urteile des EGMR, so hat er seine Verpflichtungen aus Art. 46 Abs. 1 EMRK zu erfüllen. So hat er im Falle eines konventionswidrigen innerstaatlichen Urteils dieses aufzuheben, um den konventionskonformen Zustand wiederherzustellen. Die Wiederaufnahme des Verfahrens führt jedoch dazu, dass die Rechtskraft des innerstaatlichen Urteils durchbrochen wird. Dadurch wird das Urteil anfechtbar, eventuell wird es abgeändert oder sogar aufgehoben und neu verhandelt. Dadurch wird das Vertrauen der in dem Ausgangsverfahren obsiegenden Partei in den Bestand der rechtskräftigen Entscheidung erschüttert. Sie kann nicht mehr auf die Entscheidung und deren Inhalt vertrauen. Die Wiederaufnahme des Verfahrens würde sodann zu einem Zustand führen, der nicht mit dem verfassungsrechtlichen Grundsatz der Rechtssicherheit vereinbar ist. Um das zu verhindern, hat das BVerfG die Berücksichtigungspflicht in ihrem Umfang durch diesen Grundsatz begrenzt. Die Wiederaufnahme des Verfahrens ist nach dem Beschluss des BVerfG nicht möglich, solange ihm der Grundsatz der Rechtssicherheit entgegensteht und das Interesse an der Rechtssicherheit dem Interesse an der materiellen Richtigkeit einer Entscheidung vorgeht.

---

570 *BVerfG*, Beschl. v. 14.10.2004, Az. 2 BvR 1481/04, Ziff. 35 – Görgülü.

571 *Braun*, Lehrbuch des Zivilprozessrechts, S. 898; *Gaul*, Die Grundlagen des Wiederaufnahmerechts, S. 35.

572 *BVerfG*, Beschl. v. 14.10.2004, Az. 2 BvR 1481/04, Ziff. 39 – Görgülü.

573 *BVerfG*, Beschl. v. 14.10.2004, Az. 2 BvR 1481/04, Ziff. 38 – Görgülü.

(2) Die Feststellungsurteile des EGMR

Als weitere Einschränkung führte das BVerfG richtigerweise auf, dass die Urteile des EGMR lediglich Feststellungsurteile sind.[574] Mit seinem Urteil stelle der EGMR fest, dass der Mitgliedstaat mit seinem Verhalten gegen die Konvention verstoßen habe. Seine Urteile seien lediglich deklaratorischer Natur. Er könne mit seiner Entscheidung nicht die verletzende Maßnahme des Mitgliedstaates unmittelbar aufheben und diese nicht kassieren. Daher ist auch eine Aufhebung einer innerstaatlichen Entscheidung nicht durch ein Feststellungsurteil möglich.

(3) Das innerstaatliche Recht als Grenze der Naturalrestitution

Eine weitere Grenze der Berücksichtigungspflicht stellt das innerstaatliche Recht dar. Gemäß der Entscheidung des BVerfG ist eine Wiederaufnahme des Verfahrens nur möglich, wenn das wieder aufnehmende Gericht in verfahrensrechtlich zulässiger Weise erneut über den Gegenstand entscheiden und dem Urteil Rechnung tragen kann.[575] Die Grenze der Berücksichtigung der EGMR-Urteile zieht das BVerfG in den Regelungen des innerstaatlichen Rechts. Sieht dieses keine entsprechenden Regelungen vor, die eine Naturalrestitution ermöglichen, so kann diese nicht durchgeführt werden. Andernfalls würde das ausübende innerstaatliche Organ gegen innerstaatliches Recht verstoßen.[576]

Das Gericht verneinte die Rechtskraft beseitigende Wirkung im vorliegenden Fall, weil keine innerstaatliche Möglichkeit der Wiederaufnahme des Verfahrens bestand und das BVerfG bei einer Wiederaufnahme gegen Gesetz und Recht verstoßen hätte. Es wies zwar auf die Möglichkeit der innerstaatlichen Wiederaufnahme des Verfahrens hin, verneint diese aber im Ergebnis. Im Fall *Görgülü* lag ein rechtskräftiges innerstaatliches Zivilurteil vor. Die erneute Verhandlung eines solchen Urteils war in der innerstaatlichen Prozessordnung zum damaligen Zeitpunkt nicht vorgesehen. Nach der Entscheidung in der Sache *Pakelli* hatte der deutsche Gesetzgeber einen neuen Wiederaufnahmegrund in die Strafprozessordnung eingefügt. Dieser sieht eine Wiederaufnahme des Verfahrens vor, wenn der EGMR eine Konventionsverletzung in Form des innerstaatlichen Urteils festgestellt hat und diese auf dem Urteil beruht. Mangels einer solchen innerstaatlichen Regelung im Zivilprozess konnte das Urteil des EGMR daher nur bedingt berücksichtigt werden. Eine Wiederaufnahme des Verfahrens konnte nicht erfolgen. Das BVerfG verneinte sie und stellte die Einschränkung

---

574 *BVerfG*, Beschl. v. 14.10.2004, Az. 2 BvR 1481/04, Ziff. 40 – Görgülü.
575 *BVerfG*, Beschl. v. 14.10.2004, Az. 2 BvR 1481/04, Ziff. 30 – Görgülü.
576 *BVerfG*, Beschl. v. 14.10.2004, Az. 2 BvR 1481/04, Ziff. 30 – Görgülü.

der Berücksichtigungspflicht auf, dass eine Wiederaufnahme nur erfolgen kann, wenn eine solche im innerstaatlichen Recht vorgesehen ist.

Auffallend ist, dass das BVerfG in seiner Entscheidung überhaupt die Möglichkeit eines solchen Verfahrens nannte. Während im Fall *Pakelli* die Frage nach einer Wiederaufnahme des Verfahrens „dahinstehen" gelassen wurde, ist das BVerfG hier einen Schritt weiter gegangen und hat auf eine solche Möglichkeit hingewiesen. Vor allem hat es ausgeführt, dass die Frage nach der Durchbrechung der Rechtskraft in anderen Verfahrensordnungen „nicht abschließend geklärt"[577] sei. Denn es seien Fallkonstellationen denkbar, in denen eine erneute Entscheidung vorgesehen sei. Es erklärte: „Letztendlich ist ausschlaggebend, ob ein Gericht im Rahmen des geltenden Verfahrensrechts die Möglichkeit zu einer weiteren Entscheidung hat, bei der es das einschlägige Urteil des Gerichtshofs berücksichtigen kann."[578]. Für die Verpflichtung zur Wiederaufnahme des Verfahrens bedeutet das: Ist keine innerstaatliche Regelung vorgesehen, wonach eine innerstaatliche Gerichtsentscheidung aufgehoben werden kann, kann ein innerstaatliches, konventionswidriges Urteil nicht aufgehoben werden. Der Berücksichtigungspflicht stehen die Regelungen des innerstaatlichen Rechts entgegen. Eine Pflicht zur Wiederaufnahme besteht. Es ist jedoch Aufgabe des deutschen Gesetzgebers, den Rahmen für ein solches Verfahren zu schaffen.

(4) Die Souveränität der Mitgliedstaaten

Eine die Rechtskraft beseitigende Wirkung hat das BVerfG auch aufgrund der Souveränität der Mitgliedstaaten verneint.[579] Das BVerfG griff damit in seiner Entscheidung die Souveränität der Mitgliedstaaten auf, um der Berücksichtigungspflicht der Urteile des EGMR einen Rahmen aufzuzeigen. Es betonte die Zugehörigkeit Deutschlands zu der Gemeinschaft von friedlichen und freiheitlichen Staaten. Es stellte aber klar, dass das Grundgesetz nicht bereit sei, die „im letzten Wort der deutschen Verfassung liegende Souveränität" aufzugeben.[580] Es bestünde kein Anlass zur Unterwerfung der deutschen Gerichtsbarkeit unter die Entscheidungen nicht deutscher Gerichte ohne Beachtung der verfassungsrechtlichen Grenzen. Die Verpflichtung zur Naturalrestitution treffe den verurteilten Mitgliedstaat nur, wenn das innerstaatliche Recht eine solche Möglichkeit vorsehe. Die Konvention selbst dürfe nicht in die innerstaatliche Rechtsordnung

577 *BVerfG*, Beschl. v. 14.10.2004, Az. 2 BvR 1481/04, Ziff. 55 – Görgülü.
578 *BVerfG*, Beschl. v. 14.10.2004, Az. 2 BvR 1481/04, Ziff. 55 – Görgülü.
579 *BVerfG*, Beschl. v. 14.10.2004, Az. 2 BvR 1481/04, Ziff. 36 – Görgülü.
580 *BVerfG*, Beschl. v. 14.10.2004, Az. 2 BvR 1481/04, Ziff. 35 – Görgülü.

eingreifen. Die innerstaatlichen Hoheitsträger seien jedoch an sie und die Entscheidungen des EGMR gebunden.[581]

Das BVerfG bestätigte damit, wie bereits bei *Pakelli*, die Bindungswirkung der Entscheidungen des Gerichtshofs. Ebenso bestätigte es, dass es selbst über die Wirkung des Völkerrechts im innerstaatlichen Recht entscheiden werde. Es werde nicht dem Völkerrecht den Vorrang gegenüber dem innerstaatlichen Recht einräumen. Das wird vor allem deutlich, wenn das Gericht von einem „letzten Wort der deutschen Verfassung" und von einer „Unterwerfung"[582] deutscher Entscheidungen unter Entscheidungen des EGMR spricht. Das assoziiert die Rechtsprechung des EGMR mit einem Kompetenzkampf und Machtverlust. Dabei dienen beide Gerichte der Durchsetzung und Effektivität des Schutzes der Grund- und Menschenrechte. Mit seiner deutlichen Wortwahl betont das BVerfG die Souveränität des einzelnen Staates und den Vorrang des innerstaatlichen Rechts.[583] Auch wenn die Entscheidung auf den ersten Blick offen und fortschrittlich wirkt, da das BVerfG erstmalig die Bindung der Mitgliedstaaten an die Urteile des EGMR bejaht. So zeigt sich an dieser Stelle, dass das BVerfG keine Eingriffe von außen toleriert. Es möchte selbst entscheiden, wie diese in das innerstaatliche Recht Eingang finden. Internationale Bestimmungen und Rechtsprechung sind innerstaatlich zu berücksichtigen. Das Völkerrecht hat aber keine unmittelbare innerstaatliche Wirkungskraft.[584]

---

581 *BVerfG*, Beschl. v. 14.10.2004, Az. 2 BvR 1481/04, Ziff. 45 – Görgülü.

582 *BVerfG*, Beschl. v. 14.10.2004, Az. 2 BvR 1481/04, Ziff. 36 – Görgülü. Das BVerfG hat bereits mit Beschluss vom 26.10.2004 eine Unterwerfung der deutschen Rechtsordnung unter die Völkerrechtsordnung abgelehnt; *BVerfG*, Beschl. v. 26.10.2004, Az. 2 BvR 955/00, 2 BvR 1038/01, Ziff. 94.

583 *Schilling*, Deutscher Grundrechtsschutz zwischen staatlicher Souveränität und menschenrechtlicher Europäisierung, S. 100.

584 Das BVerfG hat diese Ausführungen vor dem Hintergrund des Kräfteverhältnisses zwischen ihm und dem EGMR gemacht. Es hat aus taktischen Gründen eine Kompetenz des EGMR, seinen Urteilen unmittelbar innerstaatliche Wirkung beizumessen, abgelehnt. Das Verhältnis der beiden Gerichte war zum damaligen Zeitpunkt ein zentrales Problem. Beide Gerichte beschäftigten sich mit den gleichen Grundrechtsfragen, jedoch auf unterschiedlichen Entscheidungs-/Wertungsebenen. Spannungen in der Auslegung und Wertung der einzelnen Rechte waren da vorprogrammiert. Gemein war den Gerichten, dass ihre Entscheidungen auf der jeweiligen Ebene verbindlich sind. Die Entscheidungen des BVerfG sind auf der innerstaatlichen Ebene verbindlich, die Entscheidungen des Gerichtshofs sind auf der Völkerrechtsebene verbindlich. Das führte zwangsläufig zu der Frage, ob und in welchem Umfang die Entscheidungen der

(5) Die Grundrechte Dritter und entgegenstehendes Gesetzesrecht

Aus dem Beschluss des BVerfG geht zudem hervor, dass die Umsetzung der Entscheidungen des EGMR ebenfalls durch das deutsche Verfassungsrecht, die Grundrechte Dritter, oder entgegenstehendes Gesetzesrecht begrenzt ist.[585] Verstößt die Umsetzung der Urteile in Form der Wiederaufnahme des Verfahrens gegen dieses Recht, so sind die Entscheidungen des EGMR nicht zu befolgen. Diese Grenze wird vor allem dann überschritten, wenn in die Rechte einer Partei eingegriffen wird, die gar nicht Partei des Verfahrens vor dem EGMR war. Durch die Wiederaufnahme des Verfahrens wird eine Entscheidung aufgehoben, die für eine dritte und nicht am Verfahren vor dem EGMR beteiligte Partei vorteilhaft ist. Auch ist die Entscheidung bereits in Rechtskraft erwachsen. Die dritte Partei hat eventuell – mit Vertrauen auf den Inhalt der Entscheidung – bereits Maßnahmen ergriffen oder Investitionen getätigt. Für diese Partei ist zudem nicht nachvollziehbar, warum das Urteil des EGMR nun auch für sie Wirkung entfalten soll, wenn sie gar nicht Partei des Verfahrens vor dem EGMR war. Daher kann eine Wiederaufnahme nicht ohne Weiteres durchgeführt werden.

ddd) Zusammenfassung zu bb)

In seinem *Görgülü*-Beschluss hat das BVerfG im Ergebnis ein Urteil des EGMR in das innerstaatliche Recht umgesetzt und die EMRK im innerstaatlichen Recht berücksichtigt. Im Vergleich zu der *Pakelli*-Entscheidung handelt es sich bei der Entscheidung in der Sache *Görgülü* um eine sehr ausführliche Entscheidung. Das BVerfG beschäftigte sich darin nicht nur mit der Beantwortung der streitgegenständlichen Frage. Es stellte vielmehr klar, ob und in welchem Umfang die Entscheidungen des EGMR im innerstaatlichen Recht umgesetzt werden sollen. Der Beschwerdeführer war an das BVerfG herangetreten, um die Frage klären zu lassen, ob und inwiefern das OLG Naumburg die Entscheidung des EGMR umzusetzen habe. Ausgehend von dieser Fragestellung hat das BVerfG in seiner Entscheidung ausgeführt, ob es eine Pflicht zur Umsetzung der Urteile des Gerichtshofs gibt und worin die Grenzen einer solchen Pflicht liegen.

Gerichte aufeinander Einfluss nehmen. Mit dieser Entscheidung stellte das BVerfG klar, dass es gegenüber dem EGMR eine vorrangige Stellung besitzt.

585 *BVerfG*, Beschl. 14.10.2004, Az. 2 BvR 1481/04, Ziff. 62 – Görgülü.

Das BVerfG hat mit seinem *Görgülü*-Beschluss die deutsche Rechtsordnung dem Völkerrecht unter Einhaltung von bestimmten Grenzen geöffnet[586]. Im Ergebnis verneinte das BVerfG die Verpflichtung zur Wiederaufnahme des Verfahrens in Form der unmittelbaren Umsetzung der völkerrechtlichen Urteile, da es den Urteilen des EGMR keine die Rechtskraft beseitigende Wirkung zuschrieb. Damit bestätigte es, dass die Urteile des EGMR keine kassatorische, sondern lediglich deklaratorische Wirkung innehaben. Es entwickelte aber die Berücksichtigungspflicht der Urteile des EGMR und schaffte eine Möglichkeit, den Entscheidungen des EGMR größere Bedeutung zuzuschreiben. Die Mitgliedstaaten sind an die Urteile gebunden und haben diese so umzusetzen, dass die Verletzung beendet und der konventionskonforme Zustand wiederhergestellt wird. Gemäß dem Zustimmungsgesetz nach Art. 59 Abs. 2 GG sind das Konventionsrecht und die Rechtsprechung des EGMR als einfaches Bundesrecht Bestandteil des deutschen Rechts geworden. An dieses sind die innerstaatlichen Organe gemäß Art. 20 Abs. 3 GG gebunden. Jedoch haben die innerstaatlichen Organe die Urteile des Gerichtshofs nur zu berücksichtigen, sofern die Berücksichtigung nicht zu einem Verstoß gegen das innerstaatliche Recht führt. Ist eine Wiederaufnahme nach dem innerstaatlichen Recht möglich, so ist sie durchzuführen. Ist eine solche Möglichkeit nicht gegeben, muss das innerstaatliche Gericht in seiner Entscheidung erläutern, warum es die Urteile des EGMR nicht berücksichtigt. Sowohl die EMRK als auch die Entscheidungen des EGMR können nur insofern innerstaatliche Wirkung entfalten, als das deutsche Recht dies anordnet.

Damit ging das BVerfG einen Schritt weiter als in seiner Entscheidung *Pakelli*. Vor allem aber hat es sich in Teilen von seiner Auffassung in der Entscheidung *Pakelli* gelöst und diese modifiziert. So hat es sich von der Auffassung, Art. 41 EMRK stelle eine Ausschlussnorm zur Verpflichtung zur Naturalrestitution dar, abgewendet. Die Norm stelle vielmehr einen Beweis für das Ermessen der Mitgliedstaaten dar, wonach sie in der Wahl der Mittel zur Wiedergutmachung frei sind. Ferner ist das BVerfG in der Entscheidung *Görgülü* so weit gegangen, dass es Grenzen für die Berücksichtigungspflicht der Mitgliedstaaten gesetzt hat. Dabei handelt es sich um das Prinzip der Rechtssicherheit, die Souveränität der Staaten und das innerstaatliche Recht oder den feststellenden Charakter der Urteile des EGMR. Es machte deutlich, dass die Urteile des EGMR völkerrechtliche

586 Vgl. dazu *Schilling*, der von einer Öffnung unter Vorbehalt spricht, *Schilling*, Deutscher Grundrechtsschutz zwischen staatlicher Souveränität und menschenrechtlicher Europäisierung, S. 84 ff.

Pflichten begründen, die innerstaatlich umzusetzen sind. Ihre Berücksichtigung unterliegt aber den oben beschriebenen verfassungsrechtlichen sowie einfachgesetzlichen Grenzen.

Mit seinen Ausführungen zur Umsetzung der Urteile des EGMR hat das BVerfG zudem zum Verhältnis des nationalen und internationalen Rechts Stellung genommen und seine eigene Machtposition als Letztentscheidungsinstanz[587] gestärkt. Es stellte klar, dass es selbst bestimmt, inwiefern das Konventionsrecht und die Entscheidungen des EGMR in das innerstaatliche Recht Eingang finden.[588] Mit seinen Ausführungen sprach es eindeutig dem innerstaatlichen Recht Vorrang gegenüber dem Völkerrecht zu. Die Wirkung des Völkerrechts im innerstaatlichen Recht wird nur durch dieses selbst bestimmt. Daher folgt nach der Rechtsprechung des BVerfG aus der EMRK und der Rechtsprechung des EGMR keine unmittelbare Verpflichtung zur Wiederaufnahme des innerstaatlichen Verfahrens. Diese folgt vielmehr aus der Berücksichtigungspflicht der innerstaatlichen Organe, die wiederum Grenzen unterliegt.

cc) Zusammenfassung zu e)

In der Gesamtschau hat sich die Rechtsprechung des BVerfG zu der Frage, ob eine Verpflichtung zur Wiederaufnahme des Verfahrens und eine Rechtskraft durchbrechende Wirkung der Urteile des EGMR bestehen, in erheblichem Umfang entwickelt. In der *Pakelli*-Entscheidung hat das BVerfG eine Verpflichtung zur Wiederaufnahme mit der Begründung, eine Verpflichtung aus Art. 46 Abs. 1 EMRK sei durch die in Art. 41 EMRK enthaltene Regelung ausgeschlossen, verneint. Es hat jedoch offen gelassen, dass eine Verpflichtung bestehen kann, wenn ein so erheblicher Verstoß vorliegt, dass ein Festhalten an dem Urteil im Sinne der Rechtsstaatlichkeit nicht gerechtfertigt ist. Es hat den deutschen Gesetzgeber mittelbar aufgefordert, eine innerstaatliche Regelung zu schaffen, um solche Fälle zu beseitigen. In der Entscheidung *Görgülü* schloss sich das BVerfG zunächst seiner *Pakelli*-Rechtsprechung an. Es leitete dann jedoch die Verpflichtung zur Wiederaufnahme von Verfahren aus der Berücksichtigungspflicht der innerstaatlichen Organe her und verneinte den Ausnahmecharakter von Art. 41 EMRK und damit den Ausschluss der Verpflichtung zur Wiedergutmachung aus Art. 46 Abs. 1 EMRK. Es folgerte die Verpflichtung zur Wiederaufnahme

587 Vgl. dazu ausführlich *Schilling*, Deutscher Grundrechtsschutz zwischen staatlicher Souveränität und menschenrechtlicher Europäisierung, S. 78 ff.

588 Vgl. dazu ausführlich *Schilling*, Deutscher Grundrechtsschutz zwischen staatlicher Souveränität und menschenrechtlicher Europäisierung, S. 78 ff.

nicht aus dem Konventionsrecht, sondern aus dem deutschen Verfassungsrecht. Die Konvention sowie die Urteile des EGMR haben durch das Zustimmungsgesetz nach Art. 59 Abs. 2 GG Eingang in das innerstaatliche Recht gefunden. Als Bestandteil des deutschen Rechts geben sie eine Verpflichtung zur Wiederaufnahme des Verfahrens wieder. Diese haben die innerstaatlichen Organe zu berücksichtigen, sofern ihnen nicht höherrangiges innerstaatliches Recht entgegensteht. Die Entscheidung darüber, ob höherrangiges innerstaatliches Recht dem Konventionsrecht entgegensteht, behielt sich das BVerfG vor.[589]

Das BVerfG baute damit auf dem Fundament der Entscheidung *Pakelli* auf. Es griff die im Fall *Pakelli* ausgeführte Möglichkeit einer Verpflichtung in Ausnahmefällen auf und konstruierte eine Verpflichtung zur Wiederaufnahme des Verfahrens aus dem innerstaatlichen Recht, die jedoch wiederum den Grenzen des innerstaatlichen Rechts unterliegt.

Die Entscheidungen des BVerfG sind im Ergebnis zu begrüßen. Vor allem der Wandel seiner Rechtsprechung spiegelt wider, dass auch das BVerfG sich der zunehmenden Bedeutung des internationalen Völkerrechts nicht verschließen kann und dass eine strikte Ablehnung der Bedeutung der Urteile des EGMR für das innerstaatliche Recht und die innerstaatlichen Gerichte – wie durch das OLG Naumburg[590] geschehen – falsch und überholt ist. Deutschland hat sich als Völkerrechtssubjekt der Einhaltung der Rechte und Freiheiten aus der Konvention verpflichtet. Die Rechtsprechung erkennt eine völkerrechtliche Verpflichtung der Bundesrepublik aus Art. 46 Abs. 1 EMRK auch an. Danach hat der Mitgliedstaat die Konventionsverletzung zu beenden, wiedergutzumachen und Vorkehrungen zu treffen, die eine Wiederholung vermeiden. In der Wahl der Mittel dazu ist der Mitgliedstaat frei. Diese Verpflichtung führt aber nicht dazu, dass die Urteile des EGMR innerstaatliche Wirkung entfalten. Eine Verpflichtung zur Wiederaufnahme des Verfahrens folgt vielmehr aus dem deutschen Verfassungsrecht. Sich als innerstaatliches Gericht, den völkerrechtlichen Pflichten der Bundesrepublik zu verschließen und die Auffassung zu vertreten, die Pflichten betreffen die innerstaatlichen Organe der Bundesrepublik nicht, ist schwer verständlich. So sind doch auch die Organe als Vertreter des Bundes an Recht und Gesetz gebunden. Vor allem vor dem Hintergrund, dass die EMRK durch Art. 59 Abs. 2 GG als völkerrechtlicher Vertrag in das deutsche

589 Laut *Schilling* hat das BVerfG die Letztentscheidungsbefugnis inne, *Schilling*, Deutscher Grundrechtsschutz zwischen staatlicher Souveränität und menschenrechtlicher Europäisierung, S. 95.

590 *OLG Naumburg*, Beschl. v. 30.6.2004, Az. 14 WF 64/04.

Recht Einzug gefunden hat, stellt eine Missachtung dieses Rechts einen Verstoß gegen die Bindung an Recht und Gesetz nach Art. 20 Abs. 3 GG dar. Das hat das BVerfG in seiner Entscheidung berücksichtigt und klargestellt, dass die Organe des Staates als seine Vertreter an die völkerrechtlichen Pflichten gebunden sind und die EMRK und die Rechtsprechung des EGMR zu berücksichtigen haben. Es hat eine Verpflichtung aus der Berücksichtigungspflicht aufgrund der Bindung an Recht und Gesetz abgeleitet und eine Möglichkeit geschaffen, um dem Konventionsrecht zur innerstaatlichen Bedeutung zu verhelfen. Es wollte jedoch zu Recht nicht seine Machtposition aufgeben und der Rechtsprechung des EGMR ungehinderten Einzug in das innenstaatliche Recht erlauben. Dafür fehlt dem EGMR die Kompetenz. Daher hat es die Berücksichtigungspflicht nur zugelassen, wenn diese nicht gegen das innerstaatliche Recht verstößt. Zudem stehen einer solchen Wirkung verfassungs- und völkerrechtliche Grenzen entgegen. Diese hat das BVerfG richtigerweise ebenso in seiner Entscheidung ausgeführt. Es hat daher auch die Verpflichtung zur Wiederaufnahme von innerstaatlichen Verfahren nur unter Einhaltung des innerstaatlichen Rechts und der verfassungs- und völkerrechtlichen Grenzen erlaubt.

f) Zusammenfassung zu 1.

Das Recht auf richtigen Rechtsschutz nach der EMRK liegt in der Wahrung und Wiederherstellung eines konventionskonformen Zustandes. Liegt die Verletzung in einem innerstaatlichen Urteil, so ist das Verfahren wieder aufzunehmen. Dadurch wird der richtige Menschenrechtsschutz gewährt.

Die Verpflichtung zur Wiederaufnahme von Verfahren folgt aus Art. 46 Abs. 1 EMRK, da Art. 46 Abs. 1 EMRK die Wiedergutmachung in Form der Naturalrestitution verlangt. Die Mitgliedstaaten haben folglich den konventionsgemäßen Zustand wiederherzustellen, der ohne die Verletzung bestünde. Jedoch unterliegt die Verpflichtung verfassungs- und völkerrechtlichen Grenzen. Eine die innerstaatlichen Urteile aufhebende Wirkung würde die Kompetenzen des EGMR aus der EMRK überschreiten. Der EGMR kann grundsätzlich nur innerhalb der Kompetenzen handeln, die ihm die Mitgliedstaaten zugesprochen haben. Eine kassatorische Wirkung haben die Mitgliedstaaten dem EGMR und seinen Entscheidungen aber nicht zugesprochen. Die Urteile des Gerichtshofs sind deklaratorischer Natur und stellen die Verletzung der Konvention lediglich fest. Eine weitergehende Wirkung ist in der EMRK nicht vorgesehen.[591] Auch

591 Bereits *Schumann* bezeichnete die Individualbeschwerde als „nicht-kassatorische Beschwerde". Er sagte dazu: „Wenn ein Gesetz einem Gericht deutlich keine

steht die Wiederaufnahme des innerstaatlichen Verfahrens dem Grundsatz der Rechtssicherheit entgegen. Eine Durchbrechung der Rechtskraft des innerstaatlichen Urteils ist nur in bestimmten Ausnahmefällen möglich. Dafür bedarf es der Abwägung des Interesses an der Richtigkeit der Entscheidung und dem Interesse an dem Erhalt der Rechtssicherheit. Eine solche Abwägung kann aber nur der deutsche Gesetzgeber vornehmen. Zudem beachten die Konvention und der EGMR selbst den Grundsatz der Rechtssicherheit. Ein Zuwiderhandeln würde zu einem widersprüchlichen Verhalten führen. Ferner steht einer unmittelbaren innerstaatlichen Wirkung der Urteile des EGMR die Souveränität der Mitgliedstaaten entgegen, weil das Völkerrecht mit einer Wiederaufnahme unmittelbar in das innerstaatliche Recht eingreifen und diese verletzen würde.

Die Rechtsprechung des EGMR bestätigt diese Verpflichtung und die bestehenden Grenzen. Der EGMR gibt den Mitgliedstaaten in seinen Urteilen die Wiederaufnahme des Verfahrens als angemessenes oder gar angemessenstes Mittel vor, damit diese ihre Pflicht aus Art. 46 Abs. 1 EMRK erfüllen können. Damit bejaht er die völkerrechtliche Verpflichtung zur Wiederaufnahme des Verfahrens aus Art. 46 Abs. 1 EMRK und hebt die Pflicht zur Naturalrestitution hervor. Jedoch haben seine Anordnungen keine verbindliche Wirkung. Seine Ausführungen dazu sind sehr vorsichtig und allgemein in den Entscheidungsgründen und nicht im Tenor der Entscheidung formuliert. Zudem knüpft er an die Wiedergutmachung Bedingungen. Dadurch hat sein Ausspruch lediglich einen empfehlenden Charakter. Diese Vorgehensweise wirkt nicht konsequent und geeignet, um einen effektiven Rechtsschutz nach der EMRK zu gewähren. Jedoch formuliert der EGMR seine Entscheidungen unter Berücksichtigung der bestehenden Grenzen. Eine Überschreitung der verfassungs- und völkerrechtlichen Grenzen würde die Glaubwürdigkeit des Gerichtshofs infrage stellen und dazu führen, dass die Mitgliedstaaten die Urteile des EGMR gar nicht mehr beachten. Sie würden sich nicht mehr an ihre völkerrechtliche Verpflichtung halten, wenn der EGMR seine völkerrechtlichen Befugnisse überschreitet. Eine effektive Umsetzung des Menschenrechtsschutzes wäre demnach nicht mehr möglich. Es ist sinnvoller den effektiven Menschenrechtsschutz mit kleinen Schritten voranzubringen, anstatt über die Grenzen hinauszuschießen und das Ziel in hohem Bogen zu verfehlen.

---

kassatorische Befugnis gibt, (…), spricht alles dagegen, dass das Gericht auf dem Umweg der Feststellung diese kassatorische Funktion doch ausübt.“, *Schumann*, Verfassungs- und Menschenrechtsbeschwerde gegen richterliche Entscheidungen, S. 271, 285.

Auch das BVerfG hat eine völkerrechtliche Verpflichtung Deutschlands aus Art. 46 Abs. 1 EMRK anerkannt. Danach hat der Mitgliedstaat die Konventionsverletzung zu beenden, wiedergutzumachen und Vorkehrungen zu treffen, die eine Wiederholung vermeiden. Diese Verpflichtung führt aber nicht dazu, dass die Urteile des EGMR innerstaatliche Wirkung entfalten. Das BVerfG hat die Verpflichtung zur Wiederaufnahme des Verfahrens vielmehr in Form der Berücksichtigungspflicht aus dem innerstaatlichen Recht abgeleitet. Aber auch diese Pflicht unterliegt der Einhaltung von Grenzen. So sind der Mitgliedstaat und seine hoheitlichen Organe innerstaatlich nicht nur an das einfache Bundesrecht in Form der Konvention gebunden, sondern auch an das diesen Normen entgegenstehende innerstaatliche Recht. Auch stehen der Pflicht die verfassungs- und völkerrechtlichen Grenzen entgegen. Die Verpflichtung zur Wiederaufnahme des Verfahrens besteht daher nur unter Beachtung dieser Grenzen und unter Einhaltung des innerstaatlichen Rechts.

Dass die Wiederaufnahme des Verfahrens nach dem innerstaatlichen Recht erfolgen soll, macht auch Art. 41 EMRK deutlich. Er zeigt den Vorrang der Wiedergutmachung in Form der Naturalrestitution auf. Wenn eine Wiederaufnahme des Verfahrens nach dem innerstaatlichen Recht möglich ist, spricht der EGMR dem Beschwerdeführer grundsätzlich keine gerechte Entschädigung im Sinne von Art. 41 EMRK zu. Eine solche ist dann nicht mehr erforderlich, da die Wiederaufnahme des Verfahrens die Verletzung im Sinne der *restitutio in integrum* beseitigt. Art. 41 EMRK wird demnach nur einschlägig, wenn eine Wiederaufnahme nach den innerstaatlichen Regelungen nicht möglich ist. Im Umkehrschluss bedeutet das: Sieht das innerstaatliche Recht eine Wiederaufnahme des Verfahrens vor, so liegt die Verpflichtung zur Wiederaufnahme des Verfahrens vor.

Art. 41 EMRK stellt zudem keineswegs einen Ausschluss der Verpflichtung zur Wiederaufnahme des Verfahrens aus Art. 46 Abs. 1 EMRK dar. Er modifiziert vielmehr die Verpflichtung, indem sie besteht, wenn das innerstaatliche Recht eine solche Regelung vorsieht. Art. 41 EMRK regelt den Fall, dass das innerstaatliche Recht keine vollständige Wiedergutmachung gewährt. Darin sehen Meinungen aus der Literatur und Rechtsprechung eine Beschränkung der Verpflichtung zur Naturalrestitution. Jedoch kann die Verpflichtung zur Naturalrestitution nicht ausgeschlossen werden, da sie von dem verurteilten Mitgliedstaat vorrangig zu erfüllen ist. Dieser hat primär Wiedergutmachung zu leisten, d.h. die Konventionsverletzung und ihre Folgen zu beseitigen und den konventionskonformen Zustand wiederherzustellen. Im Fall eines konventionswidrigen Urteils ist das durch eine Wiederaufnahme des Verfahrens möglich. Art. 41 EMRK gibt dem Mitgliedstaat nicht die Möglichkeit zwischen der

Wiedergutmachung im Sinne der *restitutio in integrum* und der Entschädigung zu wählen. Ansonsten würde die Pflicht zur Wiedergutmachung ausgehebelt werden, weil der Mitgliedstaat den leichteren Weg, die Entschädigungszahlung, wählen würde. Diese führt aber nicht zur Wiedergutmachung im Sinne der *restitutio in integrum*. Art. 41 EMRK dient daher lediglich als Kompensation für eine unvollständige Wiedergutmachung.

Es besteht folglich eine völkerrechtliche Verpflichtung zur Wiederaufnahme des Verfahrens aus Art. 46 Abs. 1 EMRK. Ferner folgt eine Verpflichtung zur Wiederaufnahme auch aus dem deutschen Verfassungsrecht, aus der Bindung an Gesetz und Recht aus Art. 20 Abs. 3 GG. Die Rechtsprechung des EGMR und des BVerfG hat eine solche Verpflichtung auch bestätigt. Die Verpflichtung unterliegt jedoch den oben bezeichneten verfassungs- und völkerrechtlichen Grenzen und besteht, soweit das innerstaatliche Recht eine solche Maßnahme erlaubt. Der verurteilte Mitgliedstaat muss innerhalb des innerstaatlich Möglichen und unter Beachtung der Grenzen des Völker- und Verfassungsrechts aktiv werden, um die Anforderungen an den richtigen Menschenrechtsschutz zu erfüllen.

2. Die Umsetzung der Anforderungen an den richtigen Rechtsschutz im innerstaatlichen Recht

Der Wiederaufnahme des Verfahrens kommt im Rechtsschutzsystem der EMRK große Bedeutung zu. Eine völkerrechtliche Pflicht zur Wiederaufnahme des Verfahrens stellt ein sinnvolles Instrument dar, um die Mitgliedstaaten zur Beachtung der Urteile des EGMR bei allen innerstaatlichen Hoheitsträgern aufzufordern und dem Menschenrechtsschutz zu mehr Effektivität zu verhelfen. Zur Erfüllung dieser Verpflichtung hat die Bundesrepublik die innerstaatlichen Prozessordnungen um einen Wiederaufnahmegrund ergänzt. So hat sie zunächst im Strafprozessrecht einen Wiederaufnahmegrund aufgenommen. Dieser sieht vor, dass das innerstaatliche Verfahren wieder aufgenommen wird, wenn der EGMR eine Konventionsverletzung festgestellt hat und das innerstaatliche Urteil auf dieser Verletzung beruht. Erst Jahre nach dessen Einführung hat sie einen solchen Wiederaufnahmegrund auch für den Zivilprozess geregelt. Ob diese Ergänzungen den Anforderungen an den richtigen Rechtsschutz nach der EMRK genügen, wird im Folgenden untersucht.

a) Die Regelungen über die Wiederaufnahme des Verfahrens im innerstaatlichen Recht

Aufgrund des *Pakelli-Beschlusses* des BVerfG[592] wurde 1998 mit § 359 Nr. 6 StPO[593] eine Möglichkeit zur Wiederaufnahme rechtskräftig abgeschlossener Verfahren im Strafprozessrecht geschaffen. § 359 Nr. 6 StPO lautet: „Die Wiederaufnahme eines durch rechtskräftiges Urteil abgeschlossenen Verfahrens zugunsten des Verurteilten ist zulässig (…) 6. wenn der Gerichtshof für Menschenrechte eine Verletzung der Europäischen Konvention zum Schutze der Menschenrechte und Grundfreiheiten oder ihrer Protokolle festgestellt hat und das Urteil auf dieser Verletzung beruht.“. Im Zivilprozessrecht wurde diese Möglichkeit im Rahmen des Zweiten Gesetzes zur Modernisierung der Justiz im Januar 2007 mit § 580 Nr. 8 ZPO[594] eingeführt. § 580 Nr. 8 ZPO lautet: „Die Restitutionsklage findet statt (…) 8. wenn der Europäische Gerichtshof für Menschenrechte eine Verletzung der Europäischen Konvention zum Schutz der Menschenrechte und Grundfreiheiten oder ihrer Protokolle festgestellt hat und das Urteil auf dieser Verletzung beruht.“.

Beide Regelungen sind vom Wortlaut identisch. Danach ist die Wiederaufnahme des Verfahrens möglich, wenn der EGMR eine Konventionsverletzung festgestellt hat und das Urteil auf dieser Verletzung beruht. Aufgrund von zahlreichen Verweisen auf die ZPO wirkt sich die Erweiterung der Wiederaufnahmegründe auch auf andere Prozessordnungen, wie beispielsweise § 79 ArbGG, § 179 SGG, § 134 FGO oder § 153 VwGO, aus.[595]

Die Wiederaufnahmegründe stellen eine innerstaatliche Rechtsschutzmöglichkeit bei einer festgestellten Konventionsverletzung durch den EGMR dar und verhelfen der Rechtsprechung des EGMR und damit auch der EMRK zu mehr Geltung.[596] Sie sollen die Verpflichtung aus Art. 46 Abs. 1 EMRK erfüllen.[597] Konventionsverletzungen, die auf einem bereits rechtskräftigen innerstaatlichen Urteil beruhen, können nun behoben werden.[598] Der Menschenrechtsschutz

---

592 *BVerfG*, Beschl v. 11.10.1985, Az. 2 BvR 336/85.
593 BGBl. 1998 I, 1802.
594 BGBl. 2006 I, 3421.
595 BT-Drs. 16/3038, S. 25; vgl. BR-Drs. 550/06, S. 80; *Jacobs*, in: Stein/Jonas, ZPO, § 580 Rn. 41.
596 Vgl. *VG Köln*, Urt. v. 13.5.2014, Az. 7 K 254/13, Ziff. 37.
597 *VG Köln*, Urt. v. 13.5.2014, Az. 7 K 254/13, Ziff. 38.
598 *v. Preuschen*, Die Modernisierung der Justiz, ein Dauerthema, NJW 2007, 321, 323.

wird durch diese innerstaatlichen Regelungen für den Beschwerdeführer augenscheinlich effektiver.

aa) Das Spannungsverhältnis zwischen der Rechtssicherheit und der materiellen Gerechtigkeit und Richtigkeit

Doch das war nicht immer so. Lange Zeit existierten für den Fall einer Konventionsverletzung keine Wiederaufnahmegründe. Das ist darauf zurückzuführen, dass dem Institut der Wiederaufnahme grundsätzlich der verfassungsrechtliche Grundsatz der Rechtssicherheit und des Rechtsfriedens sowie die Unabhängigkeit der Justiz entgegensteht. *Pache* und *Bielitz* bezeichneten das als Spannungsverhältnis zwischen dem Rechtsfrieden und der Rechtssicherheit und der materiellen Gerechtigkeit und Richtigkeit von Entscheidungen.[599] Die Wiederaufnahme eines Verfahrens führt zur Durchbrechung der Rechtskraft des innerstaatlichen Urteils.[600] Eine solche Durchbrechung ist jedoch nicht ohne Weiteres möglich. Das Prinzip der Rechtskraft steht ihr entgegen. Es resultiert aus dem Grundsatz der Rechtssicherheit und des Rechtsfriedens, welcher ein wesentlicher Bestandteil des Rechtsstaats[601] und ein „unschätzbares Gut"[602] ist. Ziel dieses Grundsatzes ist im Interesse der Allgemeinheit, die im Rechtsverkehr erforderliche Sicherheit über die bestehende Rechtslage zu gewährleisten. Aber auch das individuelle Interesse muss Beachtung finden. Nach Abschluss eines Rechtsstreits müssen für die Parteien das Ergebnis des Verfahrens und die daraus resultierenden wirtschaftlichen und persönlichen Folgen klar erkennbar sein. Die Parteien müssen auf den Erhalt dieser Entscheidung vertrauen dürfen. Zudem müssen Gerichtsverfahren im Sinne der Rechtssicherheit einmal ein Ende finden.[603] Es ist mit dem Grundsatz unvereinbar, wenn Urteile unbegrenzt infrage gestellt und überprüft werden können. Das widerspricht auch

---

599 *Pache/Bielitz*, DVBl. 2006, 325, 325; vgl. *Hunke*, in: Baumbach/Lauterbach/Albers/Hartmann, ZPO-Kommentar, Vor § 578 Rn. 2.

600 *Braun/Heiß*, in: MüKo-ZPO, Bd. 2, § Vor § 578 Rn. 1; *Hopfgarten*, Die materielle Rechtskraft im Zivilprozess, S. 67.

601 *BVerfG*, Urt. v. 1.7.1953, Az. 1 BvL 23/51, Ziff. 81; *BGH*, Beschl. v. 19.3.1999, Az. 2 Ars 109/99, 2 Ars 109/99 – 2 AR 26/99, Ziff. 5.

602 *Becker*, in: Baumbach/Lauterbach/Albers/Hartmann, ZPO-Kommentar, Einl. III Rn. 43.

603 *BVerfG*, Urt. v. 1.7.1953, Az. 1 BvL 23/51, Ziff. 81, *BVerfG*, Beschl. v. 30.4.2003, Az. 1 PBvU 1/02, Ziff. 18; so auch *Braun*, Lehrbuch des Zivilprozessrechts, S. 898; *Gaul*, Die Grundlagen des Wiederaufnahmerechts, S. 35; Zu der Gefahr eines nie enden wollenden Verfahren vgl. *Savigny*, System des heutigen römischen Rechts, Bd. 6, S. 259 f.

der Autorität des Staates.[604] Ein Richterspruch muss irgendwann verbindlich und unanfechtbar werden, andernfalls führt das zu einem Ansehensverlust der Gerichte.[605] Aus diesen Gründen hat der Gesetzgeber das Prinzip der materiellen Rechtskraft geschaffen. Im Grundsatz gibt er ihm gegenüber der Gerechtigkeit den Vorrang[606], da sich ein Verstoß gegen die materielle Gerechtigkeit und Richtigkeit einer Entscheidung leichter überwinden lässt, als ein Verstoß gegen die Rechtssicherheit und die damit einhergehende Rechtsunsicherheit.[607]

Trotz zahlreicher, in den Prozessordnungen normierter, Rechtsmittel sind jedoch fehlerhafte oder unrichtige Entscheidungen möglich. Für den Fall, dass eine „unrichtige" Entscheidung ergangen ist, steht das Interesse des Einzelnen (Prozessgegners) am Erlass einer materiell richtigen Entscheidung dem Interesse der Allgemeinheit an der Rechtssicherheit und dem Erhalt der Entscheidung entgegen. Wird ein Verfahren im Interesse der materiellen Gerechtigkeit und Richtigkeit wieder aufgenommen, so wird das Prinzip der Rechtskraft durchbrochen, was zu den aufgeführten Unsicherheiten und einem nie enden wollenden Streit führen kann. Da der Gesetzgeber aber um diese Probleme wusste, hat er das Wiederaufnahmeverfahren streng begrenzt und an bestimmte Voraussetzungen geknüpft[608].[609] Nur das Vorliegen besonders grober Verstöße gegen die materielle Gerechtigkeit rechtfertigt die Durchbrechung der Rechtskraft.[610] Denn es entspricht auch nicht dem Rechtsstaatsprinzip, an so gravierenden Mängeln leidende Entscheidungen aufrechtzuerhalten.[611] Das oben bezeichnete Spannungsverhältnis hat der Gesetzgeber folglich dadurch gelöst, dass er im

---

604 *Braun*, Lehrbuch des Zivilprozessrechts, S. 898 m.w.N.; *Gaul*, Die Grundlagen des Wiederaufnahmerechts, S. 49.

605 *Braun*, Lehrbuch des Zivilprozessrechts, S. 898; *Gaul*, Die Grundlagen des Wiederaufnahmerechts, S. 49.

606 *Hopfgarten*, Die materielle Rechtskraft im Zivilprozess, S. 19.

607 *Becker*, in: Baumbach/Lauterbach/Albers/Hartmann, ZPO-Kommentar, Einl. III Rn. 43; *Hopfgarten*, Die materielle Rechtskraft im Zivilprozess, S. 14.

608 *BGH*, Urt. v. 26.6.1952, Az. IV ZR 222/51 = BGHZ 6, 354, 355; *Braun*, Rechtskraft und Restitution II, S. 29; *Kühne*, Strafprozessrecht, Rn. 1106.

609 Damit wollte der Gesetzgeber auch verhindern, dass die Wiederaufnahme zu einer dritten oder vierten Instanz heranwächst und zur Regel wird, so *Kühne*, Strafprozessrecht, Rn. 1106.

610 *Kühne*, Strafprozessrecht, Rn. 1106; *Hopfgarten*, Die materielle Rechtskraft im Zivilprozess, S. 19; vgl. *BGH*, Beschl. v. 19.3.1999, Az. 2 Ars 109/99, 2 Ars 109/99 – 2 AR 26/99, Ziff. 5, 7.

611 *Gaul*, Die Grundlagen des Wiederaufnahmerechts, S. 74.

Interesse der Rechtskraft die Wiederaufnahme eines Verfahrens nur als „Ausnahme“[612] zugelassen hat.

bb) Die Lage in Deutschland vor Einführung der neuen Wiederaufnahmegründe – Analoge Anwendung bestehender Wiederaufnahmegründe

Vor Schaffung der oben genannten Wiederaufnahmegründe bestand in den innerstaatlichen Prozessordnungen keine Möglichkeit, um ein rechtskräftiges innerstaatliches jedoch konventionswidriges Urteil aufzuheben und neu zu verhandeln. Hatte ein Beschwerdeführer vor dem EGMR eine für ihn vorteilhafte Entscheidung erwirkt (Feststellung der Konventionsverletzung) und war diese rechtskräftig geworden, so hatte diese Entscheidung innerhalb von Deutschland – mangels kassatorischer Wirkung – keine rechtlichen Auswirkungen. Trotz des Urteils des Gerichtshofs blieb die konventionswidrige Entscheidung auf innerstaatlicher Ebene bestehen. Dem Urteil des EGMR stand die Rechtskraft der innerstaatlichen Entscheidung entgegen. Sie wurde durch das Urteil des Gerichtshofs nicht durchbrochen. Für den Betroffenen gab es im innerstaatlichen Recht keine Möglichkeit, gegen das konventionswidrige Urteil vorzugehen und die Verletzung zu beseitigen. Der konventionswidrige Zustand blieb bestehen. Aus diesem Grund wurde eine Lösung für dieses Problem in der analogen Anwendung der vorhandenen innerstaatlichen Wiederaufnahmegründe gesucht.[613] So wurde versucht, den Wiederaufnahmegrund aus § 79 Abs. 1 BVerfGG analog anzuwenden.[614] § 79 Abs. 1 BVerfGG sieht einen Wiederaufnahmegrund gegen ein rechtskräftiges Strafurteil vor, das auf einer verfassungswidrigen Norm beruht.[615] Sobald das BVerfG die Verfassungswidrigkeit eines

---

612 *Gaul*, Die Grundlagen des Wiederaufnahmerechts, S. 5, S. 35 ff.; vgl. *Braun/Heiß*, in: MüKo-ZPO, Bd. 2, § Vor § 578 Rn. 1.

613 Bspw. *Schumann* befürwortete die rechtsanaloge Anwendung der vorhandenen Wiederaufnahmevorschriften. Damit sollte dem Beschwerdeführer die Wiederaufnahme gegen ein konventionswidriges Urteil ermöglicht werden. Als Grund für die analoge Anwendung nannte er die völkerrechtliche Verpflichtung der Bundesrepublik, konventionswidrige Entscheidungen zu beseitigen, *Schumann*, Verfassungs- und Menschenrechtsbeschwerde gegen richterliche Entscheidungen, S. 64.

614 Zur Analogie von § 79 Ab. 1 BVerfGG siehe detaillierter *Bajohr*, Die Aufhebung rechtsfehlerhafter Strafurteile im Wege der Wiederaufnahme, S. 23 ff.; *Bausback*, Keine Wiederaufnahme nach EGMR-Urteil, NJW 1999, 2483, 2483 f.

615 *Bajohr*, Die Aufhebung rechtsfehlerhafter Strafurteile im Wege der Wiederaufnahme, S. 22.

Gesetzes feststellt, ist dieses Gesetz nicht mehr anwendbar. Strafurteile, die auf einem solchen Gesetz beruhen, sind dann rechtswidrig und aufzuheben.[616] Eine analoge Anwendung von § 79 Abs. 1 BVerfGG auf Fälle einer Konventionsverletzung war in der Literatur umstritten und wurde im Ergebnis verneint.[617] *Pestalozza* verneinte eine Analogie von § 79 Abs. 1 BVerfGG mit der Begründung, dies sei Aufgabe des Gesetzgebers. Solange er eine Wiederaufnahme nicht explizit vorsehe, sei eine solche nicht gewollt. Auch verhindere der Ausnahmecharakter der Wiederaufnahme eine Analogie. Diese würde ansonsten das in Abs. 1 festgelegte Prinzip aufheben.[618] Zudem sprach der Geltungsrang der Konvention in der Bundesrepublik gegen eine solche Anwendung. § 79 Abs. 1 BVerfGG ist auf Verstöße gegen das Verfassungsrecht anwendbar. Da die EMRK im Rang eines einfachen Bundesgesetzes steht, sind Verstöße gegen die Konvention nicht von § 79 Abs. 1 BVerfGG gedeckt.[619] Eine Analogie setzte darüber hinaus eine planwidrige Regelungslücke mit vergleichbarer Interessenlage voraus. Im vorliegenden Fall lag weder eine planwidrige Regelungslücke des deutschen Gesetzgebers noch eine vergleichbare Interessenlage zwischen Entscheidungen des BVerfG und des EGMR vor. So bestand keine planwidrige Regelungslücke des Gesetzgebers, lediglich die Entscheidungen des BVerfG und nicht die Entscheidungen des EGMR als Wiederaufnahmegrund anzusehen.[620] § 79 Abs. 1 BVerfGG wurde durch das Gesetz vom 21. Dezember 1970[621] erweitert. Dabei hatte der Gesetzgeber explizit keine Regelung getroffen, die eine Wiederaufnahme für den Fall, dass Urteile durch den EGMR für konventionswidrig erklärt werden, umfasst, obwohl das Problem der Wiederaufnahme aufgrund eines Feststellungsurteils des EGMR bereits zum Zeitpunkt der Erweiterung diskutiert wurde.[622] Das zeigt, dass der deutsche Gesetzgeber eine solche Erweiterung der Regelung in

---

616 *Bajohr*, Die Aufhebung rechtsfehlerhafter Strafurteile im Wege der Wiederaufnahme, S. 24.

617 Eine analoge Anwendung ablehnend *Pestalozza*; seiner Auffassung nach sei § 79 Abs. 1 BVerfGG aufgrund seines Ausnahmecharakters eng auszulegen und könne nicht analog angewendet werden, *Pestalozza*, Verfassungsprozessrecht, V § 20 Rn. 75 und 80. Eine analoge Anwendung bejahend *Wagner*, *Wagner*, Wiederaufnahmeverfahren bei rechtskräftiger Zweitverurteilung von Ersatzdienstverweigerern, JuS 1970, 380, 382.

618 *Pestalozza*, Verfassungsprozessrecht, V § 20 Rn. 75 und 80.

619 *BVerwG*, Beschl. vom 4.6.1998, Az. 2 DW 3/97, Ziff. 7.

620 *OVG Lüneburg*, Beschl. v. 24.2.1998, Az. 2 NDH M 13/96, Ziff. 30.

621 BGBl. I S. 1765.

622 Vgl. *Schumann*, Menschenrechtskonvention und Wiederaufnahme des Verfahrens, NJW 1964, 753, 753 ff.

§ 79 Abs. 1 BVerfGG bewusst unterlassen[623] und die Erweiterung ausdrücklich auf Entscheidungen des BVerfG begrenzt hat. Eine planwidrige Regelungslücke lag somit nicht vor. Auch lag keine vergleichbare Interessenlage vor. Die Entscheidungen des BVerfG haben weit umfangreichere Wirkungen als die des EGMR. Das BVerfG kann die verfassungswidrigen innerstaatlichen Hoheitsakte für nichtig erklären, bzw. aufheben oder ändern. Das kann der EGMR mit seinen Entscheidungen nicht. Die Mitgliedstaaten haben dem EGMR eine solche Befugnis in das innerstaatliche Recht verwehrt.[624]

Darüber hinaus wurde die Wiederaufnahme eines innerstaatlichen Strafurteils über den Grund aus § 359 Nr. 5 StPO versucht. § 359 Nr. 5 StPO lautet: „Die Wiederaufnahme eines durch rechtskräftiges Urteil abgeschlossenen Verfahrens zugunsten des Verurteilten ist zulässig, (…) 5. wenn neue Tatsachen oder Beweismittel beigebracht sind, die allein oder in Verbindung mit den früher erhobenen Beweisen die Freisprechung des Angeklagten oder in Anwendung eines milderen Strafgesetzes eine geringere Bestrafung oder eine wesentlich andere Entscheidung über eine Maßregel der Besserung und Sicherung zu begründen geeignet sind,". Eine erweiterte Auslegung von § 359 Nr. 5 StPO hat das BVerfG in seinem *Pakelli*-Beschluss[625] jedoch mit der Begründung verneint, der Gesetzgeber habe eine Erweiterung der Wiederaufnahmemöglichkeiten bewusst unterlassen. Es fehle bereits an einer für die Analogie erforderlichen planwidrigen Regelungslücke.[626] Die analoge Anwendung von § 359 Nr. 5 StPO auf die Feststellung einer Konventionsverletzung durch den EGMR wurde zudem aufgrund der Rechtsprechung des BVerfG im Schrifttum abgelehnt.[627]

Auch der Versuch, die im Zivilprozessrecht enthaltene Regelung in § 580 Nr. 6 oder Nr. 7 lit. a oder lit. b ZPO analog auf Fälle von konventionswidrigen Urteilen anzuwenden, scheiterte.[628] Ein Wiederaufnahmegrund im Sinne

---

623 *OVG Lüneburg*, Beschl. v. 24.2.1998, Az. 2 NDH M 13/96, Ziff. 31; so auch *Polakiewicz*, Die Verpflichtungen der Staaten aus den Urteilen des EGMR, S. 129.

624 *OVG Lüneburg*, Beschl. v. 24.2.1998, Az. 2 NDH M 13/96, Ziff. 32 m.V.a. *Polakiewicz*, Die Verpflichtungen der Staaten aus den Urteilen des EGMR, S. 16 ff.

625 *BVerfG*, Beschl. v. 11.10.1985, Az. 2 BvR 336/85 – Pakelli; *OLG Stuttgart*, Beschl. v. 13.2.1985, Az. 1 Ws 19/85.

626 *BVerfG*, Beschl. v. 11.10.1985, Az. 2 BvR 336/85, Ziff. 5 – Pakelli.

627 *Kühl*, Der Einfluß der Europäischen Menschenrechtskonvention auf das Strafrecht und Strafverfahrensrecht der Bundesrepublik Deutschland (Teil I), ZStW 100 (1988), 406, 424.

628 In der Literatur wurde eine Analogie dieser Normen teilweise bejaht: *Schlosser*, Das völkerrechtswidrige Urteil nach deutschem Prozessrecht, ZZP (79) 1966, 164, 186 ff.; vgl. *Schumann*, Verfassungs- und Menschenrechtsbeschwerde gegen richterliche

von § 580 Nr. 6 ZPO lag im Fall eines Feststellungsurteils des EGMR nicht vor. Die Voraussetzungen von § 580 Nr. 6 ZPO waren nicht erfüllt. Die Norm setzt drei Urteile voraus. Dabei handelt es sich um das präjudizielle Urteil, das angegriffene Urteil, welches auf dem Erstgenannten beruht, sowie das rechtskräftige Urteil, welches das Erstgenannte aufhebt.[629] Durch die Entscheidung des EGMR kann kein präjudizielles innerstaatliches Urteil aufgehoben werden, auf welchem das wieder aufzunehmende Urteil beruht.[630] Denn die Urteile des EGMR haben keine kassatorische Wirkung und können keine innerstaatlichen Urteile aufheben. Auch § 580 Nr. 7 lit. b ZPO war nicht anwendbar, da die Entscheidung des EGMR keine Urkunde darstellt, die im Zeitpunkt erstellt wurde, in dem sie im Vorprozess noch hätte benutzt werden können.[631] Auch war nicht sicher, ob sie geeignet wäre, eine günstigere Entscheidung zugunsten des Beschwerdeführers herbeizuführen.[632] Der Versuch § 580 Nr. 7 lit. b ZPO bei der Feststellung einer Konventionsverletzung durch den EGMR analog anzuwenden, wurden von der Rechtsprechung abgelehnt.[633] Auch das BVerfG hat eine analoge Anwendung von § 580 Nr. 7 lit. b ZPO im Ergebnis verneint.[634]

Mangels analoger Anwendung der bestehenden Wiederaufnahmegründe konnten die Entscheidungen des EGMR nicht effektiv umgesetzt werden. Die Konventionsverletzung blieb bestehen. Eine Wiedergutmachung war nur in Form einer gerechten Entschädigung gemäß Art. 41 EMRK möglich. Diese konnte die Konventionsverletzung jedoch nicht in jedem Fall vollständig kompensiert, sodass der Menschenrechtsschutz nur zum Teil effektiv gewährt werden konnte. Das Recht auf richtigen Rechtsschutz scheiterte am innerstaatlichen Recht.

Entscheidungen, S. 324 ff.; *ders.*, Menschenrechtskonvention und Wiederaufnahme des Verfahrens, NJW 1964, 753, 753; *Braun*, in: MüKo-ZPO, Bd. 2, 5. Aufl., Vorb. § 578 Rn. 37. Die überwiegende Meinung lehnte eine analoge Anwendung jedoch ab: *OLG Dresden*, Beschl. v. 1.4.2004, Az. 16 U 0297/04, 16 U 297/04; *OLG Brandenburg*, Urt. v. 9.6.2004, Az. 4 U 34/04; *OLG Brandenburg*, Urt. v. 9.3.2005, Az. 4 U 154/04; *Gaul*, Die Grundlagen des Wiederaufnahmerechts, S. 25 ff.; *Reinkenhof*, Auswirkungen des EGMR-Urteils zur Bodenreform auf rechtskräftig abgeschlossene gerichtliche Verfahren, NJ 2004, 250, 252.

629 *Greger*, in: Zöller, ZPO, § 580 Rn. 13.

630 Vgl. *OLG Dresden*, Beschl. v. 1.4.2004, Az. 16 U 0297/04, 16 U 297/04.

631 *Greger*, in: Zöller, ZPO, § 580 Rn. 16a.

632 Vgl. *OLG Dresden*, Beschl. v. 1.4.2004, Az. 16 U 0297/04, 16 U 297/04.

633 *OLG Dresden*, Beschl. v. 1.4.2004, Az. 16 U 0297/04, 16 U 297/04.

634 *BVerfG*, Beschl. v. 17.8.2004, Az. 1 BvR 1493/04.

Die Schaffung eines entsprechenden Wiederaufnahmegrundes fand daher bereits früh viele Befürworter.[635] Bereits *Bernhardt* bezeichneten die in § 580 ZPO genannten Gründe als „zu eng begrenzt" und „willkürlich herausgegriffen"[636]. Es gebe eine Vielzahl von Fällen, die die materielle Gerechtigkeit ebenso schwer belasten, wie die in § 580 ZPO genannten Fälle. Daher sei es folgerichtig diese zu erweitern und eine Überprüfung der rechtskräftigen Entscheidung zuzulassen, wenn die Rechtskraft die Gerechtigkeit erheblich belastet sei.[637] Auch *Schumann* befürwortete eine Wiederaufnahme für den Fall, dass der EGMR eine Konventionsverletzung in einem innerstaatlichen Urteil festgestellt hat, damit „nicht das menschenrechtswidrige Urteil vollstreckt oder sonst Rechtsfolgen aus ihm abgeleitet werden"[638].[639] Es dauerte jedoch noch einige Jahre und bedurfte noch einiger „Anregungen" durch die Urteile des Gerichtshofs und durch die Empfehlungen des Ministerkomitees, bis ein entsprechender Grund in die innerstaatlichen Prozessordnungen aufgenommen wurde.

cc) Die Lage in Deutschland mit Einführung der neuen Wiederaufnahmegründe

Heute besteht die Möglichkeit, gegen eine innerstaatliche konventionswidrige Entscheidung vorzugehen. Hat der Beschwerdeführer den Rechtsweg vor dem EGMR erfolgreich bestritten und eine Feststellung der Konventionsverletzung mit einem Feststellungsurteil erwirkt, so kann er innerstaatlich entweder einen Antrag oder eine Klage auf Wiederaufnahme des Verfahrens stellen, um die Konventionsverletzung zu beseitigen. Die Wiederaufnahme des Verfahrens im innerstaatlichen Recht ermöglicht ihm, das bereits rechtskräftige Urteil durch

---

635 Bereits *Bernhardt*, Auswirkungen von Treu und Glauben im Prozeß und in der Zwangsvollstreckung, ZZP 66 (1953), 77 ff.; *Pache/Bielitz*, Verwaltungsprozessuale Wiederaufnahmepflicht kraft Völker- oder Gemeinschaftsrechts?, DVBl 2006, 325, 332; *Selbmann*, Restitutionsklage aufgrund von Urteilen des EGMR, NJ 2005, 103, 106.

636 *Bernhardt*, Auswirkungen von Treu und Glauben im Prozeß und in der Zwangsvollstreckung, ZZP 66 (1953), 77, 79.

637 *Bernhardt*, Auswirkungen von Treu und Glauben im Prozeß und in der Zwangsvollstreckung, ZZP 66 (1953), 79.

638 *Schumann*, Menschenrechtskonvention und Wiederaufnahme des Verfahrens, NJW 1964, 753, 756.

639 *Schumann*, Menschenrechtskonvention und Wiederaufnahme des Verfahrens, NJW 1964, 753, 754 ff.

ein Gestaltungsurteil zu beseitigen, indem das bestehende Urteil rückwirkend[640] aufgehoben und eine Neuverhandlung durchgeführt wird.[641] Dadurch soll dem Betroffenen die Möglichkeit zur Korrektur des ursprünglichen Urteils gegeben werden. Die Wiederaufnahme bedient somit faktisch die materielle Richtigkeit der Entscheidung.

aaa) Die Wiederaufnahme des Verfahrens in der Strafprozessordnung

Die Wiederaufnahme von Verfahren ist in der deutschen Strafprozessordnung in den §§ 359 ff. geregelt. Das Wiederaufnahmeverfahren beseitigt fehlerhafte Strafurteile, die bereits in Rechtskraft erwachsen sind. Die Gründe, auf denen die Fehler beruhen, sind im Gesetz als Wiederaufnahmegründe in den §§ 359, 362 StPO abschließend genannt.[642] Die Strafprozessordnung unterscheidet zwischen der Wiederaufnahme zugunsten des Verurteilten nach § 359 StPO und der Wiederaufnahme zulasten des Verurteilten nach § 362 StPO. Darunter sind Gründe aufgeführt wie die Urkundenfälschung, eidliche oder uneidliche Falschaussage oder strafbare Amtspflichtverletzung.

Mit § 359 Nr. 6 StPO wurde die Strafprozessordnung durch das Gesetz vom 9. Juli 1998[643] um einen Wiederaufnahmegrund zugunsten des Verurteilten ergänzt. Dieser sieht die Überprüfung eines bereits rechtskräftigen Strafurteils vor, wenn der EGMR eine Konventionsverletzung festgestellt hat und das Urteil darauf beruht. Der Norm ging der Beschluss des BVerfG vom 11. Oktober 1985 in der Sache *Pakelli*[644] voraus.[645] Darin hatte das BVerfG erklärt, dass die Entscheidungen des EGMR keine Gestaltungsurteile seien. Weder die Konvention noch das Grundgesetz verpflichte die Mitgliedstaaten zur Wiederaufnahme des Strafverfahrens. Auch seien § 359 Nr. 5 StPO und § 79 Abs. 1 BVerfGG nicht auf

640 *Braun/Heiß*, in: MüKo-ZPO, Bd. 2, Vor § 578 Rn. 4; *Musielak*, in: Musielak/Voit, ZPO, § 590 Rn. 9; *Rosenberg/Schwab/Gottwald*, § 160 Rn. 4; so auch *Seiler*, in: Thomas/Putzo, ZPO, Vor 578 Rn. 1.

641 *Braun* beschreibt die Wiederaufnahme als „außerordentliches Rechtsmittel", welche wie die ordentlichen Rechtsmittel eine kassatorische und reformatorische Wirkung besitzt. Die Kassation liegt in der Aufhebung der früheren Entscheidung, die Reformation liegt in der Neuentscheidung des Ausgangsgerichts; *Braun*, Lehrbuch des Zivilprozessrechts, S. 1039, 981; *Pache/Bielitz*, Verwaltungsprozessuale Wiederaufnahmepflicht kraft Völker- oder Gemeinschaftsrechts?, DVBl 2006, 325, 325.

642 *Frister*, in: SK-StPO, § 359 Rn. 3; *Kühne*, Strafprozessrecht, Rn. 1106.

643 BGBl. I 1998, 1802.

644 *BVerfG*, Beschl. v. 11.10.1985, Az. 2 BvR 336/85 – Pakelli.

645 Siehe dazu detaillierter im 3. Teil unter Ziffer II. 1. lit. e) aa).

den vorliegenden Fall anwendbar. Jedoch seien Fallkonstellationen denkbar, in denen eine Pflicht zur Wiederaufnahme von Verfahren bestehen könnte.[646]

Eine Wiederaufnahme wird nach § 359 Nr. 6 StPO durchgeführt, wenn der EGMR eine Verletzung der Konvention oder ihrer Zusatzprotokolle festgestellt hat und das fehlerhafte Urteil auf der Konventionsverletzung beruht. Beruhen meint dabei die Möglichkeit, dass die Entscheidung ohne die Konventionsverletzung anders ausgefallen wäre.[647] Die Wiederaufnahme kann nur von dem erfolgreich am Verfahren beteiligten Beschwerdeführer beantragt werden. Der Antrag ist ohne Einhaltung einer Frist zu stellen. Dabei sind der Wiederaufnahmegrund sowie die diesen Grund stützenden Beweismittel zu benennen (§ 366 Abs. 1 StPO).[648] Der Antrag muss bei dem für das Wiederaufnahmeverfahren zuständigen Gericht eingelegt werden. Zuständig ist gemäß § 367 Abs. 1 StPO, 140 lit. a) GVG ein anderes Gericht als das Ausgangsgericht. Es muss ihm aber in Zuständigkeit und Rang gleichgestellt sein. Eine etwaige Befangenheit des Gerichts, welches über die Wiederaufnahme entscheidet, soll damit verhindert werden.[649] Das Wiederaufnahmeverfahren setzt sich aus drei Teilen zusammen, der Prüfung der Zulässigkeit (Additionsverfahren),[650] der Begründetheitsprüfung des Antrags (Probationsverfahren)[651] sowie der Wiederholung der Hauptverhandlung (eigentliches Wiederaufnahmeverfahren).[652] Bei der Zulässigkeitsprüfung gemäß § 368 StPO werden der Wiederaufnahmegrund sowie die dafür erforderlichen Beweise geprüft. Bei der Begründetheitsprüfung nach § 369 StPO erfolgt die Beweisaufnahme durch einen Richter. Kommt die Beweisaufnahme zu dem Ergebnis, dass eine hinreichende Wahrscheinlichkeit für eine antragsgemäße Änderung des angefochtenen Strafurteils erkennbar ist (§ 370 StPO), so ist der Antrag begründet. Es ergeht dann ein Beschluss über die Wiederaufnahme des Verfahrens und über die Erneuerung der Hauptverhandlung (§ 370 Abs. 2 StPO), der die Rechtskraft des früheren Strafurteils aufhebt.[653] Das

646 *BVerfG*, Beschl. v. 11.10.1985, Az. 2 BvR 336/85 – Pakelli.

647 *OLG Bamberg*, Beschl. v. 5.3.2013, Az. 1 Ws 98/13.

648 *Kühne*, Strafprozessrecht, Rn. 1117.

649 *Kühne*, Strafprozessrecht, Rn. 1118.

650 *Kühne*, Strafprozessrecht, Rn. 1120.

651 *Kühne*, Strafprozessrecht, Rn. 1120.

652 *Bajohr*, Die Aufhebung rechtsfehlerhafter Strafurteile im Wege der Wiederaufnahme, S. 45; *Kühne*, Strafprozessrecht, Rn. 1117.

653 *Kühne*, Strafprozessrecht, Rn. 1124.

Wiederaufnahmeverfahren und die neue Hauptverhandlung werden sodann angeordnet.[654]

bbb) Die Wiederaufnahme des Verfahrens in der Zivilprozessordnung[655]

In der Zivilprozessordnung ist die Wiederaufnahme von Verfahren in den §§ 578 ff. ZPO geregelt. Sie ermöglicht im Interesse der Gerechtigkeit ausnahmsweise die Anfechtung einer rechtskräftigen und sozusagen unanfechtbaren[656] Entscheidung.[657] Sie kann in der Zivilprozessordnung entweder in Form der Nichtigkeits- oder der Restitutionsklage ausgeübt werden (§ 578 Abs. 1 ZPO). Die beiden Klagearten stellen einen außerordentlichen Rechtsbehelf[658]

---

654 *Bajohr*, Die Aufhebung rechtsfehlerhafter Strafurteile im Wege der Wiederaufnahme, S. 45.

655 Da es vor Schaffung des Wiederaufnahmegrundes in der ZPO bereits den Wiederaufnahmegrund bei Feststellung einer Konventionsverletzung durch den EGMR in der StPO gab, wurde versucht, § 359 Nr. Nr. 6 StPO analog auf konventionswidrige Zivilurteile anzuwenden. Diese Versuche scheiterten. Eine analoge Anwendung wurde beispielsweise von *Sauer* bejaht, sofern die Konventionsverletzung mit dem Wiederaufnahmeverfahren beseitigt werden kann, *Sauer*, Die neue Schlagkraft der gemeineuropäischen Grundrechtsjudikatur, ZaöRV 65 (2005), 35, 58 f. Die überwiegende Meinung lehnte jedoch eine analoge Anwendung ab; *OLG Dresden*, Beschl. v. 1.4.2004, Az. 16 U 0297/04, 16 U 297/04; *OLG Brandenburg*, Beschl. v. 9.6.2004, Az. 4 U 34/04; *OLG Brandenburg*, Urt. v. 9.3.2005, Az. 4 U 154/04; *Reinkenhof*, Auswirkungen des EGMR-Urteils zur Bodenreform auf rechtskräftig abgeschlossene gerichtliche Verfahren, NJ 2004, 250, 252.

656 In der Unanfechtbarkeit der Entscheidung kann für den Verfahrensbeteiligten eine schwere Ungerechtigkeit darin liegen, dass er den Fehler aufgrund Fristablaufs nicht mehr geltend machen kann; *Baumbach/Lauterbach/Albers/Hartmann*, ZPO-Kommentar, 75. Aufl., Grundz 578 Rn. 1.

657 *Braun/Heiß*, in: MüKo-ZPO, Bd. 2, Vor § 578 Rn. 1; *Gaul*, Die Grundlagen des Wiederaufnahmerechts, S. 74; *Hopfgarten*, Die materielle Rechtskraft im Zivilprozess, S. 88.

658 *Braun* bezeichnet die Wiederaufnahme in Form der beiden Klagearten als „außerordentliches Rechtsmittel", da sie kein neues Verfahren durchführen, sondern, wie die ordentlichen Rechtsmittel, ein bereits abgeschlossenes Verfahren neu verhandeln; *Braun*, Lehrbuch des Zivilprozessrechts, S. 1039. Auch fehlen der Wiederaufnahme der ein Rechtsmittel charakterisierender Devolutiv- und Suspensiveffekt. Sie hemmt weder die Entscheidungsfolgen, noch ist ausgeschlossen, dass der Richter des Vorprozesses erneut entscheidet. Bei der Wiederaufnahme entscheidet grundsätzlich das Gericht, das die anzufechtende Entscheidung erlassen hat. Ähnlichkeit zu den ordentlichen Rechtsmitteln besteht aber aufgrund der Voraussetzung der Beschwer, der Nachschiebung von Anfechtungsgründen und in der Übereinstimmung der Nichtigkeitsgründe mit den absoluten Revisionsgründen von § 547 Nr. Nr. 1–4 ZPO; *Braun/*

dar.[659] Die Nichtigkeitsklage kommt aufgrund eines schweren Verfahrensverstoßes (§ 579 Abs. 1 Ziff. 1–4 ZPO), die Restitutionsklage aufgrund einer sachlichen Unrichtigkeit im bestehenden Urteil (§ 580 ZPO) zur Anwendung.[660] Die Gründe für eine Restitutionsklage sind in § 580 ZPO aufgezählt. In den Ziffern 1 bis 5 sind Gründe genannt, die in einer Straftat im früheren Prozess (eidliche Falschaussage, Urkundenfälschung, Prozessbetrug, Richterbestechlichkeit) liegen und wegen denen gemäß § 581 Abs. 1 ZPO bereits eine Verurteilung erfolgte. Ziffer 6 regelt den Fall, dass das Urteil eines ordentlichen Gerichts, auf welchem das Urteil beruht, durch ein anderes rechtskräftiges Urteil aufgehoben wird. Weitere Gründe liegen vor, wenn ein Verfahrensbeteiligter ein in derselben Sache erlassenes, früher rechtskräftig gewordenes Urteil auffindet (§ 580 Nr. 7 lit. a ZPO) oder wenn er eine Urkunde findet oder in den Stand versetzt wird sie zu benutzen, die eine ihm günstigere Entscheidung herbeigeführt hätte (§ 580 Nr. 7 lit. b ZPO). Im Vergleich zu Restitutionsgründen führen Nichtigkeitsgründe automatisch zur Wiederaufnahme des Verfahrens, da die Kausalität zwischen dem Fehler und der Entscheidung vermutet wird. Restitutionsgründe führen nur zu einer Wiederaufnahme, wenn das Urteil auf dem Grund beruht.[661]

(1) Die Restitutionsklage nach § 580 Nr. 8 ZPO

Mit § 580 Nr. 8 ZPO wurde in die ZPO durch das Zweite Gesetz zur Modernisierung der Justiz vom 22. Dezember 2006[662], in Kraft getreten am 31. Dezember 2006, ein neuer Wiederaufnahmegrund eingefügt. Gemäß § 580 Nr. 8 ZPO ist die Restitutionsklage[663] gegen ein rechtskräftiges zivilgerichtliches Urteil

---

Heiß, in MüKo-ZPO, Bd. 2, Vor § 578 Rn. 5; so auch *Rennert*, in Eyermann, VwGO, § 153 Rn. 1; *Rosenberg/Schwab/Gottwald*, § 160 Rn. 8.

659 Der BGH bezeichnete die Restitutionsklage als außerordentlichen Rechtsbehelfs. Damit seien „unrichtige Entscheidungen trotz eingetretener Rechtskraft noch zu berichtigen", *BGH*, Urt. v. 26.6.1952, Az. IV ZR 222/51 = BGHZ 6, 354, 355; so auch *Hunke*, in: Baumbach/Lauterbach/Albers/Hartmann, ZPO-Kommentar, Vor § 578 Rn. 1, § 580 Rn. 1; *Gaul*, Die Grundlagen des Wiederaufnahmerechts, S. 35.

660 *Rosenberg/Schwab/Gottwald*, § 160 Rn. 1; *Hopfgarten*, Die materielle Rechtskraft im Zivilprozess, S. 68.

661 *Rosenberg/Schwab/Gottwald*, § 160 Rn. 1; *Gaul*, Die Grundlagen des Wiederaufnahmerechts, S. 70.

662 BGBl. I 2006, 3416, 3420, 3421. Der Gesetzgeber ergänzte durch Art. 10 des Zweiten Gesetzes zur Modernisierung der Justiz § 580 ZPO um einen weiteren Restitutionsgrund, BGBl. I, 3416.

663 Die Restitutionsklage geht auf die gemeinrechtliche *restitutio in integrum* zurück, die ein Rechtsbehelf zur Enthüllung von unverschuldeten Handlungshindernissen wie

statthaft, wenn der EGMR eine Konventionsverletzung festgestellt hat und das Urteil auf dieser Verletzung beruht.[664] „Beruhen" meint dabei eine Kausalitätsprüfung. Danach hat zwischen dem Grund und dem Erlass der Vorentscheidung ein ursächlicher Zusammenhang zu bestehen[665], d.h. es kann nicht ausgeschlossen werden, dass das Urteil ohne den Fehler anders ausgefallen wäre.[666] Der Grund muss dem Urteil seine Grundlage entziehen.[667] Ziel der Restitutionsklage ist die Korrektur fehlerhafter Urteile.[668] Darüber hinaus dient sie der materiellen Gerechtigkeit[669] und soll vermeiden, dass die Autorität der Gerichte[670] und das Vertrauen der Allgemeinheit in die Rechtsprechung beschwert werden.[671] Können rechtskräftige Urteile trotz Fehlerhaftigkeit nicht überprüft werden, so wird das Vertrauen in die Justiz gemindert. Die der Wiederaufnahme entgegenstehende Rechtskraft kann in diesen Fällen nicht aufrechterhalten werden, weil es sich bei den Fehlern um so gravierende Einschnitte in die Rechte des Betroffenen handelt, dass ihm ein Festhalten an dem Urteil nicht zugemutet werden kann.[672]

Irrtum, Täuschung, Tatsachen- oder Beweisunkenntnis war; so *Braun*, Lehrbuch des Zivilprozessrechts, S. 1041.

664 § 580 Nr. Nr. 8 ZPO entspricht wörtlich dem Restitutionsgrund in § 359 Nr. Nr. 6 StPO. In der Begründung des Regierungsentwurfs heißt es, dass § 580 Nr. Nr. 8 ZPO zu einer Angleichung führen soll; BT-Drs. 16/3038, S. 40. Diese wirke sich durch den Verweis auf § 580 ZPO in anderen Verfahrensordnungen auch auf diese aus. Eine Angleichung stellt grundsätzlich ein erstrebenswertes Ziel voraus, jedoch ersetzt sie keine sachliche Begründung, so *Braun*, Restitutionsklage wegen Verletzung der EMRK, NJW 2007, 1620, 1620.

665 *Greger*, in: Zöller, ZPO, § 580 Rn. 5.

666 *Braun*, Lehrbuch des Zivilprozessrechts, S. 1043 f.; *ders.*, Restitutionsklage wegen Verletzung der EMRK, NJW 2007, 1620, 1622.

667 *Hunke*, in: Baumbach/Lauterbach/Albers/Hartmann, ZPO-Kommentar, § 580 Rn. 1; *Greger*, in: Zöller, ZPO, § 580 Rn. 5; *Rosenberg/Schwab/Gottwald*, § 160 Rn. 1; *Hopfgarten*, Die materielle Rechtskraft im Zivilprozess, S. 70.

668 *Gaul*, Grundlagen des Wiederaufnahmerechts, S. 48; *Kühne*, Strafprozessrecht, Rn. 1106.

669 *BGH*, Beschl. v. 6.6.1953, Az. IV ZB 51/53 = NJW 1953, 1263, 1263; vgl. *Jacobs*, in: Stein/Jonas, ZPO, Vor §§ 578–591, Rn. 26.

670 *BGH*, Urt. v. 14.12.1966, Az. IV ZR 241/65, Ziff. 6; *BGH*, Urt. v. 28.10.1971, Az. IX ZR 79/67, Ziff. 12; *Gaul*, Grundlagen des Wiederaufnahmerechts, S. 210.

671 *Hunke*, in: Baumbach/Lauterbach/Albers/Hartmann, ZPO-Kommentar, § 580 Rn. 2; *Greger*, in: Zöller, ZPO, § 580 Rn. 1.

672 Vgl. *Hopfgarten*, Die materielle Rechtskraft im Zivilprozess, S. 69.

Die Restitutionsklage ist bei dem Ausgangsgericht zu erheben, welches die aufzuhebende Entscheidung erlassen hat (§ 584 ZPO).[673] Die Klage muss innerhalb einer Notfrist von einem Monat eingelegt werden, die ab Kenntnis des Wiederaufnahmegrundes zu laufen beginnt (§ 586 Abs. 1 und Abs. 2 ZPO). Die Ausschlussfrist von fünf Jahren aus § 586 Abs. 2 S. 2 ZPO ist nicht auf den Wiederaufnahmegrund in § 580 Nr. 8 ZPO anwendbar (§ 586 Abs. 4 ZPO), da eine Konventionsverletzung durch den EGMR erst fünf Jahre nach Eintritt der Rechtskraft des innerstaatlichen Urteils eintreten kann.[674] Um jedoch eine uferlose Wiederaufnahme durch Feststellungsurteile des EGMR zu vermeiden, hat der Gesetzgeber § 580 Nr. 8 ZPO nur auf Verfahren für anwendbar erklärt, die vor dem 31. Dezember 2006 rechtkräftig abgeschlossen wurden (§ 35 EGZPO). § 35 EGZPO knüpft an einen rechtkräftigen Abschluss des Ausgangsverfahrens vor dem innerstaatlichen Gericht und nicht an den Zeitpunkt an, in dem das endgültige Feststellungsurteil des EGMR vorliegt.[675] Gemäß § 587 ZPO muss die Klage[676] das anzufechtende Urteil bezeichnen sowie die Erklärung enthalten, dass Restitutionsklage erhoben wird.[677] Die Bezeichnung des Wiederaufnahmegrundes sowie die dafür erforderlichen Beweise werden nicht vorausgesetzt (§ 588 Abs. 1 Nr. 1 und Nr. 2 ZPO).[678] Der Gesetzgeber hat entschieden, dass die Bezeichnung des Grundes und seiner Beweismittel sowie der Aufhebungsantrag und Antrag in der Hauptsache als Sollvorschrift in § 588 Abs. 1 ZPO aufgenommen werden. Liegen diese Anforderungen bei der Klageerhebung nicht vor, so hat das für den Kläger keine nachteiligen Folgen. Die Anforderungen haben bis spätestens zum Schluss der mündlichen Verhandlung vorzuliegen.[679]

---

673 *Greger*, in: Zöller, ZPO, Vor § 578 Rn. 1; *Rosenberg/Schwab/Gottwald*, § 162 Rn. 3. Demnach fehlt der Wiederaufnahme der Devolutiveffekt. Mit ihm soll eine wünschenswerte Distanz des Gerichts erreicht werden. Fehlt dieser Effekt, dann erfordert das von den Verfahrensbeteiligten Disziplin und Selbstreflektion. Die Verfahrensbeteiligten müssen dem Gericht gegenüber wieder ein Vertrauen aufbauen, was bei schweren Verfahrensfehlern, nicht leicht fallen wird; *Braun*, Lehrbuch des Zivilprozessrechts, S. 980; vgl. *Baumbach/Lauterbach/Albers/Hartmann*, ZPO-Kommentar, 75. Aufl., § 584 Rn. 2.

674 *Braun/Heiß*, in MüKo-ZPO, Bd. 2, § 586 Rn. 24.

675 *BAG*, Urt. v. 22.11.2012, Az. 2 AZR 570/11. Ziff. 19.

676 Die Anforderungen an eine Klage gemäß § 253 Abs. 2 Nr. Nr. 1 ZPO, die Bezeichnung der Parteien und des Gerichts, müssen ebenfalls vorliegen. § 578 ZPO ersetzt lediglich die Anforderungen von § 253 Abs. 2 Nr. Nr. 2 ZPO.

677 *Braun*, Lehrbuch des Zivilprozessrechts, S. 1055.

678 so *Braun*, Lehrbuch des Zivilprozessrechts, S. 1056.

679 *Braun/Heiß*, in: MüKo-ZPO, Bd. 2, § 588 Rn. 1.

Das bedeutet auch, dass zur Einhaltung der Klagefrist die Klageschrift im Sinne von § 587 ZPO genügt. Die Angabe des Grundes ist zur Wahrung der Frist nicht erforderlich.[680]

Das Wiederaufnahmeverfahren ist aufgeteilt in die Prüfung der Voraussetzungen der Neuverhandlung, die Zulässigkeitsprüfung nach § 589 ZPO, die Begründetheitsprüfung der Klage (*ius rescindens*)[681] und die Neuverhandlung nach § 590 ZPO (*iudicium rescissorium*)[682].[683] Zunächst erfolgt die Prüfung der Zulässigkeit von Amts wegen.[684] Liegt diese vor, so prüft das Gericht die Begründetheit, d.h., ob der Wiederaufnahmegrund vorliegt und das Urteil darauf beruht.[685] Ist die Klage zulässig und begründet, so wird das Urteil – sofern beantragt – rückwirkend[686] aufgehoben und das Verfahren neu verhandelt. Dabei wird das rechtskräftige Urteil in dem Umfang aufgehoben, in dem der Antrag gestellt, zulässig und begründet ist.[687] Die Neuverhandlung wird, soweit

---

680 *Braun/Heiß*, in: MüKo-ZPO, Bd. 2, § 588 Rn. 2.

681 *Braun/Heiß*, in: MüKo-ZPO, Bd. 2, § 590 Rn. 1; *ders.*, Lehrbuch des Zivilprozessrechts, S. 1056.

682 *Hunke*, in: Baumbach/Lauterbach/Albers/Hartmann, ZPO-Kommentar, Vor § 578 Rn. 17; *Braun/Heiß*, in: MüKo-ZPO, Bd. 2, § 590 Rn. 1; *ders.* Lehrbuch des Zivilprozessrechts, S. 1056.

683 *Braun* teilt das Wiederaufnahmeverfahren in zwei Abschnitte ein; das Zulässigkeitsverfahren und die Neuverhandlung. Die Zulässigkeitsprüfung beinhaltet seiner Ansicht nach im Interesse der Rechtskraft nicht nur die Prüfung der Zulässigkeitsvoraussetzungen, sondern auch die Begründetheitsprüfung. Der Wiederaufnahmegrund muss zur Überzeugung des Gerichts vorliegen. Im Interesse der Rechtskraft soll nicht allein das Vorliegen der Zulässigkeitsvoraussetzungen zur Aufhebung eines rechtskräftigen Urteils führen. Das Gericht muss vielmehr davon überzeugt sein, dass ein Wiederaufnahmegrund vorliegt, bevor es das Urteil aufhebt, *Braun/Heiß*, in: MüKo-ZPO, Bd. 2, § 590 Rn. 1; *ders.* Lehrbuch des Zivilprozessrechts, S. 1056. Für eine Aufteilung des Wiederaufnahmeverfahrens in drei Abschnitte, Zulässigkeit, Begründetheit und Neuverhandlung: *BGH*, Beschl. v. 28.9.1993, Az. III ZA 3/93, Ziff. 4; *BGH*, Beschl. v. 18.9.2003, Az. XII ZR 62/01, Ls. 1; *Rosenberg/Schwab/Gottwald*, § 162 Rn. 22 ff.; *Hunke*, in: Baumbach/Lauterbach/Albers/Hartmann, ZPO-Kommentar, Vor § 578 Rn. 15 ff.; *Greger*, in: Zöller, ZPO, Vor § 578 Rn. 20 ff.; *Seiler*, in: Thomas/Putzo, ZPO, Vor § 578 Rn. 2–5.

684 *Braun*, Lehrbuch des Zivilprozessrechts, S. 1056.

685 *Rosenberg/Schwab/Gottwald*, § 162 Rn. 25.

686 *Hunke*, in: Baumbach/Lauterbach/Albers/Hartmann, ZPO-Kommentar, Vor § 578 Rn. 2, 16; *Musielak*, in: Musielak/Voit, ZPO, § 590 Rn. 9; *Jacobs*, in: Stein/Jonas, ZPO, § 590 Rn. 13; *Rosenberg/Schwab/Gottwald*, § 160 Rn. 4.

687 *Braun/Heiß*, in: MüKo-ZPO, Bd. 2, § 590 Rn. 3, 5.

der Wiederaufnahmegrund reicht, durchgeführt.[688] Sie setzt an dem Zeitpunkt vor Urteilserlass an.[689] Da damit zugleich der bisherige Prozess fortgesetzt wird, kann eine zwischenzeitliche Änderung der Rechtslage berücksichtigt werden, soweit dies auch in einem anhängigen Verfahren zulässig ist.[690] Auch dürfen neue Behauptungen und Beweismittel vorgebracht werden.[691] Andererseits dauern bindende Prozesslagen, wie ein Geständnis oder Anerkenntnis, aus dem früheren Prozess fort.[692] Ist die Restitutionsklage zulässig und begründet, kommt es zu einer neuen Entscheidung in der Hauptsache. Auch wenn die Neuverhandlung zu demselben Ergebnis gelangt wie die frühere Verhandlung, ergeht ein neues Urteil mit ex-nunc-Wirkung.[693]

(2) Die Besonderheit des Prozessgegners

Bei der Wiederaufnahme von Zivilurteilen gibt es im Vergleich zum Strafprozess aber eine Besonderheit. Während im Strafprozess grundsätzlich der Staat sowie der Angeklagte beteiligt sind, nehmen am Zivilprozess zwei Parteien, zumeist Privatpersonen, teil. Die zu schützenden Interessen der Verfahrensbeteiligten sind daher unterschiedlich. Die Partei, zu dessen Gunsten der Rechtsstreit entschieden wurde (Prozessgegner), hat ein Interesse am Erhalt der bestehenden und bereits rechtkräftigen Entscheidung. Sie vertraut auf den Bestand der Entscheidung. Die Partei, die in dem Rechtsstreit unterlag, hat ein Interesse an einer Aufhebung und Änderung der Entscheidung. Die Wiederaufnahme durchbricht die bestehende Rechtskraft und hebt das frühere Urteil auf. Sie muss mit dem schützenswerten Interesse des Prozessgegners in Einklang gebracht werden. Diesem Erfordernis ist der Gesetzgeber nachgekommen, indem die Bundesregierung den Prozessgegner über eine anhängige Individualbeschwerde beim EGMR informiert und ihn auf die Möglichkeit der Drittbeteiligung und einer Wiederaufnahme hinweist.[694] *Braun* ist jedoch – zutreffenderweise – der

---

688 *Rosenberg/Schwab/Gottwald*, § 160 Rn. 4, § 162 Rn. 28.

689 *Seiler*, in: Thomas/Putzo, ZPO, § 590 Rn. 4.

690 *BVerwG*, Urt. v. 21.6.1988, Az. 9 C 5/88, Ls. 1.

691 *BGH*, Urt. v. 13.6.1983, Az. II ZR 211/81, Ziff. 10; *Seiler*, in: Thomas/Putzo, ZPO, § 590 Rn. 4.

692 *Seiler*, in: Thomas/Putzo, ZPO, § 590 Rn. 4.

693 *Musielak*, in: Musielak/Voit, ZPO, § 590 Rn. 9; *Greger*, in: Zöller, ZPO, § 590 Rn. 11; *Rosenberg/Schwab/Gottwald*, § 162 Rn. 30; mit auch a.A. *Seiler*, in: Thomas/Putzo, ZPO, § 590 Rn. 5.

694 Bereits im Regierungsentwurf zu § 580 Nr. Nr. 8 ZPO war dieser Hinweis geregelt, Begr. zum RegE, BT-Drs. 16/3038, S. 40.

Ansicht, dass dieser Hinweise des Prozessgegners den Vertrauensschutz herabsetzt.[695] Die Wiederaufnahme des Verfahrens muss nicht zwangsläufig zu einem anderen Urteil in der Sache führen und für den Prozessgegner von Nachteil sein. Jedoch können die Folgen eines nachteiligen Ausgangs für den Prozessgegner erheblich sein. So kann er Dispositionen oder Investitionen, die er getätigt hat, nicht wieder rückgängig machen. Ihm kann ein wirtschaftlicher Schaden entstehen. Zudem wurde auch keine Regelung zu eventuellen Kosten- sowie Rückabwicklungspflichten des Prozessgegners getroffen, obwohl das Wiederaufnahmeverfahren für ihn eine Belastung darstellt. Er hat die Belastungen des Verfahrens entschädigungslos zu tragen.[696] Der Hinweis durch die Bundesregierung genügt daher nicht, um die Nachteile, die dem Prozessgegner entstehen können, zu kompensieren.

ccc) Die Wiederaufnahme des Verfahrens in der Verwaltungsprozessordnung

Die Wiederaufnahme des Verfahrens hat in der VwGO keine eigenständige Regelung gefunden. § 153 VwGO verweist lediglich auf die vorhandenen Vorschriften in der ZPO (§§ 578 ff. ZPO). Durch diesen Verweis finden die Regelungen des Wiederaufnahmeverfahrens im Zivilverfahren auf Verwaltungsverfahren Anwendung. Im Wesentlichen gilt das unter Ziffer bbb) Gesagte. Ist die Restitutionsklage zulässig und begründet, wird die rechtskräftige Entscheidung aufgehoben, das Verfahren erneut durchgeführt und eine neue Entscheidung – nicht zwangsläufig andere – in der Hauptsache getroffen.

b) Die Vereinbarkeit der innerstaatlichen Gesetzeslage mit den Anforderungen der EMRK an den richtigen Rechtsschutz

Richtiger Menschenrechtsschutz liegt in der Wahrung und Wiederherstellung des konventionskonformen Zustandes. Stellt der EGMR eine Konventionsverletzung fest, so ist der verurteilte Mitgliedstaat verpflichtet, das Urteil des EGMR zu befolgen. Im Vordergrund steht dabei die Pflicht des Mitgliedstaates zur Wiedergutmachung der Verletzung. Im Sinne der Naturalrestitution, der sogenannten *restitutio in integrum*, ist der Zustand wiederherzustellen, der ohne die Konventionsverletzung bestünde. Der konventionskonforme Zustand

---

695 *Braun*, Restitutionsklage wegen Verletzung der Europäischen Menschenrechtskonvention, NJW 2007, 1620, 1620.

696 *Greger*, in: Zöller, ZPO, § 580 Rn. 31.

ist wiederherzustellen. Liegt die Verletzung der Konvention in einem innerstaatlichen Urteil, so ist das innerstaatliche Verfahren zwecks Wiedergutmachung wieder aufzunehmen. Damit eine Wiedergutmachung im Sinne der *restitutio in integrum* erfolgen kann, hat das innerstaatliche Recht die Wiederaufnahme des Verfahrens als Ausnahmeregelung zur Durchbrechung der Rechtskraft auszugestalten. Denn die dem Grundsatz der Rechtssicherheit entstammende Rechtskraft steht der Wiederaufnahme des Verfahrens als verfassungs- und völkerrechtliche Grenze entgegen. Ihre Durchbrechung ist nur als absolute Ausnahmeregelung zulässig. Dies ist im vorliegenden Fall auch geschehen.

Die Anforderungen der EMRK an den richtigen Rechtsschutz werden durch die Wiederaufnahme des innerstaatlichen Verfahrens gemäß § 359 Nr. 6 StPO und gemäß § 580 Nr. 8 ZPO erfüllt. Das innerstaatliche Wiederaufnahmeverfahren ist grundsätzlich geeignet, einen konventionskonformen Zustand wiederherzustellen und damit richtigen Menschenrechtsschutz zu gewähren. Mit der Schaffung der Wiederaufnahmegründe in den innerstaatlichen Prozessordnungen wurde eine Möglichkeit geschaffen, um bestehende rechtskräftige innerstaatliche Urteile aufzuheben und neu zu verhandeln, wenn die Entscheidungen auf einer festgestellten Verletzung der Konvention beruhen. Ziel des Wiederaufnahmeverfahrens ist die Gewährleistung der materiellen Gerechtigkeit durch Überprüfung der ergangenen Entscheidung. Dazu gehört auch die Gewährleistung der materiellen Gerechtigkeit durch Wahrung der Konvention. Dabei wird das rechtkräftige Urteil, das auf der Verletzung beruht, aufgehoben und das Verfahren wieder an den Punkt vor der Konventionsverletzung zurückgesetzt und neu durchgeführt. Wurde dem Betroffenen im Strafverfahren beispielsweise die Möglichkeit verwehrt, einen neuen Beweisantrag zu stellen, und sein Recht auf rechtliches Gehör verletzt, so kann in der Neuverhandlung dem Beweisantrag stattgegeben und das Beweisverfahren fortgeführt werden. Der Mangel in Form des rechtlichen Gehörs wird aufgehoben, die Konventionsverletzung beseitigt.

Ob und inwiefern die Neuverhandlung zu einem anderen Ergebnis geführt hat, ist für die Richtigkeit im Sinne der EMRK unerheblich. Ebenso unberücksichtigt bleibt, ob nach Auffassung des Betroffenen die materielle Rechtslage immer noch nicht „richtig" beurteilt und auch das neue Urteil „unrichtig" ist.[697] Denn das persönliche Gerechtigkeitsempfinden des Betroffenen hat keinen Einfluss auf die Richtigkeit im Sinne der Konvention. Ziel des Wiederaufnahmeverfahrens ist die Behebung des besonders schweren Fehlers, auf dem

697 Vgl. *Bajohr,* Die Aufhebung rechtsfehlerhafter Strafurteile im Wege der Wiederaufnahme, S. 21.

das innerstaatliche Urteil beruht. Dieser besonders schwere Fehler liegt in der festgestellten Konventionsverletzung. Sie wird beseitigt und der konventionskonforme Zustand wiederhergestellt. Effektiver Menschenrechtsschutz wird dadurch gewährt. Daher sind die Anforderungen der EMRK an einen richtigen Rechtsschutz mit den innerstaatlichen Wiederaufnahmeverfahren vereinbar.

Mit den neuen Wiederaufnahmegründen hat der deutsche Gesetzgeber zudem die völkerrechtliche Verpflichtung zur Wiederaufnahme des Verfahrens im Rahmen der verfassungs- und völkerrechtlichen Grenzen erfüllt. Er hat einen Ausnahmetatbestand geschaffen und der Richtigkeit und Gerechtigkeit einer Entscheidung gegenüber dem Grundsatz der Rechtssicherheit Vorrang eingeräumt. Denn eine Entscheidung, die an einem erheblichen Fehler leidet, kann im Sinne der Rechtsstaatlichkeit nicht aufrechterhalten werden. Beruht die Entscheidung auf einer festgestellten Konventionsverletzung, so liegt sowohl ein Verstoß gegen das Völkerrecht, als auch gemäß Art. 20 Abs. 3 GG gegen das Verfassungsrecht und aufgrund von Art. 59 Abs. 2 GG gegen das einfache Bundesrecht in Form der EMRK vor. Ein Festhalten an diesem Fehler ist für den Rechtsstaat nicht akzeptabel. Die Rechtskraft des Urteils ist ausnahmsweise zu durchbrechen. Daher hat der deutsche Gesetzgeber eine festgestellte Konventionsverletzung, auf der ein innerstaatliches rechtkräftiges Urteil beruht, als Wiederaufnahmegrund in die innerstaatlichen Verfahrensordnungen eingeführt. Er hat die Grenzen des Völker- und Verfassungsrechts dabei gewahrt.

Durch die neuen Gründe findet das Konventionsrecht unmittelbar Einzug in das innerstaatliche Recht. Es kann seine Wirkung nun dort entfalten. Die Urteile des EGMR finden dadurch innerstaatliche Umsetzung.

3. Zwischenergebnis zu II.

Die Garantie des richtigen Rechtsschutzes nach der EMRK wird durch die Bundesrepublik gewährleistet. Das Recht auf richtigen Menschenrechtsschutz besteht in der Wahrung und Wiederherstellung des konventionskonformen Zustandes. Liegt die Konventionsverletzung in einem innerstaatlichen Urteil, so ist das innerstaatliche Verfahren zwecks Wiederherstellung des konventionskonformen Zustands wieder aufzunehmen. Aus dem Feststellungsurteil des EGMR folgt die völkerrechtliche Verpflichtung des verurteilten Mitgliedstaates die Wiederaufnahme des Verfahrens durchzuführen, wenn das innerstaatliche Recht ein solches Verfahren für den Fall eines konventionswidrigen Urteils vorsieht und die Grenzen des Völker- und Verfassungsrechts gewahrt sind. Die Verpflichtung folgt aus der Wiedergutmachungspflicht aus Art. 46 Abs. 1 EMRK. Sie verlangt von den verurteilten Mitgliedstaaten gemäß dem völkerrechtlichen Grundsatz der Naturalrestitution primär die Wiederherstellung des Zustands der bestünde, wenn die Konventionsverletzung nicht eingetreten wäre (*restitutio in integrum*). Dieser Pflicht ist der deutsche Gesetzgeber nachgekommen und hat in den innerstaatlichen Prozessordnungen Wiederaufnahmegründe eingeführt. Ein Verfahren wird danach wieder aufgenommen, wenn eine Konventionsverletzung durch den EGMR festgestellt wurde und das innerstaatliche Urteil auf dieser Verletzung beruht. Das Wiederaufnahmeverfahren führt zur Durchbrechung der Rechtskraft des innerstaatlichen Urteils, weil der Fehler in Form der Konventionsverletzung so schwer wiegt, dass ein Festhalten daran nicht mit der Rechtsstaatlichkeit vereinbar ist. Die Verletzung wird beseitigt, der konventionskonforme Zustand wiederhergestellt.

Mit der Ergänzung des Wiederaufnahmegrundes in Ziffer 8 von § 580 ZPO und Ziffer 6 in § 359 StPO wurde eine Abhilfe für die Feststellung einer Konventionsverletzung in Form eines Urteils im innerstaatlichen Recht geschaffen. Ein konventionswidriges Urteil bleibt nicht aufrechterhalten. Der Garantie auf richtigen Rechtsschutz nach der EMRK ist genügt.

III. Die Gewährleistung rechtzeitigen Rechtsschutzes nach der EMRK

Das Recht auf eine rechtzeitige Entscheidung ist in der EMRK ebenso wie das Recht auf eine richtige Entscheidung Bestandteil der Garantie des effektiven Menschenrechtsschutzes. So bezeichnete *Ottaviano* den Faktor „Zeit" als wesentlichen Bestandteil des effektiven Menschenrechtsschutzes.[698] *Schmidt* betonte bereits die Bedeutung der Rechtzeitigkeit, als er sagte „Der beste Rechtsschutz nützt aber nichts, wenn er zu spät kommt."[699] Er verstand es mit diesem Satz, die Bedeutung des rechtzeitigen Rechtsschutzes hervorzuheben.

---

698 *Ottaviano*, Der Anspruch auf rechtzeitigen Rechtsschutz im Gemeinschaftsprozessrecht, S. 7 m.V.a. *Ziekow*, Die Beschleunigungsbeschwerde im Verwaltungsprozeß, DÖV 1998, 941, 941 ff.; *Schlette*, Der Anspruch auf gerichtliche Entscheidung in angemessener Frist, S. 24. So auch *Kirchhof*, der erklärte, „Recht ist ein Gut, das zeitabhängig und zeitbezogen ist.", *Kirchhof*, Verfassungsrechtliche Maßstäbe für die Verfahrensdauer und für die Rechtsmittel, in: Hailbronner/Ress/Stein (Hrsg.), FS für Karl Doehring, 439, 440.

699 *Schmidt*, Der Anspruch auf Entschädigung wegen unangemessener Verfahrensdauer und die Verzögerungsbeschwerde, in: Breuer/Epiney/Haratsch/Schmahl/Weiß (Hrsg.), Der Staat im Recht: FS für Eckart Klein zum 70. Geburtstag, 485, 485. So auch *Kloepfer*, der erklärte, Rechtsschutz müsse rechtzeitig sein: „Er muss sich tatsächlich noch auswirken können. (...) Er darf insbesondere nicht zu spät kommen, ansonsten

Der effektive Menschenrechtsschutz setzt sich zusammen aus der Gewährung der Verfahrensrechte der Konvention sowie der Wahrung der Rechte und Freiheiten aus der Konvention.[700] Zur Gewährung des konventionskonformen Zustandes sieht die EMRK – neben innerstaatlichen Rechtsmitteln im Sinne des Subsidiaritätsgrundsatzes[701] – selbst Verfahrensgarantien und Rechtsmittel vor und stattet diese als Grundrechte, die sogenannten Verfahrensgrundrechte, aus.[702] Dem tragen Art. 5 Abs. 4 EMRK, Art. 6 Abs. 1 EMRK, Art. 13 EMRK sowie Art. 35 EMRK als Verfahrensgrundrechte Rechnung. Sie sehen die Schaffung von Rechtsmitteln vor, die die Einhaltung der Konventionsrechte und Beseitigung etwaiger Konventionsverletzungen im innerstaatlichen Recht sicherstellen. Sie sind als Verfahrensgrundrechte eng miteinander verknüpft. Art. 6 Abs. 1 EMRK stellt mit der Gesamtheit der in ihm enthaltenen Verfahrensgarantien das Recht auf einen wirksamen, effizienten und fairen Rechtsschutz dar.[703] Ein Bestandteil davon ist das Gebot angemessener Verfahrensdauer aus Art. 6 Abs. 1 S. 1 EMRK.[704] Die Norm ist Ausgangspunkt der vorliegenden Untersuchung des rechtzeitigen Menschenrechtsschutzes.

Die Wahrung des Rechts auf eine Entscheidung in angemessener Frist aus Art. 6 Abs. 1 S. 1 EMRK ist von großer Bedeutung. Doch zeigt die Rechtsprechung des EGMR ein anderes Bild. Insbesondere das Recht auf eine Entscheidung in angemessener Frist war und ist in zahlreichen Fällen Gegenstand von Individualbeschwerdeverfahren.[705] Den Mitgliedstaaten ist es augenscheinlich

---

ist er nicht mehr effektiv.“, *Kloepfer*, Verfahrensdauer und Verfassungsrecht, JZ 1978, 209, 211; so auch *Stöcker*, Verfahrensrechtliche Konsequenzen für den Kläger aus der überlangen Dauer von Steuerprozessen, DStZ 1989, 367, 373 sowie *Althammer*, der ausführte: „Das zügige Voranschreiten des Verfahrens ist aber dennoch für die Effektivität des Rechtsschutzes von elementarer Bedeutung.“; *Althammer*, Schmerzensgeld wegen überlanger Dauer von Zivilverfahren, JZ 2011, 446, 447.

700 Siehe daz bereits im 3. Teil unter Ziffer I.

701 *Meyer-Ladewig/Harrendorf/König*, in: Meyer-Ladewig/Nettesheim/v. Raumer, Hk-EMRK, Art. 6 Rn. 2; *Matscher*, Der Rechtsmittelbegriff der EMRK, in: Rechberger/Welser (Hrsg.), FS für Winfried Kralik zum 65. Geburtstag, 257, 257.

702 *Matscher*, Der Rechtsmittelbegriff der EMRK, in: Rechberger/Welser (Hrsg.), FS für Winfried Kralik zum 65. Geburtstag, 257, 257.

703 *Kreutzer*, Säumnis, S. 17; *Last*, Garantie wirksamen Rechtsschutzes gegen Maßnahmen der EU, S. 8.

704 *Grabenwarter/Pabel*, EMRK, § 24 Rn. 81; *Grabenwarter/Pabel*, in: Dörr/Grote/Marauhn (Hrsg.), Konkordanz-Kommentar, Kap. 14 Rn. 113; *Schlette*, Der Anspruch auf gerichtliche Entscheidung in angemessener Frist, S. 30.

705 Siehe unter http://www.echr.coe.int/Documents/Stats_violation_2015_ENG.pdf die Anzahl der festgestellten Verletzungen des Rechts auf eine Entscheidung innerhalb

nicht möglich, ihren Bürgern dieses Recht zu gewähren. Dabei ist die Wahrung dieses Rechts mangels der Gewährung der Naturalrestitution und aufgrund der Bedeutung des Rechts für den Rechtsstaat und den Betroffenen besonders wichtig.

Während der richtige Menschenrechtsschutz darauf abstellt, einen konventionskonformen Zustand zu erhalten und vor allem wiederherzustellen (Wiedergutmachung der Konventionsverletzung im Sinne der *restitutio in integrum*), zielt der rechtzeitige Menschenrechtsschutz darauf ab, dass die Entscheidung vor einem innerstaatlichen Gericht rechtzeitig ergehen und somit das Recht auf eine Entscheidung in angemessener Frist aus Art. 6 Abs. 1 S. 1 EMRK gewährt werden kann. Das bedeutet aber, dass auch der rechtzeitige Menschenrechtsschutz einen konventionskonformen Zustand im Hinblick auf innerstaatliche Gerichtsverfahren verlangt. Ein solcher kann, wie bereits unter Ziffer II. untersucht, durch die Wahrung und Wiederherstellung des Konventionsrechts erreicht werden. Wie bereits im Fall des „richtigen" Menschenrechtsschutzes geprüft, ist die Wiedergutmachung der Konventionsverletzung der Schlüssel zum konventionskonformen Zustand. Jedoch hat die Wiedergutmachung im Fall von überlangen Verfahren eine untergeordnete Bedeutung, weil der Zustand, der vor der Konventionsverletzung bestand, nicht wiederhergestellt werden kann. Die Zeit kann nicht zurückgedreht werden.[706] Denn stellt der EGMR eine Verletzung des Rechts auf eine rechtzeitige Entscheidung aus Art. 6 Abs. 1 S. 1 EMRK in seinem Urteil fest, trifft die Mitgliedstaaten gemäß Art. 46 Abs. 1 EMRK die Pflicht zur Wiedergutmachung im Sinne der *restitutio in integrum*. Im Fall eines innerstaatlichen konventionswidrigen Gerichtsurteils wird die Pflicht – wie bereits unter Ziffer II. ausführlich untersucht – grundsätzlich durch ein innerstaatliches Wiederaufnahmeverfahren erfüllt. Die Konventionsverletzung wird durch die Aufhebung des Urteils und Neuverhandlung des Streitgegenstands beseitigt. Im

---

angemessener Frist aus dem Jahr 2015. Unter http://echr.coe.int/Documents/Stats_violation_1959_2015_ENG.pdf findet sich zudem die Anzahl der festgestellten Verletzungen des Rechts auf eine Entscheidung in angemessener Frist aus den Jahren 1959 bis 2015.

706 Siehe dazu *Schlette*, Der Anspruch auf gerichtliche Entscheidung in angemessener Frist, S. 59 m.w.N.: „Die verstrichene Zeit ist unwiederbringlich; eine Wiederholung des Verfahrens unter Einhaltung der angemessenen Frist zu fordern, wäre schlicht abwegig. Auch das Recht kann die physikalische Tatsache nicht ignorieren, dass es unmöglich ist, die Uhren zurückzudrehen und ein zweites Mal bei Null zu beginnen. Die Verfahrenswiederholung hätte die alleinige Konsequenz, dass sich der Zeitaufwand weiter erhöhen würde.".

Fall einer Konventionsverletzung in Form einer überlangen Verfahrensdauer aus Art. 6 Abs. 1 S. 1 EMRK würde jedoch ein Wiederaufnahmeverfahren dazu führen, dass das bereits „überlange“ Verfahren erneut verlängert und schlussendlich die Verletzung „verschlimmert“ wird. Eine überlange Verfahrensdauer mit einem Wiederaufnahmeverfahren wiedergutzumachen, wäre kontraproduktiv.[707] Daher spricht der EGMR dem Beschwerdeführer zur Wiedergutmachung eine gerechte Entschädigung im Sinne von Art. 41 EMRK zu.[708] Eine Wiedergutmachung in Form der – vom Völkerrecht primär vorgesehenen – *restitutio in integrum* ist bei einer Verletzung von Art. 6 Abs. 1 S. 1 EMRK nicht möglich. Der Zustand, der vor der Verletzung bestand, kann nicht wiederhergestellt werden. Aus diesem Grund ist die Wahrung des Rechts auf eine Entscheidung in angemessener Frist aus Art. 6 Abs. 1 S. 1 EMRK umso bedeutsamer. Eine Verletzung dieses Rechts darf gar nicht erst entstehen.

Zudem handelt es sich bei Art. 6 Abs. 1 EMRK um ein sehr bedeutsames Recht. In Zusammenschau mit Absatz 5 der Präambel der EMRK stellt es die wesentliche Ausprägung des in der EMRK enthaltenen Rechtsstaatsprinzips dar.[709] Kann ein Mitgliedstaat dieses Recht nicht gewähren, besteht Gefahr für seine Rechtsstaatlichkeit.[710] Unangemessen lange Gerichtsverfahren untergraben in

---

707 So auch *Schlette*, Der Anspruch auf gerichtliche Entscheidung in angemessener Frist, S. 40: „Ist die zulässige Verfahrensdauer überschritten, so ist die verstrichene Zeit unwiederbringlich verloren; eine „Naturalrestitution“ – also etwa eine Wiederholung des Verfahrens, nunmehr in angemessener Frist – wäre ganz offenkundig ein ungeeignetes Mittel, weil sie die Gesamtverfahrensdauer weiter verlängern würde.“ und *Kreutzer*, Säumnis, S. 89: „Neben der Verpflichtung zum Abstellen der Konventionsverletzung, hat der Mitgliedstaat nach Artikel 46 EMRK Wiedergutmachung für die sich aus der Konventionsverletzung ergebenden Folgen zu leisten. Nach Möglichkeit soll die Wiederherstellung des ursprünglichen Zustandes (restitutio in integrum) angestrebt werden. Was Verfahrensdauerfälle betrifft, so ist dies allerdings nur bedingt möglich: Die verlorene Zeit kann nun einmal nicht „wiederhergestellt“ werden.“

708 So auch *Schlette*, Der Anspruch auf gerichtliche Entscheidung in angemessener Frist, S. 40: „Es können also nur indirekte Sanktionen in Betracht kommen, etwa Entschädigungsansprüche auf der Sekundärebene (…).“ und *Kreutzer*, Säumnis, S. 89: „Allerdings ist an Entschädigung in Form eines Schadensersatzanspruchs zu denken.“.

709 *Meyer-Ladewig/Harrendorf/König*, in: Meyer-Ladewig/Nettesheim/v. Raumer, Hk-EMRK, Art. 6 Rn. 87; *Matscher*, Der Rechtsmittelbegriff der EMRK, in: Rechberger/Welser (Hrsg.), FS für Wilfried Kralik zum 65. Geburtstag, 257, 257; *Grabenwarter/Pabel*, EMRK, § 24 Rn. 2; *Schlette*, Der Anspruch auf gerichtliche Entscheidung in angemessener Frist, S. 27.

710 *EGMR*, Urt. v. 2.9.2010, 46344/06 – Rumpf.

der Regel die Bedeutung des Rechts und der Rechtsprechung für den Rechtsstaat und beschädigen das Vertrauen und die Glaubwürdigkeit in die Effektivität der Justiz.[711] Die Garantie der Rechtzeitigkeit erhält hingegen den Rechtsfrieden, die Rechtssicherheit und verhindert Selbsthilfe.[712] Denn Rechtsstaatlichkeit bedeutet auch, dass ein wirksames Rechtsschutzsystem besteht, welches unter anderem die Gewährleistung eines rechtzeitigen Rechtsschutzes sicherstellt.[713] Kann der Mitgliedstaat diese Voraussetzungen nicht erfüllen und nicht verhindern, dass es zu einer Verletzung von Art. 6 Abs. 1 S. 1 EMRK kommt, droht ihm eine Vielzahl an Beschwerden vor dem EGMR wegen überlanger innerstaatlicher Verfahren, wobei die Vielzahl der Beschwerden darauf schließen lässt, dass ein strukturelles Problem besteht, welches das Vertrauen des Bürgers in das Recht und den Rechtsstaat tangiert. Von daher ist oder sollte es für den Mitgliedstaat von besonders großem Interesse sein, seinen Bürgern einen rechtzeitigen Menschenrechtsschutz durch Wahrung von Art. 6 Abs. 1 S. 1 EMRK zu gewähren. Eine solche Vorgehensweise entspricht der Gewähr effektiven Menschenrechtsschutzes.

Darüber hinaus ist die Entscheidung innerhalb einer angemessenen Verfahrensdauer für den Einzelnen von großer Bedeutung, da sie für ihn mit unterschiedlichen Interessen verbunden ist. Die Teilnahme an einem Gerichtsverfahren ist oftmals zeit- und kostenintensiv. Auch ist sie oftmals mit psychischen Belastungen für den Betroffenen verbunden. Ein langes Gerichtsverfahren führt zu Unsicherheit über den Ausgang des Verfahrens sowie zu Schwierigkeiten bei der weiteren Planung.[714] So wirkt sich ein Verfahren für den Betroffenen vor allem psychisch aus[715], wenn gegen ihn Strafanklage erhoben wurde und

711 *Steinbeiß-Winkelmann*, in: Steinbeiß-Winkelmann/Ott, Rechtsschutz bei überlangen Gerichtsverfahren, Einf. C. Rn. 42; so auch *Kreutzer*, Säumnis, S. 67; vgl. dazu *Kirchhof*, Verfassungsrechtliche Maßstäbe für die Verfahrensdauer und für die Rechtsmittel, in: Hailbronner/Ress/Stein (Hrsg.), FS für Karl Doehring, 439, 441; vgl. *Vollkommer*, Die lange Dauer der Zivilprozesse und ihre Ursachen, ZZP 81 (1968), 102, 107.

712 *Schlette*, Der Anspruch auf gerichtliche Entscheidung in angemessener Frist, S. 27, so auch *Wilfinger*, Das Gebot effektiven Rechtsschutzes, S. 14.

713 *Wilfinger*, Das Gebot effektiven Rechtsschutzes, S. 3.

714 *Boesche*, Die Brechung des Rechts durch das Mittel der Zeit, in: Boesche/Füller/Wolf (Hrsg.), Festbeigabe für Säcker, 3, 6: Die überlange Verfahrensdauer führt zur Dauerpräsenz des Verfahrens, was zu einer Verunsicherung und zu einer Gesundheitsschädigung des Betroffenen führen kann. So auch *Schlette*, Der Anspruch auf gerichtliche Entscheidung in angemessener Frist, S. 63: Die mit der Verzögerung verbundenen Belastungen können zu Gesundheitsschädigungen führen.

715 So auch *Kloepfer*, Verfahrensdauer und Verfassungsrecht, JZ 1978, S. 209, 214; *Vollkommer*, Die lange Dauer der Zivilprozesse und ihre Ursachen, ZZP 81 (1968), 102,

der Ausgang des Verfahrens ungewiss ist. Aber auch die Entscheidung über die berufliche Existenz kann zu psychischen Belastungen führen.[716] Diese Ungewissheit ist dann möglichst kurz zu halten.[717] Neben dem Grund der psychischen Belastung besteht für den Betroffenen auch aufgrund von materiellen und immateriellen Belangen ein großes Interesse an der schnellen Klärung der streitgegenständlichen Rechtsfragen und somit am schnellen Ausgang des Verfahrens. Ein rein wirtschaftlicher Beweggrund liegt beispielsweise vor, wenn einer der Verfahrensbeteiligten (Beklagter) wirtschaftlich angeschlagen ist und ihm eventuell die Eröffnung eines Insolvenzverfahrens droht (Insolvenzrisiko).[718] Der Verfahrensgegner (Kläger) hat dann ein besonders großes Interesse an einer schnellen Klärung des Streitgegenstandes, da mit zunehmendem Zeitablauf die Insolvenz des Beklagten immer wahrscheinlicher wird. Im schlimmsten Fall ist der Beklagte dann nicht mehr in der Lage seiner Zahlungspflicht aus der Entscheidung des Gerichts nachzukommen, das Verfahren wird ruhend gestellt oder der Kläger muss sich zur Klärung des Sachverhalts und seines eventuell titulierten Anspruchs an den Insolvenzverwalter wenden. Eventuell trägt er dann sogar die Kostenlast des Verfahrens. Diese Folgen könnten mit einer schnellen und rechtzeitigen Entscheidung vermieden werden.[719] Ein immaterieller Grund

107; *Althammer*, Schmerzensgeld wegen überlanger Dauer von Zivilverfahren, JZ 2011, 446, 446.

716 So geschehen im Fall *König*. Hier hat der EGMR dem Beschwerdeführer eine psychische Belastung bejaht, weil das Verfahren zu der Frage nach der Approbation des Beschwerdeführers fast sechs Jahre gedauert hatte. Das Verfahren hinsichtlich der Konzession hatte zum Zeitpunkt der Entscheidung des EGMR bereits zehn Jahre und zehn Monate gedauert, *EGMR*, Urt. v. 28.6.1978, 6232/73 – König.

717 *Grabenwarter/Pabel*, EMRK, § 24 Rn. 81. Siehe dazu auch *Schlette*, Der Anspruch auf gerichtliche Entscheidung in angemessener Frist, S. 15.

718 So auch *Schlette*, Der Anspruch auf gerichtliche Entscheidung in angemessener Frist, S. 14.

719 Dem *BGH* lag ein solcher Fall zur Entscheidung vor. In dem Fall ging es um eine ausstehende Werklohnforderung. Der Kläger, ein Transportunternehmer, war für eine Baufirma in den Jahren 1981/1982 als Subunternehmer tätig. Die Baufirma bezahlte jedoch nicht alle Rechnungen, sodass der Kläger im Jahr 1984 Klage auf Zahlung des restlichen Werklohns erhob. Der Rechtsstreit dauerte mehrere Jahre an und führte dazu, dass das Bauunternehmen während der Berufung in Insolvenz geriet und der Kläger daraufhin wegen Masseunzulänglichkeiten keine Möglichkeit mehr hatte seine noch ausstehenden Werklohnforderungen durchzusetzen, *BGH*, Urt. v. 4.11.2010, Az. III ZR 32/10. Anmerkung dazu siehe *Roller*, Wenn der Justiz die Kraft ausgeht, verlängern sich gerichtliche Verfahren, DRiZ 2011, 172 ff.

liegt beispielsweise vor, wenn der Betroffene über das Sorge- und Umgangsrecht für sein leibliches Kind streitet.[720] Je länger das Verfahren dauert, desto schwieriger wird es für den Betroffenen eine Beziehung und das damit einhergehende Bindungs- und Vertrauensverhältnis aufzubauen und zu erhalten.[721] Aufgrund der oben bezeichneten Gründe ist es von großer Bedeutung, dass die Mitgliedstaaten das Recht aus Art. 6 Abs. 1 S. 1 EMRK auf eine angemessene Verfahrensdauer wahren und eine Verletzung dieses Rechts gar nicht zulassen.

Eine Verletzung des Rechts kann verhindert werden, wenn sie zum frühstmöglichen Zeitpunkt abgewehrt wird. Das ist umsetzbar, wenn das innerstaatliche Recht die Möglichkeit vorsieht, eine solche Verletzung zu verhindern. Die Mitgliedstaaten müssen demnach Maßnahmen ergreifen, mit denen der Betroffene das innerstaatliche Verfahren beschleunigen kann. Dabei handelt es sich um Maßnahmen mit präventiv beschleunigender Wirkung. Diese setzen bereits im innerstaatlichen Recht, am Entstehungsort der Verletzung und zu einem Zeitpunkt vor Entstehung der Verletzung an und führen zu Änderungen im innerstaatlichen Recht. Diese Maßnahmen beschleunigen innerstaatliche Gerichtsverfahren z.B. durch die Verkürzung von Fristen, durch die Änderung der Prozessordnung oder durch die Schaffung von Beschwerdemöglichkeiten[722], um Verfahren voranzutreiben und eine Überlänge vorzeitig rügen zu können. Diese präventiv beschleunigenden Maßnahmen führen dann dazu, dass das innerstaatliche Recht strukturell umgestaltet wird. Die Umgestaltung führt dazu, dass einer Verletzung von Art. 6 Abs. 1 S. 1 EMRK bereits im innerstaatlichen Recht entgegengewirkt und das Recht auf eine Entscheidung in angemessener Frist gewährt werden kann. Denn das Recht auf Rechtzeitigkeit ist gewahrt, wenn eine Verletzung von Art. 6 Abs. 1 S. 1 EMRK bereits im innerstaatlichen Recht verhindert werden kann.

Rechtzeitiger Menschenrechtsschutz ist daher die Gewähr des Rechts auf eine Entscheidung in angemessener Frist aus Art. 6 Abs. 1 S. 1 EMRK durch präventiv beschleunigende Maßnahmen im innerstaatlichen Recht. Die präventiv beschleunigenden Maßnahmen führen dazu, dass das innerstaatliche Recht

---

720 So im Fall Görgülü geschehen; *EGMR*, Urt. v. 26.2.2004, 74969/01 – Görgülü.

721 So auch *Althammer*, Schmerzensgeld wegen überlanger Dauer von Zivilverfahren, JZ 2011, 446, 446.

722 So bereits *Ossenbühl*, der die Abwehr einer überlangen Verfahrensdauer in der Schaffung von Rechtsbehelfen sieht, die sich unmittelbar gegen ein solches Verfahren richten und Verzögerungen vermeiden, *Ossenbühl*, Staatshaftung bei überlangen Gerichtsverfahren, DVBl. 2012, 857, 858.

strukturell umgestaltet wird. Daher muss eine Verpflichtung zur strukturellen Umgestaltung des innerstaatlichen Rechts zur Gewähr von Art. 6 Abs. 1 S. 1 EMRK existieren. Es handelt sich dabei um eine Verpflichtung zur Schaffung eines Rechtsbehelfs im innerstaatlichen Recht, der präventiv beschleunigend wirkt. Ist die Pflicht erfüllt, dann ist der rechtzeitige Menschenrechtsschutz gewahrt.

Das Recht auf einen rechtzeitigen Rechtsschutz stellt den zweiten Teil des Spannungsverhältnisses zwischen dem rechtstaatlichen Gebot, eine inhaltlich richtige, an Recht und Gesetz orientierte Entscheidung und eine Entscheidung innerhalb einer angemessenen Verfahrensdauer zu treffen, dar.[723] Es ist daher zunächst die Gewährleistung des rechtzeitigen Menschenrechtsschutzes anhand folgender Fragen zu untersuchen. Woraus folgt eine Verpflichtung zur Schaffung eines präventiv beschleunigenden Rechtsbehelfs? Woraus folgt die Verpflichtung der Mitgliedstaaten zur Organisation und Ausgestaltung des innerstaatlichen Rechtsschutzsystems dahin, dass innerstaatliche Gerichte die Garantie aus Art. 6 Abs. 1, S. 1 EMRK erfüllen können? Wie ist der EGMR in seiner Rechtsprechung der Gewähr des Rechts aus Art. 6 Abs. 1 S. 1 EMRK auf eine angemessene Verfahrensdauer durch Schaffung eines entsprechenden Rechtsbehelfs gerecht geworden? Im Anschluss ist dann zu untersuchen, ob und inwieweit die Anforderungen dieser Garantie im innerstaatlichen Recht erfüllt wurden.

1. Die Anforderungen an den rechtzeitigen Rechtsschutz aus der EMRK

Ein rechtzeitiger – da präventiver – Menschenrechtsschutz zeichnet sich vor allem dadurch aus, dass er bereits in dem frühstmöglichen Stadium eines Verfahrens Wirkung entfaltet. Die Gewährung von rechtzeitigem Menschenrechtsschutz beginnt und endet nicht bereits in der Einhaltung und Beachtung der Konventionsrechte auf völkerrechtlicher Ebene. Sie beginnt vielmehr bereits im innerstaatlichen Recht. Durch die Schaffung innerstaatlicher Mechanismen muss jeder Mitgliedstaat seinem Bürger das Recht auf eine Entscheidung in angemessener Frist gewähren können. Dabei genügt es nicht, Mechanismen zu schaffen, die eine Verletzung beheben oder sanktionieren. Der Mitgliedstaat muss vielmehr innerstaatlich dafür Sorge tragen, dass Mechanismen existieren,

723 So auch *Schlette*, Der Anspruch auf gerichtliche Entscheidung in angemessener Frist, S. 31. *Schlette* beschreibt ein Spannungsverhältnis zwischen möglichst schnellem und möglichst gründlichem Rechtsschutz.

die eine angemessene Verfahrensdauer fördern. Dazu gehört es das bestehende Rechtsschutzsystem so zu organisieren, dass die innerstaatlichen Gerichte die Pflicht zur Verhandlung innerhalb angemessener Frist erfüllen können.[724] Dazu gehört beispielsweise die Schaffung einer innerstaatlichen Rügemöglichkeit.

Es ist daher im Folgenden zu untersuchen, woraus eine Verpflichtung für die Mitgliedstaaten der EMRK besteht, ihr Rechtsschutzsystem so zu organisieren, dass ihre Gerichte den Beschleunigungsgrundsatz aus Art. 6 Abs. 1 S. 1 EMRK gewähren können. Woraus folgt eine Verpflichtung zur Einrichtung eines präventiv beschleunigenden Rechtsbehelfs? Diese Frage wird zunächst durch Untersuchung der Konvention und der Rechtsprechung des EGMR beantwortet.

a) Die Verpflichtung zur Einrichtung eines präventiv beschleunigenden Rechtsbehelfs zur strukturellen Gewähr von Art. 6 Abs. 1 S. 1 EMRK aus der EMRK

Die EMRK enthält zahlreiche Normen, die sich mit der Beschleunigung des Verfahrens befassen. Daher bedarf es der Auslegung, um zu ermitteln, aus welcher Norm oder aus welchen Normen eine Verpflichtung des Mitgliedstaates zur Einrichtung eines präventiv beschleunigenden Rechtsbehelfs zur strukturellen Gewähr des Rechts auf eine Entscheidung in angemessener Frist aus Art. 6 Abs. 1 S. 1 EMRK folgt.

aa) Die Verpflichtung aus Art. 1 EMRK

Eine Verpflichtung zur Einrichtung eines präventiv beschleunigenden Rechtsbehelfs wird bereits mit Art. 1 EMRK begründet. Sie folgt aus der Auslegung nach Sinn und Zweck der Norm. Sinn und Zweck von Art. 1 EMRK ist die Erhaltung oder Wiederherstellung des konventionskonformen Zustandes. Das folgt aus der Grundverpflichtung von Art. 1 EMRK, wonach ein Mitgliedstaat allen seiner Jurisdiktion unterstehenden Individuen die Rechte und Freiheiten aus der Konvention zu gewähren hat.[725] Durch die Beschleunigung des Verfahrens durch einen präventiv wirkenden Rechtsbehelf wird das Recht auf eine Entscheidung innerhalb einer angemessenen Verfahrensdauer beachtet. Treffen die Mitgliedstaaten innerstaatliche Maßnahmen und organisieren ihre Rechtsordnung

---

724 Siehe folgende Entscheidungen, die eine Umgestaltung der Justiz vorsehen: *EGMR*, Urt. v. 29.3.2006, 36813/97 – Scordino (Nr. Nr. 1); *EGMR*, Urt. v. 29.3.2006, 64886/01 – Cocchiarella; *EGMR*, Urt. v. 17.12.1996, 20940/92, 20941/92, 20942/92 – Duclos.

725 *Frowein*, in: Frowein/Peukert, EMRK, Art. 1 Rn. 2; *Meyer-Ladewig/Nettesheim*, in: Meyer-Ladewig/Nettesheim/v. Raumer, Hk-EMRK, Art. 1 Rn. 1.

derart, dass dieses Recht dem Einzelnen gewährt werden kann, so verhalten sie sich konventionskonform.

bb) Die Verpflichtung aus Art. 13 EMRK

Gemäß seinem Wortlaut verlangt Art. 13 EMRK von jedem Mitgliedstaat, dass er dem Einzelnen einen „effective remedy", bzw. „recours effectif", zur Verfügung stellt, mit dem der Betroffene im innerstaatlichen Recht die Verletzung seiner Rechte aus der EMRK geltend machen kann.[726] Darunter fällt auch eine Verletzung von Art. 6 Abs. 1 S. 1 EMRK. Ob der wirksame Rechtsbehelf aber eine präventiv beschleunigende Wirkung hat, ist fraglich.

Der Begriff des „remedy", bzw. „recours", meint einen Rechtsbehelf, mit dem über die Konventionsverletzung entschieden und angemessene Abhilfe geschaffen werden kann.[727] Ein Rechtsbehelf im Sinne von Art. 13 EMRK umfasst nicht nur Rechtsmittel im prozessualen Sinne, also Anfechtungsmittel, mit denen eine hoheitliche Entscheidung mit dem Ziel einer Aufhebung oder Änderung der Entscheidung geprüft werden kann.[728] Er geht vielmehr darüber hinaus[729] und umfasst auch die Ergreifung von Verteidigungsmitteln. Dazu gehört die erstmalige Antragstellung, Beschwerdeeinlegung oder die Beschreitung anderer Rechtswege, wie die Amtshaftungsklage.[730] Diese Mittel müssen zudem den Anforderungen der „effectiveness" entsprechen. Sie müssen geeignet sein, eine

---

726 *Meyer-Ladewig/Renger*, in: Meyer-Ladewig/Nettesheim/v. Raumer, Hk-EMRK, Art. 13 Rn. 3; *Frowein*, in Frowein/Peukert, EMRK, Art. 13 Rn. 2.

727 *Meyer-Ladewig/Renger*, in: Meyer-Ladewig/Nettesheim/v. Raumer, Hk-EMRK, Art. 13 Rn. 10; *Last*, Garantie wirksamen Rechtsschutzes gegen Maßnahmen der EU, S. 9; *Bernegger*, Das Recht auf eine wirksame Beschwerde, in: Machacek/Pahr/Stadler (Hrsg.), 40 Jahre EMRK – Grund und Menschenrechte in Österreich Bd. II, 733, 743.

728 *Matscher*, Der Rechtsmittelbegriff der EMRK, in: Rechberger/Welser (Hrsg.), FS für Wilfried Kralik zum 65. Geburtstag, 257, 266; Näheres zum prozessualen Rechtsmittelbegriff siehe unter *Matscher*, Der Rechtsmittelbegriff der EMRK, in: Rechberger/Welser (Hrsg.), FS für Wilfried Kralik zum 65. Geburtstag, 257, 260.

729 *Matscher*, Der Rechtsmittelbegriff der EMRK, in: Rechberger/Welser (Hrsg.), FS für Wilfried Kralik zum 65. Geburtstag, 257, 267; so auch *Bernegger*, Das Recht auf eine wirksame Beschwerde, in: Machacek/Pahr/Stadler (Hrsg.), 40 Jahre EMRK – Grund und Menschenrechte in Österreich Bd. II, 733, 745.

730 Die beispielhaft aufgelisteten Rechtsmittel haben gemein, dass sie dem Betroffenen ein Recht auf Rechtsschutz geben und dass die betroffene Instanz zur Einleitung eines Verfahrens verpflichtet und zu einer Entscheidung über das Begehren selbst befugt ist, so *Matscher*, Der Rechtsmittelbegriff der EMRK, in: Rechberger/Welser (Hrsg.), FS für Wilfried Kralik zum 65. Geburtstag, 257, 266.

behauptete Konventionsverletzung zu beseitigen und den konventionskonformen Zustand wiederherzustellen.[731] *Bernegger* spricht dabei von einem weiten Rechtsmittelbegriff. Das Rechtsmittel muss geeignet sein, entweder die Konventionsverletzung und ihre Fortdauer zu beseitigen oder eine angemessene Wiedergutmachung zu leisten.[732]

Des Weiteren verlangt Art. 13 EMRK zur „effectiveness" des „remedy", dass eine unabhängige Entscheidungsinstanz über die Beschwerde entscheidet. Das ist nicht der Fall, wenn die Beschwerde an diejenige Behörde geht, die den streitgegenständlichen Hoheitsakt erlassen hat.[733] Darüber hinaus muss die Instanz die Kompetenz haben, bei Feststellung einer Konventionsverletzung dieser abzuhelfen.[734] Dies beinhaltet, über die Sachfrage zu entscheiden und die Konventionsrechte durchsetzen zu können.[735] So fehlt es an der „effectiveness" der „remedy", wenn die entscheidende Instanz lediglich Empfehlungen aussprechen kann.[736] Ferner muss auch der Rechtsbehelf im Sinne von Art. 13 EMRK sich

---

731 *Matscher*, Der Rechtsmittelbegriff der EMRK, in: Rechberger/Welser (Hrsg.), FS für Wilfried Kralik zum 65. Geburtstag, 257, 266 f., 270. *Matscher* spricht davon, dass der „remedy" wirksam sein muss, d.h. geeignet, den konventionswidrigen Zustand zu beseitigen bzw. einen konventionskonformen Zustand wiederherzustellen, *Matscher*, Der Rechtsmittelbegriff der EMRK, in: Rechberger/Welser (Hrsg.), FS für Wilfried Kralik zum 65. Geburtstag, 257, 266; so auch *Bernegger*, Das Recht auf eine wirksame Beschwerde, in: Machacek/Pahr/Stadler (Hrsg.), 40 Jahre EMRK – Grund und Menschenrechte in Österreich Bd. II, 733, 743.

732 *Bernegger*, Das Recht auf eine wirksame Beschwerde, in: Machacek/Pahr/Stadler (Hrsg.), 40 Jahre EMRK – Grund und Menschenrechte in Österreich Bd. II, 733, 745 ff.: *Bernegger* hat drei wesentliche Kriterien für die Wirksamkeit eines Rechtsmittels entwickelt. „Die betroffene Partei muss einen Rechtsanspruch auf das Rechtsmittel haben. Die betroffene Behörde muss verpflichtet sein, ein entsprechendes Überprüfungsverfahren einzuleiten. Sie muss auch befugt sein, über das Rechtsmittel zu entscheiden." Des Weiteren sind für die Wirksamkeit das Verfahren, der Inhalt der Beschwerde, der Prüfungsmaßstab der Behörde, die Erfolgsaussichten der Beschwerde sowie das Zusammenwirken mehrerer Rechtsmittel von Bedeutung.

733 *Matscher*, Der Rechtsmittelbegriff der EMRK, in: Rechberger/Welser (Hrsg.), FS für Wilfried Kralik zum 65. Geburtstag, 257, 269; nähere Ausführungen dazu siehe bei *Schweizer*, in: IntKom-EMRK, Art. 13 Rn. 64 ff.

734 *Matscher*, Der Rechtsmittelbegriff der EMRK, in: Rechberger/Welser (Hrsg.), FS für Wilfried Kralik zum 65. Geburtstag, 257, 267; *Schweizer*, in: IntKom-EMRK, Art. 13 Rn. 64 m.w.N.

735 Nähere Ausführungen mit Fallbeispielen siehe bei *Schweizer*, in: IntKom-EMRK, Art. 13 Rn. 68 ff.

736 *Schweizer*, in: IntKom-EMRK, Art. 13 Rn. 73 m.w.N.

an das Gebot der angemessenen Verfahrensdauer halten und darf das Verfahren nicht weiter verzögern.[737] Nicht zwingend erforderlich ist für die Wirksamkeit der Beschwerde im Sinne von Art. 13 EMRK ihr Erfolg, allein die Möglichkeit der Beschwerdeeinlegung genügt den Anforderungen der „effectiveness" von Art. 13 EMRK. Nur für den Fall der Feststellung einer Konventionsverletzung bedarf es jedoch zumindest eines tatsächlichen Erfolges.[738] Nach *Matscher* bedarf es sogar einer kassatorischen Entscheidung.[739] Die Konventionsverletzung muss kassiert oder zumindest kompensiert werden in Form von Schadensersatz oder in anderweitiger Form.[740]

Im Ergebnis meint die Formulierung „effective remedy" einen Rechtsbehelf, mit dem über die Konventionsverletzung entschieden und Abhilfe geschaffen wird. Abhilfe liegt in der Beseitigung der Konventionsverletzung und der Wiederherstellung des konventionskonformen Zustandes. Sie erfolgt, indem ein (höheres) dazu befugtes Gericht in einer verbindlichen Entscheidung über die Verletzung bestimmt. Ein präventiv beschleunigender Rechtsbehelf setzt jedoch voraus, dass die Verletzung von Art. 6 Abs. 1 S. 1 EMRK verhindert wird. Diese Wirkung des Rechtsbehelfs geht aus dem Wortlaut nicht hervor.

Aus der systematischen Auslegung anhand der Zusammenschau mit den Verfahrensgarantien aus Art. 5 Abs. 4 EMRK und Art. 6 Abs. 1 EMRK wird deutlich, dass der Rechtsbehelf aus Art. 13 EMRK zur Gewähr von Art. 6 Abs. 1 S. 1 EMRK herangezogen werden kann. Art. 13 EMRK, Art. 5 Abs. 4 EMRK und Art. 6 Abs. 1 S. 1 EMRK stellen jeweils Verfahrensgarantien dar. Sie gewährleisten Rechtsschutz in unterschiedlichen eigenen Anwendungsbereichen[741], sind jedoch in einem gewissen Rahmen kongruent[742]. So gewährt Art. 5 Abs. 4 EMRK den Anspruch des Einzelnen auf eine gerichtliche Haftprüfung innerhalb angemessener Zeit. Art. 6 Abs. 1 EMRK garantiert einen Anspruch auf Entscheidung in einem Gerichtsverfahren innerhalb angemessener Zeit und bezieht sich dabei auf die Durchsetzung von „civil rights and obligations" bzw. „droits et obligations de caractère civil" und „any criminal charge", bzw. „ pénale dirigée contre". Art. 13 EMRK verlangt, dass die Mitgliedstaaten ihren Bürgern die Möglichkeit

737 *Britz/Pfeifer*, Rechtsbehelf gegen unangemessene Verfahrensdauer im Verwaltungsprozeß, DÖV 2004, 245, 249.

738 *Schweizer*, in: IntKom-EMRK, Art. 13 Rn. 73.

739 *Matscher*, Der Rechtsmittelbegriff der EMRK, in: Rechberger/Welser (Hrsg.), FS für Wilfried Kralik zum 65. Geburtstag, 257, 266.

740 *Schweizer*, in: IntKom-EMRK, Art. 13 Rn. 73.

741 *EGMR*, Urt. v. 21.2.1975, 4451/70, Ziff. 33 – Golder.

742 *Richter*, in Dörr/Grote/Marauhn (Hrsg.), Konkordanz-Kommentar, Kap. 20 Rn. 110.

eines innerstaatlichen Rechtsbehelfs bieten müssen, um sich gegen die überlange Verfahrensdauer verteidigen zu können.[743] Er beschränkt seinen Anwendungsbereich nicht notwendigerweise allein auf gerichtlichen Rechtsschutz[744]. Gemein ist diesen Rechten, dass sie dem Einzelnen verfahrensrechtliche Garantien zusichern und auf innerstaatlicher Ebene die Rechte der Konvention innerhalb ihres jeweiligen Anwendungsbereichs schützen[745].

Das Verhältnis von Art. 13 EMRK zu den anderen Normen der EMRK ist geprägt von dem Grundsatz der Subsidiarität. Das beruht auf dem Umstand, dass Art. 13 EMRK nicht selbstständig geltend gemacht werden kann, sondern aufgrund seiner Akzessorietät stets die vertretbare Behauptung einer Konventionsverletzung, „an arguable claim"[746] benötigt. So verhält es sich auch mit Art. 5 Abs. 4 EMRK und Art. 6 Abs. 1 EMRK. Auch ihr Verhältnis zu Art. 13 EMRK ist geprägt von dem Grundsatz der Subsidiarität.[747] Neben der Akzessorietät der Norm geht der Anwendungsbereich von Art. 5 Abs. 4 EMRK und Art. 6 Abs. 1 EMRK grundsätzlich[748] weiter als der Anwendungsbereich von Art. 13

---

743 *EGMR*, Urt. v. 26.10.2000 - 30210/96 - Kudla.

744 *Richter*, in Dörr/Grote/Marauhn (Hrsg.), Konkordanz-Kommentar, Kap. 20 Rn. 14.

745 *Schweizer*, in: IntKom-EMRK, Art. 13 Rn. 48; *Vospernik*, Das Verhältnis zwischen Art. 13 und Art. 6 EMRK, ÖJZ 2001, 361, 361.

746 In der Rechtsprechung des EGMR hat sich herauskristallisiert, dass es zur Geltendmachung einer Verletzung von Art. 13 EMRK eine behauptete Verletzung eines materiellen Konventionsrechts bedarf; so bspw. bei *EGMR*, Urt. v. 25.3.1983, 5947/72 u.a., Ziff. 113 - Silver.

747 *Frowein*, in: Frowein/Peukert, EMRK, Art. 13 Rn. 14, 15; *Richter*, in Dörr/Grote/Marauhn (Hrsg.), Konkordanz-Kommentar, Kap. 20 Rn. 111.

748 Im Hinblick auf den Grundsatz der Subsidiarität ist jedoch zu differenzieren. Art. 6 Abs. 1 EMRK und Art. 5 Abs. 4 EMRK stellen grundsätzlich strengere Anforderungen als Art. 13 EMRK, weil sie einen gerichtlichen Rechtsschutz vorsehen. Jedoch birgt genau dieser Rechtsschutz einen entscheidenden Unterschied. Geht es um die Durchsetzung des gerichtlichen Rechtsschutzes, sind Art. 6 Abs. 1 EMRK und Art. 5 Abs. 4 EMRK spezieller. Geht es jedoch um einen darüber hinausgehenden Rechtsschutz, ist Art. 13 EMRK anzuwenden. Es ist daher zu differenzieren, was für eine Art des Rechtsschutzes verlangt wird. Denn bei Art. 13 EMRK kommt es nicht auf die formale Position der Entscheidungsinstanz an, sondern vielmehr auf die Effektivität des Rechtsschutzes, die sie erlangt. Darüber hinaus umfasst Art. 6 Abs. 1 EMRK gemäß seinem Wortlaut lediglich Zivil- und Strafrechtssachen, während Art. 13 EMRK die materiellen Garantien der EMRK in allen Rechtsbereichen umfasst. Daher besteht eine Subsidiarität zu Art. 6 Abs. 1 EMRK im Hinblick auf zivil- und strafrechtliche Angelegenheiten. Der Grundsatz der Subsidiarität besteht daher, jedoch ist genau zu

EMRK.[749] Er wird nach herrschender und ständiger Praxis von den beiden Normen des gerichtlichen Rechtsschutzes vollumfänglich absorbiert.[750] Art. 5 Abs. 4 EMRK und Art. 6 Abs. 1 EMRK werden daher gegenüber Art. 13 EMRK als *lex specialis* angesehen.[751]

Geht es beispielsweise um das Recht auf Zugang zu einem Gericht aus Art. 5 Abs. 4 EMRK und Art. 6 Abs. 1 EMRK und hat der EGMR eine Verletzung

---

differenzieren, um was für einen Fall es sich handelt. Siehe dazu *Schweizer*, in: IntKom-EMRK, Art. 13 Rn. 46, 88.

749 *EGMR*, Urt. v. 26.10.2000, 30210/96, Ziff. 146 – Kudla; *EGMR*, Urt. v. 25.3.1983, 5947/72, Ziff. 110 – Silver; *EGMR*, Urt. v. 23.9.1982, 7151/75, 7152/75, Ziff. 88 – Sporrong und Lönnroth; *Schweizer*, in: IntKom-EMRK, Art. 13 Rn. 42; so zu Art. 6 Abs. 1 EMRK *Bernegger*, Das Recht auf eine wirksame Beschwerde, in: Machacek/Pahr/Stadler (Hrsg.), 40 Jahre EMRK – Grund und Menschenrechte in Österreich Bd. II, 733, 754.

750 *EGMR*, Urt. v. 25.3.1983, 5947/72, Ziff. 110 – Silver: „Having regard to its decision on Article 6 § 1 (Art. 6–1) (see paragraphs 8O-82 above), there is no need to examine Mr. Silver's complaint under Article 13 (Art. 13); this is because the requirements of the latter Article (Art. 13) are less strict than, and are here absorbed by, those of the former."; EGMR, Urt. v. 9.10.1979, 6289/73, Ziff. 35 – Airey: „(…) these requirements are less strict than, and are here entirely absorbed by, those of the latter Article (Art. 6–1)." Es war jedoch von Beginn an umstritten, ob Art. 13 EMRK durch Art. 6 Abs. 1 EMRK absorbiert werden könne. So hat Richter *Evrigenis* in seiner abweichenden Meinung zu der Entscheidung Airey eine Überlappung und Absorption verneint, *EGMR*, Urt. v. 9.10.1979, 6289/73, abweichende Meinung von Richter *Evrigenis*, Ziff. 3 – Airey. Abweichend von dem Grundsatz der Absorption auch *Richter*, in: Dörr/Grote/Marauhn (Hrsg.), Konkordanz-Kommentar, Kap. 20 Rn. 112. Er geht von einer Subsidiarität, der sogenannten „materiellen Subsidiarität", von Art. 13 EMRK aus. Fälle der materiellen Subsidiarität liegen vor, wenn ein besonderes rechtliches Bedürfnis für die ergänzende Wirkung von Art. 13 EMRK besteht; *Richter*, in: Dörr/Grote/Marauhn (Hrsg.), Konkordanz-Kommentar, Kap. 20 Rn. 21. Die Absorptionstheorie anwendend: *Kreutzer*, Säumnis, S. 111.

751 *Meyer-Ladewig/Renger*, in: Meyer-Ladewig/Nettesheim/v. Raumer, Hk-EMRK, Art. 13 Rn. 41; *Frowein*, in Frowein/Peukert, EMRK, Art. 13 Rn. 10; *Breuer*, in: Karpenstein/Mayer, EMRK, Art. 13 Rn. 19; so zu Art. 5 Abs. 4 EMRK und Art. 13 EMRK: *Schweizer*, in: IntKom-EMRK, Art. 13 Rn. 43; so auch zu Art. 6 Abs. 1 EMRK *Bernegger*, Das Recht auf eine wirksame Beschwerde, in: Machacek/Pahr/Stadler (Hrsg.), 40 Jahre EMRK – Grund und Menschenrechte in Österreich Bd. II, 733, 754. *Pache* begründet die Spezialität von Art. 6 Abs. 1 EMRK mit der Gewährleistung gerichtlichen Rechtsschutzes. Dadurch sei Art. 6 Abs. 1 EMRK die „gewährleistungsintensivere" und daher auch „speziellere" Norm, *Pache*, Tatbestandliche Abwägung und Beurteilungsspielraum, S. 266 f.

dieses Artikels hinsichtlich des Zugangs zu einem Gericht festgestellt, so prüft er grundsätzlich keine Verletzung von Art. 13 EMRK mehr.[752] Denn während Art. 5 Abs. 4 EMRK und Art. 6 Abs. 1 EMRK einen gerichtlichen Rechtsschutz garantieren, gewährt Art. 13 EMRK einen Rechtsschutz auch durch eine andere innerstaatliche Instanz.[753] Demnach kommt Art. 13 EMRK nicht zur Anwendung, wenn der Rechtsweg zu einem Gericht durch die EMRK gewährleistet ist.[754] Denn „es ist systematisch nicht vorstellbar, dass der Zugang zu einem Gericht durchgesetzt werden könnte durch ein Verfahren, das wesentlich schwächer als ein Gerichtsverfahren ausgestaltet ist“[755]. Es besteht dann kein rechtliches Interesse, dieselben Beschwerdepunkte sowohl unter Art. 6 Abs. 1 EMRK als auch unter Art. 13 EMRK zu prüfen.[756]

In Fällen von überlangen innerstaatlichen Gerichtsverfahren wird jedoch von dem Grundsatz der Subsidiarität abgewichen.[757] Geht es um Fälle einer unangemessen langen Verfahrensdauer, in denen der Betroffene keinen Rechtsbehelf nach innerstaatlichem Recht geltend machen kann, dann ist neben Art. 6 Abs. 1 EMRK auch regelmäßig Art. 13 EMRK verletzt.[758] Die Normen sind dann nebeneinander anwendbar, weil sie in Fällen überlanger Verfahren nicht

---

752 Siehe dazu *Kreutzer*, Säumnis, S. 169 m.w.N.

753 *Richter*, in Dörr/Grote/Marauhn (Hrsg.), Konkordanz-Kommentar, Kap. 20 Rn. 14; *Breuer*, in: Karpenstein/Mayer, EMRK, Art. 13 Rn. 19; *Schmidt-Aßmann*, Europäische Rechtsschutzgarantien, in: Beyerlin (Hrsg.), Recht zwischen Umbruch und Bewahrung: FS für Bernhardt, 1283, 1293; *Last*, Garantie wirksamen Rechtsschutzes gegen Maßnahmen der EU, S. 9.

754 *Frowein*, in: Frowein/Peukert, EMRK, Art. 13 Rn. 10; *Schweizer*, in: IntKom-EMRK, Art. 13 Rn. 42.

755 *Frowein*, in: Frowein/Peukert, EMRK, Art. 13 Rn. 10.

756 *EGMR*, Urt. v. 26.10.2000, 30210/96, Ziff. 146 – Kudla.

757 Ein Nebeneinander der Normen hat der EGMR erstmalig in seiner Entscheidung in der Sache *Kudla* klargestellt. Er lehnte eine Absorption von Art. 13 EMRK durch Art. 6 Abs. 1 EMRK aufgrund der Vielzahl der Fälle vor dem EGMR wegen überlanger Verfahrensdauer, der Subsidiarität des Menschenrechtsschutzes ab und weil das Recht auf ein Gerichtsverfahren innerhalb einer angemessenen Frist weniger wirksam sei, wenn es keine Möglichkeit gebe, die Beschwerde zunächst innerstaatlich überprüfen zu lassen. Er erklärte stattdessen, dass Art. 13 EMRK eine Ergänzung zu den anderen beiden Normen darstelle, *EGMR*, Urt. 26.10.2000, 30210/96 – Kudla. Siehe detaillierter im 3. Teil unter Ziffer III. 1, lit. b), aa) dieser Arbeit.

758 *Meyer-Ladewig/Renger*, in: Meyer-Ladewig/Nettesheim/v. Raumer, Hk-EMRK, Art. 13 Rn. 42; *Meyer-Ladewig/Harrendorf/König*, in: Meyer-Ladewig/Nettesheim/v. Raumer, Hk-EMRK, Art. 6 Rn. 253.

den gleichen Beschwerdegegenstand haben und eine Absorption entfällt.[759] Mit der Verletzung von Art. 13 EMRK soll gerügt werden, dass dem Beschwerdeführer im innerstaatlichen Recht keine „effective remedy" zur Verfügung stand, um die Verletzung des Rechts auf eine Entscheidung in angemessener Frist aus Art. 6 Abs. 1 S. 1 EMRK geltend zu machen. Mit ihr soll nicht die überlange Verfahrensdauer im Sinne von Art. 6 Abs. 1 S. 1 EMRK an sich gerügt werden.[760] Art. 13 EMRK hat dann eine selbstständige Bedeutung.[761] Denn die Behauptung das Recht auf eine Entscheidung in angemessener Frist aus Art. 6 Abs. 1 EMRK

759 In der Literatur wurde auch zunehmend die Frage gestellt, warum die oben genannte Ausnahme der Anwendung von Art. 13 EMRK neben Art. 6 Abs. 1 EMRK nur auf Fälle der überlangen Verfahrensdauer angewendet werden soll. Dabei haben Stimmen aus der Literatur diese Ausnahme zum größten Teil nicht argumentativ belegt. Lediglich *Vospernik* hat sich detailliert und argumentativ überzeugend mit dieser Frage auseinandergesetzt. Dabei hat sie zunächst die anderen Stimmen aus der Literatur dargestellt und ihren eigenen Lösungsweg entwickelt. Sie, und ihr folgend *Kreutzer*, hat im Ergebnis Art. 13 EMRK i.V.m. Art. 6 EMRK auf alle Fälle von Art. 6 EMRK angewendet und eine Absorption von Art. 13 EMRK durch Art. 6 Abs. 1 EMRK nur dann bejaht, wenn Art. 13 i.V.m. einem anderen Konventionsrecht und Art. 6 EMRK gesondert geltend gemacht werden und die Geltendmachung der Normen den gleichen Beschwerdegegenstand betrifft. Das ist nach den Ausführungen von *Vospernik* in Fällen des Rechts auf Zugang zu einem Gericht der Fall. Nur in diesen Fällen betrifft die Geltendmachung von Art. 6 Abs. 1 EMRK den innerstaatlichen Zugang zu einem Gericht und die Geltendmachung von Art. 13 EMRK den Zugang zu einer innerstaatlichen Instanz. In beiden Fällen geht es um die Frage, ob der Beschwerdeführer Zugang zu einer innerstaatlichen Prüfungsinstanz hatte und es liegt eine Überlappung vor. Dabei wird dem gerichtlichen Rechtsschutz der Vorrang eingeräumt. Im Hinblick auf die Fälle der überlangen Verfahrensdauer kommt *Vorspernik* zu dem Ergebnis, dass eine Absorption bei überlangen Verfahrensdauerfällen ausscheidet, weil in diesen Fällen nie der gleiche Beschwerdegegenstand vorliegt. In diesen Fällen wird Art. 13 i.V.m. Art. 6 Abs. 1 EMRK geltend gemacht. Das Konventionsrecht, mit dessen Verletzung der Beschwerdeführer eine Verletzung von Art. 13 EMRK geltend macht, ist Art. 6 Abs. 1 EMRK selbst. „Bei Art. 13 i.V.m. Art. 6 EMRK macht man ja geltend, dass man sich wegen einer Verletzung des Art. 6 nicht vor einer nationalen Instanz beschweren konnte. Diese Frage kann aber nie die gleiche sein wie die Frage, um die es bei der Prüfung von Art. 6 geht, also ob die Verfahrensgarantien des Art. 6 eingehalten wurden."; *Vospernik*, Das Verhältnis zwischen Art. 13 und Art. 6 EMRK, ÖJZ 2001, 361 ff., insbesondere 367; *Kreutzer*, Säumnis, S. 172 ff.

760 *Vospernik*, Das Verhältnis zwischen Art. 13 und Art. 6 EMRK, ÖJZ 2001, 361, 367.

761 *Richter*, in: Dörr/Grote/Marauhn (Hrsg.), Konkordanz-Kommentar, Kap. 20 Rn. 113; *Bernegger*, Das Recht auf eine wirksame Beschwerde, in: Machacek/Pahr/Stadler (Hrsg.), 40 Jahre EMRK – Grund und Menschenrechte in Österreich Bd. II, 733, 758.

sei verletzt, unterscheidet sich von der Behauptung, Art. 13 EMRK sei verletzt, weil es im innerstaatlichen Recht keine „effective remedy" im Sinne von Art. 13 EMRK gibt.[762] Aus der systematischen Gesamtschau von Art. 13 EMRK und Art. 6 Abs. 1 S. 1 EMRK wird im Ergebnis deutlich, dass Art. 13 EMRK die Durchsetzungsnorm von Art. 6 Abs. 1 S. 1 EMRK ist. Art. 13 EMRK wird benötigt, um das Recht aus Art. 6 Abs. 1 S. 1 EMRK bereits im innerstaatlichen Recht zu gewähren. Dies stellt einen ersten Schritt zur Annahme der Verpflichtung dar.

Auch die Betrachtung mit Art. 35 EMRK spiegelt wider, dass vor Ergreifen des internationalen Menschenrechtsschutzes der innerstaatliche Menschenrechtsschutz zu ergreifen und auszuschöpfen ist.[763] Art. 35 EMRK bekräftigt mit der Subsidiarität des internationalen Menschenrechtsschutzes das Erfordernis nach dem Vorhandensein eines innerstaatlichen Rechtsbehelfs im Sinne von Art. 13 EMRK und damit nach einer Verpflichtung zur Schaffung eines Rechtsbehelfs zur strukturellen Gewähr von Art. 6 Abs. 1 S. 1 EMRK. Damit greifen beide Normen dort ein, wo die Menschenrechtsverletzung geschieht: im innerstaatlichen Recht.

Gemäß den *trauvaux préparatoires* sollte Art. 13 EMRK die Funktion haben, die Geltung der Konventionsrechte gerade im innerstaatlichen Raum sicherzustellen.[764] Nach historischer Auslegung ist aber nicht erkennbar, dass Art. 13 EMRK eine präventiv beschleunigende Wirkung zugeschrieben wird.

Sinn und Zweck der Norm verlangt die Schaffung und Verstärkung eines innerstaatlichen Rechtsschutzsystems gegen Konventionsverletzungen.[765] Art. 13 EMRK statuiert das Recht des Einzelnen und die Pflicht der Mitgliedstaaten zur Einrichtung einer wirksamen Beschwerdemöglichkeit.[766] Dafür sieht er vor, dass im innerstaatlichen Recht ein Rechtsbehelf geschaffen wird, der die Prüfung der Frage, ob ein Konventionsrecht verletzt ist oder nicht, auf der innerstaatlichen Ebene vorwegnimmt.[767] Erst wenn die innerstaatlichen

---

762 *Richter*, in: Dörr/Grote/Marauhn (Hrsg.), Konkordanz-Kommentar, Kap. 20 Rn. 113; *Vospernik*, Das Verhältnis zwischen Art. 13 und Art. 6 EMRK, ÖJZ 2001, 361, 367.

763 *Bernegger*, Das Recht auf eine wirksame Beschwerde, in: Machacek/Pahr/Stadler (Hrsg.), 40 Jahre EMRK – Grund und Menschenrechte in Österreich Bd. II, 733, 761.

764 Travaux préparatoires, Bd. I, 167 f.

765 *Frowein*, in: Frowein/Peukert, EMRK, Art. 13 Rn. 3; *Schweizer*, in: IntKom-EMRK, Art. 13 Rn. 2.

766 *Richter*, in Dörr/Grote/Marauhn (Hrsg.), Konkordanz-Kommentar, Kap. 20 Rn. 12. *Schweizer*, in: IntKom-EMRK, Art. 13 Rn. 10.

767 *Frowein*, in: Frowein/Peukert, EMRK, Art. 13 Rn. 2, 4; *Schweizer*, in: IntKom-EMRK, Art. 13 Rn. 2; *Kreutzer*, Säumnis, S. 99.

Möglichkeiten erschöpft sind, kann sich der Betroffene an den EGMR wenden. Denn es ist primär Aufgabe der Mitgliedstaaten, die Einhaltung der Rechte aus der EMRK zu überwachen und wirksame innerstaatliche Rechtsbehelfe zu schaffen.[768] Das ist Ausdruck der Subsidiarität des internationalen Menschenrechtsschutzes.[769] Art. 13 EMRK ist die Norm der Konvention, die die innerstaatliche Rechtsordnung besonders beeinflussen soll.[770] *Schweizer* schreibt Art. 13 EMRK sogar eine „Schlüsselrolle im System der Konvention" zu, „weil er ein nationales Rechtsschutzsystem verlangt, welches Missbrauch von staatlicher Macht und der Verletzung von Menschenrechten entgegentritt".[771]

Der Rechtsschutz auf innerstaatlicher Ebene bezieht sich auf den Entstehungsort der Konventionsverletzung. Diese hat stets im innerstaatlichen Recht ihren Ursprung. Menschenrechtsschutzes ist effektiv, wenn der Verletzung bereits dort, wo sie ihren Ursprung hat, entgegengewirkt wird und dort der konventionskonforme Zustand gewahrt oder wiederhergestellt werden kann. Es handelt sich in diesem Fall um eine instanzielle Prävention. Diese verhindert jedoch nicht, dass eine Verletzung entstehen kann. Die Entscheidung über eine Konventionsverletzung wird vorweggenommen. Die Verletzung an sich wird aber nicht verhindert. Daher hat der innerstaatliche Rechtsschutz sodann im Entstehungszeitpunkt der Verletzung anzusetzen. Nur dann ist der Menschenrechtsschutz im Fall einer überlangen Verfahrensdauer effektiv. Für diese weite Auslegung des innerstaatlichen Rechtsschutzes, d.h. Rechtsschutz am Entstehungsort und im Entstehungszeitpunkt der Konventionsverletzung, sprechen die Bedeutung des Rechts auf eine angemessene Verfahrensdauer für den Rechtsstaat und den Betroffenen sowie die fehlende Wiedergutmachung im Sinne der *restitutio in integrum*.

Mit dem Rechtsbehelf im Sinne von Art. 13 EMRK wird das Vorliegen einer Konventionsverletzung bereits auf der Ebene des innerstaatlichen Rechts

---

768 *Meyer-Ladewig/Renger*, in: Meyer-Ladewig/Nettesheim/v. Raumer, Hk-EMRK, Art. 13 Rn. 2.

769 *Meyer-Ladewig/Renger*, in: Meyer-Ladewig/Nettesheim/v. Raumer, Hk-EMRK, Art. 13 Rn. 2; *Richter*, in Dörr/Grote/Marauhn (Hrsg.), Konkordanz-Kommentar, Kap. 20 Rn. 22; *Schweizer*, in: IntKom-EMRK, Art. 13 Rn. 2; *Bernegger*, Das Recht auf eine wirksame Beschwerde, in: Machacek/Pahr/Stadler (Hrsg.), 40 Jahre EMRK – Grund und Menschenrechte in Österreich Bd. II, 733, 736.

770 *Frowein*, in: Frowein/Peukert, EMRK, Art. 13 Rn. 3.

771 *Schweizer*, in: IntKom-EMRK, Art. 13 Rn. 2 m.V.a. *Bernegger*, Das Recht auf eine wirksame Beschwerde, in: Machacek/Pahr/Stadler (Hrsg.), 40 Jahre EMRK – Grund und Menschenrechte in Österreich Bd. II, 733, 736.

geprüft. Der Verletzung wird bei ihrer Feststellung innerstaatlich abgeholfen.[772] Grundsätzlich genügt es im Sinne des effektiven Menschenrechtsschutzes, wenn durch den Rechtsbehelf im Sinne von Art. 13 EMRK das Vorliegen einer Konventionsverletzung geprüft wird und ihr dann bei ihrem Vorliegen abgeholfen wird. Denn durch die Abhilfe in Form der Wiedergutmachung wird der Zustand, der vor der Verletzung bestand, wiederhergestellt. Damit wird der konventionskonforme Zustand wiederhergestellt und gewahrt. In Fällen von überlanger Verfahrensdauer genügen eine Prüfung der Verletzung und ihre Abhilfe nicht der Effektivität des Menschenrechtsschutzes. Effektiver Menschenrechtsschutz bedeutet die Einhaltung der Konvention und Wahrung des konventionskonformen Zustandes. Ist das Recht auf eine Entscheidung in angemessener Frist aus Art. 6 Abs. 1 S. 1 EMRK verletzt, so hat der Mitgliedstaat diese Verletzung wiedergutzumachen. Im Fall der überlangen Verfahrensdauer besteht die Besonderheit, dass eine Wiedergutmachung im Sinne der *restitutio in integrum* naturgemäß nicht möglich ist. Die in einem (zu langen) Verfahren verstrichene Zeit kann nicht zurückgedreht und der Zustand, der vor der Verletzung bestand, nicht wiederhergestellt werden.[773] Dem Betroffenen bleibt dann nur noch die Möglichkeit einer Entschädigungszahlung als Kompensation für die Verletzung von Art. 6 Abs. 1 S. 1 EMRK.[774] In den Fällen der überlangen Verfahrensdauer sind folglich keine Naturalrestitution und daher keine Wiederherstellung des konventionskonformen Zustandes möglich. Daher ist es umso wichtiger im Fall der überlangen Verfahrensdauer den Rechtsschutz zeitlich vorzuverlagern und

---

772 *Meyer-Ladewig/Renger*, in: Meyer-Ladewig/Nettesheim/v. Raumer, Hk-EMRK, Art. 13 Rn. 2.

773 So auch *Schlette*, Der Anspruch auf gerichtliche Entscheidung in angemessener Frist, S. 40: „Ist die zulässige Verfahrensdauer überschritten, so ist die verstrichene Zeit unwiederbringlich verloren; eine „Naturalrestitution" – also etwa eine Wiederholung des Verfahrens, nunmehr in angemessener Frist – wäre ganz offenkundig ein ungeeignetes Mittel, weil sie die Gesamtverfahrensdauer weiter verlängern würde." und *Kreutzer*, Säumnis, S. 89: „Neben der Verpflichtung zum Abstellen der Konventionsverletzung, hat der Mitgliedstaat nach Artikel 46 EMRK Wiedergutmachung für die sich aus der Konventionsverletzung ergebenden Folgen zu leisten. Nach Möglichkeit soll die Wiederherstellung des ursprünglichen Zustandes (restitutio in integrum) angestrebt werden. Was Verfahrensdauerfälle betrifft, so ist dies allerdings nur bedingt möglich: die verlorene Zeit kann nun einmal nicht „wiederhergestellt" werden.".

774 So auch *Schlette*, Der Anspruch auf gerichtliche Entscheidung in angemessener Frist, S. 40: „Es können also nur indirekte Sanktionen in Betracht kommen, etwa Entschädigungsansprüche auf der Sekundärebende (…)." und *Kreutzer*, Säumnis, S. 89: „Allerdings ist an Entschädigung in Form eines Schadensersatzanspruchs zu denken.".

einer Verletzung zeitlich vorzugreifen, sodass sie nicht geschieht. Dann wird der konventionskonforme Zustand gewahrt. Der Menschenrechtsschutz ist dann in Fällen von überlanger Verfahrensdauer rechtzeitig.

Für eine weite Auslegung des innerstaatlichen Rechtsschutzes spricht darüber hinaus, dass eine Sicherstellung des Rechts auf eine Entscheidung in angemessener Frist für das Konventionsrecht und den Rechtsstaat von wesentlicher Bedeutung ist. Das Recht ist Ausfluss aus dem Rechtsstaatsprinzip, welches die EMRK in Abs. 5 der Präambel selbst anerkannt hat und anwendet. Der Grundsatz der Rechtsstaatlichkeit beinhaltet die Rechtssicherheit und den Rechtsfrieden.[775] Aufgrund des Rechtsstaatsprinzips sind die Mitgliedstaaten gehalten, den konventionskonformen Zustand aufrechtzuerhalten und Verletzungen zu beseitigen. Verletzungen sollen lediglich die Ausnahme sein und nicht die Regel. Umso erschreckender ist, dass das Recht auf eine angemessene Verfahrensdauer in einer erheblichen Anzahl von Fällen verletzt worden ist und wird. Dies stellt eine große Gefahr für die Rechtsstaatlichkeit dar. Die Einhaltung des Rechts auf eine Entscheidung in angemessener Frist wahrt das Vertrauen in den Rechtsstaat und das Funktionieren der Justiz. Es stärkt die Glaubwürdigkeit des Rechtsstaates und der Justiz. Es sichert den Rechtsfrieden und die Rechtssicherheit. Zudem ist die Wahrung des Rechts aus Art. 6 Abs. 1 S. 1 EMRK auch für den Betroffenen von großer Bedeutung, da für ihn mit einer Verletzung materielle und immaterielle Schäden, aber auch psychische Belastungen, einhergehen.

Daher ist es im Sinne des effektiven Menschenrechtsschutzes den innerstaatlichen Rechtsschutz im Sinne von Art. 13 EMRK auf den Entstehungsort und den Entstehungszeitpunkt vorzuverlegen. Sinn und Zweck von Art. 13 EMRK ist danach in Fällen von überlangen Verfahren der innerstaatliche Schutz des Rechts des Einzelnen aus Art. 6 Abs. 1 S. 1 EMRK. Der Schwerpunkt von Art. 13 EMRK liegt dabei in der Prävention der Verletzung zum Entstehungszeitpunkt und am Entstehungsort. Die Mitgliedstaaten haben demnach ihr innerstaatliches Rechtsschutzsystem derart umzugestalten, dass sie das Recht aus Art. 6 Abs. 1 S. 1 EMRK wahren, indem es zu gar keiner Verletzung der Norm kommt. Dies geschieht durch die Schaffung eines Rechtsbehelfs, der präventiv beschleunigend wirkt. Eine Verpflichtung zur Einrichtung eines präventiv beschleunigenden Rechtsbehelf im innerstaatlichen Recht zur strukturellen Gewähr von Art. 6 Abs. 1 S. 1 EMRK folgt daher aus der teleologischen Auslegung der Norm

---

775 *BVerfG*, Urt. v. 1.7.1953, Az. 1 BvL 23/51, Ziff. 81; *BGH*, Beschl. v. 19.3.1999, Az. 2 Ars 109/99, 2 Ars 109/99 – 2 AR 26/99, Ziff. 5.

im Sinne der Effektivität des Menschenrechtsschutzes. Art. 13 EMRK garantiert das Recht auf präventiven innerstaatlichen Rechtsschutz.[776]

cc) Die Verpflichtung aus Art. 6 Abs. 1 EMRK

Eine Verpflichtung zur Einrichtung eines präventiv beschleunigenden Rechtsbehelfs zur strukturellen Gewähr von Art. 6 Abs. 1 S. 1 EMRK könnte auch aus Art. 6 Abs. 1 EMRK selbst folgen. Der Regelungsinhalt von Art. 6 Abs. 1 EMRK erschöpft sich nicht nur in der individuellen Garantie für einen Rechtssuchenden, innerhalb angemessener Frist eine unabhängige gerichtliche Entscheidung zu erhalten. Art. 6 Abs. 1 EMRK beinhaltet vielmehr auch die Pflicht an die Mitgliedstaaten, ihre Gerichte sachlich und personell so auszugestalten, dass eine zeitnahe Entscheidung ergehen kann.[777]

Aus dem Wortlaut resultiert die Verpflichtung zur Beschleunigung des Verfahrens. Danach hat jede Person ein Recht darauf, dass „within a reasonable time" eine Entscheidung in der Streitsache ergeht. Ob eine Verfahrensdauer angemessen ist, beurteilt der EGMR im konkreten Einzelfall[778] anhand von vier Kriterien, die er in seiner Rechtsprechung entwickelt hat[779]. Es handelt sich dabei um die Schwierigkeit des Einzelfalls, das Verhalten des Beschwerdeführers, das Verhalten des Gerichts oder der Behörde sowie die Bedeutung der Sache für den Beschwerdeführer.[780] Dabei kann dem Beschwerdeführer nicht zur Last gelegt werden, dass er alle ihm vom Gesetzgeber zur Verfügung gestellten Rechtsmittel ausgeschöpft hat.[781] Das Gericht kann sich nicht auf seine chronische Überlastung berufen. Dann liegt generell eine Verletzung der Organisationspflicht des

776 *Schweizer*, in: IntKom-EMRK, Art. 13 Rn. 8; *Bernegger*, Das Recht auf eine wirksame Beschwerde, in: Machacek/Pahr/Stadler (Hrsg.), 40 Jahre EMRK – Grund und Menschenrechte in Österreich Bd. II, 733, 736.

777 *EGMR*, Urt. v. 25.3.1999, 25444/94, Ziff. 74 – Pélissier und Sassi; EGMR, Urt. v. 25.2.2000, 29357/95, Ziff. 75 – Gast und Popp; *EGMR*, Urt. v. 31.5.2001, 37591/97, Ziff. 42 – Metzger; so auch *Plankemann*, Überlange Verfahrensdauer im Strafverfahren, S. 24.

778 *Meyer-Ladewig/Harrendorf/König*, in: Meyer-Ladewig/Nettesheim/v. Raumer, Hk-EMRK, Art. 6 Rn. 200.

779 *Meyer-Ladewig/Harrendorf/König*, in: Meyer-Ladewig/Nettesheim/v. Raumer, Hk-EMRK, Art. 6 Rn. 200 ff. m.w.N.

780 *Meyer-Ladewig/Harrendorf/König*, in: Meyer-Ladewig/Nettesheim/v. Raumer, Hk-EMRK, Art. 6 Rn. 200.

781 *Meyer-Ladewig/Harrendorf/König*, in: Meyer-Ladewig/Nettesheim/v. Raumer, Hk-EMRK, Art. 6 Rn. 201.

Staates und im Einzelfall ein Verstoß gegen das Verbot der überlangen Verfahrensdauer vor.[782] Die Arbeitsüberlastung entbindet den Mitgliedstaat nicht von seiner Pflicht, dem Einzelnen das Recht auf eine Entscheidung in angemessener Frist im innerstaatlichen Recht gewähren zu können. Er hat sein Rechtsschutzsystem vielmehr derart einzurichten, dass die innerstaatlichen Gerichte den Anforderungen des Beschleunigungsgrundsatzes genügen können.[783] Aus den Kriterien der Angemessenheit folgen keine Angaben zur Verpflichtung der Mitgliedstaaten zur Schaffung eines präventiv wirkenden Rechtsbehelfs zur strukturellen Gewähr von Art. 6 Abs. 1 S. 1 EMRK. Aus dem Wortlaut von Art. 6 Abs. 1 S. 1 EMRK ergibt sich daher keine solche Verpflichtung.

Auch die Stellung und Gesamtschau von Art. 6 Abs. 1 EMRK mit den anderen Verfahrensgrundrechten der Konvention ergibt, dass aus Art. 6 Abs. 1 S. 1 EMRK nur das Recht des Einzelnen auf eine Entscheidung in angemessener Frist folgt, und nicht auch die Pflicht der Mitgliedstaaten ihr innerstaatliches Rechtsschutzsystem mit einem präventiv beschleunigenden Rechtsbehelf zur Gewähr von Art. 6 Abs. 1 S. 1 EMRK auszugestalten. Art. 6 Abs. 1 EMRK steht mit den anderen Rechten und Freiheiten der Konvention unter der Überschrift „Rights and freedoms". In diesem Teil der Konvention ist keine Umsetzung der Konventionsrechte enthalten. Diese folgt erst im zweiten Teil unter „European Court of Human Rights", sodass eine Verpflichtung nach systematischer Auslegung entfällt. Im Hinblick auf die systematische Auslegung wird des Weiteren auf die Ausführungen unter lit. bb) verwiesen. Im Ergebnis wurde dort die Verpflichtung aus Art. 13 EMRK bejaht, weil mit Art. 13 EMRK das Recht aus Art. 6 Abs. 1 S. 1 EMRK gewährt werden soll. Das bedeutet im Umkehrschluss, dass aus Art. 6 Abs. 1 S. 1 EMRK allein keine solche Verpflichtung folgt, weil Art. 6 Abs. 1 S. 1 EMRK Art. 13 EMRK zu seiner strukturellen Gewähr benötigt.

---

782 *EGMR*, Urt. v. 27.7.2000, 33379/96; Ziff. 43 – Klein.

783 *EGMR*, Urt. v. 25.3.1999, 25444/94, Ziff. 74 – Pélissier und Sassi; EGMR, Urt. v. 25.2.2000, 29357/95, Ziff. 75 – Gast und Popp; *EGMR*, Urt. v. 31.5.2001, 37591/97, Ziff. 42 – Metzger; so auch *Schlette*, Der Anspruch auf gerichtliche Entscheidung in angemessener Frist, S. 29 ff.: Der Staat verletzt seine verfassungsrechtlich verankerte Pflicht, wenn er die Justiz personell und sachlich nicht so ausstattet, dass er das Recht auf eine Entscheidung in angemessener Frist gewähren kann. Diese Verletzung trifft dann den einzelnen Bürger, der die Folgen der Überlastung der Gerichte trägt, der jedoch selbst gehalten ist, sich an das Selbsthilfeverbot zu halten. „Ggf. muss der Staat die Steuerlast erhöhen oder – die vorzugswürdige Variante – Finanzmittel aus solchen Bereichen abziehen, zu deren Alimentierung er verfassungsrechtlich nicht verpflichtet ist.".

Auch die historische Auslegung kommt zu keinem anderen Ergebnis, da Art. 6 Abs. 1 EMRK wörtlich aus Art. 10 AEMR folgt[784] und auch diese Norm keine Verpflichtung zur Schaffung eines präventiv beschleunigenden Rechtsbehelfs enthält.

Sinn und Zweck von Art. 6 Abs. 1 EMRK ist, innerhalb einer angemessenen Frist eine unabhängige gerichtliche Entscheidung zu erwirken. Art. 6 Abs. 1 EMRK betont den allgemeinen Grundsatz der geordneten Rechtspflege.[785] Mit ihm soll ein faires Verfahren garantiert werden. Er enthält die Garantie auf die Öffentlichkeit und Mündlichkeit des Verfahrens, die öffentliche Urteilsverkündung, ein unabhängiges und unparteiisches Tribunal sowie den Grundsatz der angemessenen Verfahrensdauer. Die Gesamtschau der in Abs. 1 enthaltenen Verfahrensgarantien lässt auf das Recht auf einen wirksamen, effizienten und fairen Rechtsschutz schließen.[786] Das Gebot angemessener Verfahrensdauer ist ein Bestandteil dieses effizienten gerichtlichen Rechtsschutzes.[787]

Da es vorliegend um eine gerichtliche Entscheidung geht, müssen die Mitgliedstaaten im Sinne der Effektivität des Menschenrechtsschutzes dafür sorgen, dass ihre Gerichte sachlich und personell derart ausgestattet sind, dass das Ziel einer möglichst zeitnahen Entscheidung erfüllt werden kann.[788] Darüber hinaus trifft die Mitgliedstaaten im Sinne eines effektiven Menschenrechtsschutzes aber auch die Pflicht, durch innerstaatliche Maßnahmen ihre innerstaatliche Rechtsordnung derart umzugestalten und einzurichten, dass das Recht aus Art. 6 Abs. 1 S. 1 EMRK gewährt werden kann.[789] Der effektive Menschenrechtsschutz verlangt die Wahrung und Sicherstellung des konventionskonformen Zustandes. Um das Recht aus Art. 6 Abs. 1 S. 1 EMRK effektiv gewähren zu können, bedarf es innerstaatlicher Regelungen und Maßnahmen. Diese Regelungen müssen geeignet sein, die Verletzung von Art. 6 Abs. 1 S. 1 EMRK zu verhindern.

Diese Pflicht der Mitgliedstaaten wird zudem verstärkt durch den Grundsatz der Subsidiarität des internationalen Menschenrechtsschutzes. Denn es

---

784 *Grabenwarter/Pabel*, in: Dörr/Grote/Marauhn (Hrsg.), Konkordanz-Kommentar, Kap 14 Rn. 7; *Guradze*, EMRK-Kommentar, S. 89.

785 *EGMR*, Urt. v. 25.2.2000, 29357/95, Ziff. 75 – Gast und Popp.

786 *Last*, Garantie wirksamen Rechtsschutzes gegen Maßnahmen der EU, S. 8.

787 *Grabenwarter/Pabel*, EMRK, § 24 Rn. 81; *Grabenwarter/Pabel*, in: Dörr/Grote/Marauhn (Hrsg.), Konkordanz-Kommentar, Kap. 14 Rn. 103.

788 *EGMR*, Urt. 25.3.1999, 25444/94, Ziff. 74 – Pélissier und Sassi; *EGMR*, Urt. v. 30.10.1998, 12/1998/915/1127, Ziff. 38 – Podbielski; *EGMR*, Urt. v. 27.2.2000, 33379/96, Ziff. 47 – Klein.

789 Vgl. *Kloepfer*, Verfahrensdauer und Verfassungsrecht, JZ 1987, S. 209, 213 ff., 216.

ist vorrangig Aufgabe der innerstaatlichen Gerichte, Menschenrechtsschutz zu gewähren.[790] Darüber hinaus spricht für diese Pflicht der Mitgliedstaaten die bereits unter Ziffer III. erläuterte Bedeutung des Rechts auf eine angemessene Verfahrensdauer für den Rechtsstaat und für den Betroffenen sowie die mangelnde Naturalrestitution im Fall einer Verletzung von Art. 6 Abs. 1 S. 1 EMRK. Es ist daher umso bedeutsamer, eine Verletzung zu verhindern und den konventionskonformen Zustand zu erhalten.

Art. 6 Abs. 1 EMRK verpflichtet daher die Mitgliedstaaten dazu, ihr Gerichtssystem so zu gestalten, dass die Gerichte die Garantien aus Art. 6 Abs. 1 EMRK gewährleisten können. Art. 6 Abs. 1 EMRK enthält im Sinne der Effektivität des Menschenrechtsschutzes daher auch die Pflicht zur Einrichtung eines präventiv beschleunigenden Rechtsbehelfs.

dd) Die Verpflichtung aus Art. 5 Abs. 4 EMRK

Als weitere Grundlage für eine Verpflichtung zur Einrichtung eines präventiv beschleunigenden Rechtsbehelfs zur strukturellen Gewähr des Rechts aus Art. 6 Abs. 1 S. 1 EMRK könnte Art. 5 Abs. 4 EMRK in Betracht kommen. Auch Art. 5 Abs. 4 EMRK beinhaltet ein Recht auf ein beschleunigtes Verfahren vor einem Gericht. Er sieht die schnelle Überprüfung der Rechtmäßigkeit einer Haftanordnung durch ein innerstaatliches Gericht vor.[791] Er bezieht sich aber gemäß seinem Wortlaut explizit auf Strafverfahren bzw. die Überprüfung der Freiheitsentziehung, und gilt ausschließlich für Inhaftierte.

Die Möglichkeit eines präventiven Rechtsmittels, welches die Umgestaltung des innerstaatlichen Rechts zum Inhalt hat, sieht der Wortlaut von Art. 5 Abs. 4 EMRK jedoch nicht vor. Anders als der Wortlaut von Art. 13 EMRK sieht Art. 5 Abs. 4 EMRK keine „effective remedy“ vor, sondern beinhaltet das Recht, gerichtlich gegen die Freiheitsentziehung vorzugehen und die Rechtmäßigkeit durch ein Gericht schnell feststellen zu lassen. In Art. 5 Abs. 4 EMRK heißt es daher: „shall be entitled to take proceedings by which the lawfulness of his detention shall be decided speedily by a court“. Der Kern dieser Norm liegt in der schnellen Überprüfung der Freiheitsentziehung und nicht in der Gewährung eines das innerstaatliche Recht gestaltenden, beschleunigenden Rechtsbehelfs. Eine solche Verpflichtung aus dem Wortlaut von Art. 5 Abs. 4 EMRK zu

---

790 *Meyer-Ladewig/Harrenberg/König*, in: Meyer-Ladewig/Nettesheim/v. Raumer, Hk-EMRK, Art. 6 Rn. 2.

791 *Meyer-Ladewig/Harrendorf/König*, in: Meyer-Ladewig/Nettesheim/v. Raumer, Hk-EMRK, Art. 5 Rn. 94 f.

schließen, hätte ferner zur Folge, dass die Verpflichtung nur bei Strafverfahren, bzw. der Überprüfung der Rechtmäßigkeit einer Freiheitsentziehung, Anwendung findet. Dann hätte die Verpflichtung zur Einrichtung eines präventiven Rechtsbehelfs nur einen sehr eingeschränkten Anwendungsbereich. Die Effektivität des rechtzeitigen Menschenrechtsschutzes wäre damit nicht gewahrt.

Auch die systematische Interpretation führt nicht zu der Annahme einer solchen Verpflichtung. Art. 5 Abs. 4 EMRK ist ein Teil des in Art. 5 EMRK garantierten Rechts auf Freiheit und Sicherheit. Darin ist neben der Gewährleistung des Rechts aus Freiheit und Sicherheit auch geregelt, ob und inwiefern die Freiheit des Einzelnen entzogen werden darf. Abs. 4 ist eine Ergänzung zu Abs. 1 und regelt die Möglichkeit der Überprüfung des Eingriffs in das Recht auf Freiheit und Sicherheit. Das in Art. 5 Abs. 4 EMRK enthaltene Recht auf eine schnelle Entscheidung bezieht sich daher allein auf die Fälle des Freiheitsentzugs nach Art. 5 Abs. 1 lit. a) bis f) EMRK und dessen Überprüfung. Eine darüber hinausgehende Verpflichtung zur strukturellen Gewähr des Rechts aus Art. 6 Abs. 1 EMRK mithilfe eines vorbeugend wirkenden Rechtsbehelfs folgt nach systematischer Interpretation nicht aus dieser Norm.

Auch das telos von Art. 5 Abs. 4 EMRK führt nicht zu der Annahme einer solchen Verpflichtung. Das Ziel von Art. 5 Abs. 4 EMRK ist die Prüfung und Haftentlassung des Betroffenen, wenn die Prüfung der Freiheitsentziehung zu dem Ergebnis kommt, dass die Haftanordnung rechtswidrig war.[792] Die Überprüfung muss dabei schnell erfolgen. Das ist darauf zurückzuführen, dass eine strafrechtliche Verurteilung und die damit verbundene Freiheitsentziehung für den Betroffenen schwerwiegend sind. Daher beinhaltet Art. 5 Abs. 4 EMRK einen Beschleunigungsgrundsatz. Durch die schnelle Überprüfung und eventuelle Entlassung gewährt Art. 5 Abs. 4 EMRK dem Betroffenen damit das Recht aus Art. 5 Abs. 1 EMRK. Denn liegt kein in Art. 5 Abs. 1 lit. a) bis f) EMRK geregelter Fall vor, dann ist der Eingriff in das Recht auf Freiheit nicht gerechtfertigt und damit konventionswidrig. Ob eine solche Konventionswidrigkeit vorliegt, wird durch die Überprüfung nach Abs. 4 festgestellt. Die eventuelle Entlassung führt dann zur Wiedererlangung der Freiheit und damit zur „Wieder"-Gewährleistung des Rechts auf Freiheit aus Art. 5 Abs. 1 EMRK. Eine Umgestaltung des innerstaatlichen Rechts in Form eines vorbeugenden Rechtbehelfs spielt bei Art. 5 Abs. 4 EMRK keine Rolle.

792 *Meyer-Ladewig/Harrendorf/König*, in: Meyer-Ladewig/Nettesheim/v. Raumer, Hk-EMRK, Art. 5 Rn. 95.

ee) Die Verpflichtung aus Art. 46 Abs. 1 EMRK

Art. 46 Abs. 1 EMRK ist Ausgangspunkt für die Bestimmung der Maßnahmen, die ein verurteilter Mitgliedstaat zu treffen hat. Die Norm beinhaltet die Pflicht zur Befolgung der Urteile des EGMR. Diese Befolgungspflicht enthält die Pflicht zur Beendigung, Wiedergutmachung und Vermeidung einer Wiederholung der Konventionsverletzung. Wie bereits im 3. Teil unter Ziffer II. 1. lit. a) dd) untersucht, beinhaltet der Wortlaut der Norm keine Anhaltspunkte für eine genaue Definition der oben bezeichneten Pflichten. Der Wortlaut „to abide by" meint nach allgemeinem Sprachgebrauch sich nach etwas richten, etwas beachten oder berücksichtigen. Eine darüber hinausgehende Bedeutung ist dem Wortlaut nicht zu entnehmen. Für die Annahme einer Verpflichtung zur Schaffung eines präventiv beschleunigenden Rechtsbehelfs zur strukturellen Garantie des Rechts aus Art. 6 Abs. 1 S. 1 EMRK bietet der Wortlaut von Art. 46 Abs. 1 EMRK keinen Raum.

Ferner führen auch die systematische und historische Interpretation der Norm nicht zu dem Ergebnis einer solchen Verpflichtung. Gemäß der überlieferten historischen Dokumente, der *travaux préparatoires*, hatten die Verfasser der EMRK nicht die Absicht, die Kompetenz des Gerichtshofs derart auszuweiten, dass seine Entscheidungen unmittelbar innerstaatliche Wirkung entfalten.[793] Daher war auch nicht vorgesehen, dass die Entscheidungen des EGMR unmittelbar zu strukturellen Änderungen im Rechtsschutzsystem des verurteilten Mitgliedstaates führen. Auch im Hinblick auf die Systematik der Norm ist eine Verpflichtung abzulehnen. Die Norm steht im zweiten Teil der Konvention unter der Überschrift „European Court of Human Rights". In diesem Teil werden die Wirkungen der Urteile des EGMR beschrieben. Das setzt folgerichtig voraus, dass ein Urteil des EGMR vorliegen muss, welches eine Konventionsverletzung, und so auch die Verletzung von Art. 6 Abs. 1 S. 1 EMRK, festgestellt hat. Die Norm steht damit nicht unter den Rechten und Freiheiten des Einzelnen und damit auch nicht unter den daraus resultierenden Verpflichtungen der Mitgliedstaaten zur Einhaltung der Konvention. Die Norm ist vielmehr Teil des Umsetzungsmechanismus für Urteile des EGMR.

Die Lösung der Frage nach einer Verpflichtung zur Schaffung eines präventiv beschleunigenden Rechtsbehelfs zur strukturellen Garantie des Rechts aus Art. 6 Abs. 1 EMRK findet sich auch nicht in der teleologischen Interpretation der Norm. Sinn und Zweck von Art. 46 Abs. 1 EMRK ist die Umsetzung der

---

793 Travaux préparatoires, Bd. IV, 44.

Urteile des EGMR im innerstaatlichen Recht. Durch die Umsetzung sollen die Urteile des EGMR innerstaatliche Geltung erhalten. Aus Art. 46 Abs. 1 EMRK trifft den verurteilten Mitgliedstaat unter anderem die Pflicht zur Vermeidung einer solchen Verletzung in der Zukunft, die sogenannte Präventionspflicht. Hat der EGMR eine Verletzung von Art. 6 Abs. 1 S. 1 EMRK in seinem Urteil festgestellt, so hat der verurteilte Mitgliedstaat die oben bezeichneten Pflichten zu erfüllen. Diese Pflicht beinhaltet die Vornahme von innerstaatlichen Maßnahmen, um einer Verletzung von Art. 6 Abs. 1 S. 1 EMRK für die Zukunft vorzubeugen. Welche Maßnahmen der verurteilte Mitgliedstaat ergreift, um seinen Pflichten aus Art. 46 Abs. 1 EMRK gerecht zu werden, bleibt ihm überlassen. Er ist in der Wahl der zu ergreifenden Mittel frei, sofern diese den Inhalt des Urteils widerspiegeln.[794] Darunter fallen auch die Änderung und Anpassung konventionswidriger Rechtsnormen.[795]

Mit der Vornahme von Maßnahmen, die eine Konventionsverletzung verhindern sollen, werden die Urteile des EGMR im innerstaatlichen Recht effektiv umgesetzt. Denn zu einem effektiven Menschenrechtsschutz gehört auch die Vermeidung von Konventionsverletzungen, damit sie gar nicht erst entstehen. Die Vermeidungs-, bzw. Präventionspflicht, ist ein wesentlicher Bestandteil eines funktionierenden Rechtsschutzsystems. Die Urteile des EGMR wären zwecklos, wenn sie die Verletzung der Konvention nur beenden und wiedergutmachen würden. Die Verletzung könnte sich jedoch unbegrenzt wiederholen, weil ihre Grundlage weiterhin besteht. Ein solches System würde „kränkeln".[796]

---

794 *EGMR*, Urt. v. 13.7.2000, 39221/98 und 41963/98, Ziff. 249 – Scozzari und Giunta.

795 *Ress*, Die EMRK und die Vertragsstaaten: Die Wirkungen der Urteile des EGMR im innerstaatlichen Recht und vor innerstaatlichen Gerichten, in: Maier (Hrsg.), Europäischer Menschenrechtsschutz, 227, 235; *Polakiewicz*, Die Verpflichtung der Staaten aus den Urteilen des EGMR, S. 156 ff.

796 Die Verpflichtung zur Vermeidung einer Konventionsverletzung geht über den Einzelfall hinaus. Denn dem Beschwerdeverfahren kommt „eine objektive, auf Rechtsaufklärung und Vorbeugung gerichtete Bedeutung" zu, „der im Rahmen des Vollzugs der Urteile Rechnung zu tragen ist", so *Polakiewicz*, Die Verpflichtung der Staaten aus den Urteilen des EGMR, S. 155. Für die über den Einzelfall hinausgehende Wirkung der Verpflichtung spricht vor allem die zentrale Rolle des EGMR im Kontrollsystem der EMRK. Es entspricht nicht dem Verständnis eines effektiven Menschenrechtsschutzes, wenn sich konventionswidrige Handlungen in anderen Fällen wiederholen müssen, damit ein Defizit im innerstaatlichen Rechtsschutzsystem erkannt und behoben wird. Auch widerspricht eine Einzelfallbetrachtung dem kollektiven Charakter des Menschenrechtsschutzes. Dieser führt grundsätzlich dazu, dass die Konvention und ihre Rechte effektiv durchgesetzt werden können. Die Individualität des

Die Beibehaltung eines solchen strukturellen Defizits[797] würde eine dauerhafte Konventionsverletzung, ein „Dauerdelikt"[798], darstellen. Effektiver Menschenrechtsschutz verlangt hingegen die Vornahme entsprechender Änderungen im innerstaatlichen Recht, die die Grundlage der Verletzung dauerhaft beseitigen. Diese Effektivität wird mit der Verpflichtung aus Art. 46 Abs. 1 EMRK, konventionswidriges Verhalten der Mitgliedstaaten für die Zukunft abzustellen, gewahrt.

Jedoch folgt aus der Präventionspflicht von Art. 46 Abs. 1 EMRK keine Verpflichtung zur Einrichtung eines präventiv beschleunigenden Rechtsbehelfs zur strukturellen Gewähr von Art. 6 Abs. 1 S. 1 EMRK. Denn bei der Präventionspflicht aus Art. 46 Abs. 1 EMRK handelt es sich um eine „nachträgliche Präventionspflicht", die in Fällen von überlangen Verfahren nicht den Anforderungen an einen rechtzeitigen Menschenrechtsschutz genügt. Art. 46 Abs. 1 EMRK wird erst einschlägig, wenn der EGMR ein Urteil erlassen hat, in dem er eine Verletzung von Art. 6 Abs. 1 S. 1 EMRK festgestellt hat. Damit setzt die Präventionspflicht nach Art. 46 Abs. 1 EMRK eine festgestellte Konventionsverletzung des Rechts auf eine Entscheidung in angemessener Frist und damit eine Verletzung der Rechtzeitigkeit voraus. Sie greift erst ein, wenn eine Konventionsverletzung durch den EGMR festgestellt worden ist und verhindert sie nicht. Die Wahrung der Rechtzeitigkeit mithilfe eines Verstoßes gegen die Rechtzeitigkeit ist widersprüchlich und entspricht nicht dem effektiven Menschenrechtsschutz. Im Ergebnis wird mit der Präventionspflicht zwar einer Verletzung von Art. 6 Abs. 1 S. 1 EMRK vorgebeugt und das Recht auf eine angemessene Verfahrensdauer gewahrt. Jedoch wird nur eine Verletzung von Art. 6 Abs. 1 S. 1 EMRK im Hinblick auf gleich gelagerte Fälle für die Zukunft verhindert. Darin liegt die präventive Wirkung von Art. 46 Abs. 1 EMRK. Überlange Verfahren werden generell nicht verhindert. Art. 46 Abs. 1 EMRK setzt zeitlich am Ende des Individualbeschwerdeverfahrens und nach Eintritt der Verletzung sowie instanziell auf völkerrechtlicher Ebene an.

Aus Art. 46 Abs. 1 EMRK resultiert die Pflicht zur nachträglichen präventiven Umgestaltung des innerstaatlichen Rechts. Sie genügt aber nicht den Anforderungen an einen rechtzeitigen Menschenrechtsschutz, da die Norm eine

---

Menschenrechtsschutzes würde ihn einschränken; so *Polakiewicz*, Die Verpflichtung der Staaten aus den Urteilen des EGMR, S. 159.

797 Vgl. *Polakiewicz*, Die Verpflichtung der Staaten aus den Urteilen des EGMR, S. 155.

798 *Polakiewicz* hat den Begriff des Dauerdelikts bei der Bezeichnung der Beibehaltung konventionswidriger Normen verwendet; P*olakiewicz*, Die Verpflichtungen der Staaten aus den Urteilen des EGMR, S. 163.

Umsetzungsnorm für die Urteile des EGMR ist und als Tatbestandsvoraussetzung eine festgestellte Konventionsverletzung von Art. 6 Abs. 1 S. 1 EMRK verlangt. Art. 46 Abs. 1 EMRK greift nicht im frühstmöglichen Zeitpunkt ein, um das innerstaatliche Verfahren zu beschleunigen und eine Verletzung zu verhindern. Er ist keine Grundlage für die Verpflichtung zur Einrichtung eines präventiv beschleunigenden Rechtsbehelf zur strukturellen Gewähr von Art. 6 Abs. 1 S. 1 EMRK im Sinne des rechtzeitigen Menschenrechtsschutzes.

ff) Zwischenergebnis zu a)

Die Verpflichtung der Mitgliedstaaten zur Einrichtung eines präventiv beschleunigenden Rechtsbehelfs zur strukturellen Umgestaltung des innerstaatlichen Rechts dahin, dass das Recht auf eine Entscheidung in angemessener Frist aus Art. 6 Abs. 1 S. 1 EMRK gewahrt werden kann, folgt aus Art. 13 EMRK i.V.m. Art. 6 Abs. 1 S. 1 EMRK sowie aus Art. 1 EMRK.

b) Die Verpflichtung zur Einrichtung eines präventiv beschleunigenden Rechtsbehelfs zur strukturellen Gewähr von Art. 6 Abs. 1 S. 1 EMRK aus der Rechtsprechung des EGMR

Gemäß den obigen Ausführungen besteht aus den Vorschriften der EMRK eine Verpflichtung der Mitgliedstaaten zur Einrichtung eines präventiv beschleunigenden Rechtsbehelfs im innerstaatlichen Recht zur strukturellen Umgestaltung ihres innerstaatlichen Rechts dahin, dass sie den Beschleunigungsgrundsatz aus Art. 6 Abs. 1 S. 1 EMRK erfüllen können. Nachfolgend ist daher kritisch anhand der Ergebnisse aus Ziffer III. 1. lit. a) zu untersuchen, ob und wie der EGMR in seiner Rechtsprechung die Einrichtung eines solchen Rechtsbehelfs eingefordert hat.

Den EGMR haben Verfahren aufgrund einer überlangen Verfahrensdauer bereits in der Vergangenheit in großem Umfang beschäftigt.[799] Auch sind sie heute noch regelmäßig Gegenstand seiner Entscheidungen.[800] Zu Beginn seiner

---

799 Siehe dazu *Gundel*, Neue Anforderungen des EGMR an die Ausgestaltung des nationale Rechtsschutzsystems, DVBl. 2004, 17, 20.

800 Bei Art. 6 Abs. 1 EMRK handelt es sich um die Vorschrift mit der größten praktischen Relevanz. Denn ein Großteil der Beschwerdeverfahren vor dem EGMR betrifft die Verfahrensdauer. Das Recht auf eine Entscheidung innerhalb einer angemessenen Frist ist das am meisten vor dem EGMR geltend gemachte Konventionsrecht; *Meyer-Ladewig/Harrendorf/König*, in: Meyer-Ladewig/Nettesheim/v. Raumer, Hk-EMRK, Art. 6 Rn. 1, 188. Im Jahr 2015 betrafen 104 Entscheidungen des EGMR eine Verletzung gegen das Recht auf eine angemessen lange Verfahrensdauer. Siehe dazu unter

Rechtssprechung beschäftigte sich der EGMR bei einer überlangen Verfahrensdauer vorwiegend mit der Verletzung des Beschleunigungsgrundsatzes aus Art. 6 Abs. 1 S. 1 EMRK. Er bestimmte die Anwendbarkeit von Art. 6 Abs. 1 EMRK auch auf Verfahren vor dem BVerfG und legte die Kriterien fest, mit denen die Angemessenheit der Verfahrensdauer bestimmt werden kann. So erklärte er in der Entscheidung zu dem Fall *Süßmann*[801] sowie in der Entscheidung in der Sache *Probstmeier*[802], dass Art. 6 Abs. 1 S. 1 EMRK auch auf Verfahren vor dem BVerfG anwendbar sei. In der Entscheidung in der Sache *Pammel*[803] erklärte er sodann die Kriterien zur Beurteilung der Angemessenheit. Seine Rechtsprechung erfuhr erst mit der Entscheidung in der Sache *Kudla*[804] gegen Polen einen Wandel. Der EGMR sah sich einer stetig ansteigenden Anzahl von Beschwerden wegen überlanger Verfahren konfrontiert. Um weiterhin einen effektiven Menschenrechtsschutz sicherstellen zu können, ist er – entgegen seiner bisherigen Rechtsprechung – dazu übergegangen, neben einer Verletzung von Art. 6 Abs. 1 S. 1 EMRK auch eine Verletzung von Art. 13 EMRK zu prüfen und festzustellen. Damit schrieb der EGMR Art. 13 EMRK eine neue und wichtige Rolle in seiner Rechtsprechung zu.[805] Diese Rechtsprechung führte er gegenüber Deutschland gezielt weiter. So stellte er auch im Fall *Sürmeli* gegen Deutschland klar, dass Art. 6 Abs. 1 EMRK die Konventionsstaaten dazu verpflichte, ihre Justiz so zu organisieren, dass ihre Gerichte jedes Erfordernis von Art. 6 Abs. 1 EMRK erfüllen können, einschließlich der Pflicht zur Entscheidung innerhalb einer

---

http://www.echr.coe.int/Documents/Stats_violation_2015_ENG.pdf. Im Zeitraum von 1959 bis 2015 waren es insgesamt 5.435 Entscheidungen, in denen eine Verletzung des Rechts auf eine Entscheidung in angemessener Frist festgestellt wurde. Siehe dazu unter http://echr.coe.int/Documents/Stats_violation_1959_2015_ENG.pdf.

801 *EGMR*, Urt. v. 16.9.1996, 20024/92 – Süßmann. In diesem Fall hat der EGMR eine Verletzung von Art. 6 Abs. 1 S. 1 EMRK festgestellt, weil das Verfahren mit einer Dauer von drei Jahren, vier Monaten und drei Wochen vor dem Bundesverfassungsgericht unangemessen lange gedauert hat.

802 *EGMR*, Urt. v. 1.7.1997, 20950/92 – Probstmeier. In diesem Fall hat der EGMR eine Verletzung von Art. 6 Abs. 1 S. 1 EMRK festgestellt, weil das innerstaatliche Verfahren vor dem Bundesverfassungsgericht allein sieben Jahre und vier Monate gedauert hatte. Die Beschwerdeführerin hatte nur die Länge des Verfahrens vor dem Bundesverfassungsgericht gerügt.

803 *EGMR*, Urt. v. 1.7.1997, 17820/91 – Pammel. In diesem Fall hat der EGMR eine unangemessen lange Verfahrensdauer festgestellt, da das innerstaatliche Verfahren vor dem Bundesverfassungsgericht fünf Jahre und zwei Monate gedauert hatte.

804 *EGMR*, Urt. v. 26.10.2000, 30210/96 – Kudla.

805 *Richter*, in Dörr/Grote/Marauhn (Hrsg.), Konkordanz-Kommentar, Kap. 20 Rn. 5, 6.

angemessenen Frist.[806] Auch danach führte der EGMR seine Rechtsprechung gegenüber Deutschland konsequent in seinem Urteil in der Sache *Rumpf* fort. Dort führte er erstmalig ein Musterverfahren gegen Deutschland durch und verpflichtete Deutschland innerhalb einer Jahresfrist zur Schaffung eines Rechtsbehelfs im Sinne von Art. 13 EMRK.

In all diesen Entscheidungen musste sich der Gerichtshof damit auseinandersetzen, welche Pflichten aus Art. 6 Abs. 1 EMRK und Art. 13 EMRK resultieren. So kam es auch, dass er in diesen Entscheidungen zu der Frage nach einer Verpflichtung zur Einrichtung eines präventiv beschleunigenden Rechtsbehelfs zur strukturellen Umgestaltung der innerstaatlichen Rechtsordnung Stellung genommen hat. Es ist folglich zu untersuchen, ob der EGMR eine Verpflichtung für die Mitgliedstaaten ihr Rechtsschutzsystem so zu organisieren, dass ihre Gerichte den Beschleunigungsgrundsatz aus Art. 6 Abs. 1 S. 1 EMRK gewähren können, aus Art. 13 EMRK und/oder aus Art. 6 Abs. 1 EMRK hergeleitet hat.

aa) Die Entscheidung Kudla

In seiner Entscheidung in der Sache *Kudla* hat sich der EGMR ausdrücklich mit dem Verhältnis von Art. 6 Abs. 1 EMRK und Art. 13 EMRK auseinandergesetzt. Er hat die Vorschriften erstmals für nebeneinander anwendbar erklärt, wenn eine Verletzung des Rechts auf eine angemessene Verfahrensdauer aus Art. 6 Abs. 1 S. 1 EMRK vorliegt. Jedoch hat er diese Anwendung der Normen nur auf Fälle von überlangen Verfahren beschränkt. Darüber hinausgehende Fälle von Art. 6 Abs. 1 EMRK hat er ausdrücklich in seiner Begründung von dieser Änderung ausgenommen. Er hat dabei eine Verpflichtung zur Einrichtung eines präventiv beschleunigenden Rechtsbehelfs zur strukturellen Umgestaltung der innerstaatlichen Rechtsordnung weder ausdrücklich bejaht noch explizit verneint. Mit der Neuregelung des Verhältnisses der Normen zueinander hat er jedoch einen ersten Schritt hin zur Annahme einer solchen Verpflichtung gesetzt. Dazu im Einzelnen wie folgt:

aaa) Der Sachverhalt und die Entscheidung des EGMR

In der Sache *Kudla* ging es um einen Beschwerdeführer, gegen den am 8. August 1991 Anklage wegen Betrugs und Urkundenfälschung erhoben und Untersuchungshaft angeordnet wurde. Während der Untersuchungshaft erkrankte der Beschwerdeführer an einer chronischen Depression. Nach einem

---

806 *EGMR*, Urt. v. 8.6.2006, 75529/01, Ziff. 129 – Sürmeli.

Selbstmordversuch des Beschwerdeführers wurde eine ärztliche Untersuchung durchgeführt. Diese ergab, dass der Beschwerdeführer nicht zur Verbüßung der Haft unter den üblichen Gefängnisbedingungen in der Lage war. Er wurde auf Empfehlung der Ärzte zeitweise in die psychologische Abteilung des Gefängniskrankenhauses verlegt. Ein durch das Gericht in Auftrag gegebenes Gutachten kam zu dem Ergebnis, dass der Beschwerdeführer an einer schweren Depression mit Selbstmordtendenzen litt. Eine Wiederaufnahme der psychiatrischen Behandlung wurde empfohlen. Ferner wurde darauf hingewiesen, dass bei Fortsetzung der Haft weiterhin die Gefahr eines weiteren Selbstmordversuchs bestand. Daher wurde am 27. Juli 1992 die Untersuchungshaft aufgehoben und der Beschwerdeführer aus der Haft entlassen. Bis dahin hatte der Beschwerdeführer erfolglos mehrere Anträge auf Haftentlassung gestellt. Im Oktober und Dezember 1992 fanden die Gerichtsverhandlungen statt. Die Verhandlungen, die für Februar 1993 und März 1993 angesetzt waren, entfielen aufgrund krankheitsbedingten Fernbleibens des Beschwerdeführers. Daraufhin wurde er zur Fahndung ausgeschrieben. Als er aufgrund eines Verkehrsdelikts aufgegriffen wurde, wurde er am 4. Oktober 1993 festgenommen und kam daraufhin in Haft. Während dieser Haft unternahm er zwei weitere Selbstmordversuche. Daher wurde er erneut unter psychiatrische Beobachtung gestellt. Er stellte erneut zahlreiche Haftbeschwerden, die alle mit dem Fortbestehen eines begründeten Tatverdachts und der Fluchtgefahr abgelehnt wurden. Im Jahr 1995 wurde der Beschwerdeführer wegen Betrugs und Urkundenfälschung vom LG Krakau schuldig gesprochen. Er wurde zu einer Freiheitsstrafe von sechs Jahren verurteilt. Das OLG Krakau hob das Urteil wegen Verletzung von Verfahrensvorschriften und unzulässiger Besetzung des Gerichts auf. Die Sache wurde an die erste Instanz zur neuerlichen Verhandlung und Entscheidung zurückgewiesen. In der neuen Verhandlung wurde vom Gericht ein psychiatrisches Gutachten über den Gesundheitszustand des Beschwerdeführers angeordnet. Der Sachverständige kam zu dem Ergebnis, dass der Beschwerdeführer verhandlungsfähig war, jedoch weiterhin an einer Depression litt und daher die Gefahr eines Selbstmordversuchs bestand. Der Beschwerdeführer wurde am 29. Oktober 1996 gegen Kaution aus der Haft entlassen. Im Dezember 1998 erließ das Gericht ein Urteil, welches dem Urteil aus dem Jahr 1995 entsprach. Der Beschwerdeführer wehrte sich dagegen mit einem Rechtsmittel (Berufung), woraufhin im Oktober 1999 seine Freiheitsstrafe von sechs auf fünf Jahre herabgesetzt wurde. Er wandte sich darauf an das OLG. Dieses Verfahren (Revision) war im Zeitpunkt der Entscheidung des EGMR noch anhängig.

Der Beschwerdeführer machte vor dem EGMR eine Verletzung von Art. 3 EMRK, eine Verletzung von Art. 5 Abs. 3 EMRK und von Art. 6 Abs. 1 EMRK geltend. In Verbindung mit Art. 6 Abs. 1 EMRK machte er auch eine Verletzung seines Rechts auf eine wirksame Beschwerde im Sinne von Art. 13 EMRK geltend. Der Gerichtshof lehnte in seinem Urteil eine Verletzung von Art. 3 EMRK ab.[807] Er stellte aber eine Verletzung von Art. 5 Abs. 3 EMRK[808], von Art. 6 Abs. 1 EMRK[809] sowie mit 16:1 Stimmen von Art. 13 EMRK[810] fest. Des Weiteren verurteilte er den Mitgliedstaat gemäß Art. 41 EMRK zu einer Zahlung von 30.000 PLN für einen immateriellen Schaden[811] und zu einer Zahlung von 20.000 PLN (abzüglich 10.589 französischer Francs, die der Beschwerdeführer als Prozesskostenhilfe erhalten hat) für Kosten und Auslagen[812]. Art. 6 Abs. 1 EMRK war nach Ansicht des EGMR verletzt, weil die Dauer des Gerichtsverfahrens mit mehr als neun Jahren[813] unangemessen lang und nicht mit Art. 6 Abs. 1 EMRK vereinbar war. Nach Anwendung der von ihm entwickelten Kriterien zur Beurteilung der Angemessenheit kam er zu dem Ergebnis, dass das Gerichtsverfahren aufgrund des Verhaltens der Behörden ein Jahr und acht Monate zu lange gedauert habe.[814] Eine Verletzung von Art. 13 EMRK bejaht er, weil dem Beschwerdeführer nach innerstaatlichem Recht keine Beschwerde im Sinne von Art. 13 EMRK zur Verfügung stand, um sein Recht aus Art. 6 Abs. 1 S. 1 EMRK auf eine Entscheidung in angemessener Frist geltend machen zu können.[815]

bbb) Die Verpflichtung zur Einrichtung eines präventiv beschleunigenden Rechtsbehelfs zur strukturellen Gewähr von Art. 6 Abs. 1 S. 1 EMRK

In seiner Entscheidung hat der Gerichtshof einen ersten Schritt dahin unternommen, dass die Mitgliedstaaten eine Verpflichtung zur Einrichtung eines präventiv beschleunigenden Rechtsbehelfs zur strukturellen Gewähr von Art. 6 Abs. 1 S. 1 EMRK im innerstaatlichen Recht trifft. Der erste Schritt zur Annahme

807 *EGMR*, Urt. v. 26.10.2000, 30210/96, Ziff. 100, Ziffer 1 des Tenors – Kudla.
808 *EGMR*, Urt. v. 26.10.2000, 30210/96, Ziff. 117, Ziffer 2 des Tenors – Kudla.
809 *EGMR*, Urt. v. 26.10.2000, 30210/96, Ziff. 131, Ziffer 3 des Tenors – Kudla.
810 *EGMR*, Urt. v. 26.10.2000, 30210/96, Ziff. 160, Ziffer 4 des Tenors – Kudla.
811 *EGMR*, Urt. v. 26.10.2000, 30210/96, Ziff. 165, Ziffer 5 des Tenors – Kudla.
812 *EGMR*, Urt. v. 26.10.2000, 30210/96, Ziff. 168, Ziffer 5 des Tenors – Kudla.
813 Da der Mitgliedstaat Polen das Recht auf Individualbeschwerde erst am 1. Mai 1993 anerkannt hat, hat der Gerichtshof sieben Jahre und fünf Monate für die Beurteilung der Angemessenheit der Verfahrensdauer herangezogen, was aber ebenfalls eine unangemessene Dauer darstellte, *EGMR*, Urt. v. 26.10.2000, 30210/96, Ziff. 123 – Kudla.
814 *EGMR*, Urt. v. 26.10.2000, 30210/96, Ziff. 130 – Kudla.
815 *EGMR*, Urt. v. 26.10.2000, 30210/96, Ziff. 160 – Kudla.

einer solchen Verpflichtung liegt darin, dass der EGMR in Fällen von überlanger Verfahrensdauer nun auch die Prüfung von Art. 13 EMRK neben Art. 6 Abs. 1 EMRK erlaubt und sich eine Verpflichtung zur Schaffung eines präventiv beschleunigenden Rechtsbehelfs zur strukturellen Gewähr von Art. 6 Abs. 1 S. 1 EMRK aus Art. 13 EMRK ergibt. So hat der EGMR die beiden Normen nebeneinander für anwendbar erklärt, weil eine Prüfung von Art. 13 EMRK neben einer vorangegangenen Feststellung von Art. 6 Abs. 1 EMRK wegen Verstoßes gegen die Verpflichtung zur Verhandlung innerhalb einer angemessenen Frist notwendig sei.[816] Er erklärte: „(…) its earlier finding of a violation of Article 6 § 1 for failure to try him within a reasonable time."[817]. Wenn das Recht auf eine Entscheidung in angemessener Frist das „verletzte Recht" im Sinne von Art. 13 EMRK darstelle, so sei Art. 13 EMRK neben Art. 6 Abs. 1 EMRK zu prüfen und zu entscheiden.

Ein Wandel seiner bisherigen Rechtsprechung war aus Sicht des Gerichtshofs aufgrund der stetig ansteigenden Anzahl an Beschwerden aufgrund überlanger Verfahren notwendig. Seien keine innerstaatlichen Rechtsmittel gegen unangemessen lange Verzögerungen seitens der Justiz vorgesehen, so bestünde eine Gefahr für das in den Rechtsordnungen der Mitgliedstaaten gefestigte Rechtsstaatsprinzip: „The growing frequency with which violations in this regard are being found has recently led the Court to draw attention to ‚the important danger' that exists for the rule of law within national legal orders when ‚excessive delays in the administration of justice' occur ‚in respect of which litigants have no domestic remedy'."[818].

Aus diesem Grund sah der Gerichtshof auch die Zeit der Änderung seiner bisherigen Rechtsprechung gekommen. Er modifizierte seine bisherige Rechtsprechung nur für Fälle der überlangen Verfahrensdauer. Es sei freilich auch weiterhin zutreffend, dass Art. 6 Abs. 1 EMRK im Verhältnis zu Art. 13 EMRK grundsätzlich *lex specialis* sei und bei einer Verletzung von Art. 6 Abs. 1 EMRK die Prüfung einer Verletzung von Art. 13 EMRK nicht notwendig sei, da die Garantien von Art. 6 Abs. 1 EMRK weiter gehen würden als die Garantie aus Art. 13 EMRK.[819] Mache der Beschwerdeführer ein anderes materielles Konventionsrecht geltend, so werde ihm daneben der Schutz von Art. 6 Abs. 1 EMRK für das Verfahren zur Verfügung stehen.[820] Die Anforderungen von Art. 6 Abs. 1

---

816 *EGMR*, Urt. v. 26.10.2000, 30210/96, Ziff. 149 – Kudla.
817 *EGMR*, Urt. v. 26.10.2000, 30210/96, Ziff. 149 – Kudla.
818 *EGMR*, Urt. v. 26.10.2000, 30210/96, Ziff. 148 – Kudla.
819 *EGMR*, Urt. v. 26.10.2000, 30210/96, Ziff. 146 – Kudla.
820 *EGMR*, Urt. v. 26.10.2000, 30210/96, Ziff. 146 – Kudla.

EMRK seien dann „stricter than, and absorb, those of Article 13“[821]. Es gebe „no legal interest in re-examining the same subject matter of complaint under the less stringent requirements of Article 13“[822]. Eine solche Kollision sei jedoch in Fällen von überlangen Verfahren nicht zu befürchten.[823] Wolle der Beschwerdeführer mit einer Beschwerde im Sinne von Art. 13 EMRK eine Verletzung des Rechts auf eine angemessene Verfahrensdauer geltend machen, dann bestünde keine Kollision der Anwendungsbereiche beider Normen.[824] Denn die Frage, ob innerhalb einer angemessenen Frist entschieden wurde, sei rechtlich anders zu qualifizieren, als die Frage, ob dem Beschwerdeführer zur Geltendmachung einer solchen Verletzung nach innerstaatlichem Recht eine „effective remedy“ zur Verfügung stünde.[825] Er sagte dazu: „There is, however, no overlap and hence no absorption where, as in the present case, the alleged Convention violation that the individual wishes to bring before a ‚national authority‘ is a violation of the right to trial within reasonable time, contrary to Article 6 § 1. The question of whether the applicant in a given case did benefit from trial within reasonable time in the determination of civil rights and obligations or criminal charge is a separate legal issue from that of whether there was available to the applicant under domestic law an effective remedy to ventilate a complaint on that ground.“[826].

Die Verpflichtung zur Einrichtung eines präventiv beschleunigenden Rechtsbehelfs ergibt sich nach der Rechtsprechung des EGMR aus Art. 13 EMRK, weil Art. 13 EMRK eine wirksame Beschwerde verlangt, mit der vor einer innerstaatlichen Instanz die behauptete Verletzung des Rechts aus Art. 6 Abs. 1 S. 1 EMRK geltend gemacht werden kann. In der Entscheidung heißt es dazu: „(…) that provision guarantees an effective remedy before a national authority for an alleged breach of the requirement under Article 6 § 1 to hear a case within a reasonable time.“[827]. Die Definition meint ein Rechtsmittel, mit dem Betroffene bereits im innerstaatlichen Recht Abhilfe von Verletzungen ihrer Konventionsrechte erlangen können.[828] Dafür spricht bereits die systematische Stellung von Art. 13 EMRK in ihrer Gesamtschau mit anderen Konventionsrechten. Bereits

821 *EGMR*, Urt. v. 26.10.2000, 30210/96, Ziff. 146 – Kudla.
822 *EGMR*, Urt. v. 26.10.2000, 30210/96, Ziff. 146 – Kudla.
823 *EGMR*, Urt. v. 26.10.2000, 30210/96, Ziff. 147 – Kudla.
824 *EGMR*, Urt. v. 26.10.2000, 30210/96, Ziff. 147 – Kudla.
825 *EGMR*, Urt. v. 26.10.2000, 30210/96, Ziff. 147 – Kudla.
826 *EGMR*, Urt. v. 26.10.2000, 30210/96, Ziff. 147 – Kudla.
827 *EGMR*, Urt. v. 26.10.2000, 30210/96, Ziff. 156 – Kudla.
828 *EGMR*, Urt. v. 26.10.2000, 30210/96, Ziff. 152 – Kudla.

aus Art. 1 EMRK folge der Subsidiaritätsgedanke des internationalen Menschenrechtsschutzes.[829] Danach sei die Gewährleistung des Menschenrechtsschutzes vorrangig Aufgabe der innerstaatlichen Behörden.[830] Die Beschwerde vor dem Gerichtshof sei gegenüber dem innerstaatlichen Rechtsschutzsystem eines Mitgliedstaates subsidiär.[831] Das komme auch in Art. 13 und Art. 35 Abs. 1 EMRK zum Ausdruck.[832] Art. 13 EMRK stelle die Verpflichtung der Mitgliedstaaten dar, den Schutz der Menschenrechte zuerst im eigenen innerstaatlichen System zu gewährleisten, indem eine zusätzliche Garantie für den Einzelnen geschaffen wird, mit der er wirksam seine Rechte genießen könne.[833] Wenn Art. 13 EMRK keine Anwendung auf Fälle überlanger Verfahrensdauer finde, dann sei der Betroffene gezwungen, sich bei einer Verletzung der Konventionsrechte direkt an den EGMR zu wenden.[834] Dann werde die Subsidiarität des internationalen Menschenrechtsschutzes jedoch missachtet, was wiederum dazu führe, dass auf lange Sicht die Gefahr der Schwächung des nationalen und internationalen Menschenrechtsschutzes bestünde.[835] Darüber hinaus bestünde die Gefahr, dass das Recht einer Person auf Verhandlung innerhalb angemessener Frist weniger wirksam sei, wenn keine Gelegenheit bestünde, die auf die Konvention gestützte

829 *EGMR*, Urt. v. 26.10.2000, 30210/96, Ziff. 152 – Kudla.

830 *EGMR*, Urt. v. 26.10.2000, 30210/96, Ziff. 152 – Kudla.

831 *EGMR*, Urt. v. 26.10.2000, 30210/96, Ziff. 152 – Kudla.

832 *EGMR*, Urt. v. 26.10.2000, 30210/96, Ziff. 152 – Kudla: „By virtue of Article 1 (…) the primary responsibility for implementing and enforcing the guaranteed rights and freedoms is laid on the national authorities. The machinery of complaint to the Court is thus subsidiary to national systems safeguarding human rights. This subsidiary character is articulated in Articles 13 and 35 § 1 of the Convention.“.

833 *EGMR*, Urt. v. 26.10.2000, 30210/96, Ziff. 152 – Kudla: „In that way, Article 13, giving direct expression to the States' obligation to protect human rights first and foremost within their own legal system, establishes an additional guarantee for an individual in order to ensure that he or she effectively enjoys those rights.“.

834 *EGMR*, Urt. v. 26.10.2000, 30210/96, Ziff. 155 – Kudla: „If Article 13 is, …, to be interpreted as having no application to the right to a hearing within a reasonable time as safeguarded by Article 6 § 1, individuals will systematically be forced to refer to the Court in Strasbourg complaints that would otherwise, and in the Court's opinion more appropriately, have to be addressed in the first place within the national legal system.“.

835 *EGMR*, Urt. v. 26.10.2000, 30210/96, Ziff. 155 – Kudla: „In the long term the effective functioning, on both the national and international level, of the scheme of human rights protection set up by the Convention is liable to be weakened.“.

Beschwerde zunächst einer innerstaatlichen Instanz zu unterbreiten.[836] Art. 13 EMRK sei aber als „reinforcing" von Art. 6 Abs. 1 EMRK zu sehen.[837]

Darüber hinaus meint die Definition der Verpflichtung, dass eine wirksame Beschwerde garantiert werden soll. Eine wirksame Beschwerde im Sinne von Art. 13 EMRK meint dabei einen innerstaatlichen Rechtsbehelf, aufgrund dessen über den Inhalt der behaupteten Konventionsverletzung entschieden und angemessene Abhilfe geschaffen werden könne: „The effect of Article 13 is thus to require the provision of a domestic remedy to deal with the substance of an ‚arguable complaint' under the Convention and to grant appropriate relief."[838]. Abhilfe sei dabei in Form von Prävention oder Kompensation möglich. Der Rechtsbehelf habe demnach das Verfahren zu beschleunigen oder dem Beschwerdeführer eine angemessene Entschädigung für die Verzögerung zu gewähren: „They did not, however, indicate whether and, if so, how the applicant could obtain relief – either preventive or compensatory – by having recourse to those remedies (see paragraph 145 above)."[839]. Dabei sei für die Wirksamkeit der Beschwerde weder der Ausgang des Verfahrens noch der Charakter der Instanz (Gericht) von Bedeutung.[840] Die innerstaatliche Instanz müsse vielmehr unabhängig sein und zur Entscheidung befugt, sodass eine rechtlich verbindliche Entscheidung ergehen könne.[841] Im vorliegenden Fall habe keiner der vorhandenen innerstaatlichen Rechtsbehelfe diese Voraussetzung erfüllt.[842]

ccc) *Kritische Auseinandersetzung mit der Entscheidung Kudla*

Für die Annahme einer Verpflichtung zur Schaffung eines präventiven Rechtsbehelfs zur strukturellen Gewähr von Art. 6 Abs. 1 S. 1 EMRK war die Neuregelung des Verhältnisses von Art. 13 und Art. 6 Abs. 1 EMRK wesentlich. Hätte der EGMR Art. 13 EMRK nicht für anwendbar erklärt, hätte keine solche

836 *EGMR*, Urt. v. 26.10.2000, 30210/96, Ziff. 152 – Kudla.

837 *EGMR*, Urt. v. 26.10.2000, 30210/96, Ziff. 152 – Kudla: „From this perspective, the right of an individual to trial within a reasonable time will be less effective if there exists no opportunity to submit the Convention claim first to a national authority; and the requirements of Article 13 are to be seen as reinforcing those of Article 6 § 1, rather than being absorbed by the general obligation imposed by that Article not to subject individuals to inordinate delays in legal proceedings.".

838 *EGMR*, Urt. v. 26.10.2000, 30210/96, Ziff. 157 – Kudla.

839 *EGMR*, Urt. v. 26.10.2000, 30210/96, Ziff. 159 – Kudla.

840 *EGMR*, Urt. v. 26.10.2000, 30210/96, Ziff. 157 – Kudla.

841 *EGMR*, Urt. v. 26.10.2000, 30210/96, Ziff. 157 – Kudla.

842 *EGMR*, Urt. v. 26.10.2000, 30210/96, Ziff. 159 – Kudla.

Verpflichtung angenommen werden können. Gemäß der Entscheidung war ein Wandel der Rechtsprechung aufgrund der stetig ansteigenden Zahl von Beschwerden wegen überlanger Verfahrensdauer und der damit verbundenen, wachsenden Gefahr für das Rechtsstaatsprinzip, notwendig geworden. Ein innerstaatliches System, welches keine Beschwerdemöglichkeit gegen überlange Verfahren bietet und zu der stetig ansteigenden Anzahl von Beschwerden führt, führt zu einem Vertrauensverlust des Bürgers in den Rechtsstaat und bringt damit das Rechtsstaatsprinzip ins Wanken. Der Wandel war zudem möglich, weil in Fällen überlanger Verfahren keine Kollision der Anwendungsbereiche von Art. 6 Abs. 1 und Art. 13 EMRK vorliegt und Art. 13 EMRK Art. 6 Abs. 1 S. 1 EMRK verstärkt. In Fällen überlanger Verfahren wird mit Art. 13 EMRK gerügt, dass es im innerstaatlichen Recht keine Beschwerdemöglichkeit gibt, mit der das Recht auf eine Entscheidung in angemessener Frist aus Art. 6 Abs. 1 S. 1 EMRK geltend gemacht werden konnte und nicht die unangemessene Verfahrensdauer an sich. Das war Gegenstand der geltend gemachten Verletzung von Art. 6 Abs. 1 EMRK.

Die Begründung des EGMR zum Wandel seiner Rechtsprechung birgt jedoch kritische Anknüpfungspunkte, denen sich bereits Richter J. *Casadevall* in seiner dissenting opinion zum Urteil in der Sache *Kudla* gewidmet hat und die auch verschiedene Vertreter der Literatur vereinzelt herausgegriffen und kommentiert haben. Die Begründung ist daher im Folgenden kritisch zu untersuchen.

(1) Ausreichende Begründung für die Modifizierung der bisherigen Rechtsprechung des EGMR

Der Gerichtshof argumentierte mit der Vielzahl der Beschwerden wegen überlanger Verfahrensdauer. Jedoch ist fraglich, ob es sich bei der Überlastung des Gerichtshofs durch eine stetig ansteigende Anzahl von Fällen um ein rechtlich relevantes Argument handelt. Bereits Richter *Casadevall* hat in seiner teilweise abweichenden Meinung zum Urteil in der Sache *Kudla* erläutert, dass für ihn das Argument der Überlastung des Gerichtshofs nicht überzeugend sei, da es sich dabei um ein Argument ohne rechtliche Interessen handele.[843] Es sei richtig, dass es einen Anstieg der Beschwerden aufgrund überlanger Verfahrensdauer gegeben habe und dass diese Entwicklung eine Situation skizziere, die eine

843 *EGMR*, Urt. v. 26.10.2000, 30210/96, abweichende Meinung von Richter Casadevall, Ziff. 3 – Kudla.

konventionswidrige Praxis zum Ausdruck bringe.[844] Sie lasse darauf schließen, dass dem Beschwerdeführer kein entsprechender Rechtsbehelf zur Verfügung stehe.[845] Dieses Argument des Gerichtshofs habe für Richter *Casadevall* aber mehr mit „Opportunität als mit Recht zu tun" („(...) taken separately smacks, (...), more of expediency than of law.").[846] Für *Meyer-Ladewig* ist hingegen die Überlastung des Gerichtshofs als Hauptbeweggrund für den Wandel des EGMR von seiner bisherigen Rechtsprechung und die Anwendbarkeit von Art. 13 EMRK neben Art. 6 Abs. 1 EMRK überzeugend. „Dem Gerichtshof ist darin Recht zu geben, dass dies alarmierend ist."[847] Grundsätzlich obliege es den Mitgliedstaaten im Sinne des Subsidiaritätsgrundsatzes des internationalen Menschenrechtsschutzes, in ihrem innerstaatlichen Recht einen wirksamen Schutz der Menschenrechte zu gewähren.[848] Nach der ständigen Rechtsprechung des EGMR haben die Mitgliedstaaten ihre Gerichtssysteme so zu organisieren, dass sie allen Anforderungen von Art. 6 EMRK, einschließlich der Erfordernisse der Entscheidungen in einer angemessenen Frist, gerecht werden können.[849] Das Menschenrechtssystem führe in seiner bestehenden Form momentan dazu, dass die innerstaatlichen Probleme von einzelnen Mitgliedstaaten auf Kosten der anderen Mitgliedstaaten auf der Ebene des internationalen Menschenrechtsschutzes ausgetragen werden. Nach Ansicht von *Meyer-Ladewig* könne das „so nicht richtig sein".[850] Denn das hindere den Gerichtshof, über die „wirklich wichtigen Fälle zu entscheiden, die einer europäischen menschenrechtlichen Leitenscheidung bedürfen"[851]. *Richter* erklärt als Grund der Rechtsprechung des

844 *EGMR*, Urt. v. 26.10.2000, 30210/96, abweichende Meinung von Richter Casadevall, Ziff. 3 – Kudla.

845 *EGMR*, Urt. v. 26.10.2000, 30210/96, abweichende Meinung von Richter Casadevall, Ziff. 3 – Kudla.

846 *EGMR*, Urt. v. 26.10.2000, 30210/96, abweichende Meinung von Richter Casadevall, Ziff. 3 – Kudla.

847 *Meyer-Ladewig*, Rechtsbehelfe gegen Verzögerungen im gerichtlichen Verfahren, NJW 2001, 2679, 2679.

848 *Meyer-Ladewig*, Rechtsbehelfe gegen Verzögerungen im gerichtlichen Verfahren, NJW 2001, 2679, 2679.

849 *Meyer-Ladewig*, Rechtsbehelfe gegen Verzögerungen im gerichtlichen Verfahren, NJW 2001, 2679, 2679.

850 *Meyer-Ladewig*, Rechtsbehelfe gegen Verzögerungen im gerichtlichen Verfahren, NJW 2001, 2679, 2679.

851 *Meyer-Ladewig*, Rechtsbehelfe gegen Verzögerungen im gerichtlichen Verfahren, NJW 2001, 2679, 2679.

EGMR die „erhebliche Gefahr für die Rechtsstaatlichkeit in den innerstaatlichen Rechtsordnungen“, die aus der Häufung der Beschwerden wegen unangemessen langen Verfahren resultiert.[852] Daher sei eine Anwendung von Art. 13 EMRK „zusätzlich“ zu einer festgestellten Verletzung von Art. 6 Abs. 1 S. 1 EMRK notwendig.[853]

Der Auffassung von Richter *Casadevall* ist entgegenzuhalten, dass der Gerichtshof die Notwendigkeit des Wandels seiner Rechtsprechung nicht allein mit der stetig ansteigenden Anzahl von Beschwerden wegen überlanger Verfahren begründet. Die Notwendigkeit liegt vielmehr – wie von *Richter* richtig erkannt – in der Gefahr für das Rechtsstaatsprinzip, welche durch die steigende Anzahl der Beschwerden begründet ist. Diese ist für den Gerichtshof ein Indiz dafür, dass es im innerstaatlichen Recht verschiedener Mitgliedstaaten keinen Rechtsbehelf gegen die Verletzung von Art. 6 Abs. 1 EMRK aufgrund überlanger Verfahrensdauer gibt. Dies stellt ein systematisches Problem dar, welches zur Schwächung des Menschenrechtsschutzes auf innerstaatlicher und internationaler Ebene führen kann und welches eine Gefahr für das Rechtsstaatsprinzip darstellt. Besteht im innerstaatlichen Recht keine Möglichkeit, um das Recht auf eine Entscheidung in angemessener Frist aus Art. 6 Abs. 1 S. 1 EMRK geltend zu machen, dann kommt es zu unangemessen langen Verfahren. Das führt wiederum dazu, dass der Betroffene das Vertrauen in den Rechtsstaat und die Justiz verliert, wenn sein Justizgewährungsanspruch ins Leere läuft. Der Rechtsstaat und die Justiz müssen Glaubwürdigkeit einbüßen.[854] Denn in dem Anspruch auf eine Entscheidung in angemessener Frist ist unter anderem das Rechtsstaatsprinzip manifestiert. Wird der Anspruch nicht gewährt, wird das Rechtsstaatsprinzip tangiert. Unangemessen lange Verfahren führen daher zu einer Gefahr für das Rechtsstaatsprinzip. *Casadevall* übersieht, dass der EGMR mit der Vielzahl der Fälle das systematische Problem umschreibt, welches in den betroffenen Mitgliedstaaten herrscht. Dieses Problem sei eine Gefahr für das Rechtsstaatsprinzip. Dieses Argument ist sehr bedeutend und gewichtig für die Notwendigkeit des Wandels seiner Rechtsprechung. Daher ist das Argument der Überlastung

---

852 *Richter*, in: Dörr/Grote/Marauhn (Hrsg.), Konkordanz-Kommentar, Kap. 20 Rn. 115.
853 *Richter*, in: Dörr/Grote/Marauhn (Hrsg.), Konkordanz-Kommentar, Kap. 20 Rn. 115.
854 *Steinbeiß-Winkelmann*, in: Steinbeiß-Winkelmann/Ott, Rechtsschutz bei überlangen Gerichtsverfahren, Einf. C. Rn. 42; so auch *Kreutzer*, Säumnis, S. 67; vgl. dazu *Kirchhof*, Verfassungsrechtliche Maßstäbe für die Verfahrensdauer und für die Rechtsmittel, in: Hailbronner/Ress/Stein (Hrsg.), FS für Karl Doehring, 439, 441; vgl. *Vollkommer*, Die lange Dauer der Zivilprozesse und ihre Ursachen, ZZP 81 (1968), 102, 107.

des Gerichtshofs mit Beschwerden wegen überlanger Verfahren im Zusammenhang mit seinen Folgen für die Rechtsstaatlichkeit zu betrachten und – entgegen der Auffassung von Richter *Casadevall* – als ausreichendes, da weitreichendes rechtliches Argument anzusehen. *Meyer-Ladewig* ist darin zuzustimmen, dass der EGMR nicht als einzige Instanz zur Gewährung des nationalen und internationalen Menschenrechtsschutzes gelten kann. Denn ursprünglich ist der Weg zum EGMR als *ultima ratio* gedacht und nicht als Prüfung der menschenrechtlichen Lage an sich. Eine innerstaatliche Instanz, ein innerstaatlicher Rechtsbehelf, der eine Filterfunktion aufweist, um den Weg zum EGMR zu vermeiden, ist daher wünschenswert.[855] Das war auch der ursprüngliche Gedanke bei der Schaffung des EGMR. Auf diesem Gedanken fundiert auch der Grundsatz der Subsidiarität des internationalen Menschenrechtsschutzes. Jedoch können die Mitgliedstaaten den EGMR durch die Ausgestaltung ihres innerstaatlichen Rechtsschutzsystems in der Einhaltung der Konvention unterstützen. Indem Art. 13 EMRK nun neben Art. 6 Abs. 1 EMRK angewendet wird, wird der Vorrang des innerstaatlichen Menschenrechtsschutzes betont. Art. 13 EMRK sieht die Umgestaltung des innerstaatlichen Rechtsschutzsystems durch Schaffung einer innerstaatlichen Beschwerdemöglichkeit vor. Der EGMR fördert mit seiner neuen Rechtsprechung somit den Grundsatz der Subsidiarität des internationalen Menschenrechtsschutzes. Er erinnert die Mitgliedstaaten mit der Anwendung von Art. 13 EMRK wieder an ihre Pflichten zur Gewährung eines konventionskonformen Zustandes im innerstaatlichen Recht. Zudem verweist er mit der Prüfung von Art. 13 EMRK auf das Recht zur Schaffung einer innerstaatlichen Beschwerdemöglichkeit. Dieses wurde in den vergangenen Jahren vernachlässigt und hat zu dem bestehenden Zustand, der Überlastung des EGMR, geführt. Rein klarstellend sei an dieser Stelle erwähnt, dass der EGMR im Sinne der Konvention gehalten ist, jede einzelne Beschwerde, die ihm vorgelegt wird, zu prüfen und zu entscheiden. Was *Meyer-Ladewig* mit der Formulierung „wirklich wichtigen Fällen“ gemeint hat, bleibt folglich dahingestellt. Grundsätzlich ist jede Menschenrechtsverletzung von Bedeutung und bedarf der Aufmerksamkeit des EGMR. Der EGMR allein hat dann zu entscheiden, welche Fälle er als „wirklich wichtig“ ansieht.

Richter erfasst den Kern der Begründung des Gerichtshofs richtig. Die steigende Anzahl der Fälle von überlanger Verfahrensdauer allein überzeugt nicht als Begründung für die Anwendung von Art. 13 EMRK neben Art. 6 Abs. 1

855 *Meyer-Ladewig*, Rechtsbehelfe gegen Verzögerungen im gerichtlichen Verfahren, NJW 2001, 2679, 2679.

EMRK. Die damit einhergehende Gefährdung des innerstaatlichen Rechtsstaatsprinzips ist für die Anwendung der Norm entscheidend. Auf diese hat der EGMR auch in seiner Begründung abgestellt. Er hat die Notwendigkeit der Modifizierung seiner bisherigen Rechtsprechung zum Verhältnis von Art. 6 Abs. 1 EMRK zu Art. 13 EMRK ausreichend begründet.

Der Gerichtshof argumentierte mit der Vielzahl der Beschwerden wegen überlanger Verfahren, da von der Häufung solcher Beschwerden eine Gefahr für das Rechtsstaatsprinzip ausgehe.[856] Diese Häufung lege dar, dass es im innerstaatlichen Recht verschiedener Mitgliedstaaten keinen Rechtsbehelf gegen die Verletzung von Art. 6 Abs. 1 EMRK aufgrund überlanger Verfahrensdauer gebe.[857] Dies stellt ein systematisches Problem dar, welches die Rechtsstaatlichkeit gefährden kann. Jedoch beantwortet das nicht die Frage, warum der EGMR das neu definierte Verhältnis zwischen den Normen lediglich auf die Fälle von überlanger Verfahrensdauer begrenzt hat[858] und warum der Verfahrensgarantie auf eine Entscheidung innerhalb einer angemessenen Frist gegenüber den anderen in Art. 6 Abs. 1 EMRK enthaltenen Verfahrensgarantien ein solcher Vorrang eingeräumt werden soll. Fraglich ist zunächst, warum die Rechtsstaatlichkeit nicht auch dann in Gefahr ist, wenn dem Betroffenen das Recht auf Zugang zu einem Gericht verweigert wird oder das Verfahren nicht den weiteren Anforderungen an ein faires Verfahren genügt? Was ist an den weiteren Garantien von Art. 6 Abs. 1 EMRK und den Fällen des Beschleunigungsgrundsatzes so verschieden?

Die Antwort auf diese Frage liegt in der Natur der Garantie aus Art. 6 Abs. 1 S. 1 EMRK und ihrer Bedeutung für die Rechtsstaatlichkeit. Die Wahrung und Sicherung des Rechts auf eine Entscheidung in angemessener Frist ist für das Konventionsrecht und den Rechtsstaat von wesentlicher Bedeutung. Das Recht ist Ausfluss aus dem Rechtsstaatsprinzip, welches die EMRK selbst anerkannt hat (Präambel) und anwendet. Aufgrund des Rechtsstaatsprinzips sind die Mitgliedstaaten gehalten, den konventionskonformen Zustand aufrechtzuerhalten und Verletzungen zu beseitigen. Verletzungen sollen lediglich die Ausnahme sein und nicht die Regel. Umso erschreckender ist, dass das Recht auf eine angemessene Verfahrensdauer in einer erheblichen Anzahl von Fällen verletzt worden ist und wird. Dies stellt eine große Gefahr für die Rechtsstaatlichkeit dar. Die Einhaltung

856 *EGMR*, Urt. v. 26.10.2000, 30210/96, Ziff. 148 – Kudla.
857 *EGMR*, Urt. v. 26.10.2000, 30210/96, Ziff. 148 – Kudla.
858 Mit dieser Frage hat sich bereits *Kreutzer* auseinandergesetzt, siehe dazu *Kreutzer*, Säumnis, S. 124 ff.

des Rechts auf eine Entscheidung in angemessener Frist wahrt das Vertrauen in den Rechtsstaat und das Funktionieren der Justiz. Das hat der EGMR auch stets in seiner Rechtsprechung zum Ausdruck gebracht. Im Vergleich zu den anderen Verfahrensgarantien wird dem Recht auf eine Entscheidung in angemessener Frist daher eine besonders große Bedeutung für das Rechtsstaatsprinzip eingeräumt. Diese Bedeutung ist daher auch das tragende Element der Begründung für die Anwendbarkeit von Art. 13 EMRK neben Art. 6 Abs. 1 EMRK.

Darüber hinaus hat der EGMR Art. 13 EMRK neben Art. 6 Abs. 1 EMRK nur in Fällen überlanger Verfahren für anwendbar erklärt, weil in diesen Fällen keine Kollision der Anwendungsbereiche beider Normen vorliegt und Art. 13 EMRK die Durchsetzung von Art. 6 Abs. 1 S. 1 EMRK verstärkt. Wird ein anderes materielles Konventionsrecht mit einer Individualbeschwerde geltend gemacht, stellt Art. 6 Abs. 1 EMRK mit seinen darin enthaltenen Verfahrensgarantien ein Verfahrensrecht dar, zu welchem das Verfahrensrecht aus Art. 13 EMRK in Konkurrenz steht. Art. 6 Abs. 1 EMRK gewährt dem Betroffenen die in ihm enthaltenen Verfahrensgarantien, wie beispielsweise das Recht auf Zugang zu einem Gericht, das Recht auf eine öffentliche Verhandlung und das Recht auf eine Entscheidung in angemessener Frist, um sein Konventionsrecht geltend zu machen. Der Anwendungsbereich von Art. 6 Abs. 1 EMRK ist dann im Verhältnis zu Art. 13 EMRK aufgrund des gerichtlichen Rechtsschutzes spezieller und seine Anforderungen strenger. Daher ist Art. 13 EMRK neben Art. 6 Abs. 1 EMRK nicht anwendbar. Wird aber ein Verfahrensrecht aus Art. 6 Abs. 1 EMRK nicht als ein Verfahrensrecht, sondern als ein anderes materielles Konventionsrecht angesehen, dessen Verletzung nicht mit einer Beschwerde im Sinne von Art. 13 EMRK bereits im innerstaatlichen Recht geltend gemacht werden konnte, dann bedienen Art. 13 EMRK und Art. 6 Abs. 1 EMRK unterschiedliche Beschwerdegegenstände. Eine Kollision liegt – wie der EGMR richtigerweise ausgeführt hat – nicht vor. Art. 6 Abs. 1 EMRK rügt die unangemessen lange Verfahrensdauer oder den fehlenden Zugang zu einem Gericht an sich. Art. 13 EMRK rügt die fehlende Beschwerdemöglichkeit im innerstaatlichen Recht, mit der eine Verletzung von Art. 6 Abs. 1 EMRK hätte geltend gemacht werden können. Art. 13 EMRK dient dann – wie vom EGMR ebenfalls zutreffend ausgeführt – der Verstärkung von Art. 6 Abs. 1 EMRK.

Jedoch ist zwischen den einzelnen Verfahrensgarantien aus Art. 6 Abs. 1 EMRK zu differenzieren, da nicht jede Rüge einer fehlenden Beschwerdemöglichkeit nach Art. 13 EMRK auch eine Verstärkung des jeweiligen Verfahrensrechts aus Art. 6 Abs. 1 EMRK ist. Wird mit einer Individualbeschwerde beispielsweise das Recht auf Zugang zu einem Gericht gerügt, liegt keine solche Verstärkung des Rechts aus Art. 6 Abs. 1 EMRK vor. Art. 6 Abs. 1 EMRK ist dann zwar auch ein anderes materielles Konventionsrecht im Sinne von Art. 13 EMRK, aber gegenüber Art. 13 EMRK stärker. Während Art. 13 EMRK einen Rechtsschutz vor einer innerstaatlichen Instanz gewährt, die kein Gericht ist, stellt Art. 6 Abs. 1 EMRK einen gerichtlichen Rechtsschutz dar. Es kommt dann die Frage auf, inwiefern mit einer Verfahrensgarantie, die keinen gerichtlichen Rechtsschutz vorsieht, ein Recht auf gerichtlichen Rechtsschutz gerügt werden kann. Art. 13 EMRK, der das Recht aus Art. 6 Abs. 1 EMRK verstärken will, ist jedoch schwächer als das materielle Konventionsrecht, welches er geltend macht. Es ist nicht nachvollziehbar, warum ein schwächeres Recht einem stärkeren Recht zu seiner Umsetzung verhelfen sollte. So hat bereits *Frowein* ausgeführt: „Es ist systematisch nicht vorstellbar, dass der Zugang zu einem Gericht durchgesetzt werden könnte durch ein Verfahren, das wesentlich schwächer als ein Gerichtsverfahren ausgestaltet ist.“[859]. Genauso verhält es sich mit dem Recht auf eine öffentliche Verhandlung. Art. 13 EMRK ist dann keine Verstärkung des Rechts aus Art. 6 Abs. 1 EMRK und daher auch nicht neben Art. 6 Abs. 1 EMRK anwendbar. Die Anwendung und Prüfung von Art. 13 EMRK neben Art. 6 Abs. 1 EMRK ist daher nur in Fällen überlanger Verfahren möglich.

(2) Lösung des strukturellen Problems auf völkerrechtlicher Ebene durch die Modifizierung der bisherigen Rechtsprechung des EGMR

Darüber hinaus stellt sich die Frage, ob und inwiefern begründete Zweifel an der Lösung des strukturellen Problems durch den Wandel der Rechtsprechung des EGMR bestehen. Können die geänderte Rechtsprechung und das modifizierte Verhältnis von Art. 6 Abs. 1 EMRK zu Art. 13 EMRK überhaupt das Problem der überlangen Verfahren dauerhaft lösen?

Richter *Casadevall* vertritt die Auffassung, dass nichts damit gewonnen sei, dass nun Art. 13 EMRK neben Art. 6 Abs. 1 EMRK anwendbar sei.[860] Er befürchtet, „that the cure is worse than the disease“[861]. Für ihn ist fraglich, ob sich mit der Anwendung und Feststellung einer Konventionsverletzung von Art. 13 EMRK neben einer Verletzung von Art. 6 Abs. 1 EMRK in Fällen überlanger Verfahrensdauer etwas an der „practice incompatible with the Convention“ der

---

859 *Frowein*, in: Frowein/Peukert, EMRK, Art. 13 Rn. 10.

860 *EGMR*, Urt. v. 26.10.2000, 30210/96, abweichende Meinung von Richter Casadevall, Ziff. 2 – Kudla.

861 *EGMR*, Urt. v. 26.10.2000, 30210/96, abweichende Meinung von Richter Casadevall, Ziff. 2 – Kudla.

Mitgliedstaaten ändern werde.[862] Seiner Ansicht nach ist die Feststellung eines zusätzlichen Verstoßes von Art. 13 EMRK nicht geeignet, die „endemic structural problems besetting the judicial system of certain member States“ und „a practice incompatible with the Convention“ zu beseitigen[863] und den EGMR – zumindest mittelfristig – zu entlasten: „It will not make it easier to reduce the Court's caseload, at least not in the medium term.“[864],[865] *Kreutzer* teilt nicht die Auffassung von Richter *Casadevall*, wenn es darum geht, dass mit der zusätzlichen Anwendung von Art. 13 EMRK neben Art. 6 Abs. 1 EMRK nichts gewonnen sei.[866] Seiner Auffassung nach ist die Entscheidung in der Sache *Kudla* ein erster Schritt zu einem umfassenden Verständnis effektiven Rechtsschutzes bzgl. der Verfahrensgarantien aus Art. 6 Abs. 1 EMRK.[867] Er plädiert sogar dafür, Art. 13 EMRK auch bei anderen Verfahrensgarantien als das Recht auf eine Entscheidung in angemessener Frist aus Art. 6 Abs. 1 EMRK anzuwenden. Er ist für eine allgemeine Anwendbarkeit von Art. 13 EMRK neben Art. 6 Abs. 1 EMRK. Für ihn sei „kein vernünftiger Grund zur Annahme, dass Verletzungen dieser Verfahrensrechte zunächst nicht innerstaatlich geltend zu machen wären, bevor eine Anrufung an den EGMR erfolgt“, ersichtlich.[868]

Im Ergebnis ist der Auffassung von Richter *Casadevall* nicht zu folgen. Die veränderte Rechtsprechung des EGMR trägt zu einer Behebung des strukturellen Problems bei. Durch die zu ergreifenden innerstaatlichen Maßnahmen wird die innerstaatliche Rechtsordnung derart umgestaltet, dass es nicht mehr zu einer Verletzung von Art. 6 Abs. 1 S. 1 EMRK kommen oder eine solche Verletzung kompensiert werden kann. Die strukturelle Umgestaltung führt

---

862 *EGMR*, Urt. v. 26.10.2000, 30210/96, abweichende Meinung von Richter Casadevall, Ziff. 4 – Kudla.

863 *EGMR*, Urt. v. 26.10.2000, 30210/96, abweichende Meinung von Richter Casadevall, Ziff. 4 – Kudla.

864 *EGMR*, Urt. v. 26.10.2000, 30210/96, abweichende Meinung von Richter Casadevall, Ziff. 4 – Kudla.

865 Der Einwand von Richter *Casadevall* deckt sich inhaltlich mit dem Vortrag der Regierung Polens in dem Verfahren vor dem EGMR. Die Regierung hatte die Auffassung vertreten, dass die Einrichtung eines neuen Rechtsbehelfs nicht dazu geeignet sei, ein überlanges Verfahren zu beschleunigen. Im Gegenteil könne ein solcher Rechtsbehelf das Verfahren vor den innerstaatlichen Gerichten nur verlängern; *EGMR*, Urt. v. 26.10.2000, 30210/96, Ziff. 142 – Kudla.

866 *Kreutzer*, Säumnis, S. 174 f.

867 *Kreutzer*, Säumnis, S. 175.

868 *Kreutzer*, Säumnis, S. 175.

zu einer Gewährung des Rechts auf eine Entscheidung in angemessener Frist aus Art. 6 Abs. 1 S. 1 EMRK. Es ist daher *Kreutzer* darin zuzustimmen, dass es sich bei dem Wandel der Rechtsprechung um einen ersten Schritt hin zur Effektivität des Menschenrechtsschutzes handelt. Durch die Modifizierung der Rechtsprechung wird Art. 13 EMRK in Fällen unangemessen langer Verfahren neben Art. 6 Abs. 1 EMRK angewandt. Stellt der EGMR eine Verletzung auch von Art. 13 EMRK fest, so hat der verurteilte Mitgliedstaat das Urteil des EGMR gemäß Art. 46 Abs. 1 EMRK zu befolgen. Das schließt die Pflicht zur Prävention mit ein. Danach hat der verurteilte Mitgliedstaat innerstaatliche Maßnahmen zu ergreifen, mit denen eine Verletzung von Art. 13 EMRK in Zukunft verhindert werden kann. Der verurteilte Mitgliedstaat muss folglich eine innerstaatliche Beschwerdemöglichkeit schaffen, mit der über eine behauptete Verletzung von Art. 6 Abs. 1 S. 1 EMRK bereits im innerstaatlichen Recht entschieden und ihr Abhilfe geschaffen werden kann. Auf lange Sicht führt das zur Entlastung des EGMR. Auf eine – wie von Richter *Casadevall* geforderte – mittelfristige Entlastung des Gerichtshofs kommt es nicht an. Eine mittelfristige Entlastung des Gerichtshofs kann nicht zielführend sein, um die Effektivität des Menschenrechtsschutzes zu gewähren. Denn der Menschenrechtsschutz ist auch nicht auf einen mittelfristigen Schutz ausgerichtet.

(3) Keine begründeten Zweifel an der Lösung des strukturellen Problems auf innerstaatlicher Ebene durch die Modifizierung der bisherigen Rechtsprechung des EGMR

Richter *Casadevall* kann darüber hinaus nicht erkennen, wie dem strukturellen Problem der überlangen Verfahren abgeholfen werden soll, auch wenn die Mitgliedstaaten im Sinne des Subsidiaritätsgrundsatzes eine Beschwerdemöglichkeit gegen eine überlange Verfahrensdauer im innerstaatlichen Recht schaffen.[869] Denn nichts garantiere, dass das Beschwerdeverfahren selbst den Anforderungen der Angemessenheit genügt und nichts spreche dafür, dass ein Verfahren mit einem solchen Rechtsbehelf beschleunigt werde: „There ist nothing to warrant an assumption that such an action would be heard within a more reasonable time than the main proceedings. Nor does anything warrant an assumption that the main proceedings would be speeded up as a result of bringing such an

869 *EGMR*, Urt. v. 26.10.2000, 30210/96, abweichende Meinung von Richter Casadevall, Ziff. 5 – Kudla.

action.".[870] Er sieht vielmehr die Gefahr, dass „Ultimately only the litigant would suffer the consequences of this situation"[871].

Diese Bedenken teilen auch *Britz* und *Pfeifer*.[872] Sie führen ergänzend aus, dass die Arbeitsbelastung des Gerichts ebenfalls ein Hindernis für die Wirksamkeit der neuen Rechtsschutzmöglichkeit sei. Es könne zwar durch Ausbau von Stellen beseitigt werden. Doch sei dies allein eine Frage der Finanzierung.[873] Im Ergebnis kommen sie jedoch trotz der oben genannten Bedenken zu dem Ergebnis, dass mit der Existenz eines Rechtsmittels zumindest die „Hoffnung" bestehe, dass die Gerichte diese Möglichkeit nutzen werden, um das Verfahren zu beschleunigen.[874] Auch *Schmidt-Aßmann* sieht den Grund für die überlangen Verfahren in der „überzogenen rechtsstaatlichen Forderung an die Ausgestaltung des gerichtlichen Verfahrens".[875] Eine Lösung des Problems der überlangen Verfahren sieht er nicht darin, den Gerichten die Beschleunigung als strikte Rechtspflicht aufzuerlegen. Stattdessen ist eine Einzelfallprüfung durchzuführen.[876] Er weist in diesem Zusammenhang aber zu Recht darauf hin, dass jede zusätzliche Rechtsschutzmöglichkeit die Gefahr einer weiteren Verfahrensverzögerung berge. Wichtig sei daher, die Garantien nicht maximal auszudehnen, sondern sie als „ausgewogene Garantien" anzuwenden.[877] Dieser Auffassung ist dahin zuzustimmen, dass jeder verfügbare Rechtsbehelf grundsätzlich mit einem gewissen Maß an Zurückhaltung anzuwenden ist. Denn dem Betroffenen

870 *EGMR*, Urt. v. 26.10.2000, 30210/96, abweichende Meinung von Richter Casadevall, Ziff. 5 – Kudla.

871 *EGMR*, Urt. v. 26.10.2000, 30210/96, abweichende Meinung von Richter Casadevall, Ziff. 5 – Kudla.

872 *Britz/Pfeifer*, Rechtsbehelf gegen unangemessene Verfahrensdauer im Verwaltungsprozeß, DÖV 2004, 245, 247.

873 *Britz/Pfeifer*, Rechtsbehelf gegen unangemessene Verfahrensdauer im Verwaltungsprozeß, DÖV 2004, 245, 247.

874 *Britz/Pfeifer*, Rechtsbehelf gegen unangemessene Verfahrensdauer im Verwaltungsprozeß, DÖV 2004, 245, 247 m.V.a. *Redeker*, Kann eine Untätigkeitsbeschwerde helfen?, NJW 2003, 488, 489.

875 *Schmidt-Aßmann*, Verfahrensgarantien des öffentlichen Rechts, in: Matscher (Hrsg.), Verfahrensgarantien im Bereich des öffentlichen Rechts, 89, 110; vgl. *ders.*, in: Maunz-Dürig, GG-Kommentar, Art. 19 Rn. 262.

876 *Schmidt-Aßmann*, Verfahrensgarantien des öffentlichen Rechts, in: Matscher (Hrsg.), Verfahrensgarantien im Bereich des öffentlichen Rechts, 89, 110 f.

877 *Schmidt-Aßmann*, Verfahrensgarantien des öffentlichen Rechts, in: Matscher (Hrsg.), Verfahrensgarantien im Bereich des öffentlichen Rechts, 89, 110 f.

ist nicht damit geholfen, dass ein Mehr an Rechtsmitteln das Verfahren verkompliziert, statt es zu beschleunigen.

Der Auffassung von Richter *Casadevall* ist entgegenzuhalten, dass ein effective remedy im Sinne von Art. 13 EMRK voraussetzt, dass ein Verfahren mit dem Rechtsbehelf beschleunigt werden soll und dass das Beschwerdeverfahren selbst innerhalb einer angemessenen Frist stattzufinden hat.[878] Wird eine solche Beschwerde von den Mitgliedstaaten eingerichtet, so wird auch das strukturelle Problem behoben. Jedoch ist ihm darin zuzustimmen, dass eine detaillierte Bestimmung dieser Anforderungen an eine wirksame Beschwerde im Sinne von Art. 13 EMRK in der Entscheidung *Kudla* fehlt. So hat der EGMR in seiner Entscheidung *Kudla* lediglich ausgeführt, dass eine Beschwerde im Sinne von Art. 13 EMRK einen Rechtsbehelf darstelle, mit dem über die behauptete Konventionsverletzung entschieden und Abhilfe verschafft werden könne.[879] Das sei möglich, wenn der Rechtsbehelf das Verfahren beschleunigen oder die Verletzung in Form einer gerechten Entschädigung kompensieren könne.[880] Darüber hinaus sei der Rechtsbehelf nach Auffassung des EGMR wirksam, wenn die innerstaatliche Instanz zur Entscheidung befugt sei.[881] Das Fehlen einer detaillierten Definition der Wirksamkeit einer Beschwerde ist darauf zurückzuführen, dass der Schwerpunkt der Entscheidung nicht in der Definition der wirksamen Beschwerde nach Art. 13 EMRK lag. Er lag vielmehr in der Begründung der Anwendbarkeit von Art. 13 EMRK neben Art. 6 Abs. 1 S. 1 EMRK. Darüber hinaus liegt die Definition der zu ergreifenden Maßnahmen und damit auch des Rechtsbehelfs gemäß der Rechtsprechung des EGMR im Ermessen des verurteilten Mitgliedstaates.

Die Bedenken von Richter *Casadevall* sind daher nicht von der Hand zu weisen, aber im Hinblick auf die Frage nach einer Abhilfe des strukturellen Problems unbegründet. Erfüllt der von den Mitgliedstaaten geschaffene Rechtsbehelf die Anforderungen von Art. 13 EMRK, dann ist er geeignet, das strukturelle Problem der unangemessenen Verfahrensdauer zu beheben. Wie ein solcher Rechtsbehelf im Einzelnen auszugestalten ist, hat der verurteilte Mitgliedstaat in seinem Ermessen zu entscheiden.[882] Er muss lediglich, die in dem Urteil genannten Anforderungen erfüllen. Mit dem Rechtsbehelf wird der Grundstein

---

878 Vgl. *Schweizer*, in: IntKom-EMRK, Art. 13 Rn. 78.
879 *EGMR*, Urt. v. 26.10.2000, 30210/96, Ziff. 157 – Kudla.
880 *EGMR*, Urt. v. 26.10.2000, 30210/96, Ziff. 159 – Kudla.
881 *EGMR*, Urt. v. 26.10.2000, 30210/96, Ziff. 157 – Kudla.
882 *EGMR*, Urt. v. 26.10.2000, 30210/96, Ziff. 154 – Kudla.

für die Lösung des Problems gelegt. Dieser wird im innerstaatlichen Recht gelegt, dort wo die Konventionsverletzung ihren Ursprung hat. Dadurch wird die Beschwerde dem in Art. 13 EMRK verkörperten Subsidiaritätsgrundsatz des internationalen Menschenrechtsschutzes gerecht und der Gang zum EGMR vorgebeugt. Darüber hinaus ist die Verlagerung des Menschenrechtsschutzes in das innerstaatliche Recht begrüßenswert. Hat doch bereits *Richter* ausgeführt, dass „die systematische Vernachlässigung innerstaatlicher Rechtsschutzsystems auf Kosten des EGMR“ „der entscheidende Grund für die Anwendbarkeit des Art. 13 EMRK in jenen Fällen, in denen zugleich Art. 6 Abs. 1 EMRK verletzt wurde“, sei.[883] Die Anwendung von Art. 13 EMRK neben einer Verletzung von Art. 6 Abs. 1 EMRK ermöglicht es, den von einer behaupteten Konventionsverletzung Betroffenen die Konventionsverletzung im innerstaatlichen Rechtssystem überprüfen zu lassen. Andernfalls wären diese gezwungen, die Konventionsverletzung in Form einer Individualbeschwerde an den EGMR in Straßburg zu richten, obwohl diese besser im innerstaatlichen Rechtssystem behandelt werden könnte. Mit dem Wandel seiner Rechtsprechung signalisiert der EGMR den Mitgliedstaaten, dass sie eine innerstaatliche Beschwerdemöglichkeit schaffen müssen. Er erinnert sie damit an ihre Pflicht aus Art. 13 EMRK. Der EGMR ist nicht die einzige Beschwerdeinstanz für Menschenrechtsverletzungen. Dem Einzelnen muss grundsätzlich auch die Möglichkeit zustehen, diese Verletzung im innerstaatlichen System überprüfen zu lassen. Die Modifizierung der Rechtsprechung bewirkt daher auch, dass die Mitgliedstaaten verstärkt ihren Pflichten nachkommen, Menschenrechtsschutz vorrangig im innerstaatlichen Recht zu gewähren.[884] Dadurch wird das strukturelle Problem gelöst.

(4) Entstehung zahlreicher neuer Fragen anstelle von Antworten durch die Modifizierung der Rechtsprechung des EGMR

Auch befürchtet Richter *Casadevall*, dass die Modifizierung der Rechtsprechung des EGMR weitere Fragen aufwerfen werde.[885] Dazu zähle u.a. die Frage nach der Wirksamkeit einer Beschwerde im Sinne von Art. 13 EMRK, wenn das Verfahren noch anhängig ist. Bislang habe der EGMR entschieden, dass „the remedy required by Article 13 must be “effective“ in practice as well as in law“

883 *Richter*, in Dörr/Grote/Marauhn (Hrsg.), Konkordanz-Kommentar, Kap. 20 Rn. 115.

884 So auch *Britz/Pfeifer*, Rechtsbehelf gegen unangemessene Verfahrensdauer im Verwaltungsprozess, DÖV 2004, 245, 246.

885 *EGMR*, Urt. v. 26.10.2000, 30210/96, abweichende Meinung von Richter Casadevall, Ziff. 6 – Kudla.

and likely to afford the person concerned "appropriate relief'".[886] Eine einfache Feststellung erlaube jedoch nicht diesen Rechtsbehelf als wirksam anzusehen, wenn das Hauptverfahren weiterhin anhängig sei. Der Betroffene müsse dann weiterhin den Weg zum EGMR beschreiten. „The effectiveness of human-rights protection will not thereby be strengthened, quite the contrary."[887]

Damit die Beschwerde im Sinne von Art. 13 EMRK wirksam ist, bedarf es der Komponente der Abhilfe. Das Hauptverfahren muss, wenn es noch andauert, beschleunigt werden. Darüber musste der EGMR im Fall *Kudla* aber nicht entscheiden. Das streitgegenständliche Verfahren war bereits abgeschlossen. Ob der Gerichtshof auf dieses Problem in seiner späteren Rechtsprechung gestoßen ist, wird in den der Entscheidung *Kudla* folgenden Urteilen zu prüfen sein. Diese werden noch Gegenstand der Untersuchung sein. Der Einwand von Richter *Casadevall* war daher gerechtfertigt. Der Gerichtshof wird sich damit zu gegebener Zeit beschäftigen müssen.

ddd) Zusammenfassung zu der Entscheidung Kudla

Schwerpunkt der Entscheidung des EGMR in der Sache *Kudla* war nicht die Definition eines effective remedy im Sinne von Art. 13 EMRK, der zu einer strukturellen Umgestaltung des innerstaatlichen Rechts führt. Die Kernaussage des EGMR in seiner Entscheidung lag in der ausdrücklichen Abkehr von seiner bisherigen Rechtsprechung und Anwendbarkeit von Art. 13 EMRK neben Art. 6 Abs. 1 EMRK in Fälle von überlanger Verfahrensdauer.[888] Der Anspruch auf eine Entscheidung in angemessener Frist aus Art. 6 Abs. 1 S. 1 EMRK wird nun durch Art. 13 EMRK verstärkt. Das Beschwerderecht aus Art. 13 EMRK gilt nun auch zur Durchsetzung des Rechts aus Art. 6 Abs. 1 S. 1 EMRK. Der EGMR prüft nunmehr neben einer Verletzung von Art. 6 Abs. 1 EMRK auch, ob das innerstaatliche Rechtsschutzsystem einen Rechtsbehelf kennt, mit dem Verfahrensverzögerungen und ihre Folgen wirksam beseitigt werden können. Wenn kein

---

886 *EGMR*, Urt. v. 26.10.2000, 30210/96, abweichende Meinung von Richter Casadevall, Ziff. 6 – Kudla.

887 *EGMR*, Urt. v. 26.10.2000, 30210/96, abweichende Meinung von Richter Casadevall, Ziff. 6 – Kudla.

888 *Meyer-Ladewig* beschreibt die Kernaussage des EGMR in seiner *Kudla*-Entscheidung als eine Neudefinition des Verhältnisses zwischen Art. 6 EMRK (Recht auf ein faires Verfahren) und Art. 13 EMRK (Recht auf eine wirksame Beschwerde); *Meyer-Ladewig*, Rechtsbehelfe gegen Verzögerungen im gerichtlichen Verfahren – zum Urteil des EGMR Kudla/Polen, NJW 2001, 2679, 2679.

solcher Rechtsbehelf besteht, dann ist neben Art. 6 Abs. 1 EMRK auch Art. 13 EMRK verletzt.

Die Frage, ob eine Verpflichtung zur Einrichtung eines präventiven Rechtsbehelfs zur strukturellen Umgestaltung des innerstaatlichen Rechts besteht, beantwortet der EGMR nicht unmittelbar. Nach detaillierter Untersuchung der Entscheidung steht jedoch fest: Das Bestehen einer solchen Verpflichtung ergibt sich aus Art. 13 EMRK. Art. 13 EMRK sieht die Einrichtung einer wirksamen Beschwerde im innerstaatlichen Recht vor, mit der das Verfahren durch eine unabhängige und zur verbindlichen Entscheidung befugte Instanz beschleunigt oder die Verletzung kompensiert werden kann.

Die Entscheidung in der Sache *Kudla* ist besonders bedeutsam für die Annahme einer Verpflichtung zur Schaffung eines präventiven Rechtsbehelfs im innerstaatlichen Recht. Wie bereits unter Ziffer III. 1. erläutert, beginnt und endet rechtzeitiger Menschenrechtsschutz nicht in der Einhaltung und Beachtung des Beschleunigungsgrundsatzes aus Art. 6 Abs. 1 EMRK. Rechtzeitiger Menschenrechtsschutz geht darüber hinaus und verlangt, dass einer etwaigen Verletzung von Art. 6 Abs. 1 EMRK mit präventiven Maßnahmen entgegengewirkt wird. Dafür müssen die Mitgliedstaaten im Sinne von Art. 1 EMRK Mechanismen schaffen, die eine Verletzung nicht nur kompensieren, sondern vielmehr verhindern. Das setzt eine Umgestaltung des vorhandenen innerstaatlichen Rechtssystems voraus. Dazu gehört die Schaffung einer innerstaatlichen Beschwerdemöglichkeit, um einer Verletzung von Art. 6 Abs. 1 EMRK, dem Recht auf eine Entscheidung in angemessener Frist, vorzubeugen. Ein Recht auf Schaffung einer solchen Beschwerdemöglichkeit sieht Art. 13 EMRK vor. Die Modifikation der Rechtsprechung und die Verselbstständigung von Art. 13 EMRK sind daher der Grundstein für die Verpflichtung zur Schaffung eines präventiv beschleunigenden Rechtsbehelfs zur Gewähr von Art. 6 Abs. 1 S. 1 EMRK. Art. 13 EMRK ist das Fundament für die Lösung des strukturellen Problems. Da Art. 13 EMRK nun neben Art. 6 Abs. 1 EMRK anwendbar ist und aus Art. 13 EMRK die Pflicht zur Schaffung eines präventiv beschleunigenden Rechtsbehelfs folgt, stellt die Änderung der Rechtsprechung einen ersten Schritt zur Annahme einer solchen Verpflichtung dar. Die Gewährleistung rechtzeitigen Menschenrechtsschutzes ist gegeben.

bb) Die Entscheidung Sürmeli

Mit seiner Entscheidung in der Sache *Sürmeli* hat der EGMR an die Entscheidung *Kudla* angeknüpft. Er hat die Definition des „effective remedy“ im Sinne von Art. 13 EMRK übernommen und konkretisiert. Er bestimmte zusätzlich, wann ein Rechtsbehelf im Sinne von Art. 13 EMRK wirksam ist, wenn das Verfahren noch anhängig ist. Damit ist er auf den Einwand von Richter *Casadevall* in seiner abweichenden Meinung in der Entscheidung *Kudla* eingegangen.[889] Hierzu im Einzelnen wie folgt:

aaa) Der Sachverhalt und die Entscheidung des EGMR

Im Fall *Sürmeli* ging es um einen türkischen Staatsangehörigen, der in Stade lebte. Dieser erlitt am 3.5.1982 auf dem Weg zur Schule einen Unfall und trug diverse Verletzungen davon. Nach dem Unfall zahlte die Haftpflichtversicherung der Unfallgegnerin Herrn Sürmeli 12.500 €. Die Unfallversicherung der Stadt Hannover, bei der die Schule des Herrn Sürmeli versichert war, zahlt ihm bis Ende 1983 eine vorläufige Rente und außerdem eine Entschädigung von etwa 51.000 €. Herr Sürmeli verlangte jedoch von der Haftpflichtversicherung der Unfallgegnerin einen höheren Schadensersatz. Nachdem die Versicherung seine Forderung abgelehnt hatte, klagte er vor dem LG Hannover auf Schadensersatz und eine monatliche Rente. Im Juni 1991 erging ein Grund- und Teilurteil, wonach Herrn Sürmeli ein Schadensersatzanspruch in Höhe von 80% des ihm durch den Unfall entstandenen Schadens zusteht. Dagegen wandte er sich mit seiner Berufung vor dem OLG Celle. Dieses wies die Berufung am 26. November 1992 zurück. Auch die Revision blieb erfolglos und wurde am 13. Dezember 1993 zurückgewiesen. Ende März 1994 wurde der Rechtsstreit vor dem LG Hannover über die Höhe des Schadensersatzes weitergeführt. Die Verfassungsbeschwerden des Herrn Sürmeli vom 14.3.2001 und vom 26.5.2002 wegen der überlangen Verfahrensdauer hat das BVerfG nicht zur Entscheidung angenommen. Daraufhin wandte sich Herr Sürmeli an den EGMR. Er rügte die überlange Dauer des innerstaatlichen Verfahrens. Das Verfahren vor dem LG Hannover hatte insgesamt sechszehn Jahre gedauert. Im Zeitpunkt der Entscheidung des EGMR war das Verfahren vor dem LG Hannover noch anhängig. Der Beschwerdeführer rügte ferner, dass im deutschen Recht kein wirksamer Rechtsbehelf gegen eine überlange Verfahrensdauer existiere. Im innerstaatlichen Recht bestünde keine Möglichkeit, um sich gegen die Überlänge des Verfahrens zu wehren. Daher sei Art. 13 EMRK verletzt.

Der Gerichtshof stellte in seinem Urteil vom 8.6.2006 darauf eine Verletzung von Art. 13 EMRK und Art. 6 Abs. 1 EMRK fest. Er verurteilte den Mitgliedstaat Deutschland des Weiteren zu einer Zahlung von 10.000,- € für einen

---

889 *EGMR*, Urt. v. 26.10.2000, 30210/96, abweichende Meinung von Richter Casadevall, Ziff. 6 – Kudla. Siehe hierzu bereits detailliert unter Ziffer III. 1. lit. b), aa), ccc), (4).

immateriellen Schaden sowie zur Zahlung von 4.672,89 € für Kosten und Auslagen des Beschwerdeführers.[890] Der Gerichtshof stellte fest, dass entgegen dem Vortrag der deutschen Regierung, kein innerstaatlicher Rechtsbehelf vorhanden sei, um eine Verletzung von Art. 6 Abs. 1 EMRK geltend zu machen und zu beheben. Die von der Regierung vorgetragenen Beschwerdemöglichkeiten erfüllten nicht die Anforderungen einer „effective remedy" im Sinne von Art. 13 EMRK.[891] Dem Beschwerdeführer hatte kein wirksamer Rechtsbehelf im Sinne von Art. 13 EMRK zur Verfügung gestanden, der das Verfahren vor dem LG Hannover hätte beschleunigen oder angemessene Wiedergutmachung für die eingetretene Verzögerung verschaffen können. Daher sei Art. 13 EMRK verletzt.[892] Zudem sei Art. 6 Abs. 1 EMRK verletzt, weil das innerstaatliche Verfahren bereits mehr als sechzehn Jahre andauere.[893]

bbb) Die Verpflichtung zur Einrichtung eines präventiv beschleunigenden Rechtsbehelfs zur strukturellen Gewähr von Art. 6 Abs. 1 S. 1 EMRK aus Art. 6 Abs. 1 S. 1 EMRK und Art. 13 EMRK

Die Verpflichtung zur Schaffung eines vorbeugenden Rechtsbehelfs zur strukturellen Gewähr von Art. 6 Abs. 1 S. 1 EMRK folgt gemäß der Entscheidung des EGMR aus Art. 6 Abs. 1 S. 1 EMRK und aus Art. 13 EMRK.

Eine Verpflichtung folgt aus Art. 13 EMRK, weil der EGMR ausgeführt hat, dass Art. 13 EMRK die Garantie für einen innerstaatlichen wirksamen Rechtsbehelf zur Durchsetzung der Konventionsrechte sei.[894] Art. 13 EMRK verlange dafür einen innerstaatlichen Rechtsbehelf, mit dem über die behauptete Konventionsverletzung entschieden und angemessene Abhilfe verschafft werden könne.[895] Der Gerichtshof erklärte: „The effect of Article 13 is thus to require the provision of a domestic remedy to deal with the substance of an ‚arguable complaint' under the Convention and to grant appropriate relief."[896]. Die Wirksamkeit dieses Rechtsbehelfs liege vor, wenn mit ihm entweder die behauptete Verletzung eines Konventionsrechts oder ihre Fortdauer verhindert oder angemessene Abhilfe für eine schon eingetretene Konventionsverletzung erlangt

---

890 *EGMR*, Urt. v. 8.6.2006, 75529/01, Ziff. 1, 3 und 4 des Tenors – Sürmeli.
891 *EGMR*, Urt. v. 8.6.2006, 75529/01, Ziff. 115 – Sürmeli.
892 *EGMR*, Urt. v. 8.6.2006, 75529/01, Ziff. 116 – Sürmeli.
893 *EGMR*, Urt. v. 8.6.2006, 75529/01, Ziff. 133 f. – Sürmeli.
894 *EGMR*, Urt. v. 8.6.2006, 75529/01, Ziff. 98 – Sürmeli.
895 *EGMR*, Urt. v. 8.6.2006, 75529/01, Ziff. 98 – Sürmeli.
896 *EGMR*, Urt. v. 8.6.2006, 75529/01, Ziff. 98 – Sürmeli.

werden könne.[897] Daher garantiere Art. 13 EMRK auch einen wirksamen Rechtsbehelf gegen Verletzungen des Rechts auf eine angemessene Verfahrensdauer aus Art. 6 Abs. 1 S. 1 EMRK. In Fällen unangemessen langer Verfahren sei der Rechtsbehelf wirksam im Sinne von Art. 13 EMRK, wenn der Beschwerdeführer mit dem Rechtsbehelf entweder die Entscheidung des zuständigen Gerichts beschleunigen oder eine angemessene Wiedergutmachung für schon eingetretene Verzögerungen erhalten könne.[898] Er erklärte: „Remedies available to a litigant at domestic level for raising a complaint about the length of proceedings are ‚effective' within the meaning of Article 13 of the Convention if they prevent the alleged violation or its continuation, or provide adequate redress for any violation that has already occurred."[899]. Demnach sei ein „remedy" im Sinne von Art. 13 EMRK „effective", wenn „it can be used either to expedite a decision by the courts dealing with the case, or to provide the litigant with adequate redress for delays that have already occurred.".[900] Der EGMR ging sogar so weit, dass er „prevention" als „best solution" bezeichnete, weil ein solcher Rechtsbehelf die Verletzung von Art. 6 Abs. 1 S. 1 EMRK im selben Verfahren verhindere und nicht nur nachträglich auf die Verletzung reagiere.[901] So habe er gegenüber der Wiedergutmachung einen unbestreitbaren Vorteil: „Such a remedy offers an undeniable advantage over a remedy affording only compensation since it also prevents a finding of successive violations in respect of the same set of proceedings and does not merely repair the breach a posteriori, as does a compensatory remedy."[902]. Ein Rechtsbehelf, der das Verfahren beschleunige, um zu verhindern, dass eine Verletzung von Art. 6 Abs. 1 S. 1 EMRK eintrete, sei „the most effective solution".[903] Er merkte dabei an, dass eine Kombination aus dem Beschleunigungselement und dem Wiedergutmachungselement den Anforderungen von Art. 13 EMRK genüge: „Some States have understood the situation perfectly by choosing to combine two types of remedy, one designed to expedite the proceedings and the other to afford compensation."[904].

Auch in dieser Entscheidung hat der Gerichtshof die Verpflichtung aus Art. 13 EMRK aus dem Vorrang des innerstaatlichen Rechts und der Subsidiarität des

897 *EGMR*, Urt. v. 8.6.2006, 75529/01, Ziff. 98 – Sürmeli.
898 *EGMR*, Urt. v. 8.6.2006, 75529/01, Ziff. 99 – Sürmeli.
899 *EGMR*, Urt. v. 8.6.2006, 75529/01, Ziff. 99 – Sürmeli.
900 *EGMR*, Urt. v. 8.6.2006, 75529/01, Ziff. 99 – Sürmeli.
901 *EGMR*, Urt. v. 8.6.2006, 75529/01, Ziff. 100 – Sürmeli.
902 *EGMR*, Urt. v. 8.6.2006, 75529/01, Ziff. 100 – Sürmeli.
903 *EGMR*, Urt. v. 8.6.2006, 75529/01, Ziff. 100 – Sürmeli.
904 *EGMR*, Urt. v. 8.6.2006, 75529/01, Ziff. 100 – Sürmeli.

internationalen Menschenrechtsschutzes abgeleitet. Bereits zu Beginn seiner Begründung betonte er, wie bereits in der Sache *Kudla*[905], dass der Menschenrechtsschutz vorrangig Aufgabe innerstaatlichen Rechts sei. Die Mitgliedstaaten seien gemäß Art. 1 EMRK zur Sicherung und Wahrung des konventionskonformen Zustandes verpflichtet.[906] Vor allem die innerstaatlichen Organe seien zur Anwendung und Durchsetzung der Konvention verpflichtet.[907] Die Beschwerde vor dem Gerichtshof sei subsidiär.[908] Art. 13 und Art. 35 Abs. 1 EMRK seien Ausdruck dieses Subsidiaritäsgrundsatzes.[909]

Darüber hinaus hat der EGMR die Verpflichtung zur Einrichtung eines vorbeugenden innerstaatlichen Rechtsbehelfs auch aus Art. 6 Abs. 1 EMRK selbst bejaht. Der EGMR führte dazu aus: „It lastly reiterates that Article 6 § 1 imposes on the Contracting States the duty to organise their legal systems in such a way that their courts can meet each of the requirements of that provision, including the obligation to hear cases within a reasonable time."[910]. Danach seien die Mitgliedstaaten verpflichtet, ihr Rechtssystem so zu organisieren, dass ihre Gerichte jede Anforderung von Art. 6 Abs. 1 EMRK, und damit auch die Pflicht zu einer Verhandlung innerhalb angemessener Zeit, erfüllen können.[911]

ccc) Die Verpflichtung zur Einrichtung eines präventiv beschleunigenden Rechtsbehelfs zur strukturellen Gewähr von Art. 6 Abs. 1 S. 1 EMRK aus Art. 46 Abs. 1 EMRK – Die Hervorhebung des präventiven Charakters der „effective remedy" im Sinne von Art. 13 EMRK

Über die Verpflichtung zur Schaffung eines präventiven Rechtsbehelfs zur strukturellen Garantie von Art. 6 Abs. 1 S. 1 EMRK hinaus hat der EGMR die Mitgliedstaaten in seiner Entscheidung *Sürmeli* darauf hingewiesen, dass sie nicht nur zur Zahlung einer gerechten Entschädigung nach Art. 41 EMRK, sondern auch gemäß Art. 46 EMRK verpflichtet sind, individuelle Maßnahmen im innerstaatlichen Recht zu treffen, um die festgestellte Konventionsverletzung zu beenden und die Folgen wiedergutzumachen.[912] Der Gerichtshof hat in dieser

905 *EGMR*, Urt. v. 26.10.2000, 30210/96 – Kudla.
906 *EGMR*, Urt. v. 8.6.2006, 75529/01, Ziff. 97 – Sürmeli.
907 *EGMR*, Urt. v. 8.6.2006, 75529/01, Ziff. 97 – Sürmeli.
908 *EGMR*, Urt. v. 8.6.2006, 75529/01, Ziff. 97 – Sürmeli.
909 *EGMR*, Urt. v. 8.6.2006, 75529/01, Ziff. 97 – Sürmeli.
910 *EGMR*, Urt. v. 8.6.2006, 75529/01, Ziff. 129 – Sürmeli.
911 *EGMR*, Urt. v. 8.6.2006, 75529/01, Ziff. 129 – Sürmeli.
912 *EGMR*, Urt. v. 8.6.2006, 75529/01, Ziff. 137 – Sürmeli.

Entscheidung keine allgemeinen Maßnahmen genannt oder dem Mitgliedstaat Hinweise gegeben, die zur Befolgung des Urteils notwendig sein könnten, weil er dies aufgrund des damals vorliegenden Gesetzesentwurfs zur Untätigkeitsbeschwerde für nicht erforderlich hielt.[913] Er ging davon aus, dass dieses Gesetz verabschiedet werde.[914] Er hat den Mitgliedstaat zu einer schnellen Verabschiedung des Gesetzes über die Untätigkeitsbeschwerde ermutigt, weil der darin enthaltene Rechtsbehelf mit den Anforderungen an eine „effective remedy" im Sinne von Art. 13 EMRK im Einklang stehe. [915] Er erklärte: „(…) that the Government, in opting for a preventive remedy, have taken the approach most in keeping with the spirit of the protection system set up by the Convention since the new remedy will deal with the root cause of the length-of-proceedings problem and appears more likely to offer litigants adequate protection than compensatory remedies, which merely allow action to be taken a posteriori."[916].

ddd) Kritische Auseinandersetzung mit der Entscheidung Sürmeli

In seiner Entscheidung in der Sache *Sürmeli* hat der EGMR seine Rechtsprechung aus der Entscheidung *Kudla* fortgeführt. Der Schwerpunkt seiner Entscheidung lag in der Betonung des präventiven Elements eines „effective remedy" im Sinne von Art. 13 EMRK. Wie bereits in der Entscheidung *Kudla*, so liegt auch in der Entscheidung *Sürmeli* Art. 13 EMRK die Lösung des Problems der unangemessen langen Verfahren im innerstaatlichen Verfahren. Der Menschenrechtsschutz soll nicht erst auf der Ebene des Völkerrechts beginnen. Er soll vielmehr bereits im innerstaatlichen Recht ansetzen. Denn dort hat eine mögliche Konventionsverletzung ihren Ursprung. Es ist primär Aufgabe der Mitgliedstaaten bereits im innerstaatlichen Recht eine Konventionsverletzung zu verhindern und gemäß Art. 1 EMRK den konventionskonformen Zustand zu wahren und zu sichern.

---

913 *EGMR*, Urt. v. 8.6.2006, 75529/01, Ziff. 139 – Sürmeli.

914 Seinerzeit sollte der kurz vor der Bundestagswahl am 18.9.2005 vorgelegte Gesetzesentwurf über die neue Untätigkeitsbeschwerde in das deutsche Recht eingeführt werden. Der Rechtsbehelf sollte das Bundesverfassungsgericht entlasten. Er wurde aufgrund des Urteils des Gerichtshofs in der Sache *Kudla* für erforderlich gehalten. Danach sollten Beschwerden über überlange Verfahren bei dem Gericht eingelegt werden, bei denen das Verfahren anhängig ist, oder bei Weigerung dieses Gerichts bei dem Rechtsmittelgericht Maßnahmen zur Beschleunigung des Verfahrens getroffen werden. Das Gesetz scheiterte jedoch am vehementen Widerstand der Richterschaft. Siehe dazu detaillierter unter Ziffer III. 2. lit a), aa).

915 *EGMR*, Urt. v. 8.6.2006, 75529/01, Ziff. 138 – Sürmeli.

916 *EGMR*, Urt. v. 8.6.2006, 75529/01, Ziff. 138 – Sürmeli.

Bereits in der Entscheidung in der Sache *Kudla* hatte der EGMR das Element der instanziellen Prävention durch Gewährung des Rechtsschutzes im innerstaatlichen Recht betont. In seiner Entscheidung in der Sache *Sürmeli* hat er den Begriff der Prävention um das Element der zeitlichen Prävention erweitert. Ein Rechtsbehelf muss danach im innerstaatlichen Recht ansetzen und zu einem Zeitpunkt, bevor eine Verletzung geschehen kann. So wird einer Verletzung von Art. 6 Abs. 1 S. 1 EMRK vorgebeugt. Sie wird im Sinne des rechtzeitigen Menschenrechtsschutzes verhindert.

Der EGMR hat die Verpflichtung aus Art. 13 EMRK abgeleitet. Art. 13 EMRK sieht bei unangemessen langen Verfahren einen Rechtsbehelf vor, mit dem das innerstaatliche Recht umgestaltet werden kann, um das Recht auf eine Entscheidung in angemessener Frist zu gewähren. Mit dem Rechtsbehelf gemäß Art. 13 EMRK werden das innerstaatliche Verfahren und sein Fortgang beschleunigt oder die Verletzung von Art. 6 Abs. 1 S. 1 EMRK kompensiert. Im Gegensatz zu der Entscheidung in der Sache *Kudla* hat er dabei zwischen verschiedenen Verfahrensstadien unterschieden. Gemäß seiner ergänzenden Ausführungen kann mit dem Rechtsbehelf aus Art. 13 EMRK Art. 6 Abs. 1 S. 1 EMRK gewährt werden, wenn das innerstaatliche Verfahren bereits abgeschlossen ist und wenn das innerstaatliche Verfahren noch anhängig ist. Ist das innerstaatliche Verfahren beendet, so soll der Betroffene mit dem Rechtsbehelf angemessene Abhilfe in Form einer angemessenen Entschädigung erhalten. Das ist in Fällen unangemessen langer Verfahren nur folgerichtig. Ist das innerstaatliche Verfahren beendet, dann kann die Verfahrensdauer nicht mehr beeinflusst werden. Die Wiedergutmachung in Form der Naturalrestitution entfällt, weil die vergangene Zeit nicht mehr zurückgedreht und das Verfahren nicht mehr verkürzt werden kann. Daher hat der Rechtsbehelf – wenn das Verfahren abgeschlossen ist – die Verletzung von Art. 6 Abs. 1 S. 1 EMRK in Form einer angemessenen Wiedergutmachung („adequate redress“) zu kompensieren.[917] Ist das Verfahren hingegen noch anhängig, dann sollen das Verfahren und sein Fortgang verhindert werden („prevent“).[918] Das ist durch Beschleunigung des Verfahrens („to expedite a decision by the courts“) möglich.[919] Dann ist der Rechtsbehelf im Sinne von Art. 13 EMRK „effective“. Bei der Konkretisierung der Wirksamkeit des „remedy“ bei anhängigen Verfahren stellte der EGMR die Vorbeugung in den Mittelpunkt. Mit dem Wort „prevent“ machte er deutlich, dass der Rechtsbehelf bereits vor

917 *EGMR*, Urt. v. 8.6.2006, 75529/01, Ziff. 99 – Sürmeli.
918 *EGMR*, Urt. v. 8.6.2006, 75529/01, Ziff. 99 – Sürmeli.
919 *EGMR*, Urt. v. 8.6.2006, 75529/01, Ziff. 99 – Sürmeli.

Eintritt der Konventionsverletzung eingreifen und diese verhindern soll. Damit setzte der EGMR klar das Zeichen, dass ein innerstaatlicher Rechtsbehelf im Sinne von Art. 13 EMRK eine Beschleunigung des innerstaatlichen Verfahrens vorsehen muss, sofern das Verfahren noch andauert.

In der Entscheidung *Kudla* hatte der EGMR bereits beide Elemente, das präventive und beschleunigende sowie das kompensatorische und entschädigende Element des Rechtsbehelfs anerkannt. In der Entscheidung in der Sache *Sürmeli* hat er den Schwerpunkt der Wirksamkeit nun allein auf die Prävention gelegt. Die Bedeutung der Prävention geht vor allem aus zwei Stellen seiner Entscheidung hervor: Unter Ziffer 100 bezeichnet der EGMR die „prevention" „indisputably" als „best solution".[920] Wo keine Entscheidung in angemessener Zeit ergehen könne, sei ein Rechtbehelf „to expedite the proceedings in order to prevent them from becoming excessively lengthy" „the most effective solution".[921] Dabei handelt es sich um eine der Kernaussagen seiner Entscheidung. Der Gerichtshof erklärt damit die Prävention zu dem wesentlichen Bestandteil eines Rechtsbehelfs im Sinne von Art. 13 EMRK. Mit den Worten „indisputably", „best solution" und „most effective solution" macht er deutlich, dass es für ihn keine andere Möglichkeit gibt als die Vorbeugung einer Verletzung von Art. 6 Abs. 1 S. 1 EMRK. Erst wenn ein Rechtbehelf dieses Erfordernis erfüllt (im anhängigen Verfahren), ist er auch wirksam im Sinne von Art. 13 EMRK. Neben seinen Ausführungen unter Ziffer 100, betont der EGMR auch unter Ziffer 138 der Entscheidung die präventive Funktion des Rechtsbehelfs, weil er auf die Ursache der unangemessen langen Verfahren abzielt. Daher ist ein präventiver Rechtsbehelf mit dem „spirit" des Rechtsschutzsystems der Konvention „approach most" im Einklang, weil er „more likely" einen angemessenen Schutz als eine nachträgliche Entschädigung gewährt. Mit dem Wortlaut „and appears more likely to offer litigants adequate protection than compensatory remedies"[922] nimmt der EGMR eine Bewertung der möglichen zu ergreifenden Maßnahmen durch den verurteilten Mitgliedstaat vor. Seiner Auffassung nach bieten vorbeugende Maßnahmen einen „adequate protection"[923] und sind daher vorzugswürdig. Demnach ist der Menschenrechtsschutz nach der EMRK am effektivsten, wenn die Ursache einer Verletzung bekämpft wird und nicht nur ihre Folgen nachträglich aufgefangen werden. Der Wortlaut „with the spirit of the protection system"

920 *EGMR*, Urt. v. 8.6.2006, 75529/01, Ziff. 100 – Sürmeli.
921 *EGMR*, Urt. v. 8.6.2006, 75529/01, Ziff. 100 – Sürmeli.
922 *EGMR*, Urt. v. 8.6.2006, 75529/01, Ziff. 138 – Sürmeli.
923 *EGMR*, Urt. v. 8.6.2006, 75529/01, Ziff. 138 – Sürmeli.

und „the new remedy will deal with the root cause of the length-of-proceedings problem“[924] zeigt umsomehr, dass das bestehende Menschenrechtsschutzsystem darauf aufbaut, die Ursache für eine Konventionsverletzung zu beheben, damit es zu einer solchen Verletzung in Zukunft nicht mehr kommen kann. Andernfalls würde die Effektivität des Menschenrechtsschutzes infrage gestellt werden, wenn sich eine Verletzung stets wiederholen könnte. Die Konsequenzen einer Entscheidung des EGMR würden gegenstandslos werden. Ein solches Szenario würde den Eindruck der mangelnden Durchsetzungskraft des EGMR erwecken. Ein Vertrauens- und Bedeutungsverlust wäre die Folge. Es ist daher richtig, dass der Gerichtshof die Ursachenbehebung als Gewähr für einen effektiven Menschenrechtsschutz ansieht und einen präventiven Rechtsbehelf verlangt, wenn Prävention noch möglich ist.

Insgesamt sind die Ausführungen des EGMR zum präventiven Charakter eines „effective remedy“ zu begrüßen. Er bringt zum Ausdruck, dass ein frühestmöglicher, rechtzeitiger, Menschenrechtsschutz von großer Bedeutung ist. Der Rechtsbehelf muss zeitlich vor der Entstehung der Konventionsverletzung ansetzen, dort wo die Ursache für ein unangemessen langes Verfahren liegt, und diese bekämpfen. Er muss in einem Zeitpunkt eingreifen, in dem eine Verhinderung der Verletzung noch möglich ist. Damit konkretisiert der Gerichtshof im Vergleich zur Entscheidung *Kudla*, welche Maßnahmen zur strukturellen Gewähr von Art. 6 Abs. 1 S. 1 EMRK getroffen werden müssen und geht damit einen Schritt weiter. Er stellt neben die Prävention durch Gewährung von Rechtsschutz auf innerstaatlicher Ebene, da wo die Verletzung entsteht, die Prävention durch Gewährung von Rechtsschutz vor dem Entstehen einer Konventionsverletzung. Damit vereint er die Elemente der instanziellen Prävention und der zeitlichen Prävention in dem Rechtsbehelf aus Art. 13 EMRK. Nur wenn diese beiden Elemente gewahrt sind, liegt ein „effective remedy“ im Sinne von Art. 13 EMRK vor. Dann gewährt Art. 13 EMRK rechtzeitig das Recht auf eine Entscheidung in angemessener Zeit.

cc) Die Entscheidung Rumpf

In seiner Entscheidung in der Sache *Rumpf* hat der EGMR seine Rechtsprechung aus den Entscheidungen *Kudla* und *Sürmeli* fortgeführt und um eine weitere Grundlage für die Verpflichtung zur Schaffung eines vorbeugend wirkenden innerstaatlichen Rechtsbehelfs erweitert. Er hat erstmals in einem Beschwerdeverfahren wegen überlanger Verfahrensdauer ein Musterverfahren durchgeführt

---

924 *EGMR*, Urt. v. 8.6.2006, 75529/01, Ziff. 138 – Sürmeli.

und Deutschland zur Errichtung eines Rechtsbehelfs im Sinne von Art. 13 EMRK verurteilt. Damit hat der Gerichtshof ein „stärkeres Mittel“[925] eingesetzt und mit „starken Worten der Missbilligung“[926] das Problem überlanger Gerichtsverfahren gerügt.

aaa) Der Sachverhalt und die Entscheidung des EGMR

Im Fall *Rumpf* ging es um die Erteilung einer Waffenlizenz. Der Beschwerdeführer Herr Rumpf war deutscher Staatsangehöriger und betrieb ein Personalschutzunternehmen. Im Jahr 1992 beantragte er eine waffenrechtliche Erlaubnis. Diese wurde ihm erteilt. Jedoch wurde ihm die Verlängerung dieser Erlaubnis 1993 verwehrt. Daraufhin legte er am 30.11.1993 Widerspruch ein, der zurückgewiesen wurde. Seine Klage vor dem Verwaltungsgericht Halle vom 22.4.1994, seine Berufung vor dem Oberverwaltungsgericht Sachsen-Anhalt vom 22.7.1996 sowie seine Nichtzulassungsbeschwerde vor dem Bundesverwaltungsgericht vom 16.9.2004 wurden ab- und zurückgewiesen. Am 7.3.2005 erhob Herr Rumpf sodann Verfassungsbeschwerde. Er rügte unter anderem die überlange Verfahrensdauer. Das BVerfG wies diese mit einer Teilentscheidung am 27.4.2006 als teilweise unzulässig zurück. Hinsichtlich der gerügten Dauer des Verfahrens nahm das BVerfG die Beschwerde nicht zur Entscheidung an. Die Entscheidung des BVerfG wurde Herrn Rumpf am 7.5.2007 zugestellt. Zwischenzeitlich hatte der Beschwerdeführer am 10.11.2006 beim EGMR eine Individualbeschwerde eingelegt. Er rügte aufgrund der überlangen Verfahrensdauer eine Verletzung von Art. 6 Abs. 1 EMRK sowie eine Verletzung von Art. 13 EMRK, da ihm im innerstaatlichen Recht kein Rechtsbehelf zur Verfügung stand, mit dem er die überlange Verfahrensdauer hätte rügen können.

Am 24.11.2009 entschied die Kammer (V. Sektion) des EGMR die Beschwerde von Herrn Rumpf gemäß Art. 41 VerfO vorrangig zu behandeln und informierte die Parteien darüber, dass sie die Eignung der Rechtssache für ein Musterverfahren (Pilotverfahren) prüfe.[927] In seiner Entscheidung vom 2.9.2010 stellte der EGMR sodann einstimmig fest, dass Art. 6 Abs. 1 EMRK sowie Art. 13 EMRK verletzt seien[928] und verurteilte Deutschland zur Zahlung eines Ersatzes in Höhe von 10.000,– € für einen immateriellen Schaden und zur Zahlung eines

---

925 *Steinbeiß-Winkelmann*, in: Steinbeiß-Winkelmann/Ott, Rechtsschutz bei überlangen Gerichtsverfahren, Rn. 336.

926 *Meyer-Ladewig*, NJW 2010, 3358, 3358.

927 *EGMR*, Urt. v. 2.9.2010, 46344/06, Ziff. 4 – Rumpf.

928 *EGMR*, Urt. v. 2.9.2010, 46344/06, Ziff. 2 und 3 des Tenors – Rumpf.

Ersatzes in Höhe von 3.990,– € für Kosten und Auslagen[929]. Nach der Anwendung der vom EGMR entwickelten Kriterien zur Beurteilung der Angemessenheit kam der EGMR zu dem Ergebnis, dass die Dauer des Gerichtsverfahrens mit insgesamt mehr als dreizehn Jahren, fünf Monaten und einer Woche[930] unangemessen lang und nicht mit Art. 6 Abs. 1 EMRK vereinbar war.[931] Eine Verletzung von Art. 13 EMRK bejahte der EGMR, weil dem Beschwerdeführer kein Rechtsbehelf im innerstaatlichen Recht im Sinne von Art. 13 EMRK gegen überlange Gerichtsverfahren zur Verfügung stand.[932] Des Weiteren führte der EGMR ein Musterverfahren durch und verurteilte Deutschland dazu, spätestens innerhalb eines Jahres nach Rechtswirkung des Urteils einen wirksamen Rechtsbehelf gegen überlange Gerichtsverfahren einzuführen.[933] Die genannten Konventionsverletzungen seien durch eine mit der Konvention unvereinbare Praxis entstanden.[934] Diese sei auf das wiederholte Versäumnis Deutschlands zurückzuführen, sicherzustellen, dass Streitigkeiten über zivilrechtliche Ansprüche und Verpflichtungen innerhalb angemessener Frist entschieden werden, und Maßnahmen zu treffen, die dem Beschwerdeführer ermöglichen, innerstaatlich Wiedergutmachung für überlange Zivilverfahren zu erlangen.[935]

bbb) Die Verpflichtung zur Einrichtung eines präventiv beschleunigenden Rechtsbehelfs zur strukturellen Gewähr von Art. 6 Abs. 1 S. 1 EMRK

In seiner Entscheidung in der Sache *Rumpf* bejahte der EGMR die Verpflichtung zur Einrichtung eines präventiv beschleunigenden Rechtsbehelfs zur strukturellen Gewähr des Beschleunigungsgrundsatzes aus Art. 13 EMRK. Er leitete die Verpflichtung – wie bereits in seinen Entscheidungen in den Sachen *Kudla* und *Sürmeli* – aus Art. 13 EMRK ab. Darüber hinaus leitete er die Verpflichtung aus der Präventionspflicht der Mitgliedstaaten aus Art. 46 Abs. 1 EMRK ab und bestärkte die Pflicht aus Art. 13 EMRK mit der Durchführung des Musterverfahrens und

929 *EGMR*, Urt. v. 2.9.2010, 46344/06, Ziff. 6 des Tenors – Rumpf.
930 Das Verfahren hatte insgesamt dreizehn Jahre, fünf Monate und eine Woche für vier Instanzen gedauert.
931 *EGMR*, Urt. v. 2.9.2010, 46344/06, Ziff. 46 – Rumpf.
932 *EGMR*, Urt. v. 2.9.2010, 46344/06, Ziff. 51 f. – Rumpf.
933 *EGMR*, Urt. v. 2.9.2010, 46344/06, Ziff. 5 des Tenors – Rumpf.
934 *EGMR*, Urt. v. 2.9.2010, 46344/06, Ziff. 4 des Tenors – Rumpf.
935 *EGMR*, Urt. v. 2.9.2010, 46344/06, Ziff. 4 des Tenors – Rumpf.

die Verurteilung Deutschlands zur Schaffung eines wirksamen Rechtsbehelfs im Sinne von Art. 13 EMRK gegen überlange Gerichtsverfahren.[936]

(1) Die Verpflichtung zur Einrichtung eines präventiv beschleunigenden Rechtsbehelfs zur strukturellen Gewähr von Art. 6 Abs. 1 S. 1 EMRK aus Art. 13 EMRK – Bezugnahme auf die Entscheidung Sürmeli

In seiner Entscheidung hat der EGMR eine Verpflichtung zur Einrichtung eines präventiv beschleunigenden Rechtsbehelfs durch Bezugnahme auf seine Entscheidung in der Sache *Sürmeli* aus Art. 13 EMRK abgeleitet. Eine Verpflichtung zur strukturellen Umgestaltung aus Art. 13 EMRK zur Gewährung des Rechts aus Art. 6 Abs. 1 S. 1 EMRK ist gegeben. Denn Art. 13 EMRK beinhalte die Garantie, dem Betroffenen in der innerstaatlichen Rechtsordnung einen wirksamen Rechtsbehelf zur Verfügung zu stellen, mit dem über eine behauptete Konventionsverletzung entschieden und Abhilfe geschaffen werden könne.[937] Er erklärte Bezug nehmend auf die Entscheidung *Kudla*: „It therefore requires that the States provide a domestic remedy to deal with the substance of an ‚arguable complaint' under the Convention and to grant appropriate relief (see Kudła v. Poland [GC], no. 30210/96, § 152, ECHR 2000-XI).“[938]. Wie bereits in seiner Entscheidung in der Sache *Sürmeli*[939] und in seiner Entscheidung in der Sache *Kudla*[940] begründete der Gerichtshof die Annahme einer solchen Verpflichtung mit der Pflicht der Mitgliedstaaten aus Art. 1 EMRK. Danach haben sie die Menschenrechte zunächst und vor allem in ihrem eigenen Rechtsschutzsystem zu sichern. Diese Pflicht bringe Art. 13 EMRK zum Ausdruck. So erklärte der Gerichtshof: „The Court reiterates that Article 13 of the Convention gives direct expression to the States' obligation, enshrined in Article 1 of the Convention, to protect human rights first and foremost within their own legal system.“[941].

---

936 *EGMR*, Urt. v. 2.9.2010, 46344/06, Ziff. 5 des Tenors – Rumpf.

937 *EGMR*, Urt. v. 2.9.2010, 46344/06, Ziff. 50 – Rumpf m.V.a. *EGMR*, Urt. v. 26.10.2000, 30210/96, Rn. 152 – Kudla.

938 *EGMR*, Urt. v. 2.9.2010, 46344/06, Ziff. 50 – Rumpf.

939 *EGMR*, Urt. v. 8.6.2006, 75529/01 – Ziff. 97 – Sürmeli.

940 *EGMR*, Urt. v. 26.10.2000, 30210/96, Ziff. 152 – Kudla.

941 *EGMR*, Urt. v. 2.9.2010, 46344/06, Ziff. 50 – Rumpf.

(2) *Die Verpflichtung zur Einrichtung eines präventiv beschleunigenden Rechtsbehelfs zur strukturellen Gewähr von Art. 6 Abs. 1 S. 1 EMRK aus Art. 46 Abs. 1 EMRK*

Darüber hinaus hat der EGMR eine Verpflichtung der Mitgliedstaaten zur Schaffung eines präventiv wirkenden Rechtsbehelfs zur strukturellen Gewähr von Art. 6 Abs. 1 S. 1 EMRK aus dem Feststellungsurteil des EGMR und der daraus folgenden Präventionspflicht aus Art. 46 Abs. 1 EMRK abgeleitet. Die Pflicht folgt aus Art. 46 Abs. 1 EMRK, weil die Mitgliedstaaten gemäß Art. 46 Abs. 1 EMRK verpflichtet sind, innerstaatliche Maßnahmen nach der Feststellung einer Konventionsverletzung durch den EGMR durchzuführen, um eine solche Verletzung der Konvention für die Zukunft zu vermeiden. Das hat Deutschland jedoch bislang unterlassen.

Wie bereits in der Entscheidung in der Sache *Sürmeli* ausgeführt, erklärte der EGMR, dass die Mitgliedstaaten dazu verpflichtet seien, allgemeine und individuelle Maßnahmen zu treffen, um eine Konventionsverletzung abzustellen und die Folgen wiedergutzumachen.[942] Mit Verweis auf die Entscheidung in der Sache *Sürmeli* erklärte er: „In this context the Court reiterates that it has already drawn the respondent State's attention to Article 46 of the Convention in its Sürmeli judgment (cited above, § 137): 137. The Court reiterates that, in accordance with Article 46 of the Convention, the finding of a violation imposes on the respondent State a legal obligation not just to pay those concerned the sums awarded by way of just satisfaction under Article 41, but also to select, subject to supervision by the Committee of Ministers, the general and/or, if appropriate, individual measures to be adopted in their domestic legal order to put an end to the violation found by the Court and to redress so far as possible the effects (see Broniowski v. Poland [GC], no. 31443/96, § 192, ECHR 2004-V).“[943]. Aus Art. 46 EMRK folge die Pflicht des verurteilten Mitgliedstaates, unter Aufsicht des Ministerkomitees allgemeine und individuelle Maßnahmen zu treffen, um das Recht des Beschwerdeführers zu gewährleisten, dessen Verletzung der EGMR festgestellt hat. Diese Maßnahmen müssten durch Beseitigung der Ursache der Verletzung auch für andere Personen, die nicht von dem Feststellungsurteil betroffen sind, ergehen. Der EGMR erklärte dazu: „The Court reiterates that Article 46 of the Convention, as interpreted in the light of Article 1, imposes on the respondent State a legal obligation to implement, under the supervision of the Committee of Ministers, appropriate general and/or individual measures

942 *EGMR*, Urt. v. 2.9.2010, 46344/06, Ziff. 55, 59 – Rumpf.
943 *EGMR*, Urt. v. 2.9.2010, 46344/06, Ziff. 55 – Rumpf.

to secure the right of the applicant which the Court found to be violated. Such measures must also be taken in respect of other persons in the applicant's position, notably by solving the problems that have led to the Court's findings.".[944] Welche Maßnahmen dafür angemessen seien, sei grundsätzlich den Mitgliedstaaten überlassen. Sie seien – vorbehaltlich der Überwachung durch das Ministerkomitee – in der Wahl der Maßnahmen zur Erfüllung ihrer Pflicht aus Art. 46 Abs. 1 EMRK frei, sofern diese Maßnahmen mit dem Urteil vereinbar seien.[945]

(3) Die Bestärkung der Verpflichtung aus Art. 13 EMRK durch die Durchführung des Musterverfahrens und die Verurteilung Deutschlands

Die Verpflichtung zur Einrichtung eines präventiv wirkenden Rechtsbehelfs zur strukturellen Gewähr von Art. 6 Abs. 1 S. 1 EMRK aus Art. 13 EMRK hat der EGMR in seiner Entscheidung durch die Durchführung des Musterverfahrens und seine Verurteilung Deutschlands zur Schaffung eines Rechtsbehelfs im Sinne von Art. 13 EMRK bestärkt. Sie mündete schließlich in einem sehr deutlich formulierten Tenor seiner Entscheidung. So hat der EGMR Deutschland dazu verurteilt, ohne Verzögerung und spätestens innerhalb eines Jahres seit dem Tag, an dem dieses Urteil endgültig wird, einen oder mehrere Rechtsbehelfe einzuführen, um seine Rechtsordnung mit diesem Urteil in Einklang zu bringen und seinen Verpflichtungen aus Art. 46 Abs. 1 EMRK nachzukommen. Unter Ziffer 5 des Tenors der Entscheidung heißt es dazu: „(…) that the respondent State must set up without delay, and at the latest within one year of the date on which the judgment becomes final in accordance with Article 44 § 1 of the Convention, an effective domestic remedy or combination of such remedies capable of securing adequate and sufficient redress for excessively long proceedings, in line with the Convention principles as established in the Court's case-law;"[946]. Deutschland habe Maßnahmen zu ergreifen, die im innerstaatlichen Recht eine Wiedergutmachung für die unangemessen lange Verfahrensdauer ermöglichen: „(…) that the above violations originated in a practice incompatible with the Convention which consists in the respondent State's recurrent failure to help ensuring that proceedings determining civil rights and obligations are completed within a reasonable time and to take measures enabling applicants to claim redress for excessively long civil proceedings at a domestic level".[947] Deutschland müsse

944 *EGMR*, Urt. v. 2.9.2010, 46344/06, Ziff. 59 – Rumpf.
945 *EGMR*, Urt. v. 2.9.2010, 46344/06, Ziff. 71 – Rumpf.
946 *EGMR*, Urt. v. 2.9.2010, 46344/06, Ziff. 5 des Tenors – Rumpf.
947 *EGMR*, Urt. v. 2.9.2010, 46344/06, Ziff. 4 des Tenors – Rumpf.

sicherstellen, dass der Rechtsbehelf oder die Rechtsbehelfe theoretisch und auch praktisch mit den vom Gerichtshof bestimmten Kerngrundsätzen übereinstimmen.[948] Der Gerichtshof erklärte: „The Court stresses that the respondent State must introduce without delay, and at the latest within one year from the date on which this judgment becomes final, a remedy or a combination of remedies in the national legal system in order to bring it into line with the Court's conclusions in the present judgment and to comply with the requirements of Article 46 of the Convention. It must further ensure that the remedy or remedies comply, both in theory and in practice, with the key criteria set by the Court (see Sürmeli, cited above, §§ 97–101).“[949].

Dieser Ausspruch war möglich, weil der EGMR ein Musterverfahren durchgeführt hat. Dieses diene der wirksamen Umsetzung seiner Urteile und erlaube ihm, die Existenz von strukturellen bzw. systematischen Problemen, die den Verletzungen zugrunde liegen, in seinem Urteil ausdrücklich zu benennen und auf konkrete Maßnahmen, die der verurteilte Mitgliedstaat zur Abhilfe zu ergreifen hat, hinzuweisen.[950] Dies sei auch von der Entschließung des Ministerkomitees vom 12.5.2004 gedeckt.[951] Das Musterverfahren ermögliche aber vor allem, auszusprechen, dass Deutschland einen Rechtsbehelf schaffen müsse, der tatsächlich wirksame Abhilfe schaffe: „This procedure (only)[952] allows the Court to conclude that the respondent State must introduce a remedy which secures genuinely effective redress for the violations of the Convention on account of the State authorities' prolonged failure to comply with judicial decisions delivered against the State or its entities.“[953]. Aufgrund der wiederkehrenden und anhaltenden Natur des zugrunde liegenden Problems sei die Durchführung eines solchen Musterverfahrens auch angemessen: „(…) the Court considers it appropriate to apply the pilot judgment procedure in the present case, given notably

948 *EGMR*, Urt. v. 2.9.2010, 46344/06, Ziff. 73 – Rumpf.

949 *EGMR*, Urt. v. 2.9.2010, 46344/06, Ziff. 73 – Rumpf.

950 *EGMR*, Urt. v. 2.9.2010, 46344/06, Ziff. 61 – Rumpf.

951 „In its resolution on judgments revealing an underlying systemic problem, adopted on 12 May 2004, the Committee of Ministers invited the Court ‚to identify in its judgments finding a violation of the Convention what it considers to be an underlying systemic problem and the source of that problem, in particular when it is likely to give rise to numerous applications, so as to assist States in finding the appropriate solution and the Committee of Ministers in supervising the execution of judgments'“, *EGMR*, Urt. v. 2.9.2010, 46344/06, Ziff. 60 – Rumpf.

952 Unterstreichungen wurden durch die Verfasserin vorgenommen.

953 *EGMR*, Urt. v. 2.9.2010, 46344/06, Ziff. 63 – Rumpf.

the recurrent and persistent nature of the underlying problems, the number of people affected by them in Germany and the need to grant them speedy and appropriate redress at domestic level."[954].

Nach Auffassung des EGMR lag in der überlangen Verfahrensdauer ein systematisches Problem, weil Deutschland – auch nach der Entscheidung *Sürmeli* – in zahlreichen Fällen aufgrund unangemessen langer Verfahren verurteilt worden ist.[955] Die hohe Anzahl der Beschwerden aufgrund überlanger Verfahren habe zu einer mit der Konvention unvereinbaren Praxis geführt: „Accordingly, the situation in the present case must be qualified as resulting from a practice

954 *EGMR*, Urt. v. 2.9.2010, 46344/06, Ziff. 62 – Rumpf.

955 In den Jahren 1959–2009 hat der Gerichtshof mehr als vierzig Urteile gegen Deutschland erlassen, in denen er wiederholt Konventionsverletzung wegen überlanger zivilgerichtlicher Verfahren festgestellt hat. Allein im Jahr 2009 hat der EGMR dreizehn solcher Verletzungen festgestellt; *EGMR*, Urt. v. 2.9.2010, 46344/06, Ziff. 64 – Rumpf. Auch nach dem Urteil in der Sache *Sürmeli* hat der Gerichtshof in zahlreichen weiteren Urteilen eine Verletzung von Art. 6 Abs. 1 EMRK in zivilgerichtlichen Verfahren festgestellt. Fälle, in denen er ein solches Urteil gegen Deutschland erlassen hatte, sind beispielsweise: *EGMR*, Urt. v. 29.6.2006, 27250/02 – Nold; *EGMR*, Urt. v. 13.7.2006, 38033/02 – Stork; *EGMR*, Urt. v. 5.10.2006, 75204/01 – Klasen; *EGMR*, Urt. v. 11.1.2007, 20027/02 – Herbst; *EGMR*, Urt. v. 15.2.2007, 19124/02 – Kirsten; *EGMR*, Urt. v. 26.4.2007, 14635/03 – Laudon; *EGMR*, Urt. v. 10.5.2007, 76680/01 – Skugor; *EGMR*, Urt. v. 12.7.2007, 39741/02 – Nanning; *EGMR*, Urt. v. 10.1.2008, 1679/03 – Glusen; *EGMR*, Urt. v. 9.10.2008, 10732/05 – Bahnk; *EGMR*, Urt. v. 26.3.2009, 7369/04 – Deiwick; *EGMR*, Urt. v. 11.6.2009, 71972/01 – Mianowicz; *EGMR*, Urt. v. 16.7.2009, 1126/05 – D.E.; *EGMR*, Urt. v. 8.10.2009, 37820/06 – Kindereit; *EGMR*, Urt. v. 7.1.2010, 40009/04 – Koester; *EGMR*, Urt. v. 21.1.2010, 42402/05 und 42423/05 – Wildgruber; *EGMR*, Urt. v. 1.4.2010, 12852/08 – Niedzwiecki. Des Weiteren hat der Gerichtshof in Form eines Ausschusses mit drei Richtern in zahlreichen Fällen Urteile erlassen, in denen er eine Konventionsverletzung von Art. 6 Abs. 1 EMRK in Form der überlangen Verfahrensdauer festgestellt hat; *EGMR*, Urt. v. 2.9.2010, 46344/06, Zif. 66 – Rumpf. Fälle, in denen er als Ausschuss mit drei Richtern entschieden hat, sind beispielsweise: *EGMR*, Urt. v. 22.12.2009, 10053/08 – Jesse; *EGMR*, Urt. v. 25.3.2010, 901/05 – Petermann; *EGMR*, Urt. v. 25.3.2010, 485/09 – Reinhard; *EGMR*, Urt. v. 30.3.2010, 54188/07 – Volkmer; *EGMR*, Urt. v. 24.6.2010, 39444/08 – Afflerbach; *EGMR*, Urt. v. 24.6.2010, 25756/09 – Perschke. Seit dem Urteil in der Sache *Sürmeli* hat die Bundesregierung ferner in achtundzwanzig Fällen wegen der überlangen Verfahrensdauer mit den Betroffenen Vergleiche abgeschlossen sowie in acht Fällen einseitige Anerkenntniserklärung abgegeben; *EGMR*, Urt. v. 2.9.2010, 46344/06, Ziff. 67 – Rumpf. Dies spricht insgesamt dafür, dass ein systematisches Problem vorliegt.

incompatible with the Convention.".[956] Diese beruhe auf „the consequence of shortcomings of the respondent State".[957] Deutschland habe es seit der Entscheidung in der Sache *Sürmeli* unterlassen, einen wirksamen Rechtsbehelf einzuführen. Das zeige „an almost complete reluctance to resolve the problems at hand in a timely fashion"[958].

(4) Stellungnahme und kritische Würdigung der Entscheidung Rumpf

In der Entscheidung in der Sache *Rumpf* hat der EGMR seine bisherige Rechtsprechung bekräftigt und die Frage nach einer Verpflichtung zur Schaffung eines präventiv beschleunigenden Rechtsbehelfs im innerstaatlichen Recht weiter konkretisiert. Der Schwerpunkt seiner Entscheidung lag dabei in der Durchführung des Musterverfahrens und der Verurteilung Deutschlands zur Errichtung eines wirksamen Rechtsbehelfs gegen unangemessen lange Verfahren. Unter klarer und ausdrucksstarker Kritik hat der EGMR gegen Deutschland das erste Musterverfahren (Pilotverfahren) durchgeführt und das erste Piloturteil gefällt.

Die Durchführung des Musterverfahrens ist für die Verpflichtung zur Schaffung eines präventiv beschleunigenden Rechtsbehelfs im innerstaatlichen Recht von großer Bedeutung. Mit der Durchführung des Musterverfahrens und der Verurteilung Deutschlands – unter Hinweis auf seine Verpflichtung, Urteile des EGMR umzusetzen – hat der EGMR die Verpflichtung aus Art. 13 EMRK bekräftigt. Die Durchführung des Musterverfahrens stellt aufgrund seiner Bedeutung eine Bestärkung der Verpflichtung aus Art. 13 EMRK dar. Wie der EGMR selbst ausgeführt hat, wirkt das Musterverfahren strukturellen innerstaatlichen Problemen entgegen.[959] Sein Ziel ist die Erledigung einer Vielzahl von gleich gelagerten Beschwerden, um den EGMR zu entlasten.[960] Bei der Durchführung des Musterverfahrens und der Verurteilung Deutschlands zur Schaffung eines Rechtsbehelfs handelt es sich um einen großen Schritt des EGMR. Der EGMR führte das erste Musterverfahren gegen Deutschland wegen überlanger Verfahrensdauer durch. Er führte damit seine Rechtsprechung konsequent fort. Im Fall *Sürmeli* hatte er bereits auf die Möglichkeit eines Musterverfahrens hingewiesen, dieses aber nicht durchgeführt. Ein solches war damals nicht

956 *EGMR*, Urt. v. 2.9.2010, 46344/06, Ziff. 70 – Rumpf.
957 *EGMR*, Urt. v. 2.9.2010, 46344/06, Ziff. 70 – Rumpf.
958 *EGMR*, Urt. v. 2.9.2010, 46344/06, Ziff. 72 – Rumpf.
959 *EGMR*, Urt. v. 2.9.2010, 46344/06, Ziff. 61 – Rumpf.
960 *Steinbeiß-Winkelmann*, in: Steinbeiß-Winkelmann/Ott, Rechtsschutz bei überlangen Gerichtsverfahren, Rn. 45.

notwendig gewesen, da dem EGMR ein Gesetzesentwurf der Bundesregierung vorlag, der die Anforderungen an eine „effective remedy" im Sinne von Art. 13 EMRK erfüllte und das Problem der überlangen Verfahren gelöst hätte. Nun, da Deutschland trotz der einschlägigen ständigen Rechtsprechung über Jahre hinweg untätig geblieben und immer noch nicht seiner Verpflichtung zur Schaffung eines effektiven Rechtsbehelfs im Sinne von Art. 13 EMRK nachgekommen war, führte der Gerichtshof ein solches Verfahren durch. Denn seit der Entscheidung in der Sache *Sürmeli* stand fest, dass Deutschland verpflichtet war, einen entsprechenden Rechtsbehelf im Sinne von Art. 13 EMRK einzuführen.[961] Dieser Verpflichtung war Deutschland jedoch nicht nachgekommen. Die Einführung eines entsprechenden Rechtsbehelfs war unterblieben. Das erste Musterverfahren (Pilotverfahren) gegen Deutschland war daher unumgänglich.

Auch bei der Verurteilung Deutschlands handelt es sich um eine Bestärkung der Pflicht. Der EGMR nimmt in den Entscheidungsgründen auf die vorherigen Entscheidungen *Kudla* und *Sürmeli* und ihre Ausführungen im Hinblick auf die Frage nach einer Verpflichtung zur Einrichtung eines präventiv wirkenden Rechtsbehelfs Bezug. Dadurch bekräftigt er die Grundsätze dieser Entscheidungen und die Anforderungen an einen präventiv beschleunigenden Rechtsbehelf. Davon abweichende Ausführungen macht er nicht. Im Tenor seiner Entscheidung ergänzt der EGMR die Feststellung einer Verletzung von Art. 6 Abs. 1 S. 1 EMRK und von Art. 13 EMRK mit der Verurteilung zur Schaffung eines oder mehrerer Rechtsbehelfe. Mit diesen kann eine angemessene und hinreichende Wiedergutmachung der Verletzung gegen Art. 6 Abs. 1 S. 1 EMRK gewährt werden. Sie stehen mit den vom EGMR bestimmten Grundsätzen in Einklang. Unter Ziffer 5 des Tenors spricht der EGMR von einem wirksamen innerstaatlichen Rechtsbehelf, mit dem eine „adequate and sufficient redress"[962] für überlange Verfahren gewährt werden kann. Auch aus Ziffer 4 des Tenors geht hervor, dass der Gerichtshof mit dem innerstaatlichen wirksamen Rechtsbehelf lediglich eine Wiedergutmachungsmöglichkeit begehrt. Dort heißt es: „(…) to claim redress for excessively long civil proceedings at a domestic level;"[963]. Danach geht er im konkreten Fall von einem wirksamen Rechtsbehelf aus, mit dem Wiedergutmachung geleistet werden kann und mit dem die Konventionsverletzung und ihre Folgen kompensiert werden können.

---

961 *EGMR*, Urt. v. 2.9.2010, 46344/06, Ziff. 72 – Rumpf.

962 *EGMR*, Urt. v. 2.9.2010, 46344/06, Ziff. 5 des Tenors – Rumpf.

963 *EGMR*, Urt. v. 2.9.2010, 46344/06, Ziff. 4 des Tenors – Rumpf.

Im Vergleich zu seinen Ausführungen in den Entscheidungen *Kudla* und *Sürmeli* geht der Gerichtshof hier nicht mehr ausdrücklich auf die Komponente der Prävention ein, die – spätestens seit der Entscheidung *Sürmeli* – charakteristisch für eine wirksame Beschwerde im Sinne von Art. 13 EMRK ist.[964] Dies war jedoch im vorliegenden Fall auch nicht notwendig. Er nimmt in den Entscheidungsgründen stets Bezug auf seine Ausführungen in den vorherigen Entscheidungen, vor allem auf die Entscheidung in der Sache *Sürmeli*. So führt er beispielsweise in Ziffer 73 der Entscheidungsgründe aus, Deutschland „must further ensure that the remedy or remedies comply, both in theory and in practice, with the key criteria set by the Court (see Sürmeli, cited above, §§ 97–101).“.[965] Darüber hinaus hat er in Ziffer 5 des Tenors erklärt, die Verpflichtung zur Schaffung eines solchen Rechtsbehelfs müsse im Einklang mit der bisherigen Rechtsprechung stehen: „in line with the Convention principles as established in the Court's case-law“[966] und damit seine bisherige Rechtsprechung in der Sache *Kudla* und *Sürmeli* erneut bestätigt. Daher ist nicht davon auszugehen, dass sich der EGMR von seinen Anforderungen an einen präventiv beschleunigenden Rechtsbehelf distanzieren will. Der Wortlaut des Tenors ist vielmehr darauf zurückzuführen, dass der EGMR im vorliegenden Fall über ein Verfahren entschieden hat, das bereits abgeschlossen war. Er hat den Tenor Bezug nehmend auf den vorliegenden Fall konkretisiert. Ist ein Verfahren bereits abgeschlossen, ist die Konventionsverletzung bereits eingetreten. Gemäß seinen Ausführungen in der Entscheidung *Sürmeli* ist der Rechtsbehelf dann wirksam im Sinne von Art. 13 EMRK, wenn er eine Wiedergutmachung in Form einer gerechte Entschädigung vorsieht. Eine Vorbeugung war hier nicht mehr möglich und daher nicht relevant, weil die Verletzung bereits eingetreten war. Darüber hinaus ist die Bezeichnung der konkreten Maßnahme auch nicht der Kern seiner Entscheidung. Kern des Piloturteils ist vielmehr die Erklärung, dass Deutschland ein strukturelles Problem hat, welches durch Schaffung eines entsprechenden Rechtsbehelfs schnellstmöglich behoben werden soll.

Ein weiteres Indiz für die Bestärkung der Verpflichtung zur Schaffung eines präventiv wirkenden Rechtsbehelfs im innerstaatlichen Recht ist der ausdrucksstarke Wortlaut. In der Entscheidung hat der EGMR den bestehenden Zustand und das Unterlassen Deutschlands, diesen Zustand zu beenden, mit deutlichen

964 Vgl. hierzu die Ausführungen des EGMR unter *EGMR*, Urt. v. 26.10.2000, 30210/96, Ziff. 159 – Kudla; *EGMR*, Urt. v. 8.6.2006, 75529/01, Ziff. 99 f. – Sürmeli.

965 *EGMR*, Urt. v. 2.9.2010, 46344/06, Ziff. 73 – Rumpf.

966 *EGMR*, Urt. v. 2.9.2010, 46344/06, Ziff. 5 des Tenors – Rumpf.

Worten kritisiert. So bezeichnete er erstmalig in seinen Entscheidungsgründen unter Ziffer 63 das Verhalten Deutschlands als „prolonged failure".[967] Des Weiteren folgte unter Ziffer 68 seine Kritik in Form von „despite the Court's substantial and consistent case-law on the matter"[968]. Dieses Verhalten habe zu „a practice incompatible with the Convention"[969] geführt und stelle eine „complete reluctance"[970] dar. „(…) it thus demonstrated an almost complete reluctance to resolve the problems at hand in a timely fashion."[971] Diese Formulierung stellt eine eindeutige und sehr ausdrucksstarke Kritik dar. Sie macht deutlich, dass Deutschland sich konventionswidrig verhalten hat.

Im Tenor bezeichnete der EGMR das Verhalten Deutschlands zudem mit den Worten „reccurent failure"[972]. Damit machte der EGMR deutlich, dass er eine solche Missachtung nicht weiter durchgehen lässt. Auch diese Formulierung kritisiert das Verhalten vehement. Auch bei dem Wortlaut des Tenors wie „must set up" und „without delay" und „at the latest within one year"[973] betont er, dass es an dieser Verpflichtung keinerlei Zweifel gibt und die Erfüllung der Pflicht bereits mehr als überfällig ist.

Die Durchführung des Musterverfahrens sowie seine bestimmte und eindeutige Wortwahl, die in der Verurteilung Deutschlands zur Errichtung eines wirksamen Rechtsbehelfs im Sinne von Art. 13 EMRK mündet, sind begrüßenswert. Deutschland war – spätestens – aufgrund des Feststellungsurteils in der Sache *Sürmeli* verpflichtet einen entsprechenden Rechtsbehelf im innerstaatlichen Recht einzurichten. Dieser Pflicht kam es jedoch nicht nach. Stattdessen kam es vermehrt zu weiteren Individualbeschwerden wegen überlangen Verfahren, die zu weiteren Verurteilungen führten. Dieses Verhalten hat den Eindruck erweckt, als sei die Rechtsprechung des EGMR unbedeutend, ein Urteil des EGMR nicht bindend. Deutschland hat es mehr als vier Jahre lang unterlassen, seiner Verpflichtung aus Art. 46 Abs. 1 EMRK nachzukommen und einen entsprechenden Rechtbehelf gegen überlange Verfahren einzurichten. Bedenkt man die enorme Bedeutung, die das Recht auf eine Entscheidung in angemessener Zeit für das

---

967 *EGMR*, Urt. v. 2.9.2010, 46344/06, Ziff. 63 – Rumpf.
968 *EGMR*, Urt. v. 2.9.2010, 46344/06, Ziff. 68 – Rumpf.
969 *EGMR*, Urt. v. 2.9.2010, 46344/06, Ziff. 70 – Rumpf.
970 *EGMR*, Urt. v. 2.9.2010, 46344/06, Ziff. 72 – Rumpf.
971 *EGMR*, Urt. v. 2.9.2010, 46344/06, Ziff. 72 – Rumpf.
972 *EGMR*, Urt. v. 2.9.2010, 46344/06, Ziff. 4 des Tenors – Rumpf.
973 *EGMR*, Urt. v. 2.9.2010, 46344/06, Ziff. 5 des Tenors – Rumpf.

Rechtsstaatsprinzip und den Rechtsstaat hat, so ist das Verhalten Deutschlands nicht nur konventions-, sondern auch verfassungswidrig.

In diesem Zusammenhang ist auch begrüßenswert, dass der EGMR den zur Zeit der Entscheidung *Rumpf* vorliegenden neuen Gesetzesentwurf der Bundesregierung zur Errichtung eines Rechtsbehelfs unberücksichtigt ließ. Denn bereits im Fall *Sürmeli* hatte es eine solche Situation gegeben. Damals wurde das Untätigkeitsbeschwerdegesetz nach der EGMR-Entscheidung jedoch nicht beschlossen. Nun hat der EGMR eine Verurteilung ausgesprochen und eine weitere Unwirksamkeit und Bedeutungslosigkeit seiner Entscheidungen verhindert. Die Beeinträchtigung der Effektivität des Menschenrechtsschutzes hat er mit seiner Entscheidung in der Sache *Rumpf* für die Zukunft somit unterbunden.

Darüber hinaus schaffte der EGMR mit seiner Entscheidung in der Sache *Rumpf* eine weitere Grundlage zur Annahme einer Verpflichtung zur Schaffung eines vorbeugend wirkenden Rechtsbehelfs, indem er eine solche Verpflichtung neben Art. 13 EMRK auch aus Art. 46 Abs. 1 EMRK ableitete. Er betonte damit die Verpflichtung der Mitgliedstaaten zur Vornahme von Maßnahmen, mit denen eine Verletzung der Konvention für die Zukunft verhindert werden kann. Gemäß Art. 46 Abs. 1 EMRK sind die Mitgliedstaaten verpflichtet, die Urteile des EGMR zu befolgen. Ein Bestandteil der Befolgungspflicht ist die Präventionspflicht. Danach hat der verurteilte Mitgliedstaat innerstaatliche Maßnahmen zu ergreifen, mit denen eine Wiederholung der Konventionsverletzung in der Zukunft verhindert werden kann. Diese Maßnahmen bewirken eine Umgestaltung des innerstaatlichen Rechtssystems. Auch betonte der EGMR mit der Verpflichtung aus Art. 46 Abs. 1 EMRK den Vorrang der Pflicht zur Wiedergutmachung einer Konventionsverletzung gegenüber einer gerechten Entschädigung gemäß Art. 41 EMRK. Erst wenn die Wiedergutmachung nicht möglich ist, kann eine Entscheidung über eine gerechte Entschädigung im Sinne von Art. 41 EMRK ergehen.

Die Herleitung der Verpflichtung zur Errichtung eines präventiv wirkenden Rechtsbehelfs aus Art. 46 Abs. 1 EMRK ist grundsätzlich begrüßenswert. Der EGMR betont hierbei die Pflichten der verurteilten Mitgliedstaaten. Die Mitgliedstaaten haben bei der Gewährung des Menschenrechtsschutzes mitzuarbeiten, vor allem, wenn sie dazu durch ein Feststellungsurteil des EGMR verurteilt wurden. Dann sind sie sogar völkerrechtlich dazu verpflichtet. Jedoch ist hierbei zu beachten, dass es sich bei der Präventionspflicht im Sinne von Art. 46 Abs. 1 EMRK um eine „nachträgliche" Präventionspflicht handelt. Art. 46 Abs. 1 EMRK stellt eine Umsetzungsnorm für die Urteile des EGMR dar. Die in ihr enthaltene Präventionspflicht wird erst einschlägig, wenn eine Verletzung des Rechts auf eine Entscheidung in angemessener Frist bereits eingetreten ist. Stellt der EGMR eine Verletzung des Rechts auf eine Entscheidung in angemessener Frist aus Art. 6 Abs. 1 S. 1 EMRK fest, dann hat der verurteilte Mitgliedstaat – im Sinne der Befolgungspflicht – innerstaatliche Maßnahmen zu ergreifen, die eine Wiederholung der Verletzung in gleich gelagerten Fällen verhindern. Die Pflicht setzt folglich die Verletzung des Rechts voraus, welches sie durch ihr präventives Eingreifen verhindern soll.

Im Sinne eines effektiven Menschenrechtsschutzes entspricht die Pflicht einer wirksamen Umsetzung der Urteile des EGMR. Sie ist jedoch mit dem Begriff der Rechtzeitigkeit, der dieser Untersuchung zugrunde liegt, nicht vereinbar. Der dieser Untersuchung zugrunde liegende Begriff der Rechtzeitigkeit meint vielmehr eine Prävention, die über die Nachträglichkeit hinausgeht und bereits ansetzt, bevor eine Konventionsverletzung geschehen kann. Er soll verhindern, dass es überhaupt zu einer Verletzung von Art. 6 Abs. 1 S. 1 EMRK kommt. Eine Prävention, die vor dem Entstehen einer Konventionsverletzung ansetzt, bietet einen effektiven Menschenrechtsschutz, weil sie einen rechtzeitigen Menschenrechtsschutz bietet. Eine Prävention, die nach der Feststellung der Konventionsverletzung ansetzt, bietet einen effektiven Menschenrechtsschutz, weil sie den Urteilen des EGMR zu ihrer innerstaatlichen Umsetzung verhilft. Das vorliegende Ergebnis weicht daher von der Entscheidung des Gerichtshofs ab, da der EGMR bei der Herleitung der Verpflichtung zur Schaffung eines präventiv wirkenden Rechtsbehelfs aus Art. 46 Abs. 1 EMRK nicht den dieser Arbeit zugrunde liegenden Begriff der Rechtzeitigkeit vor Augen hatte. Dieser verlangt ein Eingreifen bevor eine Verletzung von Art. 6 Abs. 1 S. 1 EMRK entsteht und nicht ein Eingreifen, um eine Wiederholung der Verletzung in gleich gelagerten Fällen zu verhindern.

Insgesamt ist die Bestärkung der Verpflichtung der Mitgliedstaaten zur Schaffung eines präventiv wirkenden Rechtsbehelfs im Sinne von Art. 13 EMRK durch den EGMR positiv. Er macht damit erneut deutlich, dass eine solche Verpflichtung besteht und von den Mitgliedstaaten gewährt werden muss. Auch handelt er konsequent. Er ließ auf seine Worte in der Entscheidung *Sürmeli* nun auch Taten folgen. Er machte deutlich, dass er die fehlende Umsetzung seiner Urteile durch einen verurteilten Mitgliedstaat nicht länger duldet, und sprach die Verurteilung im Tenor aus. Auch ist seine klare Wortwahl zu begrüßen. Deutschland hat vier Jahre lang nach der Entscheidung *Sürmeli* und zahlreichen weiteren Verurteilungen Deutschlands wegen überlanger Verfahrensdauer nichts unternommen, um seine Verpflichtung aus Art. 13 EMRK zu erfüllen. Hätte der EGMR nicht darauf reagiert, wäre diese Verpflichtung weiterhin außer Acht gelassen worden. Dies hätte zu weiteren Individualbeschwerden aufgrund überlanger Verfahren und zu weiteren Verurteilungen Deutschlands geführt. Das hätte die Effektivität der Rechtsprechung des EGMR und des Menschenrechtsschutzes dauerhaft infrage gestellt.

dd) Zwischenergebnis zu b)

Aus der Rechtsprechung des EGMR folgt eine Verpflichtung zur Einrichtung eines präventiv beschleunigenden Rechtsbehelfs zur strukturellen Umgestaltung des innerstaatlichen Rechts, damit das Recht auf eine Entscheidung in angemessener Frist aus Art. 6 Abs. 1 S. 1 EMRK gewährt werden kann. Der EGMR hat eine solche Verpflichtung zunächst nur aus Art. 13 EMRK abgeleitet, weil dieser die Errichtung eines wirksamen Rechtsbehelfs im innerstaatlichen Recht vorsieht, der präventiv beschleunigend wirkt. Eine solche Verpflichtung hat er zudem aus der Präventionspflicht aus Art. 46 Abs. 1 EMRK abgeleitet, wobei es sich bei der Präventionspflicht – wie oben stehend erläutert – nicht um eine Prävention im Sinne des rechtzeitigen Menschenrechtsschutzes handelt. Darüber hinaus hat er die Verpflichtung aus Art. 13 EMRK zur Errichtung eines präventiv beschleunigenden Rechtsbehelf mit der Durchführung des Musterverfahrens und mit der Verurteilung Deutschlands zur Errichtung eines Rechtsbehelfs im Sinne von Art. 13 EMRK gegen überlange Verfahren bestärkt. Die Verpflichtung aus Art. 13 EMRK umfasst dabei die Errichtung einer Beschwerdemöglichkeit, mit der über die behauptete Verletzung von Art. 6 Abs. 1 S. 1 EMRK im innerstaatlichen Recht entschieden und angemessene Abhilfe verschafft werden kann, sodass der Weg zum EGMR obsolet wird. So hat die wirksame Beschwerde im Sinne von Art. 13 EMRK das anhängige Verfahren zu beschleunigen und zu verhindern, dass eine Verletzung von Art. 6 Abs. 1 S. 1 EMRK eintritt. Sie ist wirksam, wenn sie geeignet ist, die befassten Gerichte zu einer schnelleren Entscheidungsfindung zu veranlassen und wenn eine innerstaatliche unabhängige Instanz über sie in Form einer rechtlich verbindlichen Entscheidung bestimmt. Das präventive Element manifestiert sich dabei im Entstehungszeitpunkt und am Entstehungsort der Konventionsverletzung. Der Rechtsbehelf muss dort eingreifen, wo die Konventionsverletzung ihren Ursprung hat. Das sind die Ebene des innerstaatlichen Rechts sowie der Zeitpunkt vor der Entstehung der Konventionsverletzung. Die präventiv beschleunigende Wirkung zeigt sich daher im Element der instanziellen und der zeitlichen Prävention. Die instanzielle Prävention ist dabei Ausfluss aus dem Grundsatz der Subsidiarität des internationalen Menschenrechtsschutzes. Danach ist es vorrangig Aufgabe der Mitgliedstaaten, im innerstaatlichen Recht den menschenrechtskonformen Zustand zu erhalten und die Rechte und Pflichten der Konvention im Sinne von Art. 1 EMRK zu wahren. Die zeitliche Prävention entspricht der Effektivität des

Menschenrechtsschutzes. Ein Rechtsbehelf, der die Verletzung des Rechts auf eine Entscheidung in angemessener Zeit verhindern will, zielt auf die Ursache des Problems der überlangen Verfahrensdauer ab und bietet laut Rechtsprechung des EGMR besser angemessenen Schutz als ein Rechtbehelf, der nur entschädigt, weil dieser erst nachträglich eingreift („appears more likely to offer litigants adequate protection than compensatory remedies, which merely allow action to be taken a posteriori").[974]

Die Prävention im Sinne der instanziellen und zeitlichen Prävention bietet effektiven Menschenrechtsschutz in Form des rechtzeitigen Menschenrechtsschutzes. Sie ist auf die Stärkung des innerstaatlichen Rechtsschutzsystems und Menschenrechtsschutzes ausgerichtet. Ein präventiv beschleunigender Rechtsbehelf genügt dem aus Art. 13 EMRK abzuleitenden Erfordernis eines rechtzeitigen Rechtsschutzes und beseitigt die bestehende Lücke im innerstaatlichen Rechtsschutzsystem.

c) Die Verpflichtung zur Einrichtung eines präventiv beschleunigenden Rechtsbehelfs zur strukturellen Gewähr von Art. 6 Abs. 1 S. 1 EMRK aus dem deutschen Verfassungsrecht

Eine Verpflichtung zur Schaffung eines präventiv wirkenden Rechtsbehelfs zur strukturellen Gewähr von Art. 6 Abs. 1 S. 1 EMRK könnte sich – neben der völkerrechtlichen Verpflichtung – auch aus dem deutschen Verfassungsrecht ergeben. Für die Beantwortung der Frage nach einer solchen Verpflichtung gibt es auf der innerstaatlichen Ebene zwei Ansatzpunkte. Das in Art. 19 Abs. 4 GG verankerte Gebot des wirkungsvollen Rechtsschutzes sowie das in Art. 20 Abs. 3 GG enthaltene Rechtsstaatsprinzip. Sie sollen im innerstaatlichen Recht den Schutz vor überlangen Verfahren sicherstellen.[975] Die Normen gelten jedoch nicht als ausdrückliche Garantie für eine angemessene Verfahrensdauer im deutschen Verfassungsrecht.[976] Das Erfordernis eines Rechtsschutzes innerhalb

---

974 *EGMR*, Urt. v. 8.6.2006, 75529/01, Ziff. 138 – Sürmeli.

975 *VGH Baden-Württemberg*, Beschl. v. 20.3.2003, Az. 12 S 228/03, Ziff. 10 m.V.a. *BVerfG*, Beschl. v. 5.2.2003, Az. 2 BvR 327/02, 2 BvR 328/02 und 2 BvR 1473/02. Zu dem Gebot auf effektiven Rechtsschutz aus Art. 19 Abs. 4 GG siehe *BVerfG*, Beschl. v. 13.8.2012, Az. 1 BvR 1098/11, Ziff. 16; *BVerfG*, Beschl. v. 2.9.2009, Az. 1 BvR 3171/08, Ziff. 16.

976 *Grabenwarter/Pabel*, in: Dörr/Grote/Marauhn (Hrsg.), Konkordanz-Kommentar, Kap. 14 Rn. 116; *Boesche*, Die Brechung des Rechts durch das Mittel der Zeit, in: Boesche/Füller/Wolf (Hrsg.), Festbeigabe für Säcker, 3, 7; *Kreutzer*, Säumnis, S. 159; *Plankemann*, Überlange Verfahrensdauer im Strafverfahren, S. 20; *Schlette*, Der Anspruch auf

angemessener Zeit ergibt sich vielmehr aus dem in Art. 19 Abs. 4 GG verankerten Prinzip der Effektivität des Rechtsschutzes sowie dem grundgesetzlich in Art. 2 Abs. 1 i.V.m. Art. 20 Abs. 3 GG normierten allgemeinen Justizgewährungsanspruch.[977] Daraus könnte sich die Verpflichtung zur Einrichtung eines präventiv beschleunigenden Rechtsbehelfs ergeben.

Klarstellend ist an dieser Stelle zu ergänzen, dass Art. 6 Abs. 1 EMRK und der in ihm manifestierte Grundsatz einer rechtzeitigen Entscheidung durch das Zustimmungsgesetz zur EMRK in das deutsche Recht transformiert worden ist und daher als einfaches Bundesgesetz auch auf innerstaatlicher Ebene seine Wirkung entfaltet.[978] Art. 6 Abs. 1 EMRK selbst gewährt daher im deutschen Recht das Recht auf eine zeitnahe Entscheidung. Jedoch handelt es sich dabei lediglich um einfaches Bundesrecht. Zur Begründung einer innerstaatlichen Bindung auch des einfachen Gesetzgebers bedarf es ergänzend einer Gewährleistung des Rechts aus dem Verfassungsrecht.[979] Als Grundlage hierfür kommen die oben genannten Normen in Betracht.

aa) Die Verpflichtung zur Einrichtung eines präventiv beschleunigenden Rechtsbehelfs zur strukturellen Gewähr von Art. 6 Abs. 1 S. 1 EMRK aus Art. 19 Abs. 4 GG

Art. 19 Abs. 4 GG wird als Gebot des wirksamen Rechtsschutzes ausgelegt.[980] Er beinhaltet verschiedene Verfahrensgrundrechte. Sie haben alle einen gemeinsamen Bezugspunkt, der im Grundsatz des effektiven Rechtsschutzes liegt.[981] Die wesentlichen Inhalte von Art. 6 Abs. 1 EMRK werden daher vor allem durch die Garantie des effektiven Rechtsschutzes aus Art. 19 Abs. 4 GG gewährt. Die

---

gerichtliche Entscheidung in angemessener Frist, S. 23; *Wilfinger*, Das Gebot effektiven Rechtsschutzes, S. 7.

977 *BVerfG*, Beschl. v. 28.10.1975, Az. 2 BvR 883/73, 2 BvR 379/74, 2 BvR 497/74, 2 BvR 526/74, Ziff. 49; *BVerfG*, Beschl. v. 27.3.1980, Az. 2 BvR 316/80, Ziff. 3; *BVerfG*, Beschl. v. 16.5.1995, Az. 1 BvR 1087/91, Ziff. 28; *Grabenwarter/Pabel*, in: Dörr/Grote/Marauhn (Hrsg.), Konkordanz-Kommentar, Kap. 14 Rn. 9; *Zuck*, Die Gewährleistung effektiven Rechtsschutzes im Zivilprozess, NJW 2013, 1132, 1132 f.

978 *Plankemann*, Überlange Verfahrensdauer im Strafverfahren, S. 23; *Schlette*, Der Anspruch auf gerichtliche Entscheidung in angemessener Frist, S. 23.

979 *Schlette*, Der Anspruch auf gerichtliche Entscheidung in angemessener Frist, S. 23.

980 *Schmidt-Aßmann*, in: Maunz-Dürig, GG-Kommentar, Art. 19 Rn. 262 f.; *Sachs*, in: Sachs, GG-Kommentar, Art. 19 Rn. 143, Art. 20 Rn. 162.

981 *Grabenwarter/Pabel*, in: Dörr/Grote/Marauhn (Hrsg.), Konkordanz-Kommentar, Kap. 14 Rn. 8.

Garantie umfasst dabei das Recht auf Zugang zu einem Gericht, das Recht auf eine ordnungsgemäße Prüfung des Streitgegenstands, das Recht auf eine verbindliche gerichtliche Entscheidung[982] sowie das Recht auf einen zeitgerechten Abschluss des Verfahrens, d.h. eine abschließende Entscheidung innerhalb angemessener Zeit[983].

Aus der Gewähr eines Gerichtsverfahrens in angemessener Frist aus Art. 19 Abs. 4 GG folgt sowohl die Pflicht des Staates, die Justiz zwecks zügiger Bearbeitung der anhängigen Verfahren, sachlich und personell angemessen auszustatten, als auch die Pflicht des Gesetzgebers die innerstaatlichen Prozessordnungen so auszugestalten, dass das Recht auf eine Entscheidung in angemessener Frist gewährt werden kann. Das Recht des Einzelnen auf einen effektiven, zeitnahen Rechtsschutz bedeutet, dass der Staat verpflichtet ist, seine Justiz sachlich und personell so auszustatten, dass dieses Recht gewährt werden kann.[984] *Schlette* hat die Bedeutung einer zeitnahen Entscheidung für den effektiven Rechtsschutz folgendermaßen zusammengefasst: „Für die Effektivität ist aber das Zeitmoment von ganz elementarer, kaum zu überschätzender Bedeutung. Ergeht die verbindliche, die Rechtslage klärende gerichtliche Entscheidung erst nach langer Zeit, so ist sie, (…), für den Kläger auch bei Obsiegen häufig wertlos, ja geradezu gleichbedeutend mit einer vollständigen Rechtsschutzverweigerung (…).“[985]. Daher muss das Gebot des effektiven Rechtsschutzes, vor allem das Gebot des zeitnahen Rechtsschutzes beinhalten.[986] Darüber hinaus stellt das Beschleunigungsgebot an den Gesetzgeber die Anforderung, das Gerichtsverfahren

982 *BVerfG*, Beschl. v. 7.3.2003, Az. 1 BvR 10/99, Ziff. 33; *BVerfG*, Beschl. v. 11.6.2010, Az. 2 BvR 1046/08, Ziff. 25.

983 *BVerfG*, Beschl. v. 14.12.2010, Az. 1 BvR 404/10; *Schmidt-Aßmann*, Verfahrensgarantien im Bereich des öffentlichen Rechts, in: Matscher (Hrsg.), Verfahrensgarantien im Bereich des öffentlichen Rechts, 89, 109; *Schlette*, Der Anspruch auf gerichtliche Entscheidung in angemessener Frist, S. 25, 27.

984 *Schlette*, Der Anspruch auf gerichtliche Entscheidung in angemessener Frist, S. 29; so auch *Kloepfer*, Verfahrensdauer und Verfassungsrecht, JZ 1978, 209, 212, 215.

985 *Schlette*, Der Anspruch auf gerichtliche Entscheidung in angemessener Frist, S. 24; so auch *Boesche*, Die Brechung des Rechts durch das Mittel der Zeit, in: Boesche/Füller/Wolf (Hrsg.), Festbeigabe für Säcker, 3, 7.

986 *Schlette*, Der Anspruch auf gerichtliche Entscheidung in angemessener Frist, S. 25; auf *Schlette* Bezug nehmend *Boesche*, Die Brechung des Rechts durch das Mittel der Zeit, in: Boesche/Füller/Wolf (Hrsg.), Festbeigabe für Säcker, 3, 7.

durch entsprechende innerstaatliche Regelungen zu beschleunigen.[987] Danach hat der Gesetzgeber im Rahmen seiner Befugnis die Prozessrechtsordnungen so auszugestalten, dass Gerichtsentscheidungen in angemessener Zeit ergehen können.[988] Art. 19 Abs. 4 GG gewährt die Bereitstellung einer Rechtsschutzmöglichkeit gegen unangemessen lange Verfahren.[989] Liegen in den jeweiligen Prozessordnungen keine entsprechenden Rechtsschutzmöglichkeiten vor, dann ist der Gesetzgeber aufgrund der verfassungsrechtlichen Beschleunigungspflicht gehalten, einen entsprechenden Rechtsbehelf einzurichten.[990] Im Sinne eines effektiven Rechtsschutzes müssen die Prozessordnungen entsprechend ausgestaltet werden. Denn effektiver Rechtsschutz bedeutet vor allem rechtzeitiger Rechtsschutz.[991] Eine Verpflichtung zur Schaffung eines präventiv beschleunigenden Rechtsbehelfs folgt daher auch aus dem verfassungsrechtlich verankerten Gebot des effektiven Rechtsschutzes aus Art. 19 Abs. 4 GG.[992]

bb) Die Verpflichtung zur Einrichtung eines präventiv beschleunigenden Rechtsbehelfs zur strukturellen Gewähr von Art. 6 Abs. 1 S. 1 EMRK aus Art. 2 Abs. 1 GG i.V.m. Art. 20 Abs. 3 GG

Eine solche Verpflichtung zur strukturellen Gewähr von Art. 6 Abs. 1 S. 1 EMRK könnte darüber hinaus auch aus Art. 2 Abs. 1 GG i.V.m. Art. 20 Abs. 3 GG folgen. Art. 2 Abs. 1 GG i.V.m. Art. 20 Abs. 3 GG garantiert das Grundrecht auf Gewährung effektiven Rechtsschutzes in zivilrechtlichen Verfahren.[993] Art. 2 Abs. 1 GG

987 *Kloepfer*, Verfahrensdauer und Verfassungsrecht, JZ 1978, 209, 210, 213; vgl. *v. Weber*, Die strafrechtliche Bedeutung der europäischen Menschenrechtskonvention, ZStW 65 (1953), 334, 339.

988 *Kloepfer*, Verfahrensdauer und Verfassungsrecht, JZ 1978, 209, 213.

989 *Kloepfer*, Verfahrensdauer und Verfassungsrecht, JZ 1978, 209, 215; vgl. *ders.*, DVBl. 1977, 740, 740; so auch *Althammer*, Schmerzensgeld wegen überlanger Dauer von Zivilverfahren, JZ 2011, 446, 447.

990 *Kloepfer*, Verfahrensdauer und Verfassungsrecht, JZ 1978, 209, 215.

991 Vgl. *Kloepfer*, Verfahrensdauer und Verfassungsrecht, JZ 1978, 209, 211.

992 So auch *Kloepfer*, Verfahrensdauer und Verfassungsrecht, JZ 1978, 209, 216: „Außerdem ergibt sich aus dem grundgesetzlichen Beschleunigungsgebot eine verfassungsrechtliche Pflicht zur Einführung eines Rechtsbehelfs gegen grundrechtswidrige Verfahrensverzögerung.".

993 *BVerfG*, Beschl. v. 22.8.2013, Az. 1 BvR 1067/12, Ziff. 30; *BVerfG*, Beschl. v. 2.9.2009, Az. 1 BvR 3171/08, Ziff. 22; *BVerfG*, Beschl. v. 30.4.2003, Az. 1 PBvU 1/02, Ziff. 34; *BVerfG*, Beschl. v. 17.11.1999, Az. 1 BvR 1708/99, Ziff. 8; so auch *BVerfG*, Beschl. 20.6.1995, Az. 1 BvR 166/93, Ziff. 29; *BVerfG*, Beschl. v. 2.3.1993, Az. 1 BvR 249/92, Ziff. 20.

umfasst das Recht auf Handlungsfreiheit, welches jedes menschliche Verhalten und den Schutz vor Belastungen und Nachteilen enthält.[994] Dauert ein Verfahren unangemessen lang, dann entstehen dem Betroffenen daraus Nachteile, die wirtschaftlicher oder psychischer Natur sein können.[995] Das Rechtsstaatsprinzip hat einen Anspruch auf ein faires, rechtsstaatliches und justizförmiges Verfahren zum Gegenstand.[996] So beinhaltet es auch das Recht auf eine Entscheidung in angemessener Zeit. Der rechtsstaatliche Kerngehalt von Art. 2 Abs. 1 GG i.V.m. Art. 20 Abs. 3 GG unterscheidet sich daher nicht von der Rechtsweggarantie aus Art. 19 Abs. 4 GG.[997] Effektiver Rechtsschutz meint auch hier das Recht auf Zugang zum Gericht, das Recht auf eine ordnungsgemäße Prüfung und einen Abschluss des Verfahrens innerhalb einer angemessenen Zeit[998]. Das Recht auf eine Entscheidung in angemessener Zeit beinhaltet auch hier wiederum die Pflicht des Gesetzgebers dafür Sorge zu tragen, dass die innerstaatlichen Rechtsschutzsysteme derart ausgestaltet werden, dass das Recht auf eine Entscheidung in angemessener Frist gewährt werden kann. Das Recht beinhaltet daher die Verpflichtung zur Einrichtung eines präventiv beschleunigenden Rechtsbehelfs zur strukturellen Gewähr des Rechts auf eine Entscheidung in angemessener Frist.

d) Die Verpflichtung zur Einrichtung eines präventiv beschleunigenden Rechtsbehelfs zur strukturellen Gewähr von Art. 6 Abs. 1 S. 1 EMRK aus der Rechtsprechung des BVerfG

Eine Verpflichtung zur Schaffung eines präventiv beschleunigenden Rechtsbehelfs im innerstaatlichen Recht, um das Recht aus Art. 6 Abs. 1 S. 1 EMRK zu gewähren, könnte sich zudem aus der Rechtsprechung des BVerfG ergeben. Das BVerfG hat in seiner Rechtsprechung ausgeführt, dass die Garantie wirkungsvollen Rechtsschutzes ein wesentlicher Bestandteil eines Rechtsstaates sei.[999] Ein Teil des wirkungsvollen Rechtsschutzes sei wiederum das Recht auf eine Entscheidung in angemessener Frist.[1000] Es hat die innerstaatlichen Gerichte

994 *Jarass*, in: Jarass/Pieroth, GG-Kommentar, Art. 2 Rn. 1,5.

995 *Plankemann*, Überlange Verfahrensdauer im Strafverfahren, S. 21.

996 *Sachs*, in: Sachs, GG-Kommentar, Art. 20 Rn. 162 ff.

997 *BVerfG*, Beschl. v. 30.4.2003, Az. 1 PBvU 1/02, Ziff. 21.

998 *Sachs*, in: Sachs, GG-Kommentar, Art. 20 Rn. 164.

999 *BVerfG*, Beschl. v. 20.6.1995, Az. 1 BvR 166/93, Ziff. 30; *BVerfG*, Beschl. v. 2.3.1993, Az. 1 BvR 249/92, Ziff. 22.

1000 *BVerfG*, Beschl. v. 2.3.1993, Az. 1 BvR 249/92, Ziff. 22; *BVerfG*, Beschl. v. 20.6.1995, Az. 1 BvR 166/93, Ziff. 30; *BVerfG*, Beschl. v. 20.7.2000, Az. 1 BvR 352/0, Orientierungssatz 1a; *BVerfG*, Beschl. v. 14.10.2003, Az. 1 BvR 901/03, Ziff. 9; *BVerfG*, Beschl.

zunehmend an ihre Pflicht zur Entscheidung in angemessener Frist und an die Einhaltung des verfassungsrechtlichen Beschleunigungsgebots erinnert. Das Grundgesetz garantiere Rechtsschutz vor den Gerichten nicht nur gemäß Art. 19 Abs. 4 GG, sondern auch im Rahmen des allgemeinen Justizgewährungsanspruchs.[1001] Es hat vor allem betont, dass die Gewährung des Beschleunigungsgebotes mit zunehmender Dauer zu beachten sei: „Mit zunehmender Dauer des Verfahrens insgesamt oder in der jeweiligen Instanz verdichtet sich die mit dem Justizgewährungsanspruch verbundene Pflicht des Gerichts, sich nachhaltig um eine Beschleunigung des Verfahrens und um dessen Beendigung zu bemühen."[1002]. Zudem habe das betroffene Gericht stets alle ihm zur Verfügung stehenden Möglichkeiten der Verfahrensbeschleunigung zu nutzen.[1003] Der Staat müsse alle notwendigen Maßnahmen einleiten, damit Gerichtsverfahren in angemessener Frist beendet werden können.[1004] So sei der Staat verpflichtet, durch Organisation der Gerichtsbarkeit die Einhaltung einer angemessenen Verfahrensdauer sicherzustellen.[1005] Das dem wirksamen Rechtsschutz zugrunde liegende Rechtsstaatsprinzip verlange eine funktionsfähige Rechtspflege. Die Gerichte seien demnach mit ausreichend Personal auszustatten.[1006] Zudem habe der Gesetzgeber die Aufgabe das Rechtsschutzsystem „näher auszuformen und insbesondere die prozessualen Voraussetzungen für Rechtsmittel und Rechtsbehelfe festzulegen".[1007] „Die Verfahrensordnung ist so auszugestalten, dass effektiver Rechtsschutz für den einzelnen Rechtsuchenden besteht, aber auch Rechtssicherheit hergestellt wird."[1008] Dabei habe der Gesetzgeber bei der näheren Ausgestaltung des Rechtsbehelfs einen großen Spielraum.[1009]

---

v. 29.3.2005, Az. 2 BvR 1610/03, Ziff. 12; *BVerfG*, Beschl. v. 2.9.2009, Az. 1 BvR 3171/08, Ziff. 22; *BVerfG*, Beschl. v. 13.8.2012, Az. 1 BR 1098/11, Ziff. 16.

1001 *BVerfG*, Beschl. v. 2.3.1993, Az. 1 BvR 249/92, Ziff. 22 f.; *BVerfG*, Beschl. v. 17.11.1999, Az. 1 BvR 1708/99, Ziff. 8; *BVerfG*, Beschl. v. 30.4.2003, Az. 1 PBvU 1/02, Ziff. 37 f.

1002 *BVerfG*, Beschl. v. 20.7.2000, Az. 1 BvR 352/00, Orientierungssatz 1b; so auch *BVerfG*, Beschl. v. 22.8.2013, Az. 1 BvR 1067/12, Ziff. 32; *BVerfG*, Beschl. v. 2.9.2009, Az. 1 BvR 3171/08, Ziff. 22.

1003 *BVerfG*, Beschl. v. 20.7.2000, Az. 1 BvR 352/00, Ziff. 15.

1004 *BVerfG*, Beschl. v. 14.10.2003, Az. 1 BvR 901/03, Ziff. 10; *BVerfG*, Beschl. v. 29.3.2005, Az. 2 BvR 1610/03, Ziff. 13.

1005 *BVerfG*, Beschl. v. 12.12.1973, Az. 2 BvR 558/73, Ziff. 23 ff.; vgl. *BVerfG*, Beschl. v. 14.10.2003, Az. 1 BvR 901/03, Orientierungssatz 4b, Ziff. 10.

1006 *BVerfG*, Beschl. v. 17.11.1999, Az. 1 BvR 1708/99, Ziff. 9.

1007 *BVerfG*, Beschl. v. 30.4.2003, Az. 1 PBvU 1/02, Ziff. 39.

1008 *BVerfG*, Beschl. v. 30.4.2003, Az. 1 PBvU 1/02, Ziff. 39.

1009 *BVerfG*, Beschl. v. 30.4.2003, Az. 1 PBvU 1/02, Ziff. 51.

Das Recht auf eine Entscheidung in angemessener Zeit ist Bestandteil des wirksamen Rechtsschutzes. Es beinhaltet daher auch die Pflicht des Gesetzgebers das innerstaatliche Rechtsschutzsystem derart auszugestalten, dass das Recht auf eine Entscheidung in angemessener Frist gewährt werden kann. Das BVerfG sieht in der Gewährung des wirksamen Rechtsschutzes auch die Pflicht des Gesetzgebers einen Rechtsbehelf zu schaffen, der das Beschleunigungsgebot wahrt.[1010] Eine Verpflichtung zur Schaffung eines präventiv beschleunigenden Rechtsbehelfs folgt daher auch aus der Rechtsprechung des BVerfG.

e) Zusammenfassung zu 1.

Das Recht auf einen rechtzeitigen Rechtsschutz nach der EMRK liegt in der Wahrung und Sicherung des Rechts auf eine Entscheidung in angemessener Frist aus Art. 6 Abs. 1 S. 1 EMRK durch Einrichtung eines präventiv beschleunigenden Rechtsbehelfs im innerstaatlichen Recht. Dauert ein Verfahren vor einem innerstaatlichen Gericht sehr lang und ist es noch anhängig, so muss dem Betroffenen ein Rechtsbehelf zur Verfügung stehen, mit dem er die überlange Verfahrensdauer rügen und das Verfahren beschleunigen kann, bevor eine Verletzung von Art. 6 Abs. 1 S. 1 EMRK eintritt. Mit einem solchen Rechtsbehelf wird eine Konventionsverletzung verhindert. Der Rechtsschutz ist rechtzeitig.

Die Verpflichtung zur Einrichtung eines präventiv beschleunigenden Rechtsbehelf folgt aus Art. 13 EMRK, dem Recht auf einer wirksamen Beschwerde. Die Norm sieht im Fall eines überlangen Verfahrens die Einrichtung eines innerstaatlichen Rechtsbehelfs vor, mit dem der Betroffene das anhängige Verfahren beschleunigen und eine unangemessen lange Verfahrensdauer verhindern kann. Ist das Verfahren bereits beendet, kommt aufgrund der Natur der Verletzung von Art. 6 Abs. 1 S. 1 EMRK eine Wiedergutmachung in Form einer gerechten Entschädigung nach Art. 41 EMRK in Betracht. Die wirksame Beschwerde im Sinne von Art. 13 EMRK erfüllt auch die Anforderungen an eine zeitliche und instanzielle Prävention. Die zeitliche Prävention setzt im Zeitpunkt vor der Konventionsverletzung, bevor eine Konventionsverletzung eintreten kann, an. Sie gewährt damit effektiven Menschenrechtsschutz. Die instanzielle Prävention setzt auf der Ebene des innerstaatlichen Rechts, wo eine Konventionsverletzung ihren Ursprung hat, an. Sie entspricht der Subsidiarität des Menschenrechtsschutzes, wonach zunächst die innerstaatlichen Möglichkeiten auszuschöpfen sind.

1010 *BVerfG*, Beschl. v. 30.4.2003, Az. 1 PBvU 1/02, Ziff. 39.

Der EGMR hat diese Verpflichtung aus Art. 13 EMRK auch bestätigt. So hat der Gerichtshof Art. 13 EMRK neben Art. 6 Abs. 1 EMRK in Fällen von überlangen Verfahren für anwendbar erklärt. Damit hat er einen Grundstein für die Annahme einer Verpflichtung zur Einrichtung eines präventiv wirkenden Rechtsbehelfs gelegt. Zudem hat er eine Verpflichtung aus Art. 13 EMRK bejaht, da die Norm zur Schaffung eines innerstaatlichen Rechtsbehelf verpflichtet, mit dem die Konventionsverletzung festgestellt und mit dem der Verletzung abgeholfen werden kann. Im Fall einer überlangen Verfahrensdauer bedeutet das, dass der Betroffene das Verfahren beschleunigen oder eine angemessene Wiedergutmachung erhalten kann. Ist das Verfahren noch anhängig, ist darauf hinzuwirken, dass es beschleunigt wird und eine Entscheidung in angemessener Zeit ergeht. Ist das Verfahren bereits beendet, so ist dem Betroffenen eine angemessene Entschädigung zu gewähren. Zudem hat der EGMR die Verpflichtung aus Art. 13 EMRK in der Sache *Rumpf* durch die Durchführung eines Musterverfahrens und die Verurteilung Deutschlands zu Schaffung eines solchen Rechtsbehelfs im Sinne von Art. 13 EMRK bekräftigt. Auch das BVerfG hat die Verpflichtung zur Schaffung eines präventiv beschleunigenden Rechtsbehelfs bejaht. Es hat jedoch eine solche Pflicht aus dem eigenen Verfassungsrecht abgeleitet, aus dem in Art. 19 Abs. 4 GG verankerten Prinzip der Effektivität des Rechtsschutzes sowie dem grundgesetzlich in Art. 2 Abs. 1 i.V.m. Art. 20 Abs. 3 GG normierten allgemeinen Justizgewährungsanspruch.[1011] Der Gesetzgeber ist verpflichtet, das Recht auf eine Entscheidung in angemessener Frist zu gewähren. Er ist daher verpflichtet, einen Rechtsbehelf zu schaffen, der das Beschleunigungsgebot wahrt, und das innerstaatliche Rechtsschutzsystem entsprechend anzupassen.[1012] Es besteht folglich eine Verpflichtung zur Einrichtung eines präventiv beschleunigenden Rechtsbehelfs im innerstaatlichen Recht aus Art. 13 EMRK zur strukturellen Gewähr von Art. 6 Abs. 1 S. 1 EMRK.

1011 *BVerfG*, Beschl. v. 28.10.1975, Az. 2 BvR 883/73, 2 BvR 379/74, 2 BvR 497/74, 2 BvR 526/74, Ziff. 49; *BVerfG*, Beschl. v. 27.3.1980, Az. 2 BvR 316/80, Ziff. 3; *BVerfG*, Beschl. v. 16.5.1995, Az. 1 BvR 1087/91, Ziff. 28; *Grabenwarter/Pabel*, in: Dörr/Grote/Marauhn (Hrsg.), Konkordanz-Kommentar, Kap. 14 Rn. 9; *Zuck*, Die Gewährleistung effektiven Rechtsschutzes im Zivilprozess, NJW 2013, 1132, 1132 f.

1012 *BVerfG*, Beschl. v. 30.4.2003, Az. 1 PBvU 1/02, Ziff. 39.

2. Die Umsetzung der Anforderungen an den rechtzeitigen Rechtsschutz im innerstaatlichen Recht

Es besteht eine Verpflichtung zur Schaffung eines präventiv beschleunigenden Rechtsbehelfs zur strukturellen Garantie des Rechts auf eine Entscheidung in angemessener Frist aus Art. 6 Abs. 1 S. 1 EMRK. Die Pflicht folgt – wie unter Ziffer 1. bereits ausführlich erläutert – aus dem Völkerrecht und dem innerstaatlichen Recht. Nach mehrmaliger Verurteilung durch den EGMR – zuletzt in der Sache *Rumpf* – hat Deutschland im Jahr 2011 ein Gesetz über den Rechtsschutz bei überlangen Gerichtsverfahren und strafrechtlichen Ermittlungsverfahren[1013] eingeführt. Ob und inwiefern dieses Gesetz tatsächlich den Anforderungen an einen präventiv beschleunigenden Rechtsbehelf im Sinne von Art. 13 EMRK genügt und ob Deutschland damit den Anforderungen der EMRK tatsächlich gerecht geworden ist, wird Gegenstand der untenstehenden Untersuchung sein. Dabei ist zunächst zu prüfen, welche Maßnahmen es vor der Einführung des Gesetzes gab und ob diese den Anforderungen von Art. 13 EMRK an einen rechtzeitigen Menschenrechtschutz genügten. Danach ist das Gesetz über den Rechtsschutz bei überlangen Gerichtsverfahren und strafrechtlichen Ermittlungsverfahren näher zu untersuchen und zu bewerten.

a) *Bestehende innerstaatliche Rechtsbehelfe zur Einhaltung der angemessenen Verfahrensdauer und ihre Vereinbarkeit mit der EMRK (vor 2011)*

Vor der Einführung des Gesetzes über den Rechtsschutz bei überlangen Gerichtsverfahren und strafrechtlichen Ermittlungsverfahren gab es im innerstaatlichen Recht – laut der Rechtsprechung des EGMR[1014] – keinen Rechtsbehelf, mit dem sich ein Betroffener wirksam gegen eine unangemessen lange Verfahrensdauer wehren konnte. Dabei existierten und existieren in der deutschen Rechtsordnung zahlreiche Rechtsbehelfe, wie die Dienstaufsichtsbeschwerde, die Verfassungsbeschwerde oder die Klage auf Schadensersatz aus Amtshaftung, die als Rechtsbehelfe im Sinne von Art. 13 EMRK in Betracht kommen. Auch hat die Rechtsprechung zum Teil eine Untätigkeitsbeschwerde als außerordentlichen Rechtsbehelf bei überlangen Gerichtsverfahren angewandt.[1015]

1013 BGBl I, 2302.

1014 *EGMR*, Urt. v. 8.6.2006, 75529/01 – Sürmeli; *EGMR*, Urt. v. 2.12.2010, 46344/06 – Rumpf.

1015 so beispielsweise *LAG Rheinland-Pfalz*, Beschl. v. 8.7.2008, Az. 2 Ta 129/08; *OLG Brandenburg*, Beschl. v. 22.1.2009, Az. 10 WF 253/08; *OLG Stuttgart*, Beschl. v.

Gemäß der Rechtsprechung des EGMR genügten diese Möglichkeiten jedoch nicht den Anforderungen von Art. 13 EMRK an eine „effective remedy" gegen überlange Verfahren. Dies hatte der EGMR in seiner Entscheidung in der Sache *Sürmeli*[1016] erklärt und in der Entscheidung *Rumpf*[1017] noch einmal bestätigt. Vorliegend ist jedoch die Frage zu untersuchen, ob diese Beschwerdemöglichkeiten den Anforderungen an einen rechtzeitigen Menschenrechtsschutz genügen und einen präventiv beschleunigenden Rechtsbehelf im Sinne von Art. 13 EMRK darstellen.

aa) Die Untätigkeitsbeschwerde

Bleibt ein Gericht in einem Verfahren längere Zeit untätig, so kann der Betroffene vor diesem Gericht die Untätigkeitsbeschwerde erheben. Damit kann das Gericht zu einer Entscheidung in dem betroffenen Verfahren oder zu einer Förderung des Verfahrens angehalten werden. Jedoch ist die Untätigkeitsbeschwerde im deutschen Verfahrensrecht nicht gesetzlich normiert.[1018] So wurde sie jahrelang von einzelnen Gerichten als außerordentliche Untätigkeitsbeschwerde angewandt.[1019] Ihre Anwendung war jedoch umstritten. Sie wurde bei unterschiedlichen Gerichten unter verschiedenen Zulässigkeitsvoraussetzungen zugelassen. Es fehlte somit an einer einheitlichen Praxis und der, für ein Rechtsmittel erforderlichen, Rechtsmittelklarheit.[1020]

3.5.2010, Az. 16 WF 34/10; *OLG Bremen*, Beschl. v. 21.6.2010, Az. 1 S 130/10; *LG Frankfurt (Oder)*, Beschl. v. 28.7.2010, Az. 6a T 40/10.

1016 *EGMR*, Urt. v. 8.6.2006, 75529/01, Ziff. 103 ff. – Sürmeli.

1017 *EGMR*, Urt. v. 2.12.2010, 46344/06, Ziff. 51 – Rumpf.

1018 Jedoch gibt es auch Stimmen, nach denen es auf eine ausdrückliche gesetzliche Regelung nicht ankommt. Denn ein solches Rechtsschutzbegehren kann auch durch entsprechende richterliche Rechtsfortbildung geschehen; so *Schlette*, Der Anspruch auf gerichtliche Entscheidung in angemessener Frist, S. 49.

1019 So beispielsweise *LAG Rheinland-Pfalz*, Beschl. v. 8.7.2008, Az. 2 Ta 129/08; *OLG Brandenburg*, Beschl. v. 22.1.2009, Az. 10 WF 253/08; *OLG Stuttgart*, Beschl. v. 3.5.2010, Az. 16 WF 34/10; *OLG Bremen*, Beschl. v. 21.6.2010, Az. 1 S 130/10; *LG Frankfurt (Oder)*, Beschl. v. 28.7.2010, Az. 6a T 40/10.

1020 *EGMR*, Urt. v. 8.6.2006, 75529/01, Ziff. 110 – Sürmeli. Im innerstaatlichen Recht hat das *BVerfG* hohe Anforderungen an den Grundsatz der Rechtsmittelklarheit gestellt. Ein Rechtsbehelf muss in geschriebener Form geregelt und für den Bürger klar erkennbar sein; *BVerfG*, Beschl. v. 30.4.2003, Az. 1 PBvU 1/02, Ziff 68. Diese Voraussetzungen waren im Fall der Untätigkeitsbeschwerde nicht gegeben.

Im Jahr 2005 legte die Bundesregierung einen Referentenentwurf für das Gesetz über die Rechtsbehelfe bei Verletzung des Rechts auf ein zügiges gerichtliches Verfahren, das Untätigkeitsbeschwerdegesetz, vor.[1021] Der Entwurf des Untätigkeitsbeschwerdegesetzes sah eine Änderung des Gerichtsverfahrensgesetzes vor. Er sah ein Beschwerderecht gegen überlange Verfahren für die Verfahrensbeteiligten vor. Hatte das Gericht den Fortgang des Verfahrens nicht befördert und beispielsweise keinen Termin zur mündlichen Verhandlung bestimmt oder keine rechtlichen Hinweise gegeben, dann lag Untätigkeit des Gerichts vor. Diese konnte der Betroffene mit der Beschwerde rügen. Nach dem Gesetzesentwurf sollte die Beschwerde dazu führen, dass innerhalb eines Monats Maßnahmen durch das anhängige Gericht ergriffen werden, um das Verfahren zu beschleunigen oder zu beenden. Andernfalls hatte das nächsthöhere Gericht über die Beschwerde zu entscheiden und dem anhängigen Gericht – im Fall der Begründetheit der Beschwerde – eine Frist zum Ergreifen von prozessbeschleunigenden oder -beendigenden Maßnahmen in angemessener Zeit zu setzen.[1022] Dazu gab es jedoch vor allem aus der Richterschaft Kritik. Diese sah in der Untätigkeitsbeschwerde die richterliche Unabhängigkeit aus Art. 97 GG in Gefahr.[1023] Die Untätigkeitsbeschwerde verletze die richterliche Unabhängigkeit, da das Beschwerdegericht dem Ausgangsgericht vor deren Entscheidungsfindung bestimmte Verfahrenshandlungen vorgeben könne.[1024] Darüber hinaus bestand die Befürchtung, dass die Beschwerdemöglichkeit zu einer Mehrbelastung für die Justiz und somit zu weiteren Verzögerungen des Verfahrens führe und dadurch kontraproduktiv werde.[1025] Auch wurde die Verursachung weiterer

1021 Gesetzesentwurf der Bundesregierung vom 22.8.2005, abrufbar unter: http://www.gesmat.bundesgerichtshof.de/gesetzesmaterialien/15_wp/untaetigkeitsbeschwerde/gesetzentwurf_22_08_05.pdf.

1022 So *Steinbeiß-Winkelmann*, Rechtsschutz bei überlangen Gerichtsverfahren, ZRP 2010, 205, 206; siehe auch *Köhler*, Rechtsschutz bei überlangen (sozial)gerichtlichen Verfahren, SdL 2010, 179, 192.

1023 Siehe *Köhler*, Rechtsschutz bei überlangen (sozial)gerichtlichen Verfahren, SdL 2010, 179, 193 m.V.a. *Steinbeiß-Winkelmann*, Die Verfassungsbeschwerde als Untätigkeitsbeschwerde?, NJW 2008, 1783, 1783.

1024 Siehe *Köhler*, Rechtsschutz bei überlangen (sozial)gerichtlichen Verfahren, SdL 2010, 179, 193 m.V.a. *Steinbeiß-Winkelmann*, Die Verfassungsbeschwerde als Untätigkeitsbeschwerde?, NJW 2008, 1783, 1783.

1025 *Steinbeiß-Winkelmann*, in: Steinbeiß-Winkelmann/Ott, Rechtsschutz bei überlangen Gerichtsverfahren, Rn. 159.

Kosten befürchtet.[1026] Vor allem wurde kritisiert, dass der Entwurf des Untätigkeitsbeschwerdegesetzes als Ursache für Verfahrensverzögerungen das richterliche Fehlverhalten sehe. Dabei seien Verzögerungen zumeist auf Defizite in der Gerichtsorganisation oder Ausstattung zurückzuführen.[1027]

In dem Urteil in der Sache *Sürmeli* hatte der EGMR den Entwurf des Untätigkeitsbeschwerdegesetzes gelobt und hervorgehoben, dass sich der deutsche Gesetzgeber erfreulicherweise für einen präventiven Rechtsbehelf und damit für die beste Lösung zur Behebung des Problems der unangemessen langen Verfahren entschieden hatte. Jedoch blieb die Kritik an dem Gesetzesentwurf und seine Ablehnung durch die Richterschaft auch nach dem Urteil des EGMR in der Sache *Sürmeli* bestehen. Zudem wurde die – nach dem Urteil in der Sache *Sürmeli* überaus unberechtigte – Frage wiederholt, ob überhaupt Anlass für ein Handeln durch den Gesetzgeber bestand.[1028] Auch ein Expertensymposium führte zu keinem Konsens über den Entwurf der Untätigkeitsbeschwerde. Die Bedenken der Richterschaft blieben bestehen. Auch die Darstellung des österreichischen Modells der Untätigkeitsbeschwerde, des Fristsetzungsantrags gemäß § 91 GOG[1029], und dessen erfolgreiche Bewährung in der Praxis überzeugten nicht. Dabei hatten Staatsrechtler die Untätigkeitsbeschwerde als mit Art. 97 GG vereinbar erklärt.[1030] Vertreter der Richterverbände hatten eine solche Vereinbarkeit jedoch abgelehnt.[1031] Der Entwurf scheiterte und wurde schließlich nicht beschlossen.

Dabei überzeugt das Argument der Gefährdung der richterlichen Unabhängigkeit nicht. So hat *Schlette* ausgeführt, dass die richterliche Unabhängigkeit vorrangig gegen die Exekutive und Legislative wirke.[1032] Die Judikative sei nur in

---

1026 *Steinbeiß-Winkelmann*, in: Steinbeiß-Winkelmann/Ott, Rechtsschutz bei überlangen Gerichtsverfahren, Rn. 93 f.

1027 *Steinbeiß-Winkelmann*, in: Steinbeiß-Winkelmann/Ott, Rechtsschutz bei überlangen Gerichtsverfahren, Rn. 159.

1028 *Steinbeiß-Winkelmann*, in: Steinbeiß-Winkelmann/Ott, Rechtsschutz bei überlangen Gerichtsverfahren, Rn. 188 m.w.N.; so bereits *dies.* unter Rn. 72, 79 und 81.

1029 *Redeker* schlägt die Schaffung einer Untätigkeitsbeschwerde vor am Beispiel von § 91 des österreichischen Organisationsgesetzes; *Redeker*, Kann eine Untätigkeitsbeschwerde helfen?, NJW 2003, 488, 489. Mehr dazu auch in *Meyer-Ladewig*, Rechtsbehelfe gegen Verzögerungen im gerichtlichen Verfahren, NJW 2001, 2679, 2680.

1030 *Steinbeiß-Winkelmann*, in: Steinbeiß-Winkelmann/Ott, Rechtsschutz bei überlangen Gerichtsverfahren, Rn. 206.

1031 Siehe dazu detaillierter *Steinbeiß-Winkelmann*, in: Steinbeiß-Winkelmann/Ott, Rechtsschutz bei überlangen Gerichtsverfahren, Rn. 200 ff.

1032 *Schlette*, Der Anspruch auf gerichtliche Entscheidung in angemessener Frist, S. 49.

sehr geringem Umfang von einer Einschränkung der richterlichen Unabhängigkeit betroffen. Darüber hinaus werde die richterliche Unabhängigkeit durch das Gebot einer Rechtsschutzgewährung in angemessener Frist aus Art. 19 Abs. 4 GG begrenzt.[1033] „Das ‚Liegenlassen' oder gar ‚Verwesen-Lassen' unangenehmer Fälle ist nicht Ausfluss richterlicher Unabhängigkeit, sondern amtspflicht- und verfassungswidrig."[1034] *Schlette* plädiert daher für ein echtes Rechtsmittel gegen die richterliche Untätigkeit. Dies diene dem Vertrauen in die Justiz, weil dadurch sichtbar werde, dass die Justiz auch sich selbst kontrolliere und sich kontrollieren lasse.[1035] Der Vortrag von *Schlette* ist nachvollziehbar. Bei der Richterschaft handelt es sich um den einzigen Berufsstand, der keiner Überprüfung unterliegt.[1036] Es ist nicht nachvollziehbar, warum eine Überprüfung die richterliche Unabhängigkeit verletzen soll. Eine Überprüfung kann auch im Rahmen von Art. 97 GG vollzogen werden. Sie muss nicht zwangsläufig dazu führen, dass den Richtern vorgegeben wird, was sie wann zu tun haben. Darüber hinaus darf nicht außer Acht gelassen werden, dass ihnen im Rahmen ihrer Unabhängigkeit auch die Einhaltung des Rechts aus Art. 19 Abs. 4 GG obliegt.[1037]

1033 *Schlette*, Der Anspruch auf gerichtliche Entscheidung in angemessener Frist, S. 49.

1034 *Schlette*, Der Anspruch auf gerichtliche Entscheidung in angemessener Frist, S. 49 m.V.a. *Ossenbühl*, JZ 1998, 679, 679.

1035 *Schlette*, Der Anspruch auf gerichtliche Entscheidung in angemessener Frist, S. 50; *Lansnicker* und *Schwirtzek* kritisieren ebenfalls, dass die innerstaatlichen Gerichte bei der Terminierung „absolut keiner Kontrolle und keiner Sanktion" unterliegen. Dies sei „im Ergebnis nicht akzeptabel". Sie fordern die richterliche Tätigkeit einer Überprüfung und Kontrolle zu unterziehen, *Lansnicker/Schwirtzek*, Rechtsverhinderung durch überlange Verfahrensdauer, NJW 2001, 1969, 1973.

1036 *Redeker* führt dazu aus: „Richterliche Tätigkeit kann sich nicht als einziger Beruf in der Bundesrepublik Deutschland jeder Überprüfung und Kontrolle seiner Arbeitsweise entziehen.", *Redeker*, Justizgewährungspflicht des Staates versus richterliche Unabhängigkeit?, NJW 2000, 2796, 2798.

1037 *Schlette*, Der Anspruch auf gerichtliche Entscheidung in angemessener Frist, S. 49. *Steinbeiß-Winkelmann* schließt sich dem dahin gehend an, als dass sie zu beachten gibt, dass die richterliche Unabhängigkeit die gesetzliche Einführung einer Untätigkeitsbeschwerde nicht ausschließe, da Art. 97 Abs. 1 GG auch der Erfüllung der Justizgewährungspflicht diene. Jedoch stellt sie im Ergebnis darauf ab, dass die Ausgestaltung einer solchen Beschwerde aufgrund der Ausübung des Entscheidungsdrucks auf den Richter mit der richterlichen Unabhängigkeit in Konflikt geraten könne. Dieser müsse in seiner Entscheidungsfindung stets frei sein. Daher bezeichnet sie die Beziehung der richterlichen Unabhängigkeit zu der von der EMRK geforderten Effektivität des Rechtsbehelfs im Sinne von Art. 13 EMRK als Spannungsverhältnis; *Steinbeiß-Winkelmann*, in: Steinbeiß-Winkelmann/Ott, Rechtsschutz bei überlangen

Unabhängig von der Frage nach der richterlichen Unabhängigkeit erfüllte der Entwurf der Untätigkeitsbeschwerde die Anforderungen des Art. 13 EMRK an einen präventiv beschleunigenden Rechtsbehelf zur Gewährung rechtzeitigen Menschenrechtsschutzes. Die vorgesehene Beschwerdemöglichkeit hatte eine präventiv beschleunigende Wirkung, weil sie das Ergreifen von verfahrensbeschleunigenden oder verfahrensbeendenden Maßnahmen vorsah. In der Entscheidung *Sürmeli* hatte der EGMR gelobt, dass sich der deutsche Gesetzgeber mit der Untätigkeitsbeschwerde für einen präventiven Rechtsbehelf und damit für einen mit dem Geist der Konvention am Besten zu vereinbaren Rechtsbehelf entschieden hatte. Die Untätigkeitsbeschwerde setzte bei der Ursache der überlangen Verfahrensdauer an und bot dadurch besseren Schutz als ein rein kompensatorischer Rechtsbehelf.[1038] Aufgrund ihrer präventiv beschleunigenden Wirkung und des „Lobs" durch den EGMR kam der Entwurf der Untätigkeitsbeschwerde als mögliche präventiv wirkende Beschwerdemöglichkeit nach Art. 13 EMRK zur Gewährung rechtzeitigen Menschenrechtsschutzes in Betracht. Mangels Beschlusses konnte die Untätigkeitsbeschwerde jedoch weiterhin nur als außerordentlicher Rechtsbehelf angewandt werden. Dabei stellte sich nach Inkrafttreten des Gesetzes gegen überlange Gerichtsverfahren grundsätzlich die Frage nach ihrer Anwendbarkeit. Denn gemäß der Gesetzesbegründung wurde mit dem Gesetz gegen überlange Gerichtsverfahren eine außerordentliche Untätigkeitsbeschwerde hinfällig.[1039] Die Kombination aus Verzögerungsrüge und Entschädigungsanspruch sollte den innerstaatlichen Rechtsschutz gegen unangemessen lange Verfahren entsprechend erweitert haben.[1040] Die

---

Gerichtsverfahren, Rn. 131 f. m.V.a. *Schulze-Fielitz*, in: Dreier, GG-Kommentar, Bd. III, 2. Aufl., Art. 97 Rn. 14, 17.

1038 *EGMR*, Urt. v. 8.6.2006, 75529/01, Ziff. 138 – Sürmeli.

1039 Laut Gesetzesbegründung sind außerordentliche Rechtsbehelfe grundsätzlich hinfällig geworden, da § 198 GVG „das Rechtsschutzproblem bei überlanger Verfahrensdauer abschließend lösen soll", BT-Drs. 17/3802, S. 16; dazu auch *Steinbeiß-Winkelmann* in: Steinbeiß-Winkelmann/Ott, Rechtsschutz bei überlangen Gerichtsverfahren, Rn. 377. Jedoch bezweifelt *Ossenbühl* diese Hinfälligkeit einer außerordentlichen Untätigkeitsbeschwerde, da seiner Ansicht nach der Anspruch aus § 198 GVG nicht den Anforderungen an einen präventiv beschleunigenden Rechtsbehelf genügt und die Lücke im Rechtsschutzsystem nicht geschlossen hat. Überdies genüge die Erklärung über die Abgeschlossenheit der Regelung allein in der Gesetzesbegründung nicht; *Ossenbühl*, Staatshaftung bei überlangen Gerichtsverfahren, DVBl. 2012, 857, 859 f.

1040 *Steinbeiß-Winkelmann* in: Steinbeiß-Winkelmann/Ott, Rechtsschutz bei überlangen Gerichtsverfahren, Rn. 377.

Untätigkeitsbeschwerde entfällt daher als präventiv beschleunigender Rechtsbehelf im Sinne von Art. 13 EMRK.

bb) Die Dienstaufsichtsbeschwerde

Die Dienstaufsichtsbeschwerde stellt eine Beschwerdemöglichkeit dar, mit der die Verletzung einer Dienstpflicht gerügt werden kann. Für den Fall, dass ein Gerichtsverfahren zu lange dauert, kommt eine Dienstaufsichtsbeschwerde gegen den am Verfahren beteiligten Richter aus § 26 Abs. 2 DRiG in Betracht. Die Dienstaufsichtsbeschwerde nach § 26 Abs. 2 DRiG ist aber keine präventiv wirkende Beschwerdemöglichkeit zur Gewährung von rechtzeitigem Menschenrechtsschutz. Bei der Dienstaufsichtsbeschwerde nach § 26 Abs. 2 DRiG handelt es sich um eine dienstinterne Kontrolle.[1041] Sie hat keinen Einfluss auf das anhängige Gerichtsverfahren.[1042] Sie kann es weder beschleunigen, noch beenden. Das folgt vor allem aus dem Grundsatz der richterlichen Unabhängigkeit. Dem Richter dürfen keine Weisungen erteilt werden, da andernfalls die richterliche Unabhängigkeit tangiert ist.[1043] Auch sieht die Beschwerde keine Kompensation in Geld vor, wenn sich die Konventionsverletzung bereits in dem überlangen Gerichtsverfahren manifestiert hat. In § 26 Abs. 2 DRiG heißt es: „Die Dienstaufsicht umfaßt vorbehaltlich des Absatzes 1 auch die Befugnis, die ordnungswidrige Art der Ausführung eines Amtsgeschäfts vorzuhalten und zu ordnungsgemäßer, unverzögerter Erledigung der Amtsgeschäfte zu ermahnen.“. Danach kann der Richter zu einer „unverzögerten Erledigung seiner Amtsgeschäfte“ aufgefordert werden. Als Maßnahme der Dienstaufsicht kommen im Bereich der richterlichen Tätigkeit nur noch der Vorhalt und die Ermahnung in Betracht.[1044] Nicht möglich ist es, direkten Einfluss auf die Verfahrensgestaltung zu nehmen.[1045] Dazu gehören alle der Vorbereitung und der Durchführung der richterlichen Amtshandlung dienenden Tätigkeiten, wie beispielsweise

---

1041 *Schlette*, Der Anspruch auf gerichtliche Entscheidung in angemessener Frist, S. 49.

1042 *Boesche*, Die Brechung des Rechts durch das Mittel der Zeit, in: Boesche/Füller/Wolf (Hrsg.), Festbeigabe für Säcker, 3, 14; *Schlette*, Der Anspruch auf gerichtliche Entscheidung in angemessener Frist, S. 50.

1043 *Boesche*, Die Brechung des Rechts durch das Mittel der Zeit, in: Boesche/Füller/Wolf (Hrsg.), Festbeigabe für Säcker, 3, 9; *Schlette*, Der Anspruch auf gerichtliche Entscheidung in angemessener Frist, S. 49; so auch *Lansnicker/Schwirtzek*, Rechtsverhinderung durch überlange Verfahrensdauer, NJW 2001, 1969, 1973.

1044 *BGH*, Urt. v. 23.10.1963, Az. RiZ 1/62, Ziff. 42; *Schmidt-Räntsch*, DRiG-Kommentar, § 26 Rn. 23.

1045 *BGH*, Urt. v. 23.10.1963, Az. RiZ 1/62.

die Terminbestimmung, die Ladungen, die Prozessleitung, die Beweisaufnahme oder das Abfassen des Urteils[1046].[1047] Das kann als Einflussnahme auf die konkrete Sachbehandlung gelten, was nicht erlaubt ist.[1048] Eine präventiv beschleunigende Wirkung geht daher nicht von der Dienstaufsichtsbeschwerde aus.

cc) Die Verfassungsbeschwerde

Die Verfassungsbeschwerde stellt eine weitere Rechtsschutzmöglichkeit dar. Sie ist jedoch ebenfalls nicht geeignet, das Recht auf eine Entscheidung in angemessener Frist aus Art. 6 Abs. 1 S. 1 EMRK zu gewähren. Sie stellt keinen präventiv beschleunigenden Rechtsbehelf dar, um gegen eine überlange Verfahrensdauer vorzugehen.[1049] Grundsätzlich garantiert das Grundgesetz das Recht auf ein zügiges Verfahren. Eine Verletzung dieses Rechts kann mit einer Verfassungsbeschwerde vor dem BVerfG gerügt werden. Jedoch fehlt es der Verfassungsbeschwerde an einer direkten Einflussnahme auf das überlange Verfahren. Das BVerfG stellt eine Rechtsverletzung lediglich fest. Es kann dem Gericht gegenüber, bei dem das gerügte Verfahren anhängig ist, keine verfahrensbeschleunigenden oder -beendenden Maßnahmen anordnen. Auch kann es dem Betroffenen keine Entschädigung in Geld als Wiedergutmachung zusprechen.[1050] Dem steht erneut die richterliche Unabhängigkeit des zuständigen Gerichts entgegen. Zur Beschleunigung eines anhängigen Verfahrens kann das BVerfG eine verfassungswidrige Verfahrensdauer feststellen und das zuständige Gericht auffordern, die notwendigen Maßnahmen zur Verfassungsmäßigkeit und Beendigung des Verfassungsverstoßes zu ergreifen. Es kann die Maßnahmen aber mangels Befugnis[1051] nicht

1046 *BGH*, Urt. v. 23.10.1963, Az. RiZ 1/62, Ziff. 25.

1047 *Schmidt-Räntsch*, DRiG-Kommentar, § 26 Rn. 20.

1048 *Schmidt-Räntsch*, DRiG-Kommentar, § 26 Rn 20; *Steinbeiß-Winkelmann*, in: Steinbeiß-Winkelmann/Ott, Rechtsschutz bei überlangen Gerichtsverfahren, Rn. 53 m.w.N.

1049 Anders hierzu *Brockmöller/Weichbrodt*, Rechtsschutz bei überlanger Dauer gerichtlicher Verfahren, NdsVBl. 2010, 225, 227 ff., die die Verfassungsbeschwerde als wirksamen Rechtsbehelf bewerten und einen Handlungsbedarf durch den Gesetzgeber anzweifeln.

1050 *Steinbeiß-Winkelmann*, in: Steinbeiß-Winkelmann/Ott, Rechtsschutz bei überlangen Gerichtsverfahren, Rn. 181.

1051 Die Befugnis des *BVerfG* ist lediglich auf die Feststellung der unangemessen langen Verfahrensdauer beschränkt; *BVerfG*, Beschl. v. 6.12.2004, Az. 1 BvR 1977/04, Ziff. 4.

anordnen.[1052] Es fehlt folglich an der Wirksamkeit der Beschwerdemöglichkeit im Sinne von Art. 13 EMRK.

dd) *Die Klage auf Schadensersatz aus Amtshaftung gemäß § 839 BGB i.V.m. Art. 34 S. 1 GG*

Der Anspruch auf Schadensersatz aus Amtshaftung gewährt ebenso keinen wirksamen Rechtsbehelf im Sinne von Art. 13 EMRK zur Gewährung von rechtzeitigem Menschenrechtsschutz. Er kompensiert lediglich die überlange Verfahrensdauer, er beinhaltet aber keine vorbeugende Komponente, die das anhängige Gerichtsverfahren beschleunigt oder beendet und damit verhindert, dass eine Verletzung des Rechts aus Art. 6 Abs. 1 S. 1 EMRK eintreten kann.

Darüber hinaus sind die Erfolgsaussichten bei der Geltendmachung des Anspruchs auf Schadensersatz aus Amtshaftung aus § 839 BGB i.V.m. Art. 34 GG in Fällen unangemessen langer Verfahrensdauer gering. Ansprüche aus Amtshaftung aufgrund einer unangemessen langen Verfahrensdauer kommen zumeist nur in Betracht, wenn die unangemessen lange Dauer auf einer Amtspflichtverletzung des mit der Sache befassten Richters beruht.[1053] Dieser muss die Pflicht zur Beschleunigung des Gerichtsverfahrens verletzt haben, die bereits aus dem verfassungsrechtlichen Gebot des effektiven und zeitnahen Rechtsschutzes folgt.[1054] Eine Verletzung wird dann angenommen, wenn es sich um einen besonders groben Verstoß jenseits der Vertretbarkeitsgrenze handelt.[1055]

1052 So *EGMR*, Urt. v. 8.6.2006, 75529/01, Ziff. 105 – Sürmeli. Darin erklärte der EGMR: „(...) the German Federal Constitutional Court is not empowered to set deadlines for the lower court or to order other measures to speed up the proceedings in issue; nor is it able to award compensation." und „that it was not its task to order the courts to take specific measures to expedite proceedings, that being a matter for assessment by the court dealing with the case.".

1053 *Boesche*, Die Brechung des Rechts durch das Mittel der Zeit, in: Boesche/Füller/Wolf (Hrsg.), Festbeigabe für Säcker, 3, 17; siehe dazu detaillierter *Schlette*, Der Anspruch auf gerichtliche Entscheidung in angemessener Frist, S. 64 ff. m.w.N.; *Plankemann*, Überlange Verfahrensdauer im Strafverfahren, S. 201.

1054 *Schlette*, Der Anspruch auf gerichtliche Entscheidung in angemessener Frist, S. 64; *Remus*, Amtshaftung bei verzögerter Amtstätigkeit des Richters, NJW 2012, 1403, 1404; vgl. dazu *BGH*, Urt. v. 11.1.2007, Az. III ZR 302/05, Ziff. 17 ff.

1055 *BGH*, Urt. v. 3.7.2003, Az. III ZR 326/02, Ziff. 2; *BGH*, Urt. v. 5.10.2006, Az. III ZR 283/05, Ziff. 19. *Althammer* sieht darin im Ergebnis eine Haftung für Vorsatz oder grobe Fahrlässigkeit; *Althammer*, Schmerzensgeld wegen überlanger Dauer von Zivilverfahren, JZ 2011, 446, 448.

Das Richterspruchprivileg aus § 839 Abs. 2 S. 1 BGB ist in Fällen überlanger Verfahren aufgrund von § 839 Abs. 2 S. 2 BGB nicht anwendbar, da § 839 Abs. 2 S. 1 BGB „auf eine pflichtwidrige Verweigerung oder Verzögerung der Ausübung des Amts" nicht anwendbar ist. Hat die Justizverwaltung Maßnahmen unterlassen, die die Gewährung des Rechts auf eine Entscheidung in angemessener Frist sicherstellen, dann hat sie die Ursache für die Rechtsverletzung gesetzt. Das können beispielsweise die Normierung notwendiger Beschleunigungsvorschriften und wirksame Rechtsmittel, wie die Untätigkeitsbeschwerde, sein. Dann kommt eine Amtspflichtverletzung aus Organisationsverschulden in Betracht.[1056] Dabei tragen alle, die am Verfahren beteiligt sind, Verantwortung für die Verzögerungen des Verfahrens.[1057] Ist der Gesetzgeber für die Verzögerung verantwortlich, so kommt nur eine Haftung für legislatives Unrecht in Betracht. Diese ist jedoch nur unter ganz bestimmten Voraussetzungen zu bejahen. Amtshaftungsansprüche scheiden dann zumeist aus.[1058]

ee) Zwischenergebnis zu a)

Die vorhandenen Rechtsbehelfe erfüllen nicht die Anforderungen der EMRK und des EGMR an einen rechtzeitigen Menschenrechtsschutz. Lediglich die Untätigkeitsbeschwerde stellt einen präventiv beschleunigenden Rechtsbehelf im Sinne von Art. 13 EMRK dar. Mangels gesetzlicher Normierung und aufgrund des Scheiterns des Untätigkeitsbeschwerdegesetzes besteht für den Betroffenen

---

1056 *Schlette*, Der Anspruch auf gerichtliche Entscheidung in angemessener Frist, S. 66 m.w.N.; *Boesche*, Die Brechung des Rechts durch das Mittel der Zeit, in: Boesche/Füller/Wolf (Hrsg.), Festbeigabe für Säcker, 3, 18; *Plankemann*, Überlange Verfahrensdauer im Strafverfahren, S. 201; *Althammer*, Schmerzensgeld wegen überlanger Dauer von Zivilverfahren, JZ 2011, 446, 448; *Althammer/Schäuble*, Effektiver Rechtsschutz bei überlanger Verfahrensdauer, NJW 2012, 1, 5 f. Zur Darlegungs- und Beweislast des Organisationsverschuldens siehe *Remus*, Amtshaftung bei verzögerter Amtstätigkeit des Richters, NJW 2012, 1403, 1406.

1057 *Boesche* betont dazu, dass alle am Verfahren Beteiligten zur Verzögerung beitragen können. Im Hinblick auf die Mitarbeiter der Justizverwaltung schreibt sie: „Die Mitarbeiter der Justizverwaltung, die jeder an sich auch Verantwortung für eine zügige Verfahrensabwicklung tragen. Allein die Bewusstmachung, sei es auch nur von Verantwortungspartikeln könnte manchen unter ihnen staunen und laufen lernen.", *Boesche*, Die Brechung des Rechts durch das Mittel der Zeit, in: Boesche/Füller/Wolf (Hrsg.), Festbeigabe für Säcker, 3, 18.

1058 Siehe dazu genauer *Schlette*, Der Anspruch auf gerichtliche Entscheidung in angemessener Frist, S. 66 m.w.N.

jedoch nicht die Möglichkeit, diesen Rechtsbehelf geltend zu machen. Darüber hinaus ist er seit Inkrafttreten des Gesetzes über den Rechtsschutz bei überlangen Gerichtsverfahren und strafrechtlichen Ermittlungsverfahren nicht anwendbar.

b) Das Gesetz über den Rechtsschutz bei überlangen Gerichtsverfahren und strafrechtlichen Ermittlungsverfahren (ÜVerfBesG)

Nachdem der EGMR in seinem Urteil in der Sache *Rumpf* die überlange Verfahrensdauer als strukturelles Problem bezeichnet und Deutschland dazu verurteilt hat, innerhalb eines Jahres, nachdem das Urteil endgültig geworden ist, einen wirksamen Rechtsbehelf gegen unangemessen lange Verfahren einzuführen[1059], ist das „Gesetz über den Rechtsschutz bei überlangen Gerichtsverfahren und strafrechtlichen Ermittlungsverfahren“[1060] (nachfolgend als „ÜVerfBesG“ bezeichnet) am 3.12.2011 in Kraft getreten. Das Gesetz beinhaltet Ergänzungen des Gerichtsverfahrensgesetzes. Entgegen seinem Wortlaut ist es neben Verfahren der ordentlichen Gerichtsbarkeit über Verweisungsnormen auch auf Verfahren in anderen Gerichtsbarkeiten anwendbar.[1061] Das ÜVerfBesG regelt die Auswirkungen und Folgen eines unangemessen langen Gerichtsverfahrens. So sieht es eine Verzögerungsrüge sowie einen Anspruch auf Entschädigung bei unangemessen langen Verfahren vor. Der Schwerpunkt des Gesetzes liegt in dem Anspruch auf Wiedergutmachung. Es will damit den Anforderungen von Art. 6 Abs. 1 EMRK und Art. 13 EMRK an einen wirksamen Rechtsbehelf genügen und die bisherige Lücke im innerstaatlichen Rechtsschutzsystem schließen.[1062]

Im Folgenden soll untersucht werden, ob und inwiefern das Gesetz die Anforderungen der EMRK und des EGMR an einen rechtzeitigen Menschenrechtsschutz erfüllt. Gewährt das Gesetz rechtzeitigen Menschenrechtsschutz, indem es das innerstaatliche Recht umgestaltet hat, sodass das Recht auf eine Entscheidung in angemessener Frist aus Art. 6 Abs. 1 S. 1 EMRK gewährt werden kann? Ist Deutschland seiner Verpflichtung zur Einrichtung eines präventiv beschleunigenden Rechtsbehelfs zur Gewährung des Rechts auf eine Entscheidung in

---

1059 *EGMR*, Urt. v. 2.9.2010, Nr. Nr. 46344/06 – Rumpf.

1060 BGBl I, 2302.

1061 Siehe zur Anwendbarkeit von verwaltungsgerichtlichen Verfahren; *Schenke*, Rechtsschutz bei überlanger Dauer verwaltungsgerichtlicher Verfahren, NVwZ 2012, 257, 257; *Ott*, in: Steinbeiß-Winkelmann/Ott, Rechtsschutz bei überlangen Gerichtsverfahren, § 198 Rn. 1, 9 f. mit weiteren Verweisungsbeispielen.

1062 BT-Drs. 17/38/02, S. 1, 15.

angemessener Frist gerecht geworden? Hat das Gesetz eine verfahrensbeschleunigende oder -beendende Wirkung?

aa) Kurzer Überblick über die Historie des Gesetzes

Nachdem der Entwurf des Untätigkeitsbeschwerdegesetzes 2005 gescheitert war, war der Grundstein für den ersten Entwurf des ÜVerfBesG gelegt. Der Referentenentwurf des BMJ aus dem Jahr 2009 fand überwiegend Zustimmung. Vor allem die Richterschaft äußerte sich im Vergleich zum Entwurf der Untätigkeitsbeschwerde positiv.[1063] Die darauf folgenden Beratungen verliefen erfolgreich. Das Grundkonzept des Entwurfs wurde von allen Seiten mitgetragen.[1064] Der Bundestag verabschiedete mit Beschluss vom 29.9.2011 das ÜVerfBesG. Am 14.10.2011 stimmte der Bundesrat der Neuregelung zu. Am 2.12.2011 wurde das Gesetz im Bundesgesetzblatt verkündet[1065] und trat am Folgetag, am 3.12.2011, in Kraft.

Das ÜVerfBesG ist das Ergebnis einer umfangreichen und sehr regen Diskussion zwischen dem Gesetzgeber, der Richter- und der Anwaltschaft. Bereits in den Entwürfen zur Untätigkeitsbeschwerde hatten sich sowohl ein präventives als auch ein kompensatorisches Modell herauskristallisiert. Nachdem die Untätigkeitsbeschwerde gescheitert war, wurde das ÜVerfBesG erarbeitet. Dabei wurde dem Modell einer Entschädigungsklage Vorzug gegeben. Schließlich herrschte über ein kompensatorisches Element mehrheitlich Einigkeit, zuletzt beim Expertensymposium im Oktober 2007[1066]. Nach Auffassung des Deutschen Richterbundes beeinträchtigte die Entschädigungslösung – im Vergleich zu einer präventiv beschleunigenden Lösung – die Funktionstauglichkeit der Gerichte in geringerem Umfang.[1067] Auch die richterliche Unabhängigkeit sah man nicht mehr in Gefahr.

1063 *Steinbeiß-Winkelmann*, in: Steinbeiß-Winkelmann/Ott, Rechtsschutz bei überlangen Gerichtsverfahren, Rn. 297. Siehe darüber hinaus zum Referentenentwurf des BMJ; *Scholz*, Rechtsschutz gegen überlange Gerichts- und Ermittlungsverfahren, DRiZ 2010, 182 ff.

1064 *Steinbeiß-Winkelmann*, in: Steinbeiß-Winkelmann/Ott, Rechtsschutz bei überlangen Gerichtsverfahren, Rn. 341.

1065 BGBl. I, 2302.

1066 *Steinbeiß-Winkelmann*, in: Steinbeiß-Winkelmann/Ott, Rechtsschutz bei überlangen Gerichtsverfahren, Rn. 210 ff.

1067 *Steinbeiß-Winkelmann*, in: Steinbeiß-Winkelmann/Ott, Rechtsschutz bei überlangen Gerichtsverfahren, Rn. 213.

bb) Regelungsgehalt des ÜVerfBesG

Die wesentlichen Bestimmungen des Gesetzes sind durch Art. 1 des ÜVerfBesG in den siebzehnten Titel des GVG (§§ 198–201 GVG) mit der Überschrift „Rechtsschutz bei überlangen Gerichtsverfahren und strafrechtlichen Ermittlungsverfahren" neu eingefügt. Das Gesetz hat damit Einzug in das innerstaatliche Gerichtsverfahrensgesetz gefunden. Die zwei wesentlichen Ausformungen des Gesetzes sind die Verzögerungsrüge sowie die Entschädigungsklage. Dauert ein anhängiges Verfahren unangemessen lang, dann hat der Betroffene die Möglichkeit gemäß § 198 Abs. 3 S. 1 GVG eine Verzögerungsrüge zu erheben. Bleibt diese erfolglos, so kann der Betroffene eine Entschädigungsklage nach § 198 Abs. 1 S. 1 GVG geltend machen. Hierzu im Einzelnen wie folgt:

aaa) Die Verzögerungsrüge gemäß § 198 Abs. 3 S. 1 GVG

Die Verzögerungsrüge ist bei dem Gericht zu erheben, bei dem das Hauptverfahren anhängig ist. Das Gericht prüft, ob dem anhängigen Verfahren abgeholfen werden soll. Ist die Rüge begründet, so wird das Verfahren beschleunigt.[1068] Ist die Rüge unbegründet, so bleibt sie ohne Folgen. Die Verzögerungsrüge wird als Obliegenheit bezeichnet.[1069] Die Ausgestaltung der Verzögerungsrüge als Obliegenheit hat zur Folge, dass die Rüge keinen selbstständigen Rechtsbehelf darstellt.[1070] Daher wird kein selbstständiges oder unselbstständiges Verfahren neben dem Hauptverfahren durchgeführt.[1071] Es ergeht auch keine förmliche Entscheidung.[1072] Dazu ist das Gericht, bei dem die Rüge eingelegt worden ist, auch nicht verpflichtet. Auch trifft das Gericht keine Pflicht zur Mitteilung des Ergebnisses seiner Prüfung. Es liegt im Ermessen des Gerichts zu entscheiden,

---

1068 *Ott*, in: Steinbeiß-Winkelmann/Ott, Rechtsschutz bei überlangen Gerichtsverfahren, § 198 Rn. 173.

1069 BT-Drs. 17/3802, S. 16.

1070 BT-Drs. 17/3802, S. 16.

1071 *Ott*, in: Steinbeiß-Winkelmann/Ott, Rechtsschutz bei überlangen Gerichtsverfahren, § 198 Rn. 175. Dies hat zugegebenermaßen den Vorteil, dass keine weiteren Kapazitäten des Gerichts in Anspruch genommen werden, wenn das Gericht, welches mit der Sache betraut ist, über die Rüge entscheidet. Der zusätzliche Aufwand der Gerichte war einer der Gründe für das Scheitern der Untätigkeitsbeschwerde. Daher hat sich der Gesetzgeber bei dem Gesetz über den Rechtsschutz gegen überlange Gerichtsverfahren für die Qualifizierung der Verzögerungsrüge als Obliegenheit entschieden, siehe dazu auch *Steinbeiß-Winkelmann*, Rechtsschutz bei überlangen Gerichtsverfahren, ZRP 2010, 205, 208.

1072 BT-Drs. 17/3802, S. 16.

ob ein Aktenvermerk dazu erstellt wird oder nicht.[1073] Die Rüge kann auch unbeantwortet bleiben.[1074]

Dieser Ausgestaltung der Verzögerungsrüge liegen zwei wesentliche Gründe zugrunde. Die Rüge soll eine Vorwarn-Funktion für den mit dem anhängigen Verfahren befassten Richter haben.[1075] Dadurch soll frühzeitig die Möglichkeit bestehen, das Verfahren zu beschleunigen. Der befasste Richter soll nicht mit der Entschädigungsklage überrascht werden. Darin liegt das „zentrale Präventionselement" der Verzögerungsrüge.[1076] Ein weiterer Grund liegt in dem Ausschluss des sogenannten „Dulde und liquidiere".[1077] Es soll ausgeschlossen werden, dass der Betroffene die gesamte Verfahrensdauer über nicht reagiert und diese rügt, wenn keine Möglichkeit der Beschleunigung mehr besteht. Ein Missbrauch des Entschädigungsanspruchs soll abgewehrt werden.[1078] Der Ausschluss des „Dulde und liquidiere" beruht dabei auf dem Vorrang des Primärrechtsschutzes.[1079]

Gemäß dem Regierungsentwurf hat die Verzögerungsrüge eine „konkret-präventive Beschleunigungswirkung", weil sie dem Richter die Möglichkeit bietet, das Verfahren zu beschleunigen.[1080] Im Hinblick auf die präventive

---

1073 *Ott*, in: Steinbeiß-Winkelmann/Ott, Rechtsschutz bei überlangen Gerichtsverfahren, § 198 Rn. 175. Das birgt wiederum die Gefahr, dass der Betroffene nicht erkennt, ob das Gericht sich mit seiner Rüge überhaupt befasst hat.

1074 *Althammer*, Schmerzensgeld wegen überlanger Dauer von Zivilverfahren, JZ 2011, 446, 452.

1075 BT-Drs. 17/3802, S. 20. Darauf Bezug nehmend *Steinbeiß-Winkelmann*, in: Steinbeiß-Winkelmann/Ott, Rechtsschutz bei überlangen Gerichtsverfahren, Rn. 216; *Ott*, in: Steinbeiß-Winkelmann/Ott, Rechtsschutz bei überlangen Gerichtsverfahren, § 198 Rn. 173.

1076 *Ott*, in: Steinbeiß-Winkelmann/Ott, Rechtsschutz bei überlangen Gerichtsverfahren, § 198 Rn. 173.

1077 BT-Drs. 17/3802, S. 20. Darauf Bezug nehmend *Ott*, in: Steinbeiß-Winkelmann/Ott, Rechtsschutz bei überlangen Gerichtsverfahren, § 198 Rn. 174.

1078 *Steinbeiß-Winkelmann*, in: Steinbeiß-Winkelmann/Ott, Rechtsschutz bei überlangen Gerichtsverfahren, Rn. 219.

1079 *Ott*, in: Steinbeiß-Winkelmann/Ott, Rechtsschutz bei überlangen Gerichtsverfahren, § 198 Rn. 174; Althammer/Schäuble, Effektiver Rechtsschutz bei überlanger Verfahrensdauer, NJW 2012, 1, 3.

1080 BT-Drs. 17/3802, S. 16. Es gibt jedoch auch andere Stimmen dazu. So genügt für *Althammer* die Verzögerungsrüge nicht den Anforderungen an ein wirksames präventives Element. Für einen „Beschleunigungserfolg" bedarf es vielmehr der Anweisung durch ein OLG; *Althammer*, Schmerzensgeld wegen überlanger Dauer von Zivilverfahren, JZ 2011, 446, 452. Siehe dazu detaillierter unter Ziffer cc) aaa).

Wirkung der Rüge stellt sich daher auch die Frage, wann eine solche Rüge erhoben werden kann. Wie bereits erläutert, soll die Rüge eine Vorwarn-Funktion haben und dem Gericht eine Abhilfemöglichkeit eröffnen.[1081] Das bedeutet, dass eine Rüge bereits vor Eintritt der Verzögerung möglich sein muss.[1082] Andernfalls käme sie zu spät.[1083] Für den Zeitpunkt der Einlegung der Verzögerungsrüge ist daher maßgeblich, wann ein Betroffener erstmals Anhaltspunkte dafür hat, dass das Verfahren nicht innerhalb einer angemessenen Zeit geführt werden kann.[1084] Die Verzögerungsrüge wird von dem Betroffenen daher erhoben, wenn Anlass zur Besorgnis besteht, dass das Verfahren nicht in angemessener Zeit abgeschlossen wird. Das ist der Fall, wenn die konkrete Möglichkeit einer Verzögerung gegeben ist.[1085] Das ist beispielsweise der Fall, wenn das Gericht die Tätigkeit des Sachverständigen nicht hinreichend kontrolliert.[1086]

Die Rüge kann vor und nach diesem Zeitpunkt erhoben werden. Eine spätere Verzögerungsrüge ist grundsätzlich möglich, bzw. „unschädlich".[1087] Sie kann dem Betroffenen nur nachteilig ausgelegt werden, wenn sich sein Zögern als ein Dulden darstellt, das darauf aus ist, die Sache auszusitzen und nicht zu reagieren, um dann eine Entschädigung geltend machen zu können.[1088] Eine zu frühe Rüge kann den Entschädigungsanspruch aber nicht begründen, weil es an dem „Anlass zur Besorgnis" fehlt. Sie geht ins Leere.[1089]

1081 BT-Drs. 17/3802, S. 20; dazu auch *Ott*, in: Steinbeiß-Winkelmann/Ott, Rechtsschutz bei überlangen Gerichtsverfahren, § 198 Rn. 189; so auch *Plankemann*, Überlange Verfahrensdauer im Strafverfahren, S. 196.

1082 *Ott*, in: Steinbeiß-Winkelmann/Ott, Rechtsschutz bei überlangen Gerichtsverfahren, § 198 Rn. 189.

1083 BT-Drs. 17/3802, S. 20; dazu auch *Ott*, in: Steinbeiß-Winkelmann/Ott, Rechtsschutz bei überlangen Gerichtsverfahren, § 198 Rn. 189.

1084 BT-Drs. 17/3802, S. 20; dazu auch *Ott*, in: Steinbeiß-Winkelmann/Ott, Rechtsschutz bei überlangen Gerichtsverfahren, § 198 Rn. 189.

1085 BT-Drs. 17/3802, S. 20.

1086 *Ott*, in: Steinbeiß-Winkelmann/Ott, Rechtsschutz bei überlangen Gerichtsverfahren, § 198 Rn. 190.

1087 BT-Drs. 17/3802, S. 21. Danach soll Geduld nicht bestraft werden. Siehe dazu auch *Steinbeiß-Winkelmann*, in: Steinbeiß-Winkelmann/Ott, Rechtsschutz bei überlangen Gerichtsverfahren, Rn. 316; *Ott*, in: Steinbeiß-Winkelmann/Ott, Rechtsschutz bei überlangen Gerichtsverfahren, § 198 Rn. 194; so auch *Althammer/Schäuble*, Effektiver Rechtsschutz bei überlanger Verfahrensdauer, NJW 2012, 1, 3; *Steinbeiß-Winkelmann*, Rechtsschutz bei überlangen Gerichtsverfahren, ZRP 2010, 205, 207.

1088 BT-Drs. 17/3802, S. 21.

1089 BT-Drs. 17/3802, S. 20.

Zur Geltendmachung eines Entschädigungsanspruchs muss dann eine neue Verzögerungsrüge eingelegt werden. Diese darf jedoch grundsätzlich erst frühestens nach sechs Monaten erhoben werden (§ 198 Abs. 3 S. 2 GVG)[1090], es sei denn, es liegen besondere Umstände im Sinne von § 198 Abs. 3 S. 2, 2. Hs. GVG vor.[1091] Grundsätzlich kann die Rüge nur solange erhoben werden, wie das Verfahren anhängig ist. Nach Abschluss des Verfahrens geht die Erhebung der Verzögerungsrüge ins Leere.[1092]

Der Inhalt der Verzögerungsrüge richtet sich nach § 198 Abs. 3 S. 3 GVG. Sie bedarf grundsätzlich keiner Begründung[1093], da sie kein eigenständiger Rechtsbehelf, sondern nur Voraussetzung für den Entschädigungsanspruch ist.[1094] Der Gesetzgeber hat sich dabei das verwaltungsrechtliche Widerspruchsverfahren zum Vorbild genommen und keine hohen Anforderungen an die Substanziierungspflicht gesetzt.[1095] Der Betroffene muss zum Ausdruck bringen, dass er mit der Verfahrensdauer nicht einverstanden ist.[1096] Tatsachen, aus denen sich die Unangemessenheit der Verfahrensdauer ergibt,

---

1090 BT-Drs. 17/3802, S. 21. Die Wartefrist für eine Wiederholung der Rüge wurde eingeführt, damit es zu keinen routinemäßig wiederholten „Kettenrügen" kommt, siehe dazu *Steinbeiß-Winkelmann*, in: Steinbeiß-Winkelmann/Ott, Rechtsschutz bei überlangen Gerichtsverfahren, Rn. 315.

1091 BT-Drs. 17/3802, S. 21.

1092 *Schenke*, Rechtsschutz bei überlanger Dauer verwaltungsgerichtlicher Verfahren, NVwZ 2012, 257, 261.

1093 *Schenke*, Rechtsschutz bei überlanger Dauer verwaltungsgerichtlicher Verfahren, NVwZ 2012, 257, 260; *Heine*, Überlange Gerichtsverfahren, MDR 2012, 327, 331; *Böcker*, Neuer Rechtsschutz gegen die überlange Dauer finanzgerichtlicher Verfahren, DStR 2011, 2173, 2176.

1094 BT-Drs. 17/3802, S. 21; siehe auch *Steinbeiß-Winkelmann*, in: Steinbeiß-Winkelmann/Ott, Rechtsschutz bei überlangen Gerichtsverfahren, Rn. 225. Bei dem Entwurf der Untätigkeitsbeschwerde war vor allem kritisiert worden, dass diese durch ihre Eigenschaft als Rechtsbehelf die bereits belasteten Gerichte weiter belaste und daher kontraproduktiv sei. Daher hat der Gesetzgeber bei der Verzögerungsrüge davon Abstand genommen, siehe dazu detaillierter *Steinbeiß-Winkelmann*, in: Steinbeiß-Winkelmann/Ott, Rechtsschutz bei überlangen Gerichtsverfahren, Rn. 72, 79, 81, 89, 94, 144 ff., 155, 159 f. sowie *Ott*, in: Steinbeiß-Winkelmann/Ott, Rechtsschutz bei überlangen Gerichtsverfahren, § 198 Rn. 208.

1095 BT-Drs. 17/3802, S. 21.

1096 BT-Drs. 17/3802, S. 21; siehe auch *Ott*, in: Steinbeiß-Winkelmann/Ott, Rechtsschutz bei überlangen Gerichtsverfahren, § 198 Rn. 208; *Schenke*, Rechtsschutz bei überlanger Dauer verwaltungsgerichtlicher Verfahren, NVwZ 2012, 257, 260.

muss er grundsätzlich nicht vortragen.[1097] Es bleibt dem Betroffenen überlassen, den Zustand, der Anlass zur Besorgnis brachte, zu umschreiben. Eine entsprechende Umschreibung empfiehlt sich jedoch, da das Gericht die Angemessenheit der Verfahrensdauer nur nach den Umständen beurteilen kann, von denen es Kenntnis erlangt hat. Gemäß § 198 Abs. 3 S. 4 GVG werden nur Umstände berücksichtigt, die in das Verfahren eingeführt sind und auch im Rahmen der Begründung benannt werden. Das können beispielsweise eine drohende Insolvenz oder der drohende Verlust einer Wohnung oder eines Arbeitsplatzes sein.[1098] Ein Nachweis dieser drohenden Nachteile oder ihre Glaubhaftmachung ist im Ausgangverfahren nicht erforderlich.[1099]

Für die Einlegung der Verzögerungsrüge ist keine bestimmte Form vorgesehen.[1100] Sie kann schriftlich, mündlich oder zur Niederschrift erhoben werden.[1101]

bbb) Die Entschädigungsklage gemäß § 198 Abs. 1 S. 1 GVG

Bleibt die Verzögerungsrüge erfolglos und das anhängige Verfahren verzögert sich weiter, kann der Betroffene gemäß § 198 Abs. 1 S. 1 GVG eine Entschädigungsklage erheben. Der Anspruch auf Entschädigung stellt einen

---

1097 Die Gesetzesbegründung verweist auf das Widerspruchsverfahren im Verwaltungsrecht. Dort werden ebenfalls keine hohen Anforderungen an die Einlegung gestellt, BT-Drs. 17/3802, S. 21.

1098 BT-Drs. 17/3802, S. 21; *Ott*, in: Steinbeiß-Winkelmann/Ott, Rechtsschutz bei überlangen Gerichtsverfahren, § 198 Rn. 210.

1099 BT-Drs. 17/3802, S. 21; siehe auch *Steinbeiß-Winkelmann*, in: Steinbeiß-Winkelmann/Ott, Rechtsschutz bei überlangen Gerichtsverfahren, Rn. 227.

1100 *Ott*, in: Steinbeiß-Winkelmann/Ott, Rechtsschutz bei überlangen Gerichtsverfahren, § 198 Rn. 213.

1101 Zur grundsätzlich schriftlichen Vornahme von Prozesshandlungen außerhalb der mündlichen Verhandlung siehe *Jauernig/Hess*, ZivilprozessR, § 30 Rn. 23; *Lüke*, ZivilprozessR, Rn. 211; zur unbegrenzten Zulassung einer mündlich eingelegten Verzögerungsrüge aber wohl BT-Dr. 17/3802, S. 22. Für eine schriftliche Einlegung der Rüge sprechen die Fristen des § 198 Abs. 3 S. 1 und Abs. 5 S. 1 GVG. Im Sinne der Rechtssicherheit ist eine schriftliche Ausfertigung daher empfehlenswert. Grundsätzlich genügt jedoch auch eine mündliche Rüge, wenn aus ihr die Umstände zur Beurteilung der Angemessenheit erkennbar sind; siehe dazu *Schenke*, Rechtsschutz bei überlanger Dauer verwaltungsgerichtlicher Verfahren, NVwZ 2012, 257, 260.

staatshaftungsrechtlichen Anspruch *sui generis* dar.[1102] Er richtet sich gegen das Bundesland oder gegen den Bund, je nachdem bei welchem Gericht der Grund für die Verzögerung liegt (§ 200 S. 1 und S. 2 GVG). Er ist bei dem OLG zu erheben, in dessen Bezirk das gerügte Verfahren durchgeführt wurde, oder beim BGH, bzw. dem entsprechenden Gericht der Fachgerichtsbarkeiten. Der Anspruch auf angemessene Entschädigung liegt vor, wenn dem Betroffenen infolge einer unangemessen langen Verfahrensdauer als Verfahrensbeteiligter[1103] ein Nachteil entstanden ist. Die Angemessenheit der Dauer des Verfahrens richtet sich dabei nach den Umständen des Einzelfalls. Mit dieser Voraussetzung hat der deutsche Gesetzgeber an die Rechtsprechung des EGMR und des BVerfG angeknüpft.[1104] Danach werden für die Beurteilung der Angemessenheit eines Verfahrens das Verhalten des Betroffenen, die Schwierigkeit, der Umfang sowie die Komplexität des Einzelfalls berücksichtigt.[1105] Auch die Bedeutung des Verfahrens für den Einzelnen und für die Allgemeinheit sowie das Verhalten der Verfahrensbeteiligten und Dritter spielen eine Rolle. Wird eine Verzögerung durch das Verhalten Dritter ausgelöst, so kommt es darauf an, ob das Gericht darauf Einfluss nehmen konnte. Nicht berufen kann sich der Staat zur Rechtfertigung der unangemessen langen Dauer eines Verfahrens auf Umstände innerhalb des staatlichen Rechtsschutzsystems. So kann er sich nicht auf die chronische Überlastung eines Gerichts, beispielsweise durch eine angespannte Personalsituation, berufen.[1106] Er muss vielmehr alle notwendigen Maßnahmen treffen, damit Gerichtsverfahren innerhalb angemessener Zeit beendet werden. Ein Verschulden setzt der Anspruch auf Entschädigung nicht voraus.[1107] Wie

1102 BT-Drs. 17/3802, S. 19; so auch *Ott* in: Steinbeiß-Winkelmann/Ott, Rechtsschutz bei überlangen Gerichtsverfahren, § 198 Rn. 3; *Althammer*, Schmerzensgeld wegen überlanger Dauer von Zivilverfahren, JZ 2011, 446, 450.

1103 Den Anspruch kann geltend machen, wer am Verfahren beteiligt ist. Damit berücksichtigt die Vorschrift die diversen Bezeichnungen des Anspruchsberechtigten in den verschiedenen Prozessordnungen, siehe dazu detailliert *Ott* in: Steinbeiß-Winkelmann/Ott, Rechtsschutz bei überlangen Gerichtsverfahren, § 198 Rn. 229.

1104 BT-Drs. 17/3802, S. 18.

1105 *EGMR*, Urt. v. 27.6.2000, 30979/96, Ziff. 43 – Frydlender/Frankreich.

1106 BT-Drs. 17/3802, S. 19.

1107 BT-Drs. 17/3802, S. 19; so auch *Heine*, Überlange Gerichtsverfahren, MDR 2012, 327, 330.

oben stehend bereits erläutert, bedarf es jedoch für den Entschädigungsanspruch der Einlegung der Verzögerungsrüge (§ 198 Abs. 3 GVG).

Die Klage auf Entschädigung kann gemäß § 198 Abs. 5 GVG bereits während des laufenden Hauptverfahrens gerichtlich geltend gemacht werden.[1108] Damit entfaltet sie eine präventive Wirkung.[1109] Die Klage kann frühestens sechs Monate nach Erhebung der Verzögerungsrüge und spätestens sechs Monate nach Eintritt der Rechtskraft der Entscheidung erhoben werden.[1110] Dabei handelt es sich um eine absolute materiell-rechtliche Ausschlussfrist. Sie beginnt, unabhängig von der Kenntnis des Anspruchsinhabers, zu laufen.[1111] Eine Ausnahme von dieser Ausschlussfrist kommt aber in Betracht, wenn das als verspätet gerügte Verfahren bereits vor Ablauf der Frist von sechs Monaten abgeschlossen wurde. In diesem Fall ist es möglich, die Klage bereits vom Moment des Verfahrensabschlusses in der Hauptsache einzulegen. Die Klage ist dann im Sinne von § 198 Abs. 5 GVG zulässig.[1112] Dieses Ergebnis folgt aus einer teleologischen Reduktion der Fristenregelung in § 198 Abs. 5 S. 1 GVG.[1113] Eine Einschränkung des effektiven Rechtsschutzes aus Art. 19 Abs. 4 GG und Art. 6 Abs. 1 EMRK, Art. 13 EMRK wäre anderenfalls sachlich nicht gerechtfertigt und damit unverhältnismäßig.[1114]

1108 BT-Drs. 17/3802, S. 22; siehe dazu *Ott* in: Steinbeiß-Winkelmann/Ott, Rechtsschutz bei überlangen Gerichtsverfahren, § 198 Rn. 251.

1109 *Ott* in: Steinbeiß-Winkelmann/Ott, Rechtsschutz bei überlangen Gerichtsverfahren, § 198 Rn. 251; *Steinbeiß-Winkelmann*, Rechtsschutz bei überlangen Gerichtsverfahren, ZRP 2010, 205, 207 f.

1110 Bereits im Referentenentwurf des BMJ war die Möglichkeit der Entschädigungsklage während des noch laufenden Ausgangsverfahrens vorgesehen. Auch nach der Öffentlichkeitsbeteiligung blieb die Regelung aufgrund der Effektivität im Sinne von Art. 13 EMRK in der Form erhalten; siehe dazu detaillierter *Steinbeiß-Winkelmann*, in: Steinbeiß-Winkelmann/Ott, Rechtsschutz bei überlangen Gerichtsverfahren, Rn. 231, 320 sowie *Ott* in: Steinbeiß-Winkelmann/Ott, Rechtsschutz bei überlangen Gerichtsverfahren, § 198 Rn. 245.

1111 BT-Drs. 17/3802, S. 22.

1112 Siehe dazu detaillierter *Schenke*, Rechtsschutz bei überlanger Dauer verwaltungsgerichtlicher Verfahren, NVwZ 2012, 257, 263.

1113 *Schenke*, Rechtsschutz bei überlanger Dauer verwaltungsgerichtlicher Verfahren, NVwZ 2012, 257, 263.

1114 *Schenke*, Rechtsschutz bei überlanger Dauer verwaltungsgerichtlicher Verfahren, NVwZ 2012, 257, 263.

Der Anspruch sieht – angelehnt an die Rechtsprechung des EGMR[1115] – die Entschädigung materieller und immaterieller Nachteile vor.[1116] So regelt der Anspruch den Ersatz der materiellen Nachteile, deren Geltendmachung der Darlegung des behaupteten Schadens durch den Betroffenen bedarf. Aufgrund der Formulierung „wird angemessen entschädigt" in § 198 Abs. 1 S. 1 GVG ersetzt der Anspruch aber nicht den vollen Schadensersatz im Sinne von §§ 249 ff. BGB.[1117] Die angemessene Entschädigung lehnt sich vielmehr an § 906 Abs. 2 S. 2 BGB an.[1118] Die Entschädigung zielt – im Gegensatz zu dem Schadensersatz – darauf ab, den entstandenen Vermögensnachteil

---

1115 Die Anlehnung an die Rechtsprechung des EGMR war erforderlich, um die Anforderungen von Art. 13 EMRK zu erfüllen. Dieser sieht einen Rechtsbehelf vor, der entweder präventiv beschleunigend oder kompensatorisch wirkt. Dabei liegt die Kompensation in der Zahlung einer gerechten Entschädigung in Geld gemäß Art. 41 EMRK. Art. 41 EMRK sieht sowohl den Ersatz materieller als auch immaterieller Schäden vor. Da das deutsche Haftungsrecht keine Entschädigung im Sinne der Rechtsprechung des EGMR vorsieht, wurde eine Entschädigungsregelung geschaffen, die sowohl Züge aus dem deutschen Haftungsrecht als auch aus der Rechtsprechung des EGMR enthält. So wurde der Ausgleich der materiellen Nachteile dem deutschen Recht entnommen, wonach die Rechtsgutverletzung sowie die Kausalität zwischen der Verletzung, der unangemessen langen Verfahrensdauer und dem Nachteil dargelegt werden muss. Der Ausgleich der immateriellen Nachteile wurde der Rechtsprechung des EGMR angelehnt. Danach gilt aufgrund der schweren Beweisbarkeit immaterieller Nachteile die widerlegliche Vermutungsregelung, siehe dazu detaillierter *Steinbeiß-Winkelmann*, in: Steinbeiß-Winkelmann/Ott, Rechtsschutz bei überlangen Gerichtsverfahren, Rn. 240 ff.; *Althammer/Schäuble*, Effektiver Rechtsschutz bei überlanger Verfahrensdauer, NJW 2012, 1, 4.

1116 BT-Drs. 17/3802, S. 19.

1117 *Ott* in: Steinbeiß-Winkelmann/Ott, Rechtsschutz bei überlangen Gerichtsverfahren, § 198 Rn. 221; *Althammer*, Schmerzensgeld wegen überlanger Dauer von Zivilverfahren, JZ 2011, 446, 449; *Althammer/Schäuble*, Effektiver Rechtsschutz bei überlanger Verfahrensdauer, NJW 2012, 1, 3; *Schenke*, Rechtsschutz bei überlanger Dauer verwaltungsgerichtlicher Verfahren, NVwZ 2012, 257, 262; *Söhngen*, Rechtsschutz bei überlanger Verfahrensdauer in der Sozialgerichtsbarkeit, NZS 2012, 493, 495; vgl. BT-Drs. 17/3802, S. 34.

1118 Siehe BT-Drs. 17/3802, S. 34; *Schenke*, Rechtsschutz bei überlanger Dauer verwaltungsgerichtlicher Verfahren, NVwZ 2012, 257, 261, 262; *Althammer/Schäuble*, Effektiver Rechtsschutz bei überlanger Verfahrensdauer, NJW 2012, 1, 3; *Böcker*, Neuer Rechtsschutz gegen die überlange Dauer finanzgerichtlicher Verfahren, DStR 2011, 2173, 2177.

zu kompensieren.[1119] Schadensersatz zielt darauf ab, den Betroffenen so zu stellen, als wäre die Verletzung nicht eingetreten.[1120] Nicht umfasst ist daher der entgangene Gewinn.[1121] Der Ersatz des materiellen Schadens entspricht daher auch dem von der EMRK gewährten Ersatz.[1122]

Gemäß § 198 Abs. 2 S. 2 GVG werden auch immaterielle Nachteile ersetzt. Für die sogenannte immateriellen Nachteile, beispielsweise seelische und körperliche Belastungen, kann ein Pauschalbetrag[1123] in Höhe von EUR 1.200,- für jedes Jahr der Verzögerung verlangt werden[1124], sofern eine Wiedergutmachung nicht auf andere Weise im Sinne von § 198 Abs. 4 GVG möglich ist.[1125] Dieser Betrag kann jedoch auch erhöht oder minimiert werden, sofern er nach den Umständen des Einzelfalls als unbillig im Sinne von § 198 Abs. 2 S. 3 GVG erscheint.[1126] Ein niedrigerer Betrag im Sinne von § 198 Abs. 2 S. 4 GVG kann etwa bei einer Mitverantwortung des Geschädigten analog § 254 BGB erfolgen.

1119 *Ott* in: Steinbeiß-Winkelmann/Ott, Rechtsschutz bei überlangen Gerichtsverfahren, § 198 Rn. 221.

1120 *Ott* in: Steinbeiß-Winkelmann/Ott, Rechtsschutz bei überlangen Gerichtsverfahren, § 198 Rn. 222.

1121 BT-Drs. 17/3802, S. 34; siehe auch *Althammer/Schäuble*, Effektiver Rechtsschutz bei überlanger Verfahrensdauer, NJW 2012, 1, 3.

1122 BT-Drs. 17/3802, S. 34.

1123 Die Pauschalierung und die Vermutungsregelung führen dazu, dass die Gerichte über die Entschädigung für immaterielle Nachteile schnell entscheiden können, was von großem Vorteil für den Betroffenen ist, so *Steinbeiß-Winkelmann*, in: Steinbeiß-Winkelmann/Ott, Rechtsschutz bei überlangen Gerichtsverfahren, Rn. 252 m.w.N.

1124 So bereits im Entwurf des Gesetzes Art. 1, § 198 Abs. 2 S. 3 GVG-E. Im Referentenentwurf war die Pauschale für immaterielle Nachteile in Monatssätzen je 100 € vorgesehen. Nach der Öffentlichkeitsbeteiligung wurde die Pauschale auf 1.200 € pro Jahr festgelegt; siehe dazu *Steinbeiß-Winkelmann*, in: Steinbeiß-Winkelmann/Ott, Rechtsschutz bei überlangen Gerichtsverfahren, Rn. 318.

1125 Anstelle eines Entschädigungsanspruchs zum Ausgleich eines immateriellen Schadens kann eine Feststellung der Unangemessenheit der Verfahrensdauer genügen, siehe *Ott*, in: Steinbeiß-Winkelmann/Ott, Rechtsschutz bei überlangen Gerichtsverfahren, Rn. 159 ff.

1126 *Böcker*, Neuer Rechtsschutz gegen die überlange Dauer finanzgerichtlicher Verfahren, DStR 2011, 2173, 2177. So bereits im Entwurf des Gesetzes Art. 1, § 198 Abs. 2 S. 4 GVG-E; siehe dazu *Ott* in: Steinbeiß-Winkelmann/Ott, Rechtsschutz bei überlangen Gerichtsverfahren, § 198 Rn. 227.

Die Geltendmachung eines immateriellen Schadens unterliegt – aufgrund ihrer schwierigen Beweisbarkeit – einer Vermutungsregelung.[1127]

c) Die Vereinbarkeit des ÜVerfBesG mit den Anforderungen der EMRK und des EGMR an den rechtzeitigen Rechtsschutz

Das ÜVerfBesG enthält eine Entschädigungsklage. Mit ihr können materielle und immaterielle Nachteile infolge eines unangemessen langen Verfahrens ersetzt werden, sofern der Betroffene zuvor vor dem Gericht, bei dem das Verfahren anhängig ist, erfolglos eine Beschleunigung des Verfahrens verlangt hat. Der Entschädigungsklage geht eine Verzögerungsrüge voraus. Diese muss als Voraussetzung für die spätere Entschädigungsklage erhoben werden. Ist sie erfolgreich, so führt sie zu einer Beschleunigung des anhängigen Verfahrens und zur Verhinderung einer Verletzung des Rechts auf eine Entscheidung in angemessener Frist.

Augenscheinlich geben diese beiden Komponenten das präventiv beschleunigende und das kompensatorische Element einer „effective remedy" im Sinne von Art. 13 EMRK gemäß der Rechtsprechung des EGMR wieder. Die Frage ist aber, ob § 198 GVG auch den Anforderungen an einen präventiv beschleunigenden Rechtsbehelf im Sinne eines rechtzeitigen Menschenrechtsschutzes nach der EMRK und der Rechtsprechung des EGMR genügt. Zur Beantwortung der Frage nach einer Vereinbarkeit des ÜVerfBesG mit der EMRK bedarf es einer genaueren Prüfung der beiden Komponenten. Dabei ist zu hinterfragen, ob das ÜVerfBesG insgesamt den Anforderungen an eine wirksame Beschwerde im Sinne von Art. 13 EMRK zur Gewährung eines rechtzeitigen Menschenrechtsschutzes genügt. Ist die Erhebung einer Verzögerungsrüge tatsächlich geeignet, das innerstaatliche Verfahren zu beschleunigen und eine Verletzung zu verhindern oder ist gar die Erhebung einer Entschädigungsklage geeignet, das Verfahren zu beschleunigen und eine Verletzung zu verhindern?

Ein präventiv wirkender Rechtsbehelf im Sinne von Art. 13 EMRK verlangt, dass die Konventionsverletzung, dort verhindert wird, wo sie ihren Ursprung hat, und zu einem Zeitpunkt, bevor sie entsteht. Der Entstehungsort einer möglichen Verletzung von Art. 6 Abs. 1 S. 1 EMRK ist die Ebene des innerstaatlichen Rechts. Der Rechtsbehelf muss folglich bereits im innerstaatlichen Recht

1127 BT-Drs. 17/3802, S. 19; siehe auch *Plankemann*, Überlange Verfahrensdauer im Strafverfahren, S. 193; *Schenke*, Rechtsschutz bei überlanger Dauer verwaltungsgerichtlicher Verfahren, NVwZ 2012, 257, 262.

anknüpfen. Darüber hinaus bedarf es zur Wirksamkeit des Rechtsbehelfs einer verbindlichen Entscheidung durch eine unabhängige Instanz, die über die Angemessenheit der Verfahrensdauer entscheidet und beschleunigende Maßnahmen einleitet. Eine reine Empfehlung der entscheidenden Instanz führt jedoch zur Unwirksamkeit. Denn eine Verletzung des Rechts auf eine Entscheidung in angemessener Frist kann nicht verhindert werden, wenn die Entscheidung darüber unverbindlich ist und keine Rechtsfolge zulässt. Die Gesetzesbegründung geht davon aus, dass § 198 GVG eine Kombinationslösung vorsehe, welche präventive und kompensatorische Elemente des Rechtsschutzes verwirkliche. Von ihr gehe eine präventive Wirkung aus.[1128] Jedoch wird der aus § 198 GVG folgende Anspruch auf eine angemessene Entschädigung dem Verständnis der Prävention im Sinne der Rechtzeitigkeit nicht gerecht. Für diese Annahme fehlt es laut *Ossenbühl* an einer „realistischen Begründung“[1129]. „Die Regelung des § 198 GVG als Kombinationslösung zu apostrophieren ist mehr als euphemistisch.“[1130] Hierzu im Einzelnen wie folgt:

aa) Die Verzögerungsrüge als präventiv beschleunigender Rechtsbehelf im Sinne des rechtzeitigen Menschenrechtsschutzes

Der Gesetzgeber stellt auf die Verzögerungsrüge als präventiv beschleunigendes Element ab.[1131] Mit der Verzögerungsrüge besteht eine Rügemöglichkeit, mit

1128 BT-Drs. 17/3802, S. 16; eine präventive Wirkung bejahend *Steinbeiß-Winkelmann*, in: Steinbeiß-Winkelmann/Ott, Rechtsschutz bei überlangen Gerichtsverfahren, Rn. 230; *Schenke*, Rechtsschutz bei überlanger Dauer verwaltungsgerichtlicher Verfahren, NVwZ 2012, 257, 258. *Schenke* geht davon aus, dass § 198 GVG durch eine Kombination aus präventivem und repressivem Rechtsschutz den Anforderungen des deutschen Verfassungsrechts und der EMRK gerecht wird, weil die Verzögerungsrüge eine präventive Funktion habe und der Entschädigungsanspruch eine Kompensation der materiellen und immateriellen Nachteile darstelle, die durch die Verzögerung entstanden sind. Für ihn kommt sogar der besonderen Form der Wiedergutmachung des immateriellen Nachteils durch Feststellung der Unangemessenheit eine präventive Funktion zu. Dem ist jedoch entgegenzuhalten, dass eine Feststellung der unangemessenen Verfahrensdauer keinesfalls eine präventive Wirkung im Sinne des rechtzeitigen Rechtsschutzes hat. Eine Feststellung setzt die Verwirklichung der Konventionsverletzung voraus. Im Sinne der Rechtzeitigkeit als Ausfluss des effektiven Menschenrechtsschutzes soll der Eintritt einer Konventionsverletzung jedoch gerade verhindert werden. Ihre Feststellung kann daher nicht präventiv wirken.

1129 *Ossenbühl*, Staatshaftung bei überlangen Gerichtsverfahren, DVBl. 2012, 857, 860.

1130 *Ossenbühl*, Staatshaftung bei überlangen Gerichtsverfahren, DVBl. 2012, 857, 860.

1131 BT-Drs. 17/3802, S. 20.

der der Betroffene das unangemessen lange Verfahren beanstanden kann. Sie kann – sofern sie erfolgreich ist – dazu führen, dass das Verfahren beschleunigt oder beendet wird. *Steinbeiß-Winkelmann* sieht in dem Gesetz eine präventiv beschleunigende Wirkung, da ein Richter auf die Rüge mit Abhilfe reagieren kann und in begründeten Fällen auch regelmäßig abhelfen werde.[1132] Dem schließt sich auch *Plankemann* an.[1133] Die Verzögerungsrüge sei „bedingt geeignet, die Fortdauer des Verfahrens zu fördern und weitere Verstöße gegen das Beschleunigungsgebot zu verhindern. (…) Sie vermag bereits eingetretene Verzögerungen nicht ungeschehen zu machen. Durch das in der Verzögerungsrüge zum Ausdruck gebrachte Beschleunigungsbegehren erfüllt sie jedoch den Zweck, die Justizbehörden auf eine möglicherweise bereits eingetretene Verzögerung hinzuweisen und dort eine zügigere Sachbehandlung anzuregen. Der Sachbearbeiter wird diesbezüglich sensibilisiert und kann sich um eine Verfahrensförderung bemühen, soweit die nicht ausreichend beschleunigte Arbeitsweise nicht auf eine strukturell bedingte Arbeitsüberlastung zurückzuführen ist."[1134] Der Ansicht von *Plankemann* und *Steinbeiß-Winkelmann* kann jedoch nicht gefolgt werden. Sie sehen die präventive Wirkung bereits erfüllt, weil mit der Rüge auf eine Verzögerung hingewiesen und eine Beschleunigung angeregt werden kann. Der Kern der Argumentation der Befürworter der präventiven Wirkung liegt darin, dass eine Beschleunigung des Verfahrens verlangt werden kann und nicht, ob und dass sie tatsächlich auch wirksam gewährt wird. Das Verlangen nach einer Beschleunigung allein erfüllt aber nicht die Anforderungen an einen präventiv beschleunigenden Rechtsbehelf im Sinne der Rechtzeitigkeit. Es fehlt an der Wirksamkeit. Des Weiteren spricht der Sinn und Zweck der Verzögerungsrüge gegen ihre Charakterisierung als präventiv beschleunigender Rechtsbehelf, um das Recht aus Art. 6 Abs. 1 S. 1 EMRK gewähren zu können. Wie oben stehend bereits erläutert, soll die Verzögerungsrüge eine präventive Wirkung haben. Diese liegt vor allem darin, dass sie als Vorwarnung für den Richter und als Abwehr eines Missbrauchs des Entschädigungsanspruchs fungiert. Der präventive Charakter der Verzögerungsrüge liegt jedoch nicht darin, eine Verletzung des Rechts auf eine Entscheidung in angemessener Frist aus

---

1132 *Steinbeiß-Winkelmann* gibt die Eckpunkte der Kombinationslösung von Dezember 2008 wieder. Auf diesem Eckpunktepapier wurde der Referentenentwurf der ÜVerfBesG ausgearbeitet; *Steinbeiß-Winkelmann*, in: Steinbeiß-Winkelmann/Ott, Rechtsschutz bei überlangen Gerichtsverfahren, Rn. 216.

1133 *Plankemann*, Überlange Verfahrensdauer im Strafverfahren, S. 213.

1134 *Plankemann*, Überlange Verfahrensdauer im Strafverfahren, S. 213.

Art. 6 Abs. 1 S. 1 EMRK zu verhindern. Die präventive Wirkung liegt vielmehr darin, den Entschädigungsanspruch des Betroffenen zu verhindern. Ein weiteres Argument gegen die präventive Wirkung der Verzögerungsrüge ist ihre Bezeichnung als Obliegenheit. Wie oben stehend bereits erläutert, handelt es sich bei der Verzögerungsrüge um eine Obliegenheit. Dies hat unter anderem zur Folge, dass die Verzögerungsrüge keinen selbstständigen Rechtsbehelf darstellt.[1135] Bereits *Ossenbühl* erklärte, dass „die Verzögerungsrüge kein selbstständiger, neben dem Entschädigungsanspruch stehender Rechtsbehelf sei".[1136] Es wird kein selbstständiges Verfahren neben dem Hauptverfahren durchgeführt. Ihr fehlt es bereits am Devolutiveffekt.[1137] Auch hat das zur Folge, dass kein anderes unabhängiges Gericht mit der Rüge betraut wird. Zugegebenermaßen birgt das den Vorteil, dass sich das gerügte Verfahren nicht weiter – eventuell durch Aussetzung – verzögert und keine weiteren gerichtlichen Kapazitäten erschöpft. Jedoch entspricht die Ausgestaltung der Verzögerungsrüge als Obliegenheit mit den oben bezeichneten Folgen nicht den Anforderungen an einen wirksamen Rechtsbehelf im Sinne des rechtzeitigen Menschenrechtsschutzes. Denn dafür fehlt es an der verbindlichen Entscheidung einer unabhängigen Instanz. Aus der Eigenschaft der Rüge folgt, dass keine förmliche Entscheidung über sie ergehen muss. Ergeht keine Entscheidung über die Rüge, dann kann ihr auch nicht wirksam abgeholfen werden. Die überlange Verfahrensdauer kann dann weder beendet, noch kann sie verhindert werden. Dann stellt sie auch keinen wirksamen Rechtsbehelf dar.

Zugegebenermaßen spricht für die Annahme des präventiv beschleunigenden Charakters der Rüge der Zeitpunkt ihrer Erhebung. Eine Verzögerungsrüge kann demnach frühstens eingelegt werden, wenn Anlass zur Besorgnis besteht, dass das Verfahren nicht in einer angemessenen Zeit abgeschlossen wird. Andernfalls käme die Rügemöglichkeit zu spät, wenn sich die Besorgnis der Verletzung von Art. 6 Abs. 1 S. 1 EMRK in einer unangemessen langen Verfahrensdauer manifestiert. Darüber hinaus kann die Rüge nur solange eingelegt werden, wie das Verfahren, dessen Dauer gerügt werden soll, noch läuft. Ist das

---

1135 *Ossenbühl*, Staatshaftung bei überlangen Gerichtsverfahren, DVBl. 2012, 857, 860.

1136 So *Ossenbühl*, der erklärte „die Verzögerungsrüge ist keineswegs als selbstständiger, neben dem Entschädigungsanspruch stehender Rechtsbehelf ausgestaltet, sondern nichts mehr als Tatbestandselement einer Anspruchsnorm."; *Ossenbühl*, Staatshaftung bei überlangen Gerichtsverfahren, DVBl. 2012, 857, 860.

1137 *Steinbeiß-Winkelmann*, Rechtsschutz bei überlangen Gerichtsverfahren, ZRP 2010, 205, 208.

Verfahren beendet, geht eine Rüge der unangemessen langen Verfahrensdauer ins Leere, weil in das abgeschlossene Verfahren nicht mehr beschleunigend eingegriffen werden kann. Aufgrund des oben bezeichneten Zeitraums greift die Verzögerungsrüge in einem Zeitpunkt ein, bevor die Verletzung des Rechts auf eine Entscheidung in angemessener Zeit eintreten kann. Damit liegt Prävention in Form der zeitlichen Prävention vor. Auch ist die Verzögerungsrüge ein innerstaatlicher Rechtsbehelf, sodass der Verzögerung bereits auf der Ebene des innerstaatlichen Rechts entgegengewirkt werden soll, was die instanzielle Prävention darstellt. Jedoch handelt es sich bei der Verzögerungsrüge lediglich um eine formelle Voraussetzung des Entschädigungsanspruchs.[1138] Bereits *Ossenbühl* erklärt, dass die Verzögerungsrüge „nichts mehr als Tatbestandselement einer Anspruchsnorm" sei.[1139] *Altmann* und *Schäuble* qualifizieren sie als eine „einseitige Mitteilung an das Gericht".[1140] Wird sie nicht im laufenden Verfahren gerügt, kann der Betroffene grundsätzlich keinen Entschädigungsanspruch geltend machen. Damit steht nicht die Beschleunigung des Verfahrens im Vordergrund, sondern die Vorbereitung des Entschädigungsanspruchs. *Ott* erklärt zudem zutreffend, dass es sich bei der Verzögerungsrüge um eine „prozessuale Last" des Betroffenen handelt.[1141] Sie führt dazu, dass der Anspruch auf eine Entschädigung ausgeschlossen werden kann. Wird sie nicht rechtzeitig eingelegt, entfällt der Anspruch auf Entschädigung. Laut *Ott* nimmt diese prozessuale Last „den Rechtssuchenden in eine Verantwortung für das Verhalten des Gerichts".[1142] Dem ist zuzustimmen. Ergreift der Betroffene nicht die Initiative, so trägt er die für ihn nachteiligen Folgen, die durch das Verhalten des Gerichts entstanden sind. So muss er erstmalig aktiv werden, um die Folgen

---

1138 *Ossenbühl*, Staatshaftung bei überlangen Gerichtsverfahren, DVBl. 2012, 857, 859; so auch *Althammer/Schäuble*, Effektiver Rechtsschutz bei überlanger Verfahrensdauer, NJW 2012, 1, 3; *Steinbeiß-Winkelmann*, in: Steinbeiß-Winkelmann/Ott, Rechtsschutz bei überlangen Gerichtsverfahren, Rn. 216.

1139 So *Ossenbühl*, der erklärte „die Verzögerungsrüge ist keineswegs als selbstständiger, neben dem Entschädigungsanspruch stehender Rechtsbehelf ausgestaltet, sondern nichts mehr als Tatbestandselement einer Anspruchsnorm.", *Ossenbühl*, Staatshaftung bei überlangen Gerichtsverfahren, DVBl. 2012, 857, 860.

1140 *Althammer/Schäuble*, Effektiver Rechtsschutz bei überlanger Verfahrensdauer, NJW 2012, 1, 7.

1141 *Ott*, in: Steinbeiß-Winkelmann/Ott, Rechtsschutz bei überlangen Gerichtsverfahren, § 198 Rn. 171.

1142 *Ott*, in: Steinbeiß-Winkelmann/Ott, Rechtsschutz bei überlangen Gerichtsverfahren, § 198 Rn. 171.

des unangemessen langen Verfahrens dem Gericht aufzuerlegen, welches doch eigentlich die Verantwortung dafür trägt.

Die Argumente gegen die präventive Wirkung im Sinne der Rechzeitigkeit überwiegen. Die meisten knüpfen dabei an die Eigenschaft der Verzögerungsrüge als Obliegenheit an. So handelt es sich bei der Verzögerungsrüge keineswegs um eine Beschwerdemöglichkeit, mit der die unangemessen lange Dauer des Verfahrens verhindert werden kann und mit der eine selbstständige Entscheidung eines höheren unabhängigen Gerichts ergeht.[1143] Sie ist bereits nicht wirksam im Sinne von Art. 13 EMRK. Die Verzögerungsrüge ist nicht geeignet, über eine Verletzung des Rechts auf eine Entscheidung in angemessener Frist zu entscheiden oder einer solchen Verletzung abzuhelfen. Sie kann das anhängige Gericht zu keiner schnelleren Verfahrensführung bewegen und das Verfahren nicht beschleunigen. Es fehlt es an einer Entscheidung durch ein unabhängiges Gericht in Form einer verbindlichen Entscheidung. Sie dient lediglich als Voraussetzung für die Entschädigungsklage. Die Verzögerungsrüge erfüllt im Ergebnis nicht die Anforderungen an einen präventiv beschleunigenden Rechtsbehelf im Sinne eines rechtzeitigen Menschenrechtsschutzes.[1144]

bb) Die Entschädigungsklage als präventiv beschleunigender Rechtsbehelf im Sinne des rechtzeitigen Menschenrechtsschutzes

Da die Verzögerungsrüge als präventiv wirkendes Element des ÜVerfBesG im Sinne des rechtzeitigen Menschenrechtschutzes entfällt, stellt sich die Frage, ob der Entschädigungsanspruch hinreichend effektiv, das heißt geeignet ist, Verletzungen des Rechts auf eine angemessene Verfahrensdauer zu verhindern. Hauptanknüpfungspunkt für die Annahme einer präventiv beschleunigenden Wirkung ist dabei vor allem der Zeitpunkt der Klageerhebung. Die Entschädigungsklage kann bereits während des laufenden und gerügten Verfahrens erhoben werden. Damit kann der unangemessen langen Verfahrensdauer abgeholfen werden, wenn das Gericht durch die Geltendmachung des Anspruchs das Verfahren beschleunigt. Jedoch stellt sich die Frage, ob und inwiefern die Entschädigungsklage das laufende und gerügte Verfahren tatsächlich beschleunigen kann. Kann eine entschädigende Komponente eine präventive Wirkung entfalten? Kann eine Verurteilung zur Zahlung einer Entschädigung eine Beschleunigung

---

1143 So auch *Ossenbühl*, Staatshaftung bei überlangen Gerichtsverfahren, DVBl. 2012, 857, 859.

1144 So bereits *Althammer*, Schmerzensgeld wegen überlanger Dauer von Zivilverfahren, JZ 2011, 446, 452.

bewirken? Wirkt die Verurteilung zur Zahlung von 1.200,– € pro verzögertes Jahr für immaterielle Schäden präventiv beschleunigend?

In der Literatur ist die präventive Wirkung des § 198 GVG umstritten. Laut *Steinbeiß-Winkelmann* stellt die Entschädigungsklage ein „Mittel der Prävention" dar.[1145] Ihre Ziele liegen in der Prävention und Effektivität, weil die Entschädigungsklage bereits während des Ausgangsverfahrens eingelegt werden kann.[1146] Eine Klagemöglichkeit erst nach Abschluss des Verfahrens wäre nicht effektiv im Sinne von Art. 13 EMRK. Denn laut der Rechtsprechung des EGMR kann eine präventive Wirkung von einer Entschädigungsklage nur ausgehen, wenn die Klage während des noch laufenden Verfahrens erhoben werden könne.[1147] So wirke die Entschädigungsklage im laufenden Verfahren präventiv und nach Abschluss des Verfahrens kompensatorisch.[1148] Auch *Roller* bejaht die Frage nach der präventiven Wirkung des Entschädigungsanspruchs.[1149] Seiner Ansicht nach habe der Gesetzgeber mit dem Entschädigungsanspruch eine Möglichkeit geschaffen, beschleunigend auf die Justiz einzuwirken.[1150] Die treibende Kraft für diese Wirkung liege jedoch nicht in der Wahrung der Rechtzeitigkeit, sondern in der Angst vor Entschädigungsklagen.[1151] *Böcker* geht sogar so weit und stellt die Frage, ob die Entschädigungsregelung ein wirksames Mittel gegen strukturelle Mängel sei. Er geht damit auf den Kern des Gesetzes ein. Für *Böcker* besteht

---

1145 *Steinbeiß-Winkelmann*, in: Steinbeiß-Winkelmann/Ott, Rechtsschutz bei überlangen Gerichtsverfahren, Rn. 230; so auch *Schenke*, der davon ausgeht, dass § 198 GVG durch eine Kombination aus präventivem und repressivem Rechtsschutz den Anforderungen des deutschen Verfassungsrechts und der EMRK gerecht wird, weil die Verzögerungsrüge eine präventive Funktion habe und der Entschädigungsanspruch eine Kompensation der materiellen und immateriellen Nachteile darstelle, die durch die Verzögerung entstanden sind; *Schenke*, Rechtsschutz bei überlanger Dauer verwaltungsgerichtlicher Verfahren, NVwZ 2012, 257, 258.

1146 *Steinbeiß-Winkelmann*, in: Steinbeiß-Winkelmann/Ott, Rechtsschutz bei überlangen Gerichtsverfahren, Rn. 230.

1147 *Steinbeiß-Winkelmann*, in: Steinbeiß-Winkelmann/Ott, Rechtsschutz bei überlangen Gerichtsverfahren, Rn. 231.

1148 *Steinbeiß-Winkelmann*, in: Steinbeiß-Winkelmann/Ott, Rechtsschutz bei überlangen Gerichtsverfahren, Rn. 388.

1149 *Roller*, Wenn der Justiz die Kraft ausgeht, verlängern sich gerichtliche Verfahren, DRiZ 2011, 172, 172.

1150 *Roller*, Wenn der Justiz die Kraft ausgeht, verlängern sich gerichtliche Verfahren, DRiZ 2011, 172, 172.

1151 *Roller*, Wenn der Justiz die Kraft ausgeht, verlängern sich gerichtliche Verfahren, DRiZ 2011, 172, 172.

die Möglichkeit, dass die Entschädigungszahlungen als Indikator für strukturelle Mängel wirken und den Druck erhöhen können, diese zu beseitigen.[1152] Dabei dürften die Entschädigungsgerichte für die Gewährung von Entschädigungen jedoch keine hohen Anforderungen stellen.[1153]

Ossenbühl hingegen verneint die präventive Wirkung der Entschädigungsklage.[1154] Er ist der Auffassung, dass es sich bei dem Entschädigungsanspruch nach § 198 GVG um kein präventiv beschleunigendes Mittel, sondern eine reine Kompensationslösung handelt: „Er verleiht kein Rechtsinstrument, mit dem die Verzögerung des Verfahrens selbst unmittelbar geltend gemacht und bekämpft werden kann, sondern verweist den Betroffenen darauf, den durch die Verfahrensverzögerung entstandenen Nachteil kompensatorisch geltend zu machen."[1155]. Es fehle an einem Druckpotenzial: „Warum die Verzögerungsrüge durch den mit ihr verbundenen Entschädigungsanspruch ein verstärktes Gewicht haben und mehr Druck auf das Gericht ausüben soll als schon bisher übliche formlose Beanstandungen einer zu langen Verfahrensdauer bleibt unerfindlich. Der Entschädigungsanspruch vermittelt kein zusätzliches Druckpotential."[1156]. *Ossenbühl* geht sogar so weit und erklärt, dass die Entschädigungsklage aufgrund ihrer hohen Anforderungen und des verhältnismäßig eher geringen Ergebnisses eher abschreckend sei.[1157] Sowohl die Anspruchsvoraussetzungen als auch die Rechtsfolge der Entschädigungsklage sprechen gegen eine beschleunigende Wirkung.[1158] Die Anspruchsvoraussetzungen des Entschädigungstatbestands seien so hoch, dass die Erfolgsaussichten einer Entschädigungsklage eher gering erscheinen.[1159] Die Beurteilung der Angemessenheit der Verfahrensdauer

---

1152 *Böcker*, Neuer Rechtsschutz gegen die überlange Dauer finanzgerichtlicher Verfahren, DStR 2011, 2173, 2178 m.V.a. BT-Drs. 17/3802, S. 16.

1153 *Böcker*, Neuer Rechtsschutz gegen die überlange Dauer finanzgerichtlicher Verfahren, DStR 2011, 2173, 2178.

1154 *Ossenbühl*, Staatshaftung bei überlangen Gerichtsverfahren, DVBl. 2012, 857, 859 f.

1155 *Ossenbühl*, Staatshaftung bei überlangen Gerichtsverfahren, DVBl. 2012, 857, 859.

1156 *Ossenbühl*, Staatshaftung bei überlangen Gerichtsverfahren, DVBl. 2012, 857, 860.

1157 *Ossenbühl*, Staatshaftung bei überlangen Gerichtsverfahren, DVBl. 2012, 857, 860.

1158 *Ossenbühl* betrachtet die Wirkung des § 198 GVG im Vergleich zur Untätigkeitsbeschwerde. Seiner Ansicht nach kann die gewählte Entschädigungslösung mit der Verzögerungsrüge kein Ersatz sein für die Untätigkeitsbeschwerde und die in ihr verankerte Abwehreigenschaft. Die Verzögerungsrüge spricht keineswegs für eine Hinfälligkeit der Untätigkeitsbeschwerde; *Ossenbühl*, Staatshaftung bei überlangen Gerichtsverfahren, DVBl. 2012, 857, 860.

1159 *Ossenbühl*, Staatshaftung bei überlangen Gerichtsverfahren, DVBl. 2012, 857, 860.

sei einzelfallabhängig und kaum willkürfrei zu ermitteln.[1160] Darüber hinaus obliege die Darlegungs- und Beweislast für die anspruchsbegründenden Voraussetzungen dem Kläger. So habe er auch die Kausalität zwischen der unangemessen langen Verfahrensdauer und dem erlittenen Nachteil zu belegen.[1161] Auch spreche die Rechtsfolge gegen eine präventive Wirkung. Eine Entschädigung von 1.200,- € pro Jahr habe laut *Ossenbühl* lediglich symbolischen Charakter[1162] und keine abschreckende Funktion, mit der Verzögerungen für die Zukunft vermieden werden können. Die Entschädigung habe vielmehr im Hinblick auf die Erhebung der Entschädigungsklage eine abschreckende Wirkung, weil sie so gering ausfalle.[1163] Darüber hinaus stellt *Ossenbühl* selbst den Titel des Gesetzes infrage. Er sei „beschönigend und irreführend".[1164] Rechtsschutz liege nur vor, wenn das Recht vor seiner Verletzung geschützt werde. Das vorliegende Gesetz gebe dem Betroffenen jedoch kein Rechtsmittel an die Hand, mit dem er gegen eine unangemessen lange Verfahrensdauer vorgehen kann. Der Betroffene müsse die Rechtsverletzung vielmehr hinnehmen und werde auf eine Kompensation verwiesen.[1165] „Damit weicht das Gesetz von einem Grundprinzip des Rechtsstaats ab, welches darin besteht, dass dem Bürger gegen Rechtsverletzungen durch den Staat effektiver Rechtsschutz gewährt werden muss; und das heißt, dass ihm Mittel eingeräumt werden müssen, die geeignet sind, sein Recht zu verteidigen, also wirksame Möglichkeiten zu eröffnen, um Rechtsverletzungen abzuwehren. Nur wenn dies nicht erreichbar ist, darf er auf einen Verlustausgleich verwiesen werden."[1166] Insgesamt ist § 198 GVG in seinen Augen eine „defizitäre Anspruchsgrundlage".[1167] Wie § 198 GVG als Rechtsschutz gegen überlange Gerichtsverfahren gelten könne, ist für ihn unverständlich.[1168]

Die Argumentation von *Steinbeiß-Winkelmann* ist nicht vollumfänglich überzeugend. Zutreffend ist, dass sie auf den Zeitpunkt der Klageerhebung abstellt. Die Entschädigungsklage kann demnach bereits während des laufenden Verfahrens erhoben werden. Zu diesem Zeitpunkt besteht noch die Möglichkeit, beschleunigend auf das Verfahren einzuwirken. Darüber hinaus entscheidet ein

---

1160 *Ossenbühl*, Staatshaftung bei überlangen Gerichtsverfahren, DVBl. 2012, 857, 860.
1161 *Ossenbühl*, Staatshaftung bei überlangen Gerichtsverfahren, DVBl. 2012, 857, 860.
1162 *Ossenbühl*, Staatshaftung bei überlangen Gerichtsverfahren, DVBl. 2012, 857, 861.
1163 *Ossenbühl*, Staatshaftung bei überlangen Gerichtsverfahren, DVBl. 2012, 857, 860.
1164 *Ossenbühl*, Staatshaftung bei überlangen Gerichtsverfahren, DVBl. 2012, 857, 860.
1165 *Ossenbühl*, Staatshaftung bei überlangen Gerichtsverfahren, DVBl. 2012, 857, 860.
1166 *Ossenbühl*, Staatshaftung bei überlangen Gerichtsverfahren, DVBl. 2012, 857, 860.
1167 *Ossenbühl*, Staatshaftung bei überlangen Gerichtsverfahren, DVBl. 2012, 857, 861.
1168 *Ossenbühl*, Staatshaftung bei überlangen Gerichtsverfahren, DVBl. 2012, 857, 861.

unabhängiges höherinstanzliches Gericht über die Klage in Form eines rechtsverbindlichen Urteils, gegen das sich der Betroffene mit einem Rechtsmittel wehren kann. Jedoch stellt *Steinbeiß-Winkelmann* bei der Frage nach der präventiven Wirkung der Entschädigungsklage darauf ab, dass diese im Sinne von Art. 13 EMRK wirksam ist und nimmt auf die Rechtsprechung des EGMR Bezug. Der EGMR hat eine Kompensationslösung als effektiv im Sinne von Art. 13 EMRK akzeptiert, wenn sie geeignet ist, Verletzungen des Rechts auf eine angemessene Verfahrensdauer präventiv zu verhindern.[1169] Das ist der Fall, wenn die Kompensationsansprüche bereits während des laufenden Hauptverfahrens erhoben werden können.[1170] Jedoch findet diese Rechtsprechung vorliegend keine Anwendung. Gegenstand der vorliegenden Untersuchung ist die Frage, ob § 198 GVG den Anforderungen an einen rechtzeitigen Menschenrechtsschutz genügt und nicht, ob § 198 GVG die Anforderungen an einen wirksamen Rechtsbehelf im Sinne von Art. 13 EMRK erfüllt. Für die Rechtzeitigkeit bedarf es eines präventiv wirkenden Rechtsbehelfs, mit dem die Verletzung des Rechts aus Art. 6 Abs. 1 S. 1 EMRK verhindert werden kann. Das ist nur möglich, wenn er das Verfahren tatsächlich beschleunigt und über ihn eine rechtsverbindliche Entscheidung einer unabhängigen Instanz ergeht. Darüber hinaus hat der EGMR auch eine rein repressive Lösung der Konventionsverletzung für nicht mit dem Sinn des effektiven Menschenrechtsschutzes vereinbar erklärt. So hat er in der Sache *Bergmann*[1171] in Bezug auf Art. 8 EMRK festgestellt, dass ein rein kompensatorischer Rechtsschutz zur Gewährung des konventionskonformen Zustandes nicht ausreiche. Es bedürfe zusätzlich eines präventiven oder beschleunigenden Rechtsbehelfs, mit dem die drohende Verletzung von Art. 6 Abs. 1 S. 1 EMRK verhindert werden könne.[1172] Der Auffassung von *Steinbeiß-Winkelmann* ist bei der Beantwortung der Frage, ob die Entschädigungsklage den Anforderungen an einen rechtzeitigen Menschenrechtsschutz genügt, daher nicht zu folgen. Eine genauere Betrachtung des Entschädigungsanspruchs kommt zu einem anderen Ergebnis. Auch der Auffassung von *Roller* ist nicht zuzustimmen. Danach dient die Angst vor einer Entschädigungsklage als Beschleunigungsmittel.[1173]

1169 *Steinbeiß-Winkelmann*, in: Steinbeiß-Winkelmann/Ott, Rechtsschutz bei überlangen Gerichtsverfahren, Rn. 210, 218.

1170 *EGMR*, Urt. v. 11.9.2002, 57220/00, Ziff. 17 – Mifsud.

1171 *EGMR*, Urt. v. 27.10.2011, 8857/08 – Bergmann. In dem Fall *Bergmann* ging es um das Umgangsrecht eines Vaters mit seinem Kind. Dieses war ihm aufgrund des überlangen Verfahrens verwehrt geblieben.

1172 *EGMR*, Urt. v. 27.10.2011, 8857/08, Ziff. 45 f. – Bergmann.

1173 *Roller*, Wenn der Justiz die Kraft ausgeht, DRiZ 2011, 172, 172.

Demnach ist die treibende und somit beschleunigende Kraft der Justiz nicht die Gewährung und Einhaltung des Konventionsrechts und des innerstaatlichen Verfassungsrechts, sondern die Angst vor einer Entschädigungsklage aus § 198 GVG. Dies zeigt, dass der Sinn und Zweck der präventiven Wirkung nicht in der Beschleunigung der Verfahren, sondern der Bewahrung vor einer Entschädigungsklage liegt und dass die Entschädigungsklage keineswegs präventiv beschleunigend im Sinne des rechtzeitigen Menschenrechtsschutzes wirkt. Ebenso ist *Böcker* nicht zu folgen, wenn er davon ausgeht, dass mit der Entschädigungsregelung die Möglichkeit bestünde, innerstaatliche Verfahren zu beschleunigen.[1174] Denn für einen rechtzeitigen Rechtsschutz genügt nicht nur die Möglichkeit der Beschleunigung und Lösung des strukturellen Problems.[1175] Das Gesetz sollte ursprünglich die Lösung für das strukturelle Problem der überlangen Verfahren sein und nicht nur eine Option. Auch diese Ansicht zeigt auf, dass kein präventiv beschleunigender Rechtsbehelf vorliegt, weil die Entschädigungsklage das strukturelle Problem tatsächlich nicht behebt.

Vielmehr ist der Auffassung von *Ossenbühl* zu folgen. Die Entschädigungsklage genügt nicht den Anforderungen an den rechtzeitigen Menschenrechtsschutz. Seine Kritik an dem ÜVerfBesG ist berechtigt. Die Voraussetzungen der Entschädigungsklage sind zutreffenderweise hoch. Den Betroffenen trifft die Darlegungs- und Beweislast. Zudem muss er die Kausalität und die Nachteile belegen. In diesem Zusammenhang kommt die Frage auf, warum der Betroffene ein zweites Mal aktiv werden muss, um sein verfassungs- und völkerrechtlich garantiertes Recht auf eine Entscheidung in angemessener Frist, zu erhalten. Dieses steht ihm aus Verfassungs- und Konventionsrecht doch zu. Die Geltendmachung dieses Rechts durch – zunächst – die Verzögerungsrüge und – später – durch die Entschädigungsklage stellt zudem eine unverhältnismäßig hohe Hürde für ein bereits garantiertes Recht dar. Hinzu kommt, dass der Betroffene ja noch nicht einmal unmittelbar sein Recht auf eine Entscheidung in angemessener Frist geltend machen kann. Er macht mit der Entschädigungsklage nur den Ausgleich von Vermögenseinbußen geltend, die ihm durch die Verletzung dieses Rechts entstanden sind. Eine Entschädigungsregelung sollte jedoch aufgrund der großen Bedeutung des Rechts auf eine Entscheidung in angemessener

---

1174 *Böcker*, Neuer Rechtsschutz gegen die überlange Dauer finanzgerichtlicher Verfahren, DStR 2011, 2173, 2178 m.V.a. BT-Drs. 17/3802, S. 16.

1175 Vgl. dazu *Oellers-Frahm*, Entlastung der EGMR – Zu Lasten des Individuums?, in: Bröhmer/Bieber/Callies/Langefeld/Weber/Wolf (Hrsg.), FS für Georg Ress zum 70. Geburstag, 1027, 1031.

Frist die *ultima ratio* sein und erst in Betracht kommen, wenn keine andere Möglichkeit zur Gewährung des Rechts besteht. Das ist nach dem vorliegenden Gesetz jedoch nicht der Fall, denn es regelt gar keine andere Möglichkeit, außer der Kompensation. Kommt es vermehrt zu einer Verletzung des Rechts auf eine Entscheidung in angemessener Frist, so wird das Rechtsstaatsprinzip verletzt. Das hat wiederum zur Folge, dass das Vertrauen in den Staat und die Justiz erschüttert wird. Eine Entschädigungsregelung kann dabei nur die Folgen des Einzelfalls lindern, nicht aber den Vertrauensverlust kompensieren. Zudem kommt hinzu, dass der Klage ein gewisses Prozessrisiko angehaftet bleibt, auch wenn der Betroffene alle Voraussetzungen erfüllt und seiner Darlegungs- und Beweispflicht nachkommt. Laut der ersten Auswertung der Entschädigungsklage nach Inkrafttreten des ÜVerfBesG werden verhältnismäßig wenige Entschädigungsklagen geltend gemacht und nur ein Teil davon ist erfolgreich.[1176]

Ein weiteres Argument gegen die präventive Wirkung des Entschädigungsanspruchs ist, dass der Anspruch die Verletzung des Rechts auf eine Entscheidung in angemessener Frist voraussetzt. Der Betroffene kann den finanziellen Ausgleich nur verlangen, wenn ihm Nachteile durch das unangemessen lange Verfahren entstanden sind. Das Vorliegen der Nachteile setzt wiederum eine Verletzung des Rechts auf eine Entscheidung in angemessener Frist voraus. Eine Verhinderung der Verletzung durch Beschleunigung des Verfahrens kann folglich nicht mehr erreicht werden, auch nicht mit der Entschädigungsklage, weil die Verletzung eine Anspruchsvoraussetzung für die Entschädigungszahlung ist. Es ist ein Widerspruch in sich, wenn die Klage das Verfahren beschleunigen und eine Verletzung des Rechts aus Art. 6 Abs. 1 S. 1 EMRK verhindern soll, als Anspruchsvoraussetzung aber die Nachteile, die durch eine solche Verletzung entstanden sind, verlangt. Dem kann auch nicht damit abgeholfen werden, dass der Anspruch bereits während des laufenden Verfahrens geltend gemacht werden kann. Das Recht ist dann bereits verletzt. Auch wenn der Anspruch zeitlich im laufenden Verfahren einsetzt, so setzt er doch erst ein, wenn eine Verletzung bereits eingetreten ist.

Auch die Rechtsfolge der Entschädigungsklage spricht gegen ihre präventive Wirkung. Wird der Klage stattgegeben und dem Betroffenen pro verzögertes Jahr eine Pauschale von 1.200,– € zugesprochen, stellt sich die Frage, inwiefern die Entschädigungszahlung an sich das Verfahren beschleunigen soll. Inwiefern lassen sich die Gerichte in ihrem Entscheidungsverhalten beeinträchtigen?

1176 Siehe dazu *Steinbeiß-Winkelmann/Sporrer*, Rechtsschutz bei überlangen Gerichtsverfahren, NJW 2014, 177, 179 ff.

Widerspricht es nicht auch der richterlichen Unabhängigkeit, wenn der Richter das Verfahren nun aufgrund einer Geldsumme vorantreibt? Stellt das nicht auch einen die richterliche Unabhängigkeit beeinträchtigenden Faktor dar? Der Gesetzesentwurf sagt dazu, dass die Geltendmachung von Entschädigungsansprüchen als Indikator für Problemlagen wirken und die Behebung struktureller Mängel voranbringen könne.[1177] Gegen eine präventive Wirkung spricht aber die Ausgleichszahlung dem Grunde und der Höhe nach. Zum einen fehlt es an einer Einflussnahme des Entschädigungsverfahrens zum Hauptsacheverfahren und damit an einem Druckpotenzial[1178]. Ein höherrangiges Gericht entscheidet über die Entschädigungsklage und verurteilt das betreffende Bundesland zur Zahlung. Der mit der Hauptsache betraute Richter hat zu dem Entschädigungsprozess keine Verbindung. Es ist also nicht ersichtlich, inwiefern das Urteil im Entschädigungsverfahren das Verfahren bei dem Gericht der Hauptsache beeinflussen soll. Ein Zusammenhang geht auch nicht aus der Gesetzesbegründung hervor.

Darüber hinaus spricht die Ausrichtung des Gesetzes gegen eine präventive Wirkung. Im Mittelpunkt des Gesetzes steht der Entschädigungsanspruch und damit die Kompensation eines überlangen Verfahrens und nicht die Verhinderung und Beschleunigung des Verfahrens durch Einlegung der Verzögerungsrüge. *Keders* und *Walter* bezeichnen das Gesetz insgesamt als repressiv, weil es auf die Rechtsfolge von unangemessen langen Verfahren ausgerichtet sei.[1179] Das Gesetz greife nicht an der Ursache ein, sondern lindere nur die Folgen einer Verletzung.[1180] *Vielmeier* schließt sich der Auffassung der rein repressiven Wirkung an und stellt auf die Rechtsfolge ab.[1181] Auch nach der rechtzeitigen Rüge der überlangen Verfahrensdauer im laufenden Verfahren erhalte der Betroffene eine Wiedergutmachung für erlittene Nachteile.[1182] Er könne jedoch keine schnellere Bearbeitung im Sinne des Primärrechtsschutzes erzwingen. Er müsse sie vielmehr hinnehmen.[1183] Die Nachteile werden dann teilweise

---

1177 BT-Drs. 17/3802, S. 16.

1178 *Ossenbühl*, Staatshaftung bei überlangen Gerichtsverfahren, DVBl. 2012, 857, 860.

1179 *Keders/Walter*, Langdauernde Zivilverfahren, NJW 2013, 1697, 1698.

1180 *Keders/Walter*, Langdauernde Zivilverfahren, NJW 2013, 1697, 1698.

1181 *Vielmeier*, Rechtswegerschöpfung bei verzögerter Anhörungsrüge, NJW 2013, 346, 347.

1182 *Vielmeier*, Rechtswegerschöpfung bei verzögerter Anhörungsrüge, NJW 2013, 346, 347.

1183 *Vielmeier*, Rechtswegerschöpfung bei verzögerter Anhörungsrüge, NJW 2013, 346, 347.

entschädigt.[1184] *Keders*, *Walter* und *Vielmeier* ist darin zuzustimmen, dass das Gesetz insgesamt eine repressive Rechtsfolge hat. Das ÜVerfBesG gewährt im Ergebnis eine Entschädigungszahlung und keine Beschleunigung des Verfahrens.

Auch stellt die Höhe des Pauschalbetrages keine präventive Wirkung dar. Es ist fraglich, ob die Verurteilung zur Zahlung des Betrages von 1.200,00 € pro überlanges Jahr für immaterielle Nachteile überhaupt geeignet ist, einer unangemessen langen Verfahrensdauer vorzubeugen. Laut dem Gesetzgeber ist eine Abweichung nach oben und unten möglich. Der Pauschalbetrag ist jedoch im Gesetz normiert. Will der Anspruchsteller einen darüber hinausgehenden Betrag geltend machen, so muss er dies wiederum belegen, was die Geltendmachung seines Anspruchs erneut erschwert. Darüber hinaus ist der Pauschalbetrag in Höhe von 1.200,00 € pro überlanges Jahr eher gering. Je nach Streitgegenstand und Streitwert kann in einem zivilrechtlichen Verfahren die Gewährung dieses Betrages nicht die wirtschaftlichen Folgen eines unangemessen langen Verfahrens für den Betroffenen kompensieren. Auch in einem strafrechtlichen Verfahren können mit diesem Betrag ein überlanges Ermittlungsverfahren und die damit einhergehenden Belastungen für den Betroffenen nicht angemessenen kompensiert werden. Die Entschädigungsklage hat daher lediglich eine symbolische Wirkung. Sie kann keine präventive Beschleunigung bewirken.

Es besteht – *Ossenbühl* folgend – mit dem ÜVerfBesG kein Mittel zur Beschleunigung unangemessen langer Verfahren und kein Mittel um eine Verletzung des Rechts aus Art. 6 Abs. 1 S. 1 EMRK zu verhindern.[1185] Es handelt sich um eine reine Kompensationslösung. Eine Rechtsverletzung wird nicht verhindert. Der Betroffene wird auf die Kompensation verwiesen. Es wird kein Primärrechtsschutz gewährt. Daher ist *Ossenbühl*[1186] auch darin zuzustimmen, dass der Titel des Gesetzes unzutreffend ist, weil tatsächlich das Recht vor seiner Verletzung nicht geschützt wird. Vielmehr verlangt der Anspruch aus § 198 GVG auf Entschädigung eine Rechtsverletzung. Ein Anspruch, der auf einer Verletzung des Rechts auf eine Entscheidung in angemessener Frist basiert, wirkt keineswegs präventiv. Die Ursachen einer unangemessen langen Verfahrensdauer werden nicht bekämpft, sondern nur ihre Folgen.

1184 *Vielmeier*, Rechtswegerschöpfung bei verzögerter Anhörungsrüge, NJW 2013, 346, 347.

1185 So auch *Ossenbühl*, Staatshaftung bei überlangen Gerichtsverfahren, DVBl. 2012, 857, 860.

1186 *Ossenbühl*, Staatshaftung bei überlangen Gerichtsverfahren, DVBl. 2012, 857, 860.

d) Zusammenfassung zu 2.

Mit dem Gesetz über den Rechtsschutz bei überlangen Gerichtsverfahren und strafrechtlichen Ermittlungsverfahren ist der Verpflichtung zur Einrichtung eines präventiv beschleunigenden Rechtsbehelf im innerstaatlichen Recht nicht ausreichend Rechnung getragen. Weder die Verzögerungsrüge noch die Entschädigungsklage an sich genügen den Anforderungen an einen solchen Rechtsbehelf im Sinne des rechtzeitigen Menschenrechtsschutzes. Auch das Gesetz als Gesamtwerk wird den Anforderungen nicht gerecht. Die Verzögerungsrüge stellt keine präventiv beschleunigende Beschwerdemöglichkeit dar. Mit ihr wird das gerügte Verfahren weder beschleunigt noch eine Verletzung des völkerrechtlichen und verfassungsrechtlichen Beschleunigungsgebotes verhindert. Die Verzögerungsrüge erfüllt nicht die Anforderungen an einen rechtzeitigen Menschenrechtsschutz, weil sie Prävention lediglich in Form der zeitlichen Prävention gewährt, jedoch zu keiner verbindlichen Rechtsfolge führt. Die präventive Wirkung folgt auch nicht – trotz des Zeitpunkts Ihrer Einlegung – aus der Entschädigungsklage, weil diese unverhältnismäßig hohe Anforderungen an den Betroffenen stellt und ihre Rechtsfolge keinen Druck auf das mit der Hauptsache befasste Gericht ausübt. Darüber hinaus setzt der Anspruch eine Verletzung des Rechts auf eine Entscheidung in angemessener Frist voraus und kann einer Verletzung dieses Rechts folgerichtig nicht vorbeugen. Auch ist die Klage aufgrund des geringen Ergebnisses in Höhe von pauschal 1.200,00 € pro überlanges Jahr für immaterielle Schäden unattraktiv. Im Ergebnis gewährt das ÜVerfBesG keinen präventiven Schutz gegen unangemessen lange Gerichtsverfahren. Das Gesetz regelt die Folgen einer solchen Verletzung, nicht aber die Ursache für einen Verstoß gegen Art. 6 Abs. 1 S. 1 EMRK.[1187]

Aus diesem Grund hat *Windel* zurecht die Frage aufgestellt, ob es „richtig war, auf eine verfahrensimmanente Beschleunigungslösung" zu verzichten.[1188] Er befürwortet daher die Einrichtung eines beschleunigenden Rechtsbehelfs zusätzlich zu dem kompensatorischen Rechtsbehelf und die Wiederbelebung der außerordentlichen Untätigkeitsbeschwerde[1189]. „Das Vorhaben des deutschen

---

1187 Vgl. dazu *Oellers-Frahm*, Entlastung der EGMR – Zu Lasten des Individuums?, in: Bröhmer/Bieber/Callies/Langefeld/Weber/Wolf (Hrsg.), FS für Georg Ress zum 70. Geburstag, 1027, 1028 ff.

1188 *Windel*, Der EGMR und das Prozessrecht: Update 13.0, JR 2014, 365, 368; *Rixe*, FamRZ 2012, 1124, 1124 f.

1189 *Windel* plädiert für die Wiederbelebung der Untätigkeitsbeschwerde in Verfahren nach dem FamFG; *Windel*, Der EGMR und das Prozessrecht: Update 13.0, JR 2014, 365, 368; so auch *Rixe*, FamRZ 2012, 1124, 1125 f.

Gesetzgebers, der Problematik überlanger Gerichtsverfahren durch die §§ 198 ff. GVG Herr zu werden, dürfte damit wenigstens partiell als gescheitert anzusehen sein."[1190] Auch *Althammer* und *Schäuble* wünschen sich daher zurecht, „dass sich die Politik nicht mit der Neuregelung zufrieden gibt, sondern die durch Entschädigungsverfahren und -ansprüche drohenden Kosten zum Anlass nimmt, die Regelursache für eine unangemessene Verfahrensdauer zu bekämpfen und die Justiz dort, wo dies nicht der Fall ist, ausreichend mit Personal und Mitteln ausstattet."[1191]

Im Ergebnis ist die Bekämpfung der Ursache für eine unangemessen lange Verfahrensdauer mit dem Gesetz bei überlangen Gerichtsverfahren und strafrechtlichen Ermittlungsverfahren nicht gegeben. Dabei ist die Bekämpfung der Ursache der Schlüssel zum rechtzeitigen Menschenrechtsschutz.

Bezug nehmend auf den obenstehenden Vorschlag von *Windel* im Hinblick auf die Wiederbelebung der außerordentlichen Untätigkeitsbeschwerde ist das Untätigkeitsbeschwerdegesetz[1192] als ein Rechtsbehelf zu bewerten, welcher den Anforderungen an einen präventiv beschleunigenden Rechtsbehelf im Sinne eines rechtzeitigen Menschenrechtsschutzes gemäß der Konvention und der Rechtsprechung des EGMR genügt. Wie bereits unter Ziffer III. 2. lit. a), aa) dieser Untersuchung erläutert, setzt das Untätigkeitsbeschwerdegesetz an den Wurzeln der unangemessenen Verfahrensdauer an und sieht prozessbeschleunigende oder -beendende Maßnahmen vor. Eine Untätigkeitsbeschwerde sieht vor, dass innerhalb eines Monats durch das anhängige Gericht beschleunigende oder beendende Maßnahmen ergriffen werden. Unterbleibt dies, so entscheidet das nächsthöhere Gericht über die Beschwerde und setzt dem anhängigen Gericht eine Frist zur Durchführung solcher Maßnahmen. Die Beschwerde setzt damit im innerstaatlichen Recht zu einem Zeitpunkt vor der Verletzung an. Sie erfüllt die Anforderungen der zeitlichen und instanziellen Prävention. Eine Verletzung von Art. 6 Abs. 1 S. 1 EMRK wird damit verhindert.

3. Zwischenergebnis zu III.

Die Garantie des rechtzeitigen Rechtsschutzes nach der EMRK wird durch die Bundesrepublik nicht gewährt. Deutschland hat es unterlassen sicherzustellen, dass das Recht auf eine Entscheidung in angemessener Frist aus Art. 6 Abs. 1

1190 *Windel*, Der EGMR und das Prozessrecht: Update 13.0, JR 2014, 365, 368.

1191 *Althammer/Schäuble*, Effektiver Rechtsschutz bei überlanger Verfahrensdauer, NJW 2012, 1, 7.

1192 Siehe dazu die Ausführungen unter Ziffer III. 2. lit. a), aa) dieser Untersuchung.

S. 1 EMRK strukturell gewährt wird. So hat Deutschland es unterlassen einen Rechtbehelf im innerstaatlichen Recht zu schaffen, der präventiv beschleunigend wirkt und das Recht auf eine rechtzeitige Entscheidung wahrt. Das Recht auf einen rechtzeitigen Menschenrechtsschutz besteht in der Gewährung von Art. 6 Abs. 1 S. 1 EMRK durch die Einrichtung eines präventiv beschleunigenden Rechtsbehelfs. Dieser soll verhindern, dass eine Verletzung von Art. 6 Abs. 1 S. 1 EMRK überhaupt entsteht. Die Verpflichtung zur Schaffung eines solchen Rechtsbehelfs folgt aus Art. 13 EMRK. Art. 13 EMRK sieht die Schaffung einer wirksamen Beschwerde im innerstaatlichen Recht vor, mit der eine Verletzung der Konvention festgestellt und ihr Abhilfe verschafft werden kann. Dauert ein Verfahren unangemessen lang und ist es noch anhängig, verlangt Art. 13 EMRK einen Rechtsbehelf, der das anhängige Verfahren beschleunigt. Der Rechtsbehelf hat sodann auf der Ebene des innerstaatlichen Rechts und im Zeitpunkt vor der Entstehung der Verletzung anzuknüpfen. Er wirkt dann präventiv beschleunigend, weil er zeitlich und instanziell präventiv ist. Dieser Verpflichtung aus Art. 13 EMRK zur Schaffung eines präventiv beschleunigenden Rechtsbehelfs ist der deutsche Gesetzgeber aber nicht nachgekommen. Er hat keinen Rechtsbehelf geschaffen, mit dem das innerstaatliche Verfahren beschleunigt und eine Verletzung des Rechts aus Art. 6 Abs. 1 S. 1 EMRK verhindert werden kann. Er hat das Gesetz über den Rechtsschutz bei überlangen Gerichtsverfahren und strafrechtlichen Ermittlungsverfahren[1193] eingeführt. Damit kann der Betroffene ein langes Verfahren zunächst rügen und, im Fall der Erfolglosigkeit seiner Rüge, einen Entschädigungsanspruch geltend machen. Damit wird die unangemessene Verfahrensdauer kompensiert. Eine Verletzung des Rechts auf eine Entscheidung in angemessener Frist aus Art. 6 Abs. 1 S. 1 EMRK wird damit aber nicht verhindert. Das Gesetz wirkt nicht präventiv beschleunigend. Es entspricht nicht den dieser Arbeit zugrunde liegenden Anforderungen an einen rechtzeitigen Menschenrechtsschutz. Das Recht auf rechtzeitigen Rechtsschutz wird im innerstaatlichen Recht daher nicht gewährt.

1193 BGBl. I, 2302.

4. Teil – Die Gewährleistung effektiven Rechtsschutzes nach der EMRK – Das Zusammenwirken der aus dem Grundsatz des effektiven Rechtsschutzes resultierenden Garantien

Gegenstand meiner Arbeit ist die Gewährung des effektiven Rechtsschutzes nach der EMRK unter Beachtung und Darstellung des richtigen und rechtzeitigen Menschenrechtsschutzes. Dabei wurde der richtige Rechtsschutz in seiner Ausformung als konventionsgemäßer Rechtsschutz durch Wiederherstellung des konventionskonformen Zustandes untersucht. Der rechtzeitige Rechtsschutz war in Form des Verfahrensrechts aus Art. 6 Abs. 1 S. 1 EMRK Gegenstand der Prüfung. Wie zu Beginn der Untersuchung bereits erläutert, stehen das Recht auf eine richtige Entscheidung und das Recht auf eine rechtzeitige Entscheidung in einem Spannungsverhältnis, weil eine rechtlich richtige, da konventionskonforme, Entscheidung Zeit braucht und zu einer unangemessen langen Verfahrensdauer führen kann. Daraus resultiert die Frage, ob der durch die EMRK und den EGMR gewährte Menschenrechtsschutz effektiv ist, wenn die beiden Garantien zumindest partiell gegenläufig sind und die Beseitigung einer Konventionsverletzung zu einer anderen Konventionsverletzung führt. Wie ist dieses Spannungsverhältnis zu lösen? Das Spannungsverhältnis und sein Lösungsansatz sollen daher im Folgenden geprüft und für den Fall eines konventionswidrigen innerstaatlichen Urteils bewertet werden. Damit soll die Frage nach der Effektivität des Menschenrechtsschutzes beantwortet werden.

I. Das Spannungsverhältnis zwischen der Richtigkeit und Rechtzeitigkeit

Wie im 3. Teil dieser Arbeit bereits detailliert dargestellt, verlangen die EMRK sowie die darauf beruhende Rechtsprechung des EGMR von den Mitgliedstaaten die Gewährleistung richtigen und die Gewährleistung rechtzeitigen Rechtsschutzes. Diese stehen aber in einem Spannungsverhältnis zueinander. Ergeht eine innerstaatliche gerichtliche Entscheidung, die gegen das Konventionsrecht verstößt, so ist die Entscheidung unrichtig. Zur Wiederherstellung der Konventionskonformität ist die unrichtige Entscheidung aufzuheben und das innerstaatliche Verfahren wieder aufzunehmen und neu durchzuführen. Die Wiederaufnahme kann dann dazu führen, dass das Verfahren erneut viel Zeit in Anspruch nimmt und insgesamt unangemessen lange dauert.

In der Literatur wurde das Spannungsverhältnis zwischen der Richtigkeit und der Rechtzeitigkeit bereits mehrfach erkannt und untersucht. So erkannte *Schlette*, dass dem effektiven Rechtsschutz ein Spannungsverhältnis innewohne.[1194] Rechtzeitigkeit verlange ein schnelles Verfahren, aber keineswegs ein kurzes Verfahren. Rechtzeitiger Rechtsschutz verlange keine Verfahrensbeschleunigung um jeden Preis. Denn ein kurzes Verfahren sei genauso rechtsstaatswidrig wie ein überlanges Verfahren.[1195] Wirksamer Rechtsschutz bedeute vielmehr, dass der Streitgegenstand tatsächlich und rechtlich gründlich ermittelt, aufgearbeitet und durchdacht sein müsse.[1196] *Kloepfer* erklärt dazu, dass es einen Widerstreit des Beschleunigungsgrundsatzes mit dem Gebot gebe, das richtige Recht in sorgfältiger Ermittlung und mit instanzieller Überprüfbarkeit zu finden.[1197] Er stellt jedoch die Fragen, was ein „richtigstes Urteil" nütze, wenn es zu spät komme und was eine zügige Entscheidung bewirke, wenn sie „sachlich unrichtig" sei.[1198] „Das Ideal einer rechtsstaatlichen Rechtsprechung, gleichermaßen möglichst schnelle und möglichst richtige Entscheidungen zu treffen, bezeichnet – trotz der Pflicht zur steten Annäherung an dieses Ideal – demnach in Wahrheit nichts anderes als einen Grundwiderspruch der Rechtsprechung im Rechtsstaat. (…) Die Rechtsprechung muss die richtige Entscheidung finden, sie darf nicht zwecks Zeiteinsparung zu falschen Ergebnissen kommen. (…) Die Beschleunigung von Prozessen darf nämlich niemals eine Legitimation für bewusste Rechtsabweichungen sein. Es geht nicht um die schnelle und falsche Entscheidung einerseits bzw. um die langsame und richtige Entscheidung andererseits. Für eine rechtsstaatlich gebundene Rechtsprechung kann die Alternative nur lauten: entweder eine schnelle und vermutlich (bzw. angenähert) richtige Entscheidung oder eine langsame und sicherlich richtige (oder: ‚richtigere') Entscheidung."[1199] Auch *Vollkommer* geht von einem Konflikt zwischen

---

1194 *Schlette*, Der Anspruch auf gerichtliche Entscheidung in angemessener Frist, S. 31.

1195 *Schlette*, Der Anspruch auf gerichtliche Entscheidung in angemessener Frist, S. 31; *Kirchhof*, Verfassungsrechtliche Maßstäbe für die Verfahrensdauer und für die Rechtsmittel, in: Hailbronner/Ress/Stein (Hrsg.), FS für Karl Doehring, 439, 439.

1196 *Schlette*, Der Anspruch auf gerichtliche Entscheidung in angemessener Frist, S. 31.

1197 *Kloepfer*, Verfahrensdauer und Verfassungsrecht, JZ 1979, 209, 210.

1198 *Kloepfer*, Verfahrensdauer und Verfassungsrecht, JZ 1979, 209, 210.

1199 *Kloepfer*, Verfahrensdauer und Verfassungsrecht, JZ 1979, 209, 210–211.

der Beschleunigung des Verfahrens und einer richtigen Entscheidung aus.[1200] Die Beschleunigung des Verfahrens stehe mit der gerichtlichen Pflicht zur Wahrheitserforschung in Konflikt, wenn die Prozessbeschleunigung mit knappen Fristen und Präklusionsfolgen erreicht werde. Dann ergehe die Entscheidung nicht mehr auf der Wahrheit des der Sache zugrunde liegenden Sachverhalts.[1201] *Kirchhof* geht hingegen davon aus, dass die Gewähr eines rechtzeitigen und die Gewähr eines richtigen Rechtsschutzes nicht notwendigerweise in Konflikt stünden. Sie führen jedoch zu gegenläufigen Verfahren.[1202] „Die Forderung nach einem rechtzeitigen Urteil drängt auf größtmögliche Verkürzung des Rechtsfindungsverfahrens; das Gebot eines gerechten Urteils fordert die sorgfältige und umfassende Sachverhaltsermittlung, das besonnene Gewichten und Wägen der Rechtsfrage, die auch für den langwierigen Dialog offene, Zeit zum „geistigen Atemholen“ gewährende Beratung und die Korrektur möglicher Fehlentscheidungen durch die Rechtsmittelinstanz.“[1203] Nach *Boesche* widersprechen sich die beiden Komponenten der Gründlichkeit und Zügigkeit nicht. Sie ergänzen sich vielmehr. „So dient es der ‚Richtigkeit‘ der Entscheidung, wenn der Prozess möglichst zügig zu einem Ende kommt, solange die Erinnerung der Beteiligten und der Zeugen noch lebhaft und nicht Opfer der zeitbedingten Verfremdung zum Schaden der Beweislage und damit der Qualität der Entscheidung geworden sind.“[1204]

Die Meinungen aus der Literatur bestätigen, dass ein Spannungsverhältnis besteht, unabhängig davon, wie dieses Verhältnis von den einzelnen Stimmenträgern konkret bezeichnet wird. Ihnen ist gemein, dass effektiver Rechtsschutz nicht nur die schnelle Durchführung des Verfahrens, sondern auch eine gründlich durchdachte und sorgfältig aufgearbeitete Entscheidung bedeutet. Denn was bringt – berechtigterweise von *Kloepfer*[1205] infrage gestellt – eine richtige

---

1200 *Vollkommer*, Die lange Dauer der Zivilprozesse und ihre Ursachen, ZZP 81 (1968), 102, 107–108.

1201 *Vollkommer*, Die lange Dauer der Zivilprozesse und ihre Ursachen, ZZP 81 (1968), 102, 108.

1202 *Kirchhof*, Verfassungsrechtliche Maßstäbe für die Verfahrensdauer und für die Rechtsmittel, in: Hailbronner/Ress/Stein (Hrsg.), FS für Karl Doehring, 439, 439.

1203 *Kirchhof*, Verfassungsrechtliche Maßstäbe für die Verfahrensdauer und für die Rechtsmittel, in: Hailbronner/Ress/Stein (Hrsg.), FS für Karl Doehring, 439, 439.

1204 *Boesche*, Die Brechung des Rechts durch das Mittel der Zeit, in: Boesche/Füller/Wolf (Hrsg.), Festbeigabe für Säcker, 3, 9; vgl. *Vollkommer*, Die lange Dauer der Zivilprozesse und ihre Ursachen, ZZP 81 (1968), 102, 106.

1205 *Kloepfer*, Verfahrensdauer und Verfassungsrecht, JZ 1979, 209, 210.

Entscheidung, die zu spät kommt oder eine schnelle Entscheidung, die unrichtig ist. Weder ein verspätetes richtiges Urteil noch ein zügiges unrichtiges Urteil erfüllen den Grundsatz des effektiven Rechtsschutzes. Ziel ist nicht eine richtige oder schnelle Entscheidung. Ziel ist eine gleichermaßen schnelle und gleichermaßen richtige Entscheidung.

II. Die Lösung des Spannungsverhältnisses

Es stellt sich jedoch die Frage, wie dieses Ziel erreicht werden soll. Die Lösung der Frage liegt in der Abwägung zwischen einer rechtlich richtigen, weil konventionskonformen, Entscheidung, und einer rechtzeitigen Entscheidung. Denn wie bereits zu Beginn der Untersuchung ausgeführt, ist die „zügige Erledigung eines Rechtsstreits (…) nach dem Rechtsstaatsprinzip in Ausgleich zu bringen mit einer umfassenden tatsächlichen und rechtlichen Würdigung des Streitfalls."[1206]. So sieht auch *Schlette* die Lösung des Spannungsverhältnisses darin, bei der Bestimmung der Angemessenheit den Umfang der rechtlichen Aufarbeitung zu berücksichtigen. Seiner Ansicht nach wird ein sogenannter „goldener Schnitt" angestrebt. Dies sei die ideale Prozessdauer, bei der Gründlichkeit und Zügigkeit in gleicher Weise in Ansatz gebracht werden und eine inhaltlich möglichst „richtige" Entscheidung in möglichst kurzer Zeit erlassen wird.[1207] Auch *Kloepfer* und *Sendler* sehen die Lösung des Spannungsverhältnisses im goldenen Schnitt, einem schonenden Ausgleich zwischen der größtmöglichen Schnelligkeit und der maximalen Richtigkeit von Entscheidungen.[1208] *Boesche* nimmt ebenfalls Bezug zum Goldenen Schnitt und vertritt ein Mittelmaß zwischen „Schnelldurchritt und Schneckentempo".[1209] *Vollkommer* schließt sich der

---

1206 *Althammer*, Schmerzensgeld wegen überlanger Dauer von Zivilverfahren, JZ 2011, 446, 453.

1207 *Schlette*, Der Anspruch auf gerichtliche Entscheidung in angemessener Frist, S. 31 m.V.a. Vollkommer, Die lange Dauer der Zivilprozesse und ihre Ursachen, ZZP 81 (1968), 102, 110; *Sendler*, Zum Instanzenzug in der Verwaltungsgerichtsbarkeit, DVBl. 1982, 157, 164 ; *Kloepfer*, Verfahrensdauer und Verfassungsrecht, JZ 1979, 209, 211.

1208 *Kloepfer*, Verfahrensdauer und Verfassungsrecht, JZ 1979, 209, 211; *Sendler*, Zum Instanzenzug in der Verwaltungsgerichtsbarkeit, DVBl. 1982, 157, 164; *ders.*, Möglichkeiten zur Beschleunigung des verwaltungsgerichtlichen Verfahrens, DVBl. 1982, 923, 933.

1209 *Boesche*, Die Brechung des Rechts durch das Mittel der Zeit, in: Boesche/Füller/Wolf (Hrsg.), Festbeigabe für Säcker, 3, 9.

Lösung in Form einer Abwägung an und erklärt, dass in die Verfahrensordnung auch das Zeitmaß miteinzubeziehen sei. Diese müsse so ausgestaltet sein, dass die Nachteile eines unangemessen langen Verfahrens verhindert werden und die Aufarbeitung des Rechtsstreits sorgfältig und umfassend erfolgt und die Wahrheitsfindung gewährt wird.[1210] Der Gesetzgeber habe sodann die vorgegebenen tatsächlichen Umstände des Einzelfalls, die für die Dauer des Verfahrens von Bedeutung sind, zu berücksichtigen und zu beachten.[1211] Auch *Sachs* befürwortet das Prinzip der Abwägung und erklärt die Angemessenheit als Ansatzpunkt für eine Abwägung. Mit der Angemessenheit als Maßstab werden die Eigentümlichkeiten des Rechtsstreits bei der Festlegung der zulässigen Verfahrensdauer berücksichtigt.[1212] „Umfang und Schwierigkeit eines Rechtsstreits sind danach der Ausgangspunkt einer Berechnung, die zugleich den anderen Aspekten effektiven Rechtsschutzes gerecht werden muss, namentlich den Anforderungen eines fairen Verfahrens und dem Ziel einer möglichst richtigen Entscheidung. Verzögerungen, die sich nicht aus den danach bestehenden Notwendigkeiten ergeben, können die Unangemessenheit der Prozessdauer begründen."[1213]

Gemein ist diesen Auffassungen, dass eine Abwägung zwischen den beiden Garantien zu erfolgen hat, mit dem Ziel, eine richtige Entscheidung rechtzeitig zu erlassen. Dafür bedarf es einer Berücksichtigung der tatsächlichen Umstände des Einzelfalls, die für die Dauer des Verfahrens maßgeblich sind. Keine der Garantien darf überspannt werden. Jeder Garantie muss das erforderliche Maß zuteil werden, um eine ausgewogene Entscheidung zu treffen. Ihre Grenzen findet die Abwägung in dem Verbot, gegen die jeweils andere Garantie zu verstoßen.

Eine Abwägung anhand der Kriterien des Einzelfalls ist begrüßenswert. Eine Abwägung ist erforderlich, da die beiden Garantien – trotz ihrer gegenläufigen Interessen – einen starken Einfluss aufeinander haben. Die Gewährleistung des einen Rechts ist ohne Gewährung des anderen Rechts möglich, aber nicht effektiv. So können Verzögerungen in Verfahren auch die Richtigkeit der Rechtsfindung beeinträchtigen, indem sich die Parteien des Verfahrens nicht mehr an die Geschehnisse erinnern können. Je mehr Zeit verstreicht, desto schwieriger

---

1210 *Vollkommer*, Die lange Dauer der Zivilprozesse und ihre Ursachen, ZZP 81 (1968), 102, 110.

1211 *Vollkommer*, Die lange Dauer der Zivilprozesse und ihre Ursachen, ZZP 81 (1968), 102, 110.

1212 *Sachs*, Effektive Rechtsschutzgewährleistung in einer einheitlichen Verwaltungsprozeßordnung, ZRP 1982, 227, 231, 232.

1213 *Sachs*, Effektive Rechtsschutzgewährleistung in einer einheitlichen Verwaltungsprozeßordnung, ZRP 1982, 227, 231, 232.

ist eine Rekonstruierung des der Entscheidung zugrunde liegenden Sachverhalts.[1214] Genauso gut können schnelle Verfahren dazu führen, dass eine Entscheidung nicht mit der gebotenen Sorgfalt umfassend aufgearbeitet wird und einer nachinstanziellen Überprüfung nicht mehr standhält. Die Garantien sind daher eng miteinander verwoben. Ebenso begrüßenswert ist, dass als Ansatzpunkt für die Abwägung die Angemessenheit heranzuziehen ist. Danach sind die Kriterien anzuwenden, die der EGMR und das BVerfG in ihrer Rechtsprechung zur Beurteilung der Angemessenheit der Verfahrensdauer entwickelt haben. Sie sind für die vorliegende Abwägung geeignet, weil sie bestimmen, wann ein Verfahren unangemessen lang ist und die Umstände des Einzelfalls berücksichtigen. Ob eine Verfahrensdauer angemessen ist, beurteilt der EGMR im konkreten Einzelfall[1215] anhand von vier Kriterien: der Schwierigkeit des Einzelfalls[1216], dem Verhalten des Beschwerdeführers, dem Verhalten des Gerichts oder der Behörde sowie anhand der Bedeutung der Sache für den Beschwerdeführer.[1217] Dabei wird dem Beschwerdeführer nicht zur Last gelegt werden, dass er alle ihm vom Gesetzgeber zur Verfügung gestellten Rechtsmittel ausgeschöpft hat.[1218] Das Gericht kann sich hingegen nicht auf seine chronische Überlastung berufen. Denn die Arbeitsüberlastung entbindet den Mitgliedstaat nicht von seiner Pflicht, dem Einzelnen das Recht auf eine Entscheidung in angemessener Frist gewähren zu können. Der Mitgliedstaat hat sein Rechtsschutzsystem vielmehr derart einzurichten, dass die innerstaatlichen Gerichte den Anforderungen des Beschleunigungsgrundsatzes genügen können.[1219] Gemäß der

---

1214 *Vollkommer*, Die lange Dauer der Zivilprozesse und ihre Ursachen, ZZP 81 (1968), 102, 106; so auch *Boesche*, Die Brechung des Rechts durch das Mittel der Zeit, in: Boesche/Füller/Wolf (Hrsg.), Festbeigabe für Säcker, 3, 9.

1215 *Meyer-Ladewig/Harrendorf/König*, in: Meyer-Ladewig/Nettesheim/v. Raumer, Hk-EMRK, Art. 6 Rn. 200.

1216 Darüber hinaus kommen u.a. die Unübersichtlichkeit, die Widersprüchlichkeit und die Änderung der Gesetzeslage dazu, siehe dazu *Kirchhof*, Verfassungsrechtliche Maßstäbe für die Verfahrensdauer und für die Rechtsmittel, in: Hailbronner/Ress/Stein (Hrsg.), FS für Karl Doehring, 439, 446.

1217 *Meyer-Ladewig/Harrendorf/König*, in: Meyer-Ladewig/Nettesheim/v. Raumer, Hk-EMRK, Art. 6 Rn. 200; vgl. dazu *Kloepfer*, Verfahrensdauer und Verfassungsrecht, JZ 1979, 209, 209.

1218 *Meyer-Ladewig/Harrendorf/König*, in: Meyer-Ladewig/Nettesheim/v. Raumer, Hk-EMRK, Art. 6 Rn. 201.

1219 *EGMR*, Urt. v. 25.3.1999, 25444/94, Ziff. 74 – Pélissier und Sassi; EGMR, Urt. v. 25.2.2000, 29357/95, Ziff. 75 – Gast und Popp; *EGMR*, Urt. v. 31.5.2001, 37591/97, Ziff. 42 – Metzger; so auch *Schlette*, Der Anspruch auf gerichtliche Entscheidung in angemessener Frist, S. 29 ff.: Der Staat verletzt seine verfassungsrechtlich verankerte

Einzelfallabwägung kann sodann ermittelt werden, wann ein Verfahren unangemessen lang ist und wann es eine Verletzung der Konvention darstellt. Ist das der Fall, so ist das Verfahren zu einem Ende zu führen und innerhalb dieser Zeit eine sorgfältige und ausgewogene Entscheidung zu treffen. Dann ist das Prinzip des effektiven Rechtsschutzes nach der EMRK gewahrt.

III. Die Gewährleistung effektiven Rechtsschutzes nach der EMRK für den Fall eines konventionswidrigen innerstaatlichen Urteils

Effektiver Rechtsschutz setzt eine gründlich aufgearbeitete und umfassend ermittelte Entscheidung innerhalb angemessener Zeit voraus. Die Garantie des richtigen Rechtsschutzes und die Garantie des rechtzeitigen Rechtsschutzes sind im Sinne der Effektivität in gleichem Maße sicherzustellen, auch wenn ihnen ein Spannungsverhältnis innewohnt. Dieses Spannungsverhältnisses ist im Wege der Abwägung anhand der Umstände des Einzelfalls zu lösen. Ziel eines effektiven Menschenrechtsschutzes gemäß dieser Untersuchung ist eine gleichermaßen richtige und eine gleichermaßen rechtzeitige Entscheidung.

Im Fall eines konventionswidrigen, d.h. rechtlich unrichtigen, Urteils ist jedoch keine solche Abwägung erforderlich. Liegt die Gewähr des richtigen Rechtsschutzes in Form der Wiederherstellung des konventionskonformen Zustandes vor, so ist dem Recht auf Richtigkeit vor dem Recht auf Rechtzeitigkeit Vorrang einzuräumen. Effektiver Menschenrechtsschutz liegt dann vor, wenn der konventionskonforme Zustand im Wege eines innerstaatlichen Wiederaufnahmeverfahrens wiederhergestellt wird, obwohl das Wiederaufnahmeverfahren erneut viel Zeit in Anspruch nimmt. Dieser Vorrang wird dadurch begründet, dass der deutsche Gesetzgeber die Anforderungen an einen richtigen Rechtsschutz im Vergleich zu den Anforderungen an einen rechtzeitigen Rechtsschutz erfüllt hat. Damit hat er eine Abwägung zwischen der Richtigkeit einer Entscheidung und der Rechtzeitigkeit einer Entscheidung vorweggenommen.

Pflicht, wenn er die Justiz personell und sachlich nicht so ausstattet, dass er das Recht auf eine Entscheidung in angemessener Frist gewähren kann. Diese Verletzung trifft dann den einzelnen Bürger, der die Folgen der Überlastung der Gerichte trägt, der jedoch selbst gehalten ist, sich an das Selbsthilfeverbot zu halten. „Ggf. muss der Staat die Steuerlast erhöhen oder – die vorzugswürdige Variante – Finanzmittel aus solchen Bereichen abziehen, zu deren Alimentierung er verfassungsrechtlich nicht verpflichtet ist.“.

Darüber hinaus überwiegt aufgrund der Schwere einer Konventionsverletzung das öffentliche Interesse an einer rechtlich richtigen Entscheidung, sodass die Entscheidung im Sinne des Rechtsstaatsprinzips nicht aufrechterhalten bleiben kann. Auch ist bei der Bestimmung der Verletzung von Art. 6 Abs. 1 S. 1 EMRK der Umstand zu berücksichtigen, dass eine festgestellte Konventionsverletzung bereits vorliegt.

1. Die Vorwegnahme der Abwägung durch den deutschen Gesetzgeber

Dem Recht auf richtigen Rechtsschutz ist vor dem Recht auf rechtzeitigen Rechtsschutz Vorrang einzuräumen. Der deutsche Gesetzgeber hat die Anforderungen an einen richtigen Rechtsschutz nach der EMRK erfüllt, als er einen neuen Wiederaufnahmegrund in die innerstaatlichen Verfahrensordnungen eingefügt hat[1220]. Dies zeigt, welche Bedeutung und Wirkung die Urteile des EGMR für die Bundesrepublik haben. Deutschland und damit alle staatlichen Organe der Bundesrepublik sind an die EMRK und die Rechtsprechung des EGMR gebunden. Die Anforderungen an einen rechtzeitigen Rechtsschutz nach der EMRK hat der deutsche Gesetzgeber im Vergleich dazu jedoch verfehlt. Damit hat er eine Abwägung zwischen einer rechtlich richtigen, da konventionskonformen, Entscheidung und einer rechtzeitigen Entscheidung vorweggenommen.

Die EMRK sowie die darauf beruhende Rechtsprechung des EGMR verlangen von den Mitgliedstaaten die Gewährung richtigen und die Gewährung rechtzeitigen Rechtsschutzes. Beide Garantien sind Bestandteile des effektiven Rechtsschutzes nach der EMRK. Richtiger Menschenrechtsschutz liegt in der Wahrung und Wiederherstellung des konventionskonformen Zustandes. Gegenstand der vorliegenden Untersuchung ist der richtige Rechtsschutz in Form der Wiederherstellung des konventionskonformen Zustandes anläßlich eines konventionswidrigen innerstaatlichen Urteils. Hat der EGMR eine Konventionsverletzung festgestellt und beruht das innerstaatliche Urteil auf dieser Verletzung, so ist das innerstaatliche Verfahren gemäß Art. 46 Abs. 1 EMRK wieder aufzunehmen. Denn der verurteilte Mitgliedstaat ist primär zur Wiederherstellung des ursprünglichen Zustandes verpflichtet, die durch ein Wiederaufnahmeverfahren möglich ist. Das bestehende rechtskräftige – jedoch konventionswidrige – Urteil wird aufgehoben, das Verfahren neu durchgeführt. Dadurch wird die Konventionsverletzung beseitigt und der konventionskonforme Zustand

---

1220 Siehe dazu detaillierter im 3. Teil unter Ziffer II. 2.

wiederhergestellt. Der rechtzeitige Menschenrechtsschutz liegt hingegen in der Gewähr des Rechts auf eine Entscheidung innerhalb einer angemessenen Frist aus Art. 6 Abs. 1 S. 1 EMRK durch die Einrichtung eines präventiv beschleunigenden Rechtsbehelfs im innerstaatlichen Recht. Durch die Geltendmachung eines solchen Rechtsbehelfs soll eine Verletzung des Rechts auf eine Entscheidung in angemessener Frist aus Art. 6 Abs. 1 S. 1 EMRK verhindert und die Wahrung dieses Rechts sichergestellt werden.

Die Bundesrepublik hat versucht, die Anforderungen der EMRK und der Rechtsprechung des EGMR an einen richtigen und an einen rechtzeitigen Rechtsschutz zu erfüllen. Dies ist ihr jedoch – wie bereits im 3. Teil dieser Arbeit untersucht – nur teilweise gelungen. So hat der deutsche Gesetzgeber die Anforderungen des richtigen Rechtsschutzes erfüllt, als er in die innerstaatlichen Verfahrensordnungen einen Wiederaufnahmegrund für den Fall einer festgestellten Konventionsverletzung aufgenommen hat. Er hat einen solchen Grund in § 580 Nr. 8 ZPO und § 359 Nr. 6 StPO eingefügt. Danach kann die innerstaatliche Entscheidung aufgehoben und in der Sache neu verhandelt werden, wenn der Gerichtshof eine Konventionsverletzung festgestellt hat und die innerstaatliche und rechtskräftige Entscheidung auf dieser Konventionsverletzung beruht. Wird die Verletzung durch das Wiederaufnahmeverfahren beseitigt, so ist der konventionsgemäße Zustand wiederhergestellt. Es wird keine Entscheidung aufrechterhalten, die mit der Konvention unvereinbar ist. Richtiger Menschenrechtsschutz wird gewährt. Bei dem rechtzeitigen Rechtsschutz hat der deutsche Gesetzgeber die Anforderungen der EMRK und des EGMR an einen rechtzeitigen Menschenrechtsschutz hingegen nicht erfüllt. So hat er keinen präventiv beschleunigenden Rechtsbehelf im innerstaatlichen Recht geschaffen, mit dem eine Verletzung von Art. 6 Abs. 1 S. 1 EMRK verhindert und das Recht auf eine Entscheidung in angemessener Frist gewahrt werden kann. Der deutsche Gesetzgeber hat ein neues Gesetz, das Gesetz über den Rechtsschutz bei überlangen Gerichtsverfahren und strafrechtlichen Ermittlungsverfahren[1221], erlassen. Mit diesem Gesetz kann der Betroffene ein langes Verfahren rügen und im Fall der Erfolglosigkeit seiner Rüge eine Entschädigungszahlung geltend machen. Das Gesetz sieht aber tatsächlich keine Möglichkeit vor, das innerstaatliche Verfahren zu beschleunigen, sodass das Recht auf eine Entscheidung in angemessener Frist gewährt werden kann.[1222] Es handelt sich dabei um einen rein kompensatorischen Rechtsbehelf. Versuche den beiden Komponenten des Gesetzes, der Verzögerungsrüge und

1221 BGBl. I, 2302.

1222 Siehe dazu detaillierter im 3. Teil unter Ziffer III. 2. lit. c).

der Entschädigungsklage, einen präventiven Charakter zuzusprechen, entsprechen nicht den dieser Arbeit zugrunde liegenden Anforderungen an einen rechtzeitigen Menschenrechtsschutz. Das Recht auf rechtzeitigen Rechtsschutz wird im innerstaatlichen Recht daher nicht gewährt.

Der deutsche Gesetzgeber hat die Anforderungen an einen richtigen Rechtsschutz nach der EMRK erfüllt. Die Anforderungen an einen rechtzeitigen Rechtsschutz nach der EMRK hat er jedoch verfehlt. Aus diesem Grund geht das Recht auf richtigen Rechtsschutz dem Recht auf rechtzeitigen Rechtsschutz in Fällen eines konventionswidrigen Urteils vor.

2. Das Überwiegen des Interesses an einer rechtlich richtigen Entscheidung gegenüber dem Interesse am Erhalt einer rechtskräftigen Entscheidung

Zudem überwiegt das Recht auf Wiederherstellung des konventionskonformen Zustandes, weil das Interesse an einer rechtlich richtigen Entscheidung dem Interesse am Erhalt einer rechtkräftigen Entscheidung, die auf einer festgestellten Konventionsverletzung beruht, überwiegt. Das ist darauf zurückzuführen, dass eine Konventionsverletzung einen besonders schwerwiegenden Verstoß gegen geltendes Recht darstellt und ein Festhalten an einer solchen Entscheidung nicht mit dem Rechtsstaatsprinzip vereinbar ist. Zudem verlangt die Konvention selbst im Sinne des effektiven Menschenrechtsschutzes eine Wiederherstellung des konventionskonformen Zustandes.

So stellt eine festgestellte Konventionsverletzung einen Verstoß gegen die Konvention, gegen das deutsche Verfassungsrecht und gegen das einfache Bundesrecht in Form der EMRK dar. Mit der Ratifizierung der Konvention und der Transformation in das innerstaatliche Recht gemäß Art. 59 Abs. 2 GG hat sich die Bundesrepublik als Völkerrechtssubjekt zur Wahrung und Sicherstellung der Rechte und Freiheiten aus der Konvention verpflichtet. Sie hat dem Einzelnen daher die Rechte und Freiheiten aus der Konvention zu gewähren. Dazu ist sie völkerrechtlich verpflichtet. Tut sie das nicht, verstößt sie gegen das Konventionsrecht. Auch das einfache Bundesrecht wird dadurch verletzt. Die EMRK wurde in Deutschland als völkerrechtlicher Vertrag gemäß Art. 59 Abs. 2 GG in das innerstaatliche Recht transformiert und hat den Rang eines einfachen Gesetzes[1223] inne. Als einfaches Bundesgesetz steht sie im Rang unter dem Grundgesetz und hat keine hervorgehobene Bedeutung gegenüber anderen

1223 BGBl II 2002, 1054.

Bundesgesetzen. Wenn eine innerstaatliche Entscheidung gegen bestehendes Konventionsrecht verstößt, welches Bestandteil des innerstaatlichen Rechts geworden ist, dann verstößt sie nicht nur gegen die Konvention als völkerrechtlicher Vertrag, sondern auch gegen einfaches Bundesrecht in Form der EMRK. Darüber hinaus liegt auch ein Verstoß gegen das deutsche Verfassungsrecht in Form von Art. 20 Abs. 3 GG und dem Grundsatz der Völkerrechtsfreundlichkeit vor. Gemäß dem Grundsatz der Völkerrechtsfreundlichkeit ist das deutsche Recht soweit wie möglich in Übereinstimmung mit dem Völkerrecht zu bringen.[1224] Der Grundsatz folgt aus mehreren Bestimmungen des Grundgesetzes, wie der Präambel, Art. 1 Abs. 2 GG, Art. 9 Abs. 2 GG, Art. 24 Abs. 1 GG sowie Art. 25 GG und ist zwingend geboten.[1225] Liegt ein konventionswidriges Urteil vor, so ist dieses aufgrund der bestehenden völkerrechtlichen Pflicht zur Wiederaufnahme des Verfahrens wieder aufzunehmen. Gemäß diesem Grundsatz hat die Bundesrepublik alles Mögliche zu unternehmen, um eine bestehende Konventionsverletzung zu beseitigen. Andernfalls verhält sie sich völkerrechtsunfreundlich. Zudem stellt eine Konventionsverletzung ebenso einen Verstoß gegen den Grundsatz der Bindung an Recht und Gesetz aus Art. 20 Abs. 3 GG dar, da die Bundesrepublik und ihre hoheitlichen Organe innerstaatlich an die EMRK als einfaches Bundesrecht gebunden sind.

Aufgrund des Verstoßes gegen Völkerrecht, deutsches Verfassungsrecht und einfaches Bundesrecht ist ein Festhalten an einer konventionswidrigen Entscheidung für den Rechtsstaat sowie für die EMRK selbst nicht akzeptabel. Beruht das innerstaatliche Urteil auf einer festgestellten Konventionsverletzung, so hat der Rechtsstaat aufgrund der Schwere der Verletzung kein Interesse daran, dieses Urteil bestehen zu lassen. In diesen Fällen besteht ein öffentliches Interesse an der Beseitigung der konventionswidrigen Entscheidung und Handlungsbedarf vonseiten des Gesetzgebers. Eine entsprechende Beseitigung ist dann in Form der Wiederaufnahme des Verfahrens möglich. Grundsätzlich besteht im Sinne des Rechtsstaatsprinzips und der darauffolgenden Ausformung der Rechtssicherheit ein Interesse an dem Erhalt einer Entscheidung, sodass der Betroffene auf diese Entscheidung vertrauen und entsprechende Dispositionen treffen kann. Aus diesem Grund wurde auch das Institut der Rechtskraft ins Leben gerufen.

1224 *Herdegen*, Völkerrecht, § 22 Rn. 8 ff.; *Tomuschat*, in: Kirchof/Isensee (Hrsg.), HdBStR VII, 1992, § 172 Rn. 8.

1225 *Tomuschat*, in: Kirchof/Isensee (Hrsg.), HdBStR VII, 1992, § 172 Rn. 27; siehe zum Grundsatz der Völkerrechtsfreundlichkeit *Bleckmann*, Die Völkerrechtsfreundlichkeit der deutschen Rechtsordnung, DÖV 1979, 309, 310 ff.

Ein Verfahren soll irgendwann ein Ende finden. Die Rechtskraft des Urteils ist jedoch ausnahmsweise zu durchbrechen, wenn ein besonders schwerwiegender Verstoß vorliegt, der das Rechtsstaatsprinzip erschüttert. Andernfalls droht ein Verlust des Vertrauens in die Rechtsstaatlichkeit. Eine festgestellte Konventionsverletzung stellt aufgrund ihrer Schwere einen solchen Verstoß dar. Auch die Konvention selbst hat ein Interesse an einer richtigen, da konventionskonformen, Entscheidung. So verlangt sie im Sinne des effektiven Menschenrechtsschutzes gemäß Art. 46 Abs. 1 EMRK die Wiederherstellung des ursprünglichen Zustandes. Liegt die Verletzung in einem konventionswidrigen Urteil, ist dieses durch ein innerstaatliches Verfahren wieder aufzunehmen und erneut durchzuführen. Andernfalls bleibt die Verletzung bestehen, effektiver Menschenrechtsschutz kann nicht gewährt werden.

Das Interesse an einer rechtlich richtigen Entscheidung überwiegt daher. Der Richtigkeit ist daher im Fall einer festgestellten Konventionsverletzung gegenüber der Rechtzeitigkeit Vorrang einzuräumen.

3. Die Berücksichtigung der Einzelfallumstände unter Einbeziehung der festgestellten Konventionsverletzung

Wie oben stehend bereits erläutert, stellt eine festgestellte Konventionsverletzung einen besonders schwerwiegenden Verstoß gegen bestehendes Recht dar. Daher ist der Wiederherstellung des konventionskonformen Zustandes und dem richtigen Rechtsschutz Vorrang einzuräumen. Dem könnte jedoch entgegengehalten werden, dass die Nicht-Gewähr der Rechtzeitigkeit an sich auch eine Verletzung der Konvention darstellt. Daraus folgt die berechtigte Frage, ob tatsächlich beabsichtigt ist, durch Beseitigung einer Konventionsverletzung durch Wiederherstellung des konventionskonformen Zustandes das Recht auf eine Entscheidung in angemessener Frist zu verletzen. Stellt diese Verletzung doch auch eine Konventionsverletzung und damit unrichtigen Rechtsschutz dar.

Dieser Annahme steht aber entgegen, dass eine Verletzung von Art. 6 Abs. 1 S. 1 EMRK noch gar nicht festgestellt worden ist. Durch eine Wiederaufnahme des Verfahrens nimmt das innerstaatliche Verfahren erneut Zeit in Anspruch. Das Verfahren verlängert sich. Es besteht folglich die Möglichkeit einer Verletzung von Art. 6 Abs. 1 S. 1 EMRK. Eine solche Verletzung ist aber noch nicht durch den EGMR festgestellt worden. Ob eine Verletzung vorliegt, ermittelt der EGMR durch Bestimmung der Angemessenheit der Verfahrensdauer. Dabei werden – wie oben stehend bereits erläutert – das Verhalten des Beschwerdeführers und der Behörde, die Bedeutung der Sache für den Beschwerdeführer sowie die Schwierigkeit des Falls berücksichtigt. Im Fall einer konventionswidrigen innerstaatlichen Entscheidung muss jedoch auch – und vor allem – der Umstand berücksichtigt werden, dass bereits eine festgestellte Konventionsverletzung vorliegt, auf der das innerstaatliche Urteil beruht, und die mit dem Wiederaufnahmeverfahren beseitigt werden kann. Berücksichtigt man diesen Umstand, so steht der Gewährung einer Entscheidung in angemessener Frist entgegen, dass durch eine mögliche Verkürzung des Verfahrens und die Nicht-Durchführung der Wiederaufnahme, die Konventionsverletzung bestehen bleibt. Das ist jedoch ein Umstand, der aufgrund der Schwere der Konventionsverletzung nicht mit dem Rechtsstaatsprinzip vereinbar ist. Dem steht auch der effektive Menschrechtsschutz entgegen. Es besteht eine Verpflichtung zur Wiederaufnahme des Verfahrens aus Art. 46 Abs. 1 EMRK sowie aus dem deutschen Verfassungsrecht. Diese Pflicht ist durch die Bundesrepublik auch zu erfüllen, weil das innerstaatliche Recht ein Wiederaufnahmeverfahren für den Fall einer festgestellten Konventionsverletzung, auf der das innerstaatliche Urteil beruht, vorsieht. Bei der festgestellten Konventionsverletzung handelt es sich daher um einen weiteren Umstand, der bei der Beurteilung der Angemessenheit der Verfahrensdauer und bei der Feststellung der Verletzung von Art. 6 Abs. 1 S. 1 EMRK berücksichtigt werden muss, und der zu dem Ergebnis führt, dass die Richtigkeit der Rechtzeitigkeit vorgeht.

4. Zwischenergebnis zu III.

Effektiver Rechtsschutz nach der EMRK wird grundsätzlich durch die Gewährung einer gleichermaßen richtigen und die Gewährung einer gleichermaßen rechtzeitigen Entscheidung sichergestellt. Im Fall einer festgestellten Konventionsverletzung, auf der ein innerstaatliches Urteil beruht, wird effektiver Rechtsschutz nach der EMRK durch die Wiederaufnahme des Verfahrens gewährt. Dem steht auch nicht die Gewährleistung des Rechts auf eine Entscheidung in angemessener Frist entgegen. In dem vorliegenden Fall geht die Richtigkeit der Entscheidung vor, da andernfalls der erhebliche Verstoß gegen das Völker- und Verfassungsrecht sowie gegen das einfache Bundesrecht bestehen bleibt. Er ist auch nicht mit dem effektiven Menschenrechtsschutz sowie dem Rechtsstaatsprinzip vereinbar, sodass das Interesse am Erhalt einer rechtskräftigen Entscheidung dem Interesse an einer rechtlich richtigen, da konventionskonformen, Entscheidung nachgeht. Darüber hinaus hat der deutsche Gesetzgeber die Anforderungen an einen richtigen Rechtsschutz nach der EMRK erfüllt, als er in den innerstaatlichen Verfahrensordnungen entsprechende Wiederaufnahmegründe eingeführt hat. Dies ist Ausfluss der Bindungswirkung der Urteile des EGMR. Die Anforderungen an den rechtzeitigen Rechtsschutz nach der EMRK ist er aber schuldig geblieben. Zudem muss bei der Feststellung einer Verletzung von Art. 6 Abs. 1 S. 1 EMRK und bei der Beurteilung der Angemessenheit der Verfahrensdauer beachtet werden, dass eine Konventionsverletzung bereits vorliegt, deren Beseitigung für den effektiven Menschenrechtsschutz sowie die Rechtsstaatlichkeit von großer Bedeutung ist.

5. Teil – Zusammenfassung der Ergebnisse

I. Die Ergebnisse zur Gewährleistung richtigen Rechtsschutzes nach der EMRK

1. Das Recht auf richtigen Menschenrechtsschutz folgt für den Fall einer festgestellten Konventionsverletzung, auf der ein innerstaatliches Urteil beruht, aus der Verpflichtung zur Wiederaufnahme des Verfahrens.

   Richtiger Rechtsschutz liegt in der Wahrung und vor allem der Wiederherstellung des konventionskonformen Zustandes. Liegt die Verletzung der Konvention in einem innerstaatlichen Urteil, so ist das innerstaatliche Verfahren wieder aufzunehmen und das Urteil aufzuheben. Eine Konventionsverletzung stellt einen besonders schwerwiegenden Verstoß gegen geltendes Recht dar. So verstößt sie sowohl gegen das Konventionsrecht, das deutsche Verfassungsrecht als auch gegen einfaches Bundesrecht in Form der EMRK. Es besteht daher im Sinne der Rechtsstaatlichkeit kein Interesse am Erhalt eines solch schwerwiegenden Verstoßes.

2. Die Verpflichtung zur Wiederaufnahme von Verfahren folgt aus der Pflicht zur Wiedergutmachung im Sinne der Naturalrestitution aus Art. 46 Abs. 1 EMRK.

   Art. 46 Abs. 1 EMRK verlangt die Wiederherstellung des Zustandes, der vor der Konventionsverletzung bestand, die sogenannte *restitutio in integrum*. Liegt die Konventionsverletzung in einem innerstaatlichen Urteil, so führt die Wiederaufnahme des Verfahrens zur Aufhebung dieses Urteils und zur Neuverhandlung. Dadurch wird die bestehende Konventionsverletzung beseitigt. Der konventionskonforme Zustand, der vor der Verletzung bestand, wird wiederhergestellt. Richtiger Menschenrechtsschutz wird gewährt.

3. Die Verpflichtung zur Wiederaufnahme des Verfahrens ist jedoch nicht grenzenlos. Die Mitgliedstaaten haben die Verpflichtung unter Beachtung des innerstaatlichen Rechts sowie unter Achtung von völkerrechtlichen und verfassungsrechtlichen Grundsätzen zu befolgen.

   3.1. So modifiziert Art. 41 EMRK die Verpflichtung zur Wiederaufnahme des Verfahrens aus Art. 46 Abs. 1 EMRK dahin, dass die Verpflichtung dann besteht, wenn das innerstaatliche Recht eine Naturalrestitution in Form eines Wiederaufnahmeverfahrens vorsieht. Art. 41 EMRK regelt den Fall, dass das innerstaatliche Recht keine vollständige Wiedergutmachung gewährt. Im Umkehrschluss heißt das, dass die Mitgliedstaaten eine Regelung in ihren innerstaatlichen Rechtsordnungen zu schaffen haben, nach der eine vollständige Wiedergutmachung gewährt werden kann. Dann ist eine vollständige Wiedergutmachung auch möglich. Meinungen aus der Literatur sehen in Art. 41 EMRK eine Beschränkung der Verpflichtung zur Naturalrestitution. Dem steht aber entgegen, dass die Verpflichtung zur Naturalrestitution nicht ausgeschlossen werden kann, da sie von dem verurteilten Mitgliedstaat vorrangig zu erfüllen ist. Dieser hat primär Wiedergutmachung zu leisten, d.h. die Konventionsverletzung und ihre Folgen zu beseitigen und den konventionskonformen Zustand wiederherzustellen. Im Fall eines konventionswidrigen innerstaatlichen Urteils ist das nur durch eine Wiederaufnahme des Verfahrens möglich. Art. 41 EMRK gibt dem Mitgliedstaat nicht die Möglichkeit zwischen der Wiedergutmachung und der Entschädigung zu wählen. Er kompensiert lediglich die unvollständige Wiedergutmachung, sofern eine vollständige nicht möglich ist. Eine darüber hinausgehende Wirkung von Art. 41 EMRK würde die Pflicht zur Wiedergutmachung aushebeln. Der Mitgliedstaat würde sich im Fall einer möglichen Wahl stets für den leichteren Weg, die Entschädigungszahlung, entscheiden. Diese führt jedoch nicht zu einer Wiedergutmachung im Sinne der *restitutio in integrum*. Der effektive Menschenrechtsschutz würde damit unterlaufen werden. Art. 41 EMRK ist daher eine Ergänzung zu Art. 46 Abs. 1 EMRK. Er dient lediglich als Kompensation für eine unvollständige Wiedergutmachung und als Konkretisierung der Verpflichtung aus Art. 46 Abs. 1 EMRK.

3.2. Neben der Modifikation durch Art. 41 EMRK unterliegt die Verpflichtung der Mitgliedstaaten zur Wiederaufnahme des Verfahrens aus Art. 46 Abs. 1 EMRK auch völkerrechtlichen und verfassungsrechtlichen Grenzen. Diese liegen in dem verfassungsrechtlichen Grundsatz der Rechtssicherheit, dem Ausnahmecharakter des Wiederaufnahmeverfahrens, der Rechtskraft, dem Willen der Verfasser der EMRK, der dem EGMR von den Mitgliedstaaten eingeräumten Kompetenz und der Souveränität der Staaten. Eine unmittelbare Durchführung der Wiederaufnahme des Verfahrens würde gegen diese Grundsätze und damit gegen bestehendes Völker- und Verfassungsrecht verstoßen.

4. Die Rechtsprechung des EGMR bestätigt die Verpflichtung zur Wiederaufnahme des Verfahrens aus Art. 46 Abs. 1 EMRK unter Berücksichtigung der

Möglichkeiten des innerstaatlichen Rechts und der völker- und verfassungsrechtlichen Grenzen.

Zu Beginn seiner Rechtsprechung hat der EGMR eine Verpflichtung zur Wiederaufnahme verneint und die Erfüllung der Verpflichtung aus Art. 46 Abs. 1 EMRK den verurteilten Mitgliedstaaten überlassen. Darauffolgend ist er von seiner ablehnenden Haltung abgewichen und hat den verurteilten Mitgliedstaaten konkrete Maßnahmen vorgegeben, um die Konventionsverletzung zu beheben. Im Fall eines konventionswidrigen Urteils hat er die Wiederaufnahme des Verfahrens als angemessenes oder gar als angemessenstes Mittel vorgegeben. Damit hat er eine Verpflichtung zur Wiederaufnahme des Verfahrens aus Art. 46 Abs. 1 EMRK bejaht und die Pflicht zur Naturalrestitution hervorgehoben. Er wusste jedoch um die Grenzen dieser Verpflichtung und formuliert seine Urteile daher sehr vorsichtig. Seine Anordnung zur Wiederaufnahme des Verfahrens hat daher lediglich einen empfehlenden Charakter.

5. Der EGMR spricht neben einer Wiederaufnahme des Verfahrens keine gerechte Entschädigung im Sinne von Art. 41 EMRK zu, wenn die Wiederaufnahme des Verfahrens innerstaatlich möglich ist. Damit bestätigt er den Vorrang der Pflicht zur Wiedergutmachung in Form der Naturalrestitution.

   Die Rechtsprechung des EGMR beachtet in Fällen der Wiederaufnahme des Verfahrens den Vorrang der Naturalrestitution und die Pflicht aus Art. 46 Abs. 1 EMRK. Benennt der Gerichtshof das Wiederaufnahmeverfahren als angemessenes oder gar angemessenstes Mittel zur Wiedergutmachung, dann spricht er dem Betroffenen keine Entschädigung nach Art. 41 EMRK zu. Die Wiederaufnahme des Verfahrens stellt dann die vollkommene Wiedergutmachung im Sinne von Art. 46 Abs. 1 EMRK dar. Liegt diese vor, so sind die Voraussetzungen von Art. 41 EMRK nicht gegeben.

6. Die Rechtsprechung des BVerfG hat die völkerrechtliche Verpflichtung aus Art. 46 Abs. 1 EMRK in Form der Berücksichtigungspflicht bestätigt.

   Das BVerfG hat bestätigt, dass eine Verpflichtung aus Art. 46 Abs. 1 EMRK besteht. Sie führt aber nicht dazu, dass die Urteile des EGMR innerstaatliche Wirkung entfalten. Das BVerfG hat die Verpflichtung zur Wiederaufnahme des Verfahrens vielmehr in Form der Berücksichtigungspflicht aus dem innerstaatlichen Recht abgeleitet. Damit wollte das BVerfG verhindern, dass das Völkerrecht unmittelbar auf das innerstaatliche Recht einwirken kann. Aber auch die Berücksichtigungspflicht unterliegt der Einhaltung von

Grenzen. So sind der Mitgliedstaat und seine hoheitlichen Organe innerstaatlich nicht nur an das einfache Bundesrecht in Form der Konvention gebunden, sondern auch an das diesen Normen entgegenstehende innerstaatliche Recht (Bindung an Gesetz und Recht aus Art. 20 Abs. 3 GG). Auch stehen der Pflicht die verfassungs- und völkerrechtlichen Grenzen entgegen. Die Verpflichtung zur Wiederaufnahme des Verfahrens besteht daher nur unter Beachtung dieser Grenzen und unter Einhaltung des innerstaatlichen Rechts.

7. Die Garantie des richtigen Rechtsschutzes nach der EMRK wird durch die Bundesrepublik gewährleistet. Deutschland ist den Anforderungen an einen richtigen Menschenrechtsschutz gerecht geworden, indem der deutsche Gesetzgeber in die innerstaatlichen Verfahrensordnungen einen neuen Wiederaufnahmegrund für den Fall einer festgestellten Konventionsverletzung, auf der ein innerstaatliches Urteil beruht, eingeführt hat.

   Das Recht auf richtigen Menschenrechtsschutz besteht in der Wahrung und Wiederherstellung des konventionskonformen Zustandes. Liegt die Konventionsverletzung in einem innerstaatlichen Urteil, so ist das innerstaatliche Verfahren zwecks Wiederherstellung des konventionskonformen Zustands wieder aufzunehmen. Aus Art. 46 Abs. 1 EMRK folgt die völkerrechtliche Verpflichtung des verurteilten Mitgliedstaates die Wiederaufnahme des Verfahrens durchzuführen, wenn das innerstaatliche Recht ein solches Verfahren vorsieht und die verfassungs- und völkerrechtlichen Grenzen eingehalten sind. Durch die neuen Wiederaufnahmegründe kann das innerstaatliche Urteil aufgehoben und neu verhandelt werden. Auch sind damit die verfassungs- und völkerrechtlichen Grenzen überwunden, da mit dem Wiederaufnahmegrund eine Ausnahmeregelung zur Durchbrechung der Rechtskraft im innerstaatlichen Recht geschaffen wurde. Denn es besteht im Sinne der Rechtsstaatlichkeit kein Interesse an der Aufrechterhaltung einer Konventionsverletzung. Setzt der Betroffene ein solches Wiederaufnahmeverfahren in Gang, so wird die Konventionsverletzung beseitigt und der konventionskonforme Zustand wiederhergestellt. Es wird kein Urteil aufrechterhalten, das mit der Konvention unvereinbar ist. Damit wird richtiger Menschenrechtsschutz gewahrt.

II. Die Ergebnisse zur Gewährleistung rechtzeitigen Rechtsschutzes nach der EMRK

1. Das Recht auf rechtzeitigen Menschenrechtsschutz folgt aus der Verpflichtung zur Schaffung eines innerstaatlichen Rechtsbehelfs, der präventiv beschleunigend wirkt. Rechtzeitiger Rechtsschutz liegt in der Gewähr von Art. 6 Abs. 1 S. 1 EMRK durch präventiv beschleunigende Maßnahmen im innerstaatlichen Recht.

   Solche Maßnahmen verhindern, dass es überhaupt zu einer Verletzung des Rechts auf eine Entscheidung in angemessener Frist kommt. Die Maßnahmen müssen das anhängige innerstaatliche Gerichtsverfahren beschleunigen. Eine solche Verhinderung ist von großer Bedeutung, weil das Recht aus Art. 6 Abs. 1 S. 1 EMRK eine wesentliche Ausprägung aus dem Rechtsstaatsprinzip ist. Dieses ist sowohl Bestandteil des innerstaatlichen Rechts als auch der EMRK und bedeutet das Bestehen eines wirksamen und funktionierenden Rechtsschutzsystems. Rechtsstaatlichkeit gewährt Rechtssicherheit, verhindert die Vornahme von Selbsthilfe und schafft Vertrauen in den Staat und die Justiz. Dauert ein Gerichtsverfahren unangemessen lang, wird das Rechtsstaatsprinzip verletzt, das Vertrauen in die Justiz erschüttert. Darüber hinaus spiegelt sich die Bedeutung des Rechts aus Art. 6 Abs. 1 S. 1 EMRK in der Bedeutung für den Betroffenen wider. Für diesen ist eine Verzögerung des Gerichtsverfahrens mit Nachteilen materieller und immaterieller Natur, einschließlich der psychischen Belastung, verbunden. Eine Wiedergutmachung der Verletzung des Rechts auf eine Entscheidung in angemessener Frist ist nur in Form einer gerechten Entschädigung gemäß Art. 41 EMRK möglich. Eine Wiedergutmachung in Form der – vom Völkerrecht vorrangig vorgesehenen – *restitutio in integrum* ist nicht möglich, weil der Zustand, der vor der Verletzung bestand, nicht wiederhergestellt werden kann. Denn ein Zurückdrehen der vergangenen Zeit ist nicht möglich.

2. Die Verpflichtung zur Schaffung eines präventiv beschleunigenden Rechtsbehelfs folgt aus dem Recht auf eine wirksame Beschwerde im Sinne von Art. 13 EMRK.

   Art. 13 EMRK verlangt die Schaffung einer wirksamen Beschwerde im innerstaatlichen Recht. Im Fall einer unangemessen langen Verfahrensdauer ist die Beschwerde im Sinne von Art. 13 EMRK wirksam, wenn sie das anhängige Verfahren beschleunigt oder eine bereits eingetretene Verletzung kompensiert. Eine weitere Voraussetzung für die Wirksamkeit ist darüber hinaus die rechtlich verbindliche Entscheidung durch eine unabhängige innerstaatliche Instanz. Andernfalls droht die Beschwerde ins Leere zu laufen. Die Verpflichtung ergibt sich aus Art. 13 EMRK, weil dieser im Sinne der Effektivität der Konvention einen Rechtsbehelf vorsieht, der die Verletzung von Art. 6 Abs. 1 S. 1 EMRK bereits verhindern soll. Diese weite Auslegung von Art. 13 EMRK beruht auf der Bedeutung des Rechts aus Art. 6 Abs. 1 S. 1 EMRK für die Rechtsstaatlichkeit und auf der fehlenden Wiedergutmachung im Sinne der *restitutio in integrum*.

3. Die Rechtsprechung des EGMR bestätigt die Verpflichtung zur Einrichtung eines präventiv beschleunigenden Rechtsbehelfs aus Art. 13 EMRK.

So hat der EGMR zunächst Art. 13 EMRK in Fällen überlanger Verfahrensdauer neben Art. 6 Abs. 1 EMRK für anwendbar erklärt und den Grundstein für die Annahme einer Verpflichtung zur Einrichtung eines präventiv beschleunigenden Rechtsbehelfs aus Art. 13 EMRK gelegt. Sodann hat er die Verpflichtung aus Art. 13 EMRK bejaht, weil Art. 13 EMRK einen Rechtsbehelf verlangt, mit dem im innerstaatlichen Recht über eine Konventionsverletzung entschieden und der Verletzung angemessene Abhilfe verschafft werden kann. Im Fall einer überlangen Verfahrensdauer sieht eine wirksame Beschwerde im Sinne von Art. 13 EMRK einen Rechtsbehelf vor, der entweder präventiv beschleunigend oder kompensatorisch wirkt und über den von einer innerstaatlichen unabhängigen und zur Entscheidung befugten Instanz zu entscheiden ist. Ist das innerstaatliche Verfahren noch anhängig, dann ist das Verfahren zu beschleunigen. Ist das innerstaatliche Verfahren bereits beendet, so ist dem Betroffenen eine gerechte Entschädigung gemäß Art. 41 EMRK zu gewähren. Dabei hat der EGMR die präventiv beschleunigende Lösung als „best solution" bewertet, weil sie gegenüber der nachträglichen kompensatorischen Lösung unbestreitbare Vorteile bietet. Sie greift präventiv im Zeitpunkt vor der Entstehung einer Konventionsverletzung sowie am Entstehungsort der Verletzung, im innerstaatlichen Recht, ein. Dies spiegelt die Elemente der instanziellen und der zeitlichen Prävention wider, welche effektiven Menschenrechtsschutz in Form des rechtzeitigen Menschenrechtsschutzes gewährt. Zuletzt hat der Gerichtshof die Verpflichtung zur Einrichtung eines präventiv beschleunigenden Rechtsbehelfs aus Art. 13 EMRK mit der Durchführung eines Musterverfahrens und mit der Verurteilung Deutschlands zur Einrichtung eines Rechtsbehelfs im Sinne von Art. 13 EMRK gegen überlange Verfahren gestärkt.

4. Die Garantie des rechtzeitigen Rechtsschutzes nach der EMRK wird durch die Bundesrepublik nicht gewährt. Deutschland ist den Anforderungen an den rechtzeitigen Menschenrechtsschutz nicht gerecht geworden. Es hat die Verpflichtung zur Schaffung eines präventiv beschleunigenden Rechtsbehelfs nicht erfüllt.

   Das Recht auf rechtzeitigen Rechtsschutz nach der EMRK besteht in der Gewährung von Art. 6 Abs. 1 S. 1 EMRK durch die Einrichtung eines Rechtsbehelfs im innerstaatlichen Recht, mit dem eine Verletzung dieses Rechts verhindert werden kann. Die Verpflichtung folgt aus Art. 13 EMRK. Nachdem der EGMR Deutschland dazu verurteilt hat einen entsprechenden Rechtbehelf einzurichten, wurde das Gesetz über den Rechtsschutz bei überlangen Gerichtsverfahren und strafrechtlichen Ermittlungsverfahren in die deutsche Rechtsordnung eingeführt. Dieses sieht vor, dass der Betroffene die überlange Verfahrensdauer mit der Verzögerungsrüge rügen, und, im Fall der Erfolglosigkeit der Rüge, einen Entschädigungsanspruch geltend machen kann. Mit dem Gesetz ist der Verpflichtung zur Einrichtung eines präventiv beschleunigenden Rechtsbehelf im innerstaatlichen Recht jedoch nicht ausreichend Rechnung getragen. Weder die Verzögerungsrüge noch die Entschädigungsklage an sich genügen den Anforderungen an einen solchen Rechtsbehelf im Sinne des rechtzeitigen Menschenrechtsschutzes. Auch das Gesetz als Gesamtwerk wird den Anforderungen nicht gerecht. Das Gesetz regelt schwerpunktmäßig nur die Kompensation einer Verletzung von Art. 6 Abs. 1 S. 1 EMRK. Es verhindert aber nicht den Verstoß gegen Art. 6 Abs. 1 S. 1 EMRK. Es wird dem dieser Untersuchung zugrunde liegendem Begriff der Rechtzeitigkeit nicht gerecht.

III. Das Ergebnis zur Gewährleistung effektiven Rechtsschutzes nach der EMRK für den Fall eines konventionswidrigen innerstaatlichen Urteils

Effektiver Rechtsschutz nach der EMRK wird grundsätzlich durch die Gewährung einer gleichermaßen richtigen Entscheidung und die Gewährung einer gleichermaßen rechtzeitigen Entscheidung, d.h. eine richtige Entscheidung innerhalb angemessener Frist, gewährt. Im Fall einer festgestellten Konventionsverletzung, auf der ein innerstaatliches Urteil beruht, hat das Recht auf eine richtige Entscheidung aber vor dem Recht auf eine rechtzeitige Entscheidung Vorrang.

Grundsätzlich sind die beiden Garantien in Ausgleich zu bringen. Sie sind eng miteinander verwoben und können sich gegenseitig beeinflussen. Daher besteht effektiver Rechtsschutz, wenn beide im gleichen Maß gewährt werden. Dafür ist eine Abwägung anhand der Umstände des Einzelfalls erforderlich. Jedoch ist eine solche Abwägung im Fall einer festgestellten Konventionsverletzung, auf der ein innerstaatliches Urteil beruht, obsolet. Eine solche Abwägung hat der deutsche Gesetzgeber bereits vorweggenommen. Das Recht auf eine richtige Entscheidung überwiegt dem Recht auf eine rechtzeitige Entscheidung. Dies ist darauf zurückzuführen, dass der deutsche Gesetzgeber die Anforderungen an den richtigen Menschenrechtsschutz im innerstaatlichen Recht – im Vergleich zu den Anforderungen an den rechtzeitigen Menschenrechtsschutz – erfüllt hat. So hat er in die innerstaatlichen Verfahrensordnungen einen neuen Wiederaufnahmegrund für den Fall, dass eine Konventionsverletzung durch den EGMR festgestellt wird und das Urteil auf dieser Verletzung beruht, eingeführt. Zudem überwiegt das Interesse an einer rechtlich richtigen Entscheidung dem Interesse am Erhalt einer rechtskräftigen Entscheidung. Denn es ist nicht mit dem effektiven Menschenrechtsschutz vereinbar, dass ein besonders schwerwiegender Verstoß in Form der Konventionsverletzung bestehen bleibt. Auch das Rechtsstaatsprinzip steht dem entgegen. Eine Konventionsverletzung stellt einen Verstoß gegen das Völkerrecht, das deutsche Verfassungsrecht sowie das einfache Bundesrecht dar. Die Aufrechterhaltung einer Entscheidung, die auf einem solch schweren Fehler beruht, würde das Vertrauen in den Rechtsstaat und die Justiz in erheblichem Umfang beeinträchtigen. Darüber hinaus ist zu beachten, dass eine Konventionsverletzung bereits besteht und die Verletzung von Art. 6 Abs. 1 S. 1 EMRK erst noch festgestellt werden muss. Dabei sind die Umstände des Einzelfalls zu berücksichtigen. Dazu gehört auch und vor allem die bereits festgestellte Konventionsverletzung. Aufgrund ihrer Bedeutung für das geltende Recht und die Rechtsstaatlichkeit fällt die Beurteilung der Angemessenheit zugunsten der Richtigkeit aus.

Literaturverzeichnis

Altermann, Kolja: Ermittlungspflichten der Staaten aus der Europäischen Menschenrechtskonvention, Baden-Baden 2006.

Althammer, Christoph: Schmerzensgeld wegen überlanger Dauer von Zivilverfahren: Bemerkungen zum künftigen deutschen Entschädigungsmodell, in: JZ 2011, S. 446–453.

Althammer, Christoph/Schäuble, Daniel: Effektiver Rechtsschutz bei überlanger Verfahrensdauer – Das neue Gesetz aus zivilrechtlicher Perspektive, in: NJW 2012, S. 1–7.

Bajohr, Konstantin: Die Aufhebung rechtsfehlerhafter Strafurteile im Wege der Wiederaufnahme: eine Untersuchung zur Wiederaufnahme in Strafsachen unter besonderer Berücksichtigung der Wiederaufnahmegründe in § 79 Abs. 1 BVerfGG und § 359 Nr. 6 StPO, Frankfurt am Main (u.a.) 2008.

Baumanns, Silke: Der Beschleunigungsgrundsatz im Strafverfahren: die Verfahrensüberlänge und ihre Rechtsfolgen, Baden-Baden 2011.

Baumbach, Adolf/Lauterbach, Wolfgang/Albers, Jan/Hartmann, Peter: Kommentar zur Zivilprozessordnung, 79. Auflage, München 2021.

ders.: Kommentar zur Zivilprozessordnung, 75. Auflage, München 2017.

Bausback, Winfried: Keine Wiederaufnahme nach EGMR-Urteil, in: NJW 1999, S. 2483–2484.

Bernegger, Sabine: Das Recht auf eine wirksame Beschwerde – Art. 13 EMRK, in: Machacek, Rudolf/Pahr, Willibald P./Stadler, Gerhard (Hrsg.), Grund- und Menschenrechte in Österreich: 70 Jahre Republik, Band II, 40 Jahre EMRK, Wesen und Werte, Kehl 1992, S. 733–766.

Bernhardt, Rudolf: Die Auslegung völkerrechtlicher Verträge: insbesondere in der neueren Rechtsprechung internationaler Gerichte, Köln (u.a.) 1963.

ders.: Evolutive Treaty Interpretation, Especially of the European Convention on Human Rights, GYIL 42 (2000), S. 11–25.

ders.: Auswirkungen von Treu und Glauben im Prozeß und in der Zwangsvollstreckung, in: ZZP 66 (1953), S. 77–100.

ders.: Die Europäische Menschenrechtskonvention und die deutsche Rechtsordnung – Eine Einführung –, in: EuGRZ 1996, S. 339–341.

Bleckmann, Albert: Bundesverfassungsgericht versus Europäischer Gerichtshof für Menschenrechte, in: EuGRZ 1995, S. 387–390.

ders.: Der Grundsatz der Völkerrechtsfreundlichkeit der deutschen Rechtsordnung, in: DÖV 1996, S. 137–145.

ders.: Die Völkerrechtsfreundlichkeit der deutschen Rechtsordnung, in: DÖV 1979, S. 309–318.

Böcker, Thomas: Neuer Rechtsschutz gegen die überlange Dauer finanzgerichtlicher Verfahren, in: DStR 2001, S. 2173–2178.

Boesche, Katharina Vera: Die Brechung des Rechts durch das Mittel der Zeit, in: Boesche, Katharina Vera/Füller, Jens Thomas/Wolf, Maik (Hrsg.), Variationen im Recht: Beiträge zum Arbeits-, Immaterialgüter-, Infrastruktur-, Lauterkeits-, Unternehmens-, Wettbewerbs- und Zivilrecht; Festbeigabe für Franz Jürgen Säcker zum 65. Geburtstag, Berlin 2006, S. 3–18.

Braun, Johann: Lehrbuch des Zivilprozeßrechts: Erkenntnisverfahren, Tübingen 2014.

ders.: Rechtskraft und Restitution: Zweiter Teil, Die Grundlagen des geltenden Restitutionsrechts, Berlin 1985.

ders.: Restitutionsklage wegen Verletzung der Europäischen Menschenrechtskonvention, in: NJW 2007, S. 1620–1622.

Breuer, Marten: Souveränität in der Staatengemeinschaft, in: Breuer, Marten/Epiney, Astrid/Haratsch, Andreas/Schmahl, Stefanie/Weiß, Norman (Hrsg.), Der Staat im Recht: Festschrift für Eckart Klein zum 70. Geburtstag, Berlin 2013, S. 747–764.

ders.: Von Lyons zu Sejdovic: Auf dem Weg zu einer Wiederaufnahme konventionswidrig zustande gekommener nationaler Urteile, in: EuGRZ 2004, S. 782–786.

ders.: Zur Anordnung konkreter Abhilfemaßnahmen durch den EGMR – Der Gerichtshof betritt neue Wege im Fall Asanidse gegen Georgien, EuGRZ 2004, 268, in: EuGRZ 2004, S. 257–263.

Britz, Gabriele/Pfeifer, Denise: Rechtsbehelf gegen unangemessene Verfahrensdauer im Verwaltungsprozeß – Rechtsschutzerfordernisse bei Verletzung von Prozeßgrundrechten nach der jüngsten Rechtsprechung von EGMR und BVerfG, in: DÖV 2004, S. 245–250.

Brockmöller, Annette/Weichbrodt, Alexander: Rechtsschutz bei überlanger Dauer gerichtlicher Verfahren – Besteht gesetzlicher Handlungsbedarf?, in: NdsVBl. 2010, S. 225–231.

Cremer, Hans-Joachim : Zur Bindungswirkung von EGMR-Urteilen – Anmerkung zum Görgülü-Beschluss des BVerfG vom 14.10.2004, EuGRZ 2004, 741 –, in: EuGRZ 2004, 683–700.

Dannemann, Gerhard: Schadensersatz bei Verletzung der Europäischen Menschenrechtskonvention: eine rechtsvergleichende Untersuchung zur Haftung nach Art. 50 EMRK, Köln, Berlin (u.a.) 1994.

Doehring, Karl: Die allgemeinen Regeln des völkerrechtlichen Fremdenrechts und das deutsche Verfassungsrecht, Berlin (u.a.) 1963.

Dörr, Oliver/Grote, Rainer/Marauhn, Thilo: EMRK, GG: Konkordanzkommentar zum europäischen und deutschen Grundrechtsschutz, 2. Auflage, Teil 1: Kapitel 1–19, Tübingen 2013, Teil 2: Kapitel 20–33, Tübingen 2013.

Dreier, Horst: Kommentar zum Grundgesetz, Band II: Artikel 20–82, 3. Auflage, Tübingen 2015, Band III: Artikel 83–146, 3. Auflage, Tübingen 2018.

ders.: Kommentar zum Grundgesetz, Band III: Artikel 83–146, 2. Auflage, Tübingen 2008.

Dröge, Cordula: Positive Verpflichtungen der Staaten in der Europäischen Menschenrechtskonvention, Berlin (u.a.) 2003.

Egli, Patricia: Zur Reform des Rechtsschutzsystems der Europäischen Menschenrechtskonvention, in: ZaöRV 2004, S. 759–794.

Ehlers, Dirk: Europäische Grundrechte und Grundfreiheiten, 4. Auflage, Berlin (u.a.) 2014.

Eyermann, Erich: Verwaltungsgerichtsordnung: Kommentar, 15. Auflage, München 2019.

Frowein, Jochen Abraham: Entschädigung für Verletzungen von Grundrechten, in: Jekewitz, Jürgen/Klein, Karl-Heinz/Kühne, Jörg Detlef/Petersmann, Hans/Wolfrum, Rüdiger (Hrsg.), Festschrift für Karl Josef Partsch zum 75. Geburtstag, Berlin 1989, S. 317–326.

ders.: Anmerkung zur Pakelli-Entscheidung des Bundesverfassungsgerichts, in: ZaöRV 46 (1986), S. 286–294.

Frowein, Jochen Abraham/Peukert, Wolfgang: Kommentar zur Europäischen Menschenrechtskonvention, 3. Auflage, Kehl am Rhein 2009.

Gaul, Hans Friedhelm: Die Grundlagen des Wiederaufnahmerechts und die Ausdehnung der Wiederaufnahmegründe: zugleich ein Beitrag zum Problem der Analogie beim enumerativen Ausnahmerechtssatz, Bielefeld 1956.

Golsong, Heribert: Internationaler Kommentar zur Europäischen Menschenrechtskonvention, Köln (u.a.).

Grabenwarter, Christoph/Pabel, Katharina: Europäische Menschenrechtskonvention, 7. Auflage, München 2021.

Grote, Rainer/Marauhn, Thilo: EMRK, GG: Konkordanzkommentar zum europäischen und deutschen Grundrechtsschutz, 1. Auflage, Tübingen 2006.

Gundel, Jörg: Neue Anforderungen des EGMR an die Ausgestaltung des nationalen Rechtsschutzsystems – Die Schaffung effektiver Rechtsbehelfe gegen überlange Verfahrensdauer –, in: DVBl. 2004, S. 17–27.

Guradze, Heinz: Die Europäische Menschenrechtskonvention; Konvention zum Schutz der Menschenrechte und Grundfreiheiten nebst Zusatzprotokollen – Kommentar, Berlin & Frankfurt am Main 1968.

Gusy, Christoph: Wirkungen der Rechtsprechung des Europäischen Gerichtshofs für Menschenrechte in Deutschland, in: JA 2009, S. 406–410.

Haß, Solveig: Die Urteile des Europäischen Gerichtshofs für Menschenrechte: Charakter, Bindungswirkung und Durchsetzung, Frankfurt am Main (u.a.) 2006.

Heckötter, Ulrike : Die Bedeutung der Europäischen Menschenrechtskonvention und der Rechtsprechung des EGMR für die deutschen Gerichte, Köln (u.a.) 2007.

Heine, Manfred: Überlange Gerichtsverfahren – Die Entschädigungsklage nach § 198 GVG, in: MDR 2012, 327–332.

Herdegen, Matthias: Völkerrecht, 20. Auflage, München 2021.

ders.: Völkerrechtliche Restitutionspflichten und ihre Wirkungen im innerstaatlichen Recht, in: NJW 1998, S. 593–596.

Hilf, Meinhard: Die Auslegung mehrsprachiger Verträge: eine Untersuchung zum Völkerrecht und zum Staatsrecht der Bundesrepublik, Berlin (u.a.) 1973.

Hopfgarten, Günter: Die materielle Rechtskraft im Zivilprozess – Eine Frage der Verwirkung?, 1979.

Ipsen, Knut: Völkerrecht, 7. Auflage, München 2018.

Isensee, Josef/Kirchhof, Paul: Handbuch des Staatsrechts, Band VII, Normativität und Schutz der Verfassung – Internationale Beziehungen, Heidelberg (u.a.) 1992.

Jarass, Hans D./Pieroth, Bodo: Kommentar zum Grundgesetz für die Bundesrepublik Deutschland, 16. Auflage, München 2020.

Jauernig, Othmar/Hess, Burkhard: Zivilprozessrecht, 30. Auflage, München 2011.

Jung, Heike: Die Empfehlungen des Ministerkomitees des Europarates – zugleich ein Beitrag zur europäischen Rechtsquellenlehre, in: Bröhmer, Jürgen/Bieber, Roland/Callies, Christian/Langenfelder, Christine/Weber, Stefan/Wolf, Joachim, Internationale Gemeinschaft und Menschenrechte: Festschrift für Georg Ress zum 70. Geburtstag am 21. Januar 2005, Köln (u.a.) 2005, S. 519–526.

Kadelbach, Stefan: Der Status der Europäischen Menschenrechtskonvention im deutschen Recht – Anmerkungen zur neuesten Rechtsprechung des Bundesverfassungsgerichts, in: Jura 2005, S. 480–486.

Karpenstein, Ulrich/Mayer, Franz C.: EMRK, Konvention zum Schutz der Menschenrechte und Grundfreiheiten: Kommentar, 2. Auflage, München 2015.

Karper, Irene: Reformen des Europäischen Gerichts- und Rechtsschutzsystems, 2. Auflage, Baden-Baden 2011.

Keders, Johannes/Walter, Frank: Langdauernde Zivilverfahren – Ursachen überlanger Verfahrensdauern und Abhilfemöglichkeiten, in: NJW 2013, S. 1697–1704.

Kilian, Dieter: Die Bindungswirkung der Entscheidungen des Europäischen Gerichtshofs für Menschenrechte auf die nationalen Gerichte der Mitgliedstaaten der Konvention zum Schutze der Menschenrechte und Grundfreiheiten vom 4. November 1950, Frankfurt am Main, Berlin (u.a.) 1994.

Kirchhof, Paul: Verfassungsrechtliche Maßstäbe für die Verfahrensdauer und für die Rechtsmittel, in: Hailbronner, Kay/Ress, Georg/Stein, Torsten (Hrsg.), Staat und Völkerrechtsordnung: Festschrift für Karl Doehring, Berlin (u.a.) 1989, S. 439–457.

Klein, Oliver: Anmerkung zu OLG Naumburg, Beschluß vom 9.7.2004 - Az. 14 UF 60/04 –, in: JZ 2004, S. 1176–1178.

Kloepfer, Michael: Verfahrensdauer und Verfassungsrecht: Verfassungsrechtliche Grenzen der Dauer von Gerichtsverfahren, in: JZ 1979, S. 209–216.

ders.: Anmerkung zu VG Berlin, Beschluß vom 25.1.1977 – VG Disz 14/76 –, in: DVBl. 1977, S. 740–742.

Kreutzer, Gerhard: Säumnis: Rechtsschutz gegen überlange Verfahren, Wien (u.a.) 2010.

Krüger, Wolfgang/Rauscher, Thomas: Münchener Kommentar zur Zivilprozessordnung, Band 2: §§ 355–945b, 6. Auflage, München 2020.

ders.: Münchener Kommentar zur Zivilprozessordnung, Band 2: §§ 355–945b, 5. Auflage, München 2016.

Kühl, Kristian: Der Einfluß der Europäischen Menschenrechtskonvention auf das Strafrecht und Strafverfahrensrecht der Bundesrepublik Deutschland (Teil I), in: ZStW 100 (1988), 406–443.

Kühne, Hans-Heiner: Strafprozessrecht, 8. Auflage, Heidelberg 2010.

Langenfeld, Christine: Die Stellung der EMRK im Verfassungsrecht der Bundesrepublik Deutschland, in: Bröhmer, Jürgen (Hrsg.), Der Grundrechtsschutz in Europa/Wissenschaftliches Kolloquium aus Anlass des 65. Geburtstages von Prof. Dr. Dr. Dr. h.c. mult. Georg Ress, Baden-Baden 2002, S. 95–108.

Lansnicker, Frank/Schwirtzek, Thomas: Rechtsverhinderung durch überlange Verfahrensdauer – Verletzung des Beschleunigungsgebots nach Art. 6 Abs. 1 S. 1 EMRK, in: NJW 2001, S. 1969–1704.

Last, Christina: Garantie wirksamen Rechtsschutzes gegen Maßnahmen der Europäischen Union: zum Verhältnis von Art. 47 Abs. 1, 2 GRCh und Art. 263 ff. AEUV, Tübingen 2008.

Lüke, Wolfgang: Zivilprozessrecht: Erkenntnisverfahren, Zwangsvollstreckung, Europäisches Zivilverfahrensrecht, 10. Auflage, München 2011.

v. Mangoldt, Hermann/Klein, Friedrich/Starck, Christian: Bonner Grundgesetz: Kommentar, Ordner 7, Artikel 25–33, 7. Auflage, München 2018.

Matscher, Franz: Die Methoden der Auslegung der EMRK in der Rechtsprechung ihrer Organe, in: Schwind, Fritz (Hrsg.) Aktuelle Fragen zum Europarecht aus der Sicht in- und ausländischer Gelehrter, Wien 1986, S. 102–127.

ders.: Der Rechtsmittelbegriff der EMRK, in: Rechberger, Walter H./Welser, Rudolf (Hrsg.), Festschrift für Winfried Kralik zum 65. Geburtstag: Verfahrensrecht – Privatrecht, Wien 1986, S. 257–271.

ders.: Methods of Interpretation of the Convention, in: Macdonalds, Ronald St. J./Matscher, Franz/Petzold, Herbert (Hrsg.), The European system for the protection of human rights, Dordrecht (u.a.) 1993, S. 63–81.

Maunz, Theodor/Dürig, Günter: Kommentar zum Grundgesetz, Band III: Artikel 16–22, Band IV: Artikel 23–53a, 77. Lieferung, München 2016.

Mellech, Kathrin: Die Rezeption der EMRK sowie der Urteile des EGMR in der französischen und deutschen Rechtsprechung, Tübingen 2012.

Meyer-Ladewig, Jens: Anmerkung zu EGMR, Urt. v. 2.9.2010 – 46344/06 (Rumpf/ Deutschland), in: NJW 2010, S. 3358–3359.

ders.: Rechtsbehelfe gegen Verzögerungen im gerichtlichen Verfahren – zum Urteil des EGMR Kudla/Polen, in: NJW 2001, S. 2679–2680.

ders.: Europäischer Menschenrechtsschutz und Verwaltungsverfahren, in: SGb 1990, S. 257–262.

Meyer-Ladewig, Jens/Nettesheim, Martin/v. Raumer, Stefan: Europäische Menschenrechtskonvention – Handkommentar, 4. Auflage, Baden-Baden 2017.

Meyer-Ladewig, Jens/Petzold, Herbert: Die Bindung deutscher Gerichte an Urteile des EGMR – Neues aus Straßburg und Karlsruhe, in: NJW 2005, S. 15–20.

Musielak, Hans-Joachim/Voit, Wolfgang: Kommentar zur Zivilprozessordnung, 18. Auflage, München 2021

Niesler, Lars: Angemessene Verfahrensdauer im Verwaltungsprozeß, Hamburg 2005.

Oellers-Frahm, Karin: Entlastung des EGMR – zu Lasten des Individuums? Gerechte Entschädigung für überlange Verfahren im Fall Italien, in: Bröhmer, Jürgen/Bieber, Roland/Callies, Christian/Langenfelder, Christine/Weber,

Stefan/Wolf, Joachim (Hrsg.), Festschrift für Georg Ress zum 70. Geburtstag am 21. Januar 2005, Köln (u.a.) 2005, S. 1027–1046.

Okresek, Wolf: Die Umsetzung der EGMR-Urteile und ihre Überwachung – Probleme der Vollstreckung und der Behandlung von Wiederholungsfällen, in: EuGRZ 2003, S. 168–174.

Oskierski, Jan-Thomas: Schadensersatz im Europäischen Recht: eine vergleichende Untersuchung des Acquis Communautaire und der EMRK, Baden-Baden 2010.

Ossenbühl, Fritz: Staatshaftung bei überlangen Gerichtsverfahren, in: DVBl. 2012, S. 857–861.

ders.: Anmerkung zu BVerfG, Beschluß v. 18.2.1998 – 1 BvR 1318 und 1484/86, in: JZ 1998, S. 679–680.

Ossenbühl, Fritz/Cornils, Matthias: Staatshaftungsrecht, 6. Auflage, München 2013.

Ottaviano, Marco: Der Anspruch auf rechtzeitigen Rechtsschutz im Gemeinschaftsprozessrecht, Tübingen 2009.

Pache, Eckhard: Tatbestandliche Abwägung und Beurteilungsspielraum: zur Einheitlichkeit administrativer Entscheidungsfreiräume und zu deren Konsequenzen im verwaltungsgerichtlichen Verfahren; Versuch einer Modernisierung, Tübingen 2001.

ders.: Die Europäische Menschenrechtskonvention und die deutsche Rechtsordnung, in: EuR 2004, S. 393–415.

Pache, Eckhard/Bielitz, Joachim: Verwaltungsprozessuale Wiederaufnahmepflicht kraft Völker- oder Gemeinschaftsrechts?, in: DVBl. 2006, S. 325–332.

Papadimitriu, Georgios: Die Stellung der allgemeinen Regeln des Völkerrechts im innerstaatlichen Recht: eine rechtsdogmatische und rechtsvergleichende Untersuchung zur Stellung der allgemeinen Regeln des Völkerrechts im innerstaatlichen Recht unter Berücksichtigung der Rechtsordnung Belgiens, der Bundesrepublik Deutschland und Griechenlands, Berlin 1972.

Papier, Hans-Jürgen: Umsetzung und Wirkung der Entscheidungen des Europäischen Gerichtshofs für Menschenrechte aus der Perspektive der nationalen deutschen Gerichte, in: EuGRZ 2006, S. 1–3.

Paraskeva, Costas: The relationship between the domestic implementation of the European Convention on Human Rights and the ongoing reform of the European Court of Human Rights: (with a case study on Cyprus and Turkey), Antwerp (u.a.) 2010.

Partsch, Karl Josef: Die Anwendung des Völkerrechts im innerstaatlichen Recht: Überprüfung der Transformationslehre, Heidelberg 1964.

ders.: Die Entstehung der europäischen Menschenrechtskonvention, in: ZaöRV 15 (1953), 631–660.

Pestalozza, Christian: Verfassungsprozeßrecht: die Verfassungsgerichtsbarkeit des Bundes und der Länder mit einem Anhang zum internationalen Rechtsschutz, 3. Auflage, München 1991.

Pietrowicz, Marike: Die Umsetzung der zu Art. 6 Abs. 1 EMRK ergangenen Urteile des EGMR in der Russischen Förderation, Berlin 2010.

Plankemann, Juliane: Überlange Verfahrensdauer im Strafverfahren: Bestimmung, Kompensation, Rechtsschutz, Berlin 2015.

Polakiewicz, Jörg: Die Verpflichtungen der Staaten aus den Urteilen des Europäischen Gerichtshofs für Menschenrechte = The obligations of states arising from the judgments of the European Court of Human Rights, Berlin (u.a.) 1993.

ders.: Innerstaatliche Durchsetzung der Urteile des EGMR: Gleichzeitig eine Anmerkung zum *Vermeire*-Urteil des Europäischen Gerichtshofs für Menschenrechte vom 29. November 1991, in: ZaöRV 52 (1992), 149–190.

v. Preuschen Anabel: Die Modernisierung der Justiz, ein Dauerthema – Die Rechtsänderungen durch das 2. Justizmodernisierungsgesetz, in: NJW 2007, S. 321–325.

Redeker, Konrad: Kann eine Untätigkeitsbeschwerde helfen?, in: NJW 2003, S. 488–489.

ders.: Justizgewährungspflicht des Staates versus richterliche Unabhängigkeit?, in: NJW 2000, 2796–2798.

Reich, Anja-Maria: Überlange Verfahrensdauer und andere Verfahrensfehler im Strafverfahren unter Berücksichtigung der Vollstreckungslösung des Großen Senats für Strafsachen, Berlin 2011.

Reinkenhof, Michaela: Auswirkungen des EGMR-Urteils zur Bodenreform auf rechtskräftig abgeschlossene gerichtliche Verfahren, in: NJ 2004, S. 250–253.

Remus, Dieter: Amtshaftung bei verzögerter Amtstätigkeit des Richters, in: NJW 2012, 1403–1409.

Ress, Georg: Die Europäische Menschenrechtskonvention und die Vertragsstaaten: Die Wirkungen der Urteile des Europäischen Gerichtshofs für Menschenrechte im innerstaatlichen Recht und vor innerstaatlichen Gerichten in: Irene Maier (Hrsg.), Europäischer Menschenrechtsschutz: Schranken und Wirkungen; Verhandlungen des Fünften Internationalen Kolloquiums über die Europäische Menschenrechtskonvention in Frankfurt (Main), Heidelberg 1982, S. 227–287.

ders.: Wirkung und Beachtung der Urteile und Entscheidungen der Straßburger Konventionsorgane, in: EuGRZ 1996, S. 350–353.

ders.: Verfassungsrechtliche Auswirkungen der Fortentwicklung völkerrechtlicher Verträge, in: Fürst, Walther/Herzog, Roman/Umbach, Dieter C. (Hrsg.), Festschrift für Wolfgang Zeidler, Band 2, Berlin (u.a.) 1987, S. 1775–1796.

ders.: Der Europäische Gerichtshof für Menschenrechte, seine Reform und die Rolle der nationalen Gerichte, in: Karl, Wolfram (Hrsg.), Internationale Gerichtshöfe und nationale Rechtsordnung: Internationales Symposium am Österreichischen Institut für Menschenrechte am 28. Und 29. November 2003 in Salzburg zu Ehren von Franz Matscher, Kehl am Rhein (u.a.) 2005, S. 39–76.

Rixe, Georg: Anmerkung zu EGMR, Urteil v. 26.2.2004 – Beschwerde Nr. 74969/01 (Görgülü./. Deutschland), in: FamRZ 2004, S. 1460–1464.

Rohleder, Kristin: Grundrechtsschutz im europäischen Mehrebenen-System: unter besonderer Berücksichtigung des Verhältnisses zwischen Bundesverfassungsgericht und Europäischem Gerichtshof für Menschenrechte, Baden-Baden 2009.

Roller, Steffen: Wenn der Justiz die Kraft ausgeht, verlängern sich gerichtliche Verfahren – Anmerkung zum Urteil des BGH vom 4.11.2010, III ZR 32/10, in: DRiZ 2011, S. 172–174.

Rosenberg, Leo/Schwab, Karl-Heinz/Gottwald, Peter: Zivilprozessrecht, 18. Auflage, München 2018.

Sachs, Michael: Kommentar zum Grundgesetz, 9. Auflage, München 2021.

ders.: Zur Bedeutung der Menschenrechtsgarantien der EMRK für das deutsche (Verfassungs-) Recht, in: Breuer, Marten/Epiney, Astrid/Haratsch, Andreas/Schmahl, Stefanie/Weiß, Norman (Hrsg.), Der Staat im Recht: Festschrift für Eckart Klein zum 70. Geburtstag, Berlin 2013, S. 321–333.

ders.: Effektive Rechtsschutzgewährleistung in einer einheitlichen Verwaltungsprozeßordnung, in: ZRP 1982, S. 227–232.

Sattler, Detlev: Wiederaufnahme des Strafprozesses nach Feststellung der Konventionswidrigkeit durch Organe der Europäischen Menschenrechtskonvention, 1973.

Sauer, Heiko: Die neue Schlagkraft der gemeineuropäischen Grundrechtsjudikatur – Zur Bindung deutscher Gerichte an die Entscheidungen des Europäischen Gerichtshofs für Menschenrechte, in: ZaöRV 2005, S. 35–69.

Schaffarzik, Bert: Europäische Menschenrechte unter der Ägide des Bundesverfassungsgerichts, in: DÖV 2005, 860–868.

Schenke, Wolf-Rüdiger: Rechtsschutz bei überlanger Dauer verwaltungsgerichtlicher Verfahren, in: NVwZ 2012, S. 257–265.

Schilling, Jan Moritz: Deutscher Grundrechtsschutz zwischen staatlicher Souveränität und menschenrechtlicher Europäisierung: zum Verhältnis zwischen

Bundesverfassungsgericht und Europäischem Gerichtshof für Menschenrechte, Tübingen 2010.

Schlette, Volker: Der Anspruch auf gerichtliche Entscheidung in angemessener Frist: verfassungsrechtliche Grundlage und praktische Durchsetzung, Berlin 1999.

Schlosser, Peter: Das völkerrechtswidrige Urteil nach deutschem Prozessrecht, in: ZZP (79) 1966, 164–198.

Schmidt, Thorsten Ingo: Der Anspruch auf Entschädigung wegen unangemessener Verfahrensdauer und die Verzögerungsbeschwerde, in: Breuer, Martin/Epiney, Astrid/Haratsch, Andreas/Schmahl, Stefanie/Weiß, Norman (Hrsg.), Der Staat im Recht: Festschrift für Eckart Klein zum 70. Geburtstag, Berlin 2013, S. 485–507.

Schmidt-Aßmann, Eberhard: Verfahrensgarantien im Bereich des öffentlichen Rechts: Darstellung der Rechtslage in der Bundesrepublik Deutschland mit vergleichenden Hinweisen auf der Bundesverwaltungsrechtspflege in der Schweiz im Blick auf Art. 6 Abs. 1 EMRK, in: Matscher, Franz (Hrsg.), Verfahrensgarantien im Bereich des öffentlichen Rechts = Judicial safeguards in administrative proceedings = Garanties judiciaires pour les procédures administratives, Kehl am Rhein (u.a.) 1989, S. 89–125.

ders.: Europäische Rechtsschutzgarantien – Auf dem Weg zu einem kohärenten Verwaltungsrechtsschutz in Europa, in: Beyerlin, Ulrich (Hrsg.), Recht zwischen Umbruch und Bewahrung: Festschrift für Rudolf Bernhardt, Berlin (u.a.) 1995, S. 1283–1303.

Schmidt-Räntsch, Johanna/Schmidt-Räntsch, Günther: Deutsches Richtergesetz: Kommentar, 7. Aufl. München 2016.

Schoch, Friedrich/Schneider, Jens-Peter/Bier, Wolfgang: Kommentar zur Verwaltungsgerichtsordnung, Band II, München 2018.

Scholz, Joachim: Rechtsschutz gegen überlange Gerichts- und Ermittlungsverfahren – Der neue Referentenentwurf des BMJ vom 15.03.2010, in: DRiZ 2010, S. 182–184.

Schumann, Ekkehard: Verfassungs- und Menschenrechtsbeschwerde gegen richterliche Entscheidungen, Berlin 1963.

ders.: Menschenrechtskonvention und Wiederaufnahme des Verfahrens, in: NJW 1964, S. 753–756.

Seegers, Martin: Das Individualrecht auf Wiedergutmachung: Theorie, Struktur und Erscheinungsformen der völkerrechtlichen Staatenverantwortlichkeit gegenüber dem Individuum, Münster 2005.

Seidl-Hohenveldern, Ignaz/Loibl, Gerhard: Das Recht der internationalen Organisationen einschließlich der supranationalen Gemeinschaften, 7. Auflage, Köln (u.a.) 2000.

Selbmann, Frank: Restitutionsklage aufgrund von Urteilen des EGMR, in: NJ 2005, S. 103–106.

Sendler, Horst: Zum Instanzenzug in der Verwaltungsgerichtsbarkeit, in: DVBl. 1982, S. 157–165.

ders.: Möglichkeiten zur Beschleunigung des verwaltungsgerichtlichen Verfahrens – Zur „hausgemachten" Überlastung der Verwaltungsgerichte – , in: DVBl. 1982, S. 923–933.

Söhngen, Uwe: Rechtsschutz bei überlanger Verfahrensdauer in der Sozialgerichtsbarkeit – Zum Gesetz über den Rechtsschutz bei überlangen Gerichtsverfahren und strafrechtlichen Ermittlungsverfahren vom 24.11.2011 – , in: NZS 2012, 493–499.

Stein, Friedrich/Jonas, Martin: Kommentar zur Zivilprozessordnung, Band 6: §§ 511–703d, 23. Auflage, Tübingen 2018.

Steinbeiß-Winkelmann, Christine: Rechtsschutz bei überlangen Gerichtsverfahren – Zum neuen Gesetzesentwurf der Bundesregierung, in: ZRP 2010, S. 205–209.

dies.: Die Verfassungsbeschwerde als Untätigkeitsbeschwerde?, in: NJW 2008, S. 1783–1785.

Steinbeiß-Winkelmann, Christine/Ott, Georg: Rechtsschutz bei überlangen Gerichtsverfahren – Kommentar zu dem Gesetz über den Rechtsschutz bei überlangen Gerichtsverfahren und strafrechtlichen Ermittlungsverfahren, Köln 2013.

Steinbeiß-Winkelmann, Christine/Sporrer, Tim: Rechtsschutz bei überlangen Gerichtsverfahren – Eine Zwischenbilanz anhand der Rechtsprechung, in: NJW 2014, S. 177–182.

Stöcker, Ernst Erhard: Verfahrensrechtliche Konsequenzen für den Kläger aus der überlangen Dauer von Steuerprozesses, in: DStZ 1989, S. 367–380.

Thomas, Heinz/Putzo, Hans: Kommentar zur Zivilprozessordnung, 42. Auflage, München 2021.

Tiwisina, Constanze: Rechtsfragen überlanger Verfahrensdauer nach nationalem Recht und der EMRK, Baden-Baden 2010.

Traßl, Michael: Die Wiedergutmachung von Menschenrechtsverletzungen im Völkerrecht, Berlin 1994.

Uerpmann, Robert: Die Europäische Menschenrechtskonvention und die deutsche Rechtsprechung: ein Beitrag zum Thema Völkerrecht und Landesrecht, Berlin 1993.

Urbanek, Helmut: Die Unrechtsfolgen bei einem völkerrechtsverletzenden nationalen Urteil; seine Behandlung durch internationale Gerichte, in: ÖZöffR 11 (1961), S. 70–118.

Verdross, Alfred/Simma, Bruno: Universelles Völkerrecht: Theorie und Praxis, 3. Auflage, Berlin 1984.

Vielmeier, Stephan: Rechtswegerschöpfung bei verzögerter Anhörungsrüge, in: NJW 2013, S. 346–350.

Villiger, Mark E.: Handbuch der Europäischen Menschenrechtskonvention (EMRK) unter besonderer Berücksichtigung der schweizerischen Rechtslage, 3. Auflage, Zürich 2020.

ders.: Handbuch der Europäischen Menschenrechtskonvention (EMRK) unter besonderer Berücksichtigung der schweizerischen Rechtslage, 2. Auflage, Zürich 1999.

Vitzthum, Wolfgang Graf/Proelß, Alexander: Völkerrecht, 8. Auflage, Berlin (u.a.) 2019.

ders.: Völkerrecht, 7. Auflage, Berlin (u.a.) 2016.

Vollkommer, Max: Die lange Dauer der Zivilprozesse und ihre Ursache, in: ZZP 81 (1968), S. 102–135.

Vospernik, Tanja: Das Verhältnis zwischen Art. 13 und Art. 6 EMRK – Absorption oder „Apfel und Birne"?: Unter besonderer Berücksichtigung der jüngsten Judikaturänderung des EGMR, in: ÖJZ 2001, S. 361–368.

Wagner, Heinz: Wiederaufnahmeverfahren bei rechtskräftiger Zweitverurteilung von Ersatzdienstverweigerern? – LG Hannover, NJW 1970, 288, in: JuS 1970, S. 380–382.

v. Weber, Hellmuth: Die strafrechtliche Bedeutung der europäischen Menschenrechtskonvention, in: ZStW 65 (1953), S. 334–350.

Werwie-Haas, Martina: Die Umsetzung der strafrechtlichen Entscheidungen des Europäischen Gerichtshofs für Menschenrechte in Deutschland, Österreich, der Schweiz und im Vereinigten Königreich, Frankfurt am Main (u.a.) 2008.

Wildhaber, Luzius: The Execution of Judgements of the European Court of Human Rights, in: Pierre Marie Dupuy (Hrsg.), Völkerrecht als Werteordnung: Festschrift für Christian Tomuschat, Kehl (u.a.) 2006, S. 671–680.

Wilfinger, Peter: Das Gebot effektiven Rechtsschutzes in Grundgesetz und Europäischer Menschenrechtskonvention: Konkretisierungsansätze zur Beschleunigung gerichtlicher Verfahren, Frankfurt am Main (u.a.) 1995.

Windel, Peter A.: Der EGMR und das Prozessrecht: Update 13.0, in: JR 2014, S. 365–371.

Wolter, Jürgen: Systematischer Kommentar zur Strafprozessordnung: mit GVG und EMRK, Band VII: §§ 333–373a StPO, 5. Auflage, Köln 2018.

Ziekow, Jan: Die Beschleunigungsbeschwerde im Verwaltungsprozeß, in: DÖV 1998, S. 941–951.

Zöller, Richard: Kommentar zur Zivilprozessordnung, 33. Auflage, Köln 2020.

ders.: Kommentar zur Zivilprozessordnung, 31. Auflage, Köln 2016.

Zuck, Rüdiger: Die Gewährleistung effektiven Rechtsschutzes im Zivilprozess, in: NJW 2013, 1132–1135.

www.ingramcontent.com/pod-product-compliance
Ingram Content Group UK Ltd.
Pitfield, Milton Keynes, MK11 3LW, UK
UKHW020714041026
15590UKWH00002B/666

9 783631 866863